Wole Soyinka

Aké

Zu diesem Buch

Inmitten überwucherter Hügel, umgeben von dichtem Unterholz und steil abfallenden Felswänden, liegt Aké. Der lärmerfüllte Markt und der verschwenderische, nach Mangos und Zitronenblättern duftende Obstgarten sind ebenso faszinierend wie das Pfarreigehöft mit seinem geheimnisvollen Pferdestall. Nach den aufregenden Geschichten der Mutter von Waldgeistern und wiederkehrenden Toten finden die Kinder Ruhe im vertrauenerweckenden Gesicht von Mrs B, der Frau des Buchhändlers.

Mit drei Jahren verlangt der junge Wole, die Schule besuchen zu dürfen, gebannt von den Buchstaben in seinen Büchern. Sein Elternhaus, intellektueller Nährboden Akés, bestimmt seine Kindheit, in der der heraufdämmernde Weltkrieg sich einreiht neben der ebenso großen Sorge um das erste Paar Schuhe.

»Soyinka schildert das Nebeneinander zweier Welten, die seine Kindheit ebenso prägen wie das Los eines ganzen Kontinents. Der Schlüssel zum Werk dieses vielseitigen Autors.« *Frankfurter Allgemeine Zeitung*

Der Autor

Wole Soyinka, geboren 1934 in Abeokuta (Westnigeria), ist ein international ausgezeichneter Schriftsteller, Literaturwissenschaftler, Theatermacher sowie politischer Essayist und erhielt als erster Afrikaner den Nobelpreis für Literatur. Aufgrund seiner Opposition zur Diktatur in Nigeria wurde er dort inhaftiert. Heute lebt er in Kalifornien und Nigeria und lehrt an Universitäten rund um den Globus.

Die Übersetzerin

Inge Uffelmann (*1948) studierte zunächst Ethnologie, brach ab und wechselte ins Verlags- und Redaktionswesen. Später studierte sie Englische Literatur- und Sprachwissenschaft mit Schwerpunkt Schwarzafrikanische Literatur. Seit 1981 ist sie freiberufliche Übersetzerin.

Mehr über den Autor und sein Werk auf *www.unionsverlag.com*

Wole Soyinka

Aké

Jahre der Kindheit

Aus dem Englischen
von Inge Uffelmann

Unionsverlag

Die Originalausgabe erschien 1981 bei Random House, New York
Die deutsche Erstausgabe erschien 1986 im Ammann Verlag, Zürich

Im Internet
Aktuelle Informationen, Dokumente und Materialien
zu Wole Soyinka und diesem Buch
www.unionsverlag.com

Unionsverlag Taschenbuch 914
© by Wole Soyinka 1981
Originaltitel: Aké: The Years of Childhood
© by Unionsverlag 2021
Neptunstrasse 20, CH-8032 Zürich
Telefon +41 44 283 20 00
mail@unionsverlag.ch
Alle Rechte vorbehalten
Reihengestaltung: Heinz Unternährer
Umschlagmotiv: Thomas Cockrem (Alamy Stock Photo)
Umschlaggestaltung: Sven Schrape
Satz: Greiner & Reichel, Köln
Druck und Bindung: CPI – Clausen & Bosse, Leck
ISBN 978-3-293-20914-5

Der Unionsverlag wird vom Bundesamt für Kultur mit einem
Verlagsförderungs-Strukturbeitrag für die Jahre 2021–2024 unterstützt.

Auch als E-Book erhältlich

*Für Eniola (Wild Christian) und in Erinnerung an »Essay«.
Und für Yeside, Koyode und Folabo,
die den hier erzählten Erinnerungsraum nicht bewohnen.*

I

All das überwucherte, hügelige Gelände gehört zu Aké. Wir empfanden mehr als bloße Loyalität gegenüber dem Pfarrhaus, und daraus erwuchs – nicht ohne stillen Groll – die Frage, warum es Gott gefiel, von der profanen Höhe Itokos aus auf seine fromme Zweigstelle, das Pfarreigelände, hinabzuschauen. Denn dort, fast auf dem Gipfel des Berges, gab es auch den geheimnisvollen Pferdestall des Chiefs mit seinen richtigen Pferden. Dahinter scherte dann der schwindelerregende Pfad ab, führte von einem lärmerfüllten Markt zum nächsten und gab schließlich über Ibàràpa und Ita Aké den Blick frei bis hinein in die tiefsten Schlupfwinkel des Pfarreigrundstücks.

An diesigen Tagen wurde die steile Anhöhe von Itoko eins mit dem Himmel. Wenn Gott vielleicht auch nicht wirklich dort oben wohnte, so gab es doch kaum Zweifel, dass er zuerst auf diesen Gipfel herabstieg, ehe er mit gigantischem Schritt über die schnatternden Märkte setzte – die es wagten, am Sonntag Waren feilzubieten – und die Kirche von St. Peter betrat. Danach besuchte er das Pfarrhaus und nahm mit dem Kanonikus den Tee. Immerhin gab es den kleinen Trost, dass er, trotz der Versuchung, zu Pferde herabzukommen, niemals zuerst beim Chief einkehrte, denn der war als Heide bekannt. Nie sah man den Chief bei einem Gottesdienst, außer am Jahrestag der Krönung des Alake. Nein, Gott schritt zur Morgenandacht geradewegs auf St. Peter zu, verweilte kurz zur Mittagsmesse, behielt sich seine feierlichste und exotischste Audienz aber für die Abendandacht vor, die zu seinen Ehren immer auf Englisch abgehalten wurde.

Dann tönte die Orgel dunkel, rauchig-sonor; zweifellos wollte sie mit diesem Timbre eines Egúngún ihren normalen Klang Gottes eigener Grabesstimme angleichen, mit der er auf die ihm dargebotenen Gebete antwortete.

Nur das Haus des Kanonikus konnte dem allwöchentlichen Gast Herberge bieten. Schon allein, weil es das einzige mehrstöckige Gebäude im Pfarreigelände war, quadratisch und massig wie der Kanonikus selbst, durchlöchert von schwarzen, holzgerahmten Fenstern. BishopsCourt war auch ein mehrstöckiges Gebäude, aber es wohnten nur Schüler darin, und folglich war es kein Haus. Vom obersten Stock im Hause des Kanonikus aus konnte man *fast* dem Gipfel von Itoko direkt ins heidnische Auge blicken. Das Haus stand auf dem höchsten bewohnten Punkt im Pfarreigelände, es war knapp hoch genug, das Tor zu überragen. Seinen Rücken kehrte es der Welt der Geister und Ghommiden zu, die den dichten Wald bewohnten und die die Kinder verjagten, die zu tief in den Wald eindrangen auf der Suche nach Feuerholz, Pilzen und Schnecken. Das quadratische weiße Haus des Kanonikus war ein Bollwerk gegen die Bedrohung und Belagerung durch die Waldgeister. Seine Rückfront bildete die Grenze ihres Territoriums, die verhinderte, dass sie sich gegenüber der Welt der Menschen Freiheiten herausnahmen.

Nur die Klassenzimmer der Volksschule teilten diese Nähe zum Wald, und sie standen nachts leer. Umgeben von rau verputzten Mauern, mit seinen fensterlosen Rückfronten, seinen Felstumuli, die die riesigen Bäume vergeblich zu verdecken suchten, gab sich das Pfarreigehöft von Aké mit seinen Wellblechdächern den Anschein einer Festung. In ihrem Schutz turnten wir nach Herzenslust zwischen den überlappenden und auseinanderklaffenden Dachflächen herum, kletterten in den steil abfallenden Felswänden, krabbelten ins Unterholz und in das plötzlich sich auftuende Versteck der gepflegten Obsthaine. Der Hibiskus wucherte üppig. Schwer hing der Duft von Zitronenblättern, Guaven und Mangos in der Luft, mitunter war sie direkt klebrig vom Saft der Boum-Boum und den Absonderungen des Regenbaums. Die Schulhöfe waren von diesen Regenbäumen mit ihren weit ausladenden Schatten spendenden Zweigen gesäumt. Nadelpinien reckten sich über die Akazien, und die Bambuswälder hielten uns in ständiger Alarmbereitschaft; wenn die Riesenschlangen die Wahl hatten, dann suchten sie sich in den dichten Bambusstauden einen Wohnplatz.

Zwischen der linken Flanke des Hauses des Kanonikus und dem Schulspielplatz lag – der Obstgarten. Viel zu artenreich, viel zu verschwenderisch ausgestattet, um nur schlicht ein Obstgarten genannt zu werden, es war ein Obstparadies. Hier gab es Pflanzen und Früchte, die den Garten zu einer Fortsetzung der Bibelstunde, der Sonntagsschule, der Sonntagspredigt machten. Eine Blattpflanze, weiß und rot gesprenkelt, hieß *Cana lily*. Als man Christus ans Kreuz nagelte und das Blut aus seinen Wunden spritzte, blieben einige Tropfen auf den Blättern haften und stigmatisierten die Lilie für alle Zeiten. Niemand hielt es für nötig, uns zu erklären, woher die unendlich vielen weißen Flecken auf den Blättern stammten. Vielleicht hatte es etwas mit der Reinwaschung von den Sünden durch das Blut Christi zu tun, das ja selbst die schwärzesten Stellen in den Seelen der Menschen schneeweiß wusch. Es gab auch die Passionsfrucht, einem anderen Teil der gleichen Geschichte entsprungen, bei uns Kindern dennoch nur wenig beliebt. Die grüne, prallsaftige Schale der Frucht schmiegte sich angenehm in die Handfläche, doch dann reifte sie in ein gedörrtes Gelb und fiel zusammen wie die Gesichter der alten Männer und Frauen, die wir kannten. Und sie schaffte es nur selten, süß zu werden, womit sie den untrüglichen Test, eine echte Frucht zu sein, nicht bestand. Unbestrittener König des Obstgartens war der Granatapfel, der nicht aus einem Samenkorn gewachsen war, das die Steinkirche gesät hatte, sondern aus der Saat der lyrischen Sonntagsschule – denn es war dort in der Sonntagsschule, wo die wirklichen Geschichten erzählt wurden, Geschichten, in denen die Ereignisse zum Leben erwachten, Geschichten, die die Zeitgrenzen des Sonntags und die Bibelseiten überschritten, die in die Welt der Fabelländer und richtiger Männer und Frauen eindrangen. Der Granatapfelbaum war ein höchst geiziger Lieferant. Er brachte seine hartschaligen Früchte nur selten hervor, geduldig gehegt von dick geäderten Händen und einem Gesicht, die jemandem gehörten, den wir nur als »Gärtner« kannten. Nur ihm konnte man vertrauen, wenn es darum ging, die gelegentliche Frucht unter die kleine Gruppe hingebungsvoller Granatapfelwächter zu verteilen, und noch der kleinste Bissen schickte uns auf die Reise ins Land der illustrierten Bibelgeschichten. Der Granatapfel war die Königin von Saba, Aufstand und Krieg, die Leidenschaft der Salome, die Belagerung von Troja, das Lob der Schönheit im Hohen Lied des Königs Salomo. Diese Frucht, die aussah und sich anfühlte, als habe sie ein Herz aus Stein, öffnete uns die Keller des Ali Baba, befreite den Geist aus Aladins Wunderlampe, schlug die Saiten der Harfe, die Davids verwirrte Sinne heilte, teilte die Wasser des Nil und erfüllte das Pfarreigehöft mit Weihrauch aus dem düsteren Tempel Jerusalems.

Er wachse nur im Obstgarten, sagte der Gärtner. Der Granatapfel sei ein Fremdling auf dem Boden des Schwarzen Mannes, aber irgendein früherer Bischof, ein Weißer, habe die Samen mitgebracht und sie im Obstgarten gepflanzt. Wir fragten, ob es *der* Apfel sei, aber der Gärtner lachte nur und sagte Nein. Noch, fügte er hinzu, würde man diesen Apfel auf dem Boden des Schwarzen Mannes finden. Der Gärtner wurde für total unwissend erklärt. Es war völlig klar, dass nur der Granatapfel der Apfel sein konnte, der Adam und Eva um die Freuden des Paradieses gebracht hatte. Es gab noch eine andere Frucht, die hier Apfel genannt wurde, weich und doch knackig, mit rosafarbener Schale und leidlich saftig. Vor der Entdeckung des Granatapfels hatte sie die Stelle jenes Apfels eingenommen, der dem nackten Paar zum Verhängnis geworden war. Der Geschmack des ersten Granatapfels aber entlarvte den Hochstapler und verwies ihn auf seinen Platz.

Schwärme von Fledermäusen bevölkerten den Feigenbaum; ihr samengespickter Kot lag noch vor der Abenddämmerung festgebacken auf Steinen und Wiese, auf dem Pfad und den Büschen. Ein immergrüner Baum, weich und üppig wuchernd, stand an der Grenze zwischen dem Spielplatz und dem Grundstück des Buchhändlers und trotzte dem Harmattan; von dort her war das Pfarreigelände mit dem unermüdlichen Konzert der Webervögel erfüllt.

Böses ist dem Pfarreigelände von Aké widerfahren. Das Land ist ausgewaschen, der Rasen kahl, alles Geheimnisvolle ist aus den verschwiegenen Talmulden gewichen. Einst offenbarte jeder Tag ein neues, unentdecktes Versteck, eine Felshöhle, ein dichtes Gebüsch, eine Schneckenkolonie. Das Autowrack steht noch, wo es einst aufgebockt wurde; die Kinder kletterten darin herum und unternahmen Reisen in ferne Fabelländer. Jetzt ist es nur noch ein abgetakeltes Gestell, rostige Höhlen seine Augen, das Drachengesicht zusammengefallen vom fortschreitenden Zahnausfall. Unter der Motorhaube gedeihen fette Unkräuter und glänzende Schlangen, das Ganze ist nur noch ein Dreckhügel. Die noch stehenden Häuser – Häuser, die einst das innere Festungsgemäuer des Pfarreigehöfts von Aké bildeten – sind jetzt alte Kisten in einer geräumten Landschaft, voller Risse, preisgegeben und ohne Widerstandskraft.

Und die Stimmungen sind dahin. Selbst die offenen Wiesen und breiten Pfade, gesäumt von gekalkten Steinen, Lilien und Zitronengrasbüscheln, wechselten von Jahreszeit zu Jahreszeit, von Werktag zu Sonntag, von Sonnenaufgang zu Sonnenuntergang ihren Charakter. Und das von den Wänden im unteren Pfarreigelände widerhallende Echo nahm mit den wechselnden Jahreszeiten neue Klangfarben an, änderte sich, wenn sich die Wiesen leerten und sich die Schüler mit den beginnenden Ferien zu ihren Eltern verstreuten.

Wenn ich mich auf die Wiese vor unserem Haus legte, das Gesicht zum Himmel gewandt, den Kopf in Richtung BishopsCourt, dann zeigte jedes ausgestreckte Bein auf ein umzäuntes Grundstück im unteren Pfarreigelände. Ein Teil der Anglikanischen Mädchenschule nahm einen dieser unteren Bereiche ein, der andere Teil der Schule hatte von BishopsCourt Besitz ergriffen. Im Erdgeschoss lagen die Klassenzimmer der jüngsten Schülerinnen und ein Schlafsaal, davor war ein Obstgarten angelegt, mit Papayas, Guaven, Bambus und wildem Unterholz. Während der Regenzeit fand man hier immer Schnecken. Auf dem anderen Grundstück lebte der Missionsbuchhändler, ein runzliger Mann mit einer gelassen-heiteren Frau, deren geräumiger Rücken uns allen irgendwann einmal Platz bot, die Welt zu betrachten oder an ihm zu schlafen. Durch dieses Grundstück führte eine Abkürzung zur Straße nach Ibarà, Lafenwá und Igbèin mit seinem Gymnasium, über das Ransome-Kuti die Aufsicht führte und wo er auch mit seiner Familie lebte. Auf dem Grundstück des Buchhändlers war die einzige Quelle des Pfarreigeländes; während der Trockenzeit blieb dieser Ort niemals verlassen. Und sein Boden schien die einzigen Kokospalmen hervorbringen zu können.

BishopsCourt im oberen Pfarreigelände ist nicht mehr. Bischof Ajayi Crowther trat manchmal aus den Blütentrauben der Hortensien und Bougainvilleen hervor, ein Gnomengesicht mit vorquellenden Augen, das uns zuerst als steife Fotografie vom Einband seiner Lebensgeschichte angestarrt hatte. Er hätte, so sagte der Lehrer, in BishopsCourt gelebt, und seit ich das wusste, spähte er mir aus den Kletterpflanzen heraus nach, wenn ich auf einem Botengang zu unserer Großtante, Mrs Lijadu, an dem Haus vorübermusste. BishopsCourt war jetzt das Wohnheim der Anglikanischen Mädchenschule und gab für uns einen extra Spielplatz während der Ferien ab. Der Bischof saß still auf der Bank unter dem hölzernen Vorbau vor dem Eingang, seine Gewänder waren über und über mit den Ranken der Bougainvilleen bedeckt. Als ich näher herankam, wandelten sich seine Augen in leere Höhlen. Meine Erinnerung schweifte zu einer anderen Fotografie, auf der er einen klerikalen Anzug mit Weste trug, und ich fragte mich, was wohl am Ende der Silberkette hing, die in einer der Westentaschen verschwand. Er grinste und sagte, komm näher, ich will es dir zeigen. Während ich mich dem Vorbau näherte, zog er an der Kette, bis eine kugelrunde Taschenuhr zum Vorschein kam, die massivsilbern glänzte. Er drückte auf ein Knöpfchen, und der Deckel sprang auf, doch es zeigten sich nicht Glas und Zifferblatt, sondern ein tiefer, wolkengefüllter Raum. Der Bischof blinzelte mit einem Auge, und es fiel aus seinem Gesicht in die Schale der Uhr. Dann blinzelte er mit dem anderen Auge, und es folgte dem ersten in das Uhrgehäuse. Er ließ den Deckel wieder zuschnappen, nickte und wurde kahl, seine Zähne verschwanden, seine Haut rollte sich zurück, bis die gebleichten Backenknochen entblößt lagen. Dann stand er auf und kam, während er die Uhr wieder in die Westentasche steckte, einen Schritt auf mich zu. Ich rannte nach Hause.

BishopsCourt, so schien es manchmal, wollte dem Haus des Kanonikus den Rang streitig machen. Es sah wie ein Hausboot aus, trotz seines Schutzwalls aus gekalkten Steinen und seiner reichen Blütenpracht, trotz seiner Holzgitter an der Vorderfront, die fast völlig von Bougainvilleen überwuchert waren. Dazu wurde es noch überschattet von diesen allgegenwärtigen Felsen, aus deren Klüften, wie durch ein Wunder, hohe, dickstämmige Bäume wuchsen. Wolken zogen sich zusammen, und die Felsen verschmolzen mit ihren vertrauten grauen Wirbeln; dann warf es die Bäume hin und her, bis sie schwebend über BishopsCourt zu stehen schienen. Doch geschah dies nur bei heftigen Stürmen.

BishopsCourt, anders als das Haus des Kanonikus, grenzte nicht unmittelbar an die Felsen oder den Wald. Die Spielplätze der Mädchen lagen dazwischen, und wir wussten, dass diese

Pufferzone schon immer bestanden hatte. Bischöfe hatten offensichtlich keine Neigung, die Geister herauszufordern. Nur die Vikare. Dass mir Bischof Ajayi Crowther mit seiner eigentümlichen Verwandlung einen solchen Schrecken eingejagt hatte, bestätigte nur, dass Bischöfe selbst, sobald sie gestorben waren, in das Reich der Geister und Spukgestalten eingingen. Der Kanonikus konnte sich nicht so vor meinen Augen auflösen, auch nicht Hochwürden J. J., der einst das Haus bewohnt hatte, vor vielen Jahren, als meine Mutter noch ein Kind war wie wir heute. J. J. Ransome-Kuti hatte zu seinen Lebzeiten sogar einige Ghommiden auf ihren Platz zurückverwiesen; meine Mutter konnte es bestätigen. Sie war seine Großnichte, und ehe sie in unser Haus zog, hatte sie im Haushalt von Hochwürden J. J. gelebt. Ihr Bruder lebte auch dort und wurde von allen als Òrò anerkannt, weshalb er auch in den Wäldern wie zu Hause war – sogar bei Nacht. Einmal allerdings ist er wohl zu weit gegangen.

»Sie waren schon mal zu uns gekommen«, sagte sie, »um sich zu beschweren. Wohlgemerkt, sie kamen nicht wirklich bis auf unser Grundstück, sie blieben weit weg stehen, genau da, wo der Wald endet. Ihrem Anführer, demjenigen, der für sie sprach, sprühten wild die Funken aus dem Kopf, es sah so aus, als sei sein Kopf ein einziger Funkenball – nein, halt, ich bringe ja zwei ganz verschiedene Sachen durcheinander –, das war erst beim zweiten Mal, als er uns bis nach Hause jagte. Beim ersten Mal haben sie nur einfach einen Abgesandten geschickt. Er war ziemlich klein, dunkel und rußig schwarz. Er kam bis an den Garten hinterm Haus und stand da und befahl, dass man Hochwürden rufe. Es war, als habe der Onkel seinen Besuch erwartet. Er kam aus dem Haus und fragte ihn, was er wolle. Wir duckten uns alle in der Küche zusammen und spähten hinaus.«

»Wie klang seine Stimme? Sprach er wie ein Egúngún?«

»Darauf komme ich gleich. Dieser Mann, doch, ich glaube, man kann schon sagen, dass es ein Mann war. Obwohl er kein wirklich menschliches Wesen war, das konnten wir sehen. Sein Kopf war viel zu groß, und die Augen hielt er zu Boden gerichtet. Er sagte, er sei gekommen, um über uns Meldung zu machen. Sie hätten nichts dagegen, wenn wir in den Wald kämen, selbst bei Nacht, aber in das Gebiet hinter den Felsen bei der dichten Bambusstaude am Fluss dürften wir nicht eindringen.«

»Und was hat der Großonkel gesagt? Und du hast noch immer nicht gesagt, wie seine Stimme geklungen hat.«

Tinu blickte mich mit den Augen der älteren Schwester an. »So lass Mama doch ihre Geschichte in Ruhe zu Ende erzählen.«

»Du willst immer alles ganz genau wissen, was? Also gut, seine Stimme klang genau wie die deines Vaters. Bist du jetzt zufrieden?«

Ich glaubte es nicht, aber ich ließ es durchgehen.

»Erzähl weiter, was hat der Großonkel dann gemacht?«

»Er rief uns alle zusammen und warnte uns, den Ort nie wieder zu betreten.«

»Und trotzdem seid ihr wieder hingegangen?«

»Na ja, du kennst doch deinen Onkel Sanya. Er war verärgert. Schon allein, weil es da drüben auf der anderen Seite des Baches die fettesten Schnecken gab. Also maulte er herum, dass diese Òrò einfach und schlicht selbstsüchtig seien und er ihnen schon zeigen würde, mit wem sie es bei ihm zu tun hätten. Na ja, und genau das hat er getan. Etwa eine Woche später führte er uns wieder an den Ort. Und er hatte recht, müsst ihr wissen. Wir sammelten einen ganzen Korb voll Schnecken und noch einen halben, die größten Schnecken, die ihr euch vorstellen könnt. Wir hatten natürlich längst die Warnung vergessen, und außerdem schien der Mond besonders hell. Ich habe euch doch erzählt, dass Sanya selbst ein Òrò ist ...«

»Aber wie ist das möglich? Er sieht doch ganz normal aus, so wie du und wir.«

»Das verstehst du noch nicht. Jedenfalls ist er ein Òrò. Also fühlten wir uns in seiner Gegenwart völlig sicher. Bis plötzlich in der Ferne dieses eigentümliche Licht erstrahlte, wie ein Feuerball. Und selbst als es noch weit weg war, hörten wir schon Stimmen, als würden um uns herum ganz viele Leute gemeinsam immer die gleichen Worte murmeln. Sie sagten so etwas wie: ›Ihr dickköpfigen, halsstarrigen Kinder; wir haben euch gewarnt, wieder und wieder, aber ihr wollt ja einfach nicht hören …‹«

Wild Christian schaute über unsere Köpfe hinweg und runzelte die Stirn, um sich besser erinnern zu können.

»Man kann nicht mal sagen, dass es mehrere waren. Es war eigentlich nur diese eine feurige Gestalt, die ich sah, und sie war noch immer sehr weit weg. Und dennoch konnte ich sie ganz deutlich hören, als habe sie ganz viele Münder, die sie alle gleichzeitig gegen meine Ohren presste. Von Augenblick zu Augenblick wurde der Feuerball größer und drohender.«

»Was hat Onkel Sanya gemacht? Hat er ihn angegriffen?«

»Sanya wo ni yen? Er war der Erste, der Fersengeld gab. Bo o ló o yá mi, o di kítipà! Keiner dachte mehr an all die fetten Schnecken. Dieser Iwin verfolgte uns bis zum Haus. Unsere Schreie kamen lange vor uns an, und der ganze Haushalt war … na, ihr könnt euch den Aufruhr vorstellen. Der Onkel war schon die Treppe heruntergestürmt und stand hinten im Garten. Wir rannten an ihm vorbei, und er ging hinaus, dem Wesen entgegen. Diesmal überschritt der Iwin tatsächlich die Grenze des Waldes, er ging unbeirrt weiter, als wolle er uns bis ins Haus hinein verfolgen. Das heißt, er rannte nicht, aber er folgte uns stetig.«

Wir warteten. Aber das war's! Wild Christian hing ihren Gedanken nach, während wir in Spannung verharrten. Dann holte sie tief Luft und schüttelte mit eigentümlich traurigem Gesichtsausdruck den Kopf.

»Die Zeit des Glaubens ist dahin. Unsere ersten Christen, die hatten noch Glauben, Vertrauen und wirklichen Glauben; nicht nur in die Kirche rennen und fromme Lieder singen. Glauben. Igbàgbó. Und es ist dieser Glauben, aus dem wahre Kraft und

Macht erwächst. Der Onkel stand da wie ein Felsen, er hielt seine Bibel hoch und befahl: ›Geh zurück! Geh zurück in jenen Wald, der dein Zuhause ist. Zurück, sage ich, im Namen des Herrn.‹ Hm, und das war's! Das Wesen drehte sich einfach um und ging weg. Die Funken fielen von ihm ab, schneller und schneller, bis es sich schließlich nur noch als schwaches Glimmen in den Wald zurückzog.« Sie seufzte. »Natürlich, nach dem Abendgebet hatten wir schon noch unseren Preis zu zahlen. Sechs von den Besten auf das Hinterteil von jedem. Sanya bekam zwölf. Und die ganze nächste Woche mussten wir jeden Tag Gras schneiden.«

Ich konnte mich des Gefühls nicht erwehren, dass die Angst als Strafe vollauf genügt hätte. Obgleich Wild Christian zu dem quadratischen Haus hinüberstarrte, schien sie doch zu ahnen, was in meinem Kopf vorging, denn sie fuhr fort: »Glauben und – Disziplin. Das war es, was die ersten Gläubigen hatten. Pah! Gott macht sie nicht mehr so wie früher. Wenn ich an den denke, der jetzt dieses Haus bewohnt ...«

Dann schien sie sich plötzlich wieder unserer Gegenwart zu erinnern.

»Was sitzt ihr denn noch hier herum? Ist es nicht längst Zeit für euch, euer Bad zu nehmen? Lawanle!«

Auntie Lawanle antwortete »Ma« aus irgendeinem fernen Winkel des Hauses. Doch bevor sie erschien, erinnerte ich Wild Christian: »Aber du hast uns noch nicht erzählt, wieso Onkel Sanya ein Òrò ist.«

Sie zuckte die Schultern. »Es ist eben so. Ich habe es mit meinen eigenen Augen gesehen.«

»Wann? Wann?«, quengelten wir im Chor.

Sie lächelte. »Das versteht ihr noch nicht. Ein andermal werde ich es euch erzählen. Oder lasst es euch von ihm selbst erzählen, wenn er das nächste Mal wiederkommt.«

»Du meinst, du hast selbst gesehen, wie er sich in einen Òrò verwandelt hat?«

Jetzt kam Lawanle herein, und wir wurden ihr übergeben.

»Ist es nicht Zeit für die Kinder, ihr Bad zu nehmen?«

Ich bettelte: »Nein, warte noch, Auntie Lawanle«, wohl wissend, dass es vergeblich war. Sie hatte uns schon beide je an einem Arm gepackt. Ich brüllte zurück: »War Bischof Crowther ein Òrò?«

Wild Christian lachte: »Was wirst du wohl als Nächstes fragen? Ihr habt wohl in der Sonntagsschule von ihm gehört, was?«

»Ich hab ihn gesehen.« Ich stemmte mich gegen den Türrahmen und zwang Lawanle, stehen zu bleiben. »Ich sehe ihn immer. Er kommt und setzt sich unter den Vorbau der Mädchenschule. Ich habe ihn gesehen, als ich zu Auntie Mrs Lijadu hinüberlief.«

»Jaja, schon gut«, seufzte Wild Christian. »Geh jetzt und nimm dein Bad.«

»Er versteckt sich unter der Bougainvillea und …« Lawanle zerrte mich außer Hörweite.

Später am selben Abend erzählte sie uns den Rest der Geschichte. Bei der bewussten Gelegenheit befand sich Hochwürden J. J. gerade auf einer seiner zahllosen Missionsreisen. Er reiste viel, zu Fuß oder per Fahrrad, um mit den zahlreichen Zweigen seiner Diözese Kontakt zu halten und das Wort des Herrn zu verbreiten. Er stieß häufig auf Widerstand, doch nichts konnte ihn abschrecken. In einem der Dörfer in Ijebu ereignete sich einmal eine erschreckende Sache. Man hatte ihn gewarnt, an einem bestimmten Tag zu predigen, denn an diesem Tag sollte der öffentliche Auftritt eines Egúngún stattfinden. Aber er ließ sich nicht beirren und hielt seine Predigt. Die Egúngún-Prozession kam vorbei, während die Messe in vollem Gang war, und mit der Stimme der Ahnen befahl der Egúngún dem Prediger, auf der Stelle Schluss zu machen, seine Gemeinde nach Hause zu schicken, herauszukommen und der Maske zu huldigen. Hochwürden J. J. nahm keinerlei Notiz. Der Egúngún zog sich mit all seinem Gefolge zurück, doch als er am Hauptportal der Kirche vorbeikam, klopfte er mit seinem Stab dagegen, dreimal. Kaum hatte das letzte Mitglied der Prozession das Kirchengrundstück verlassen, da stürzte die Kirche ein. Die Wände fielen einfach um, und das Dach zerbröckelte. Wie durch ein Wunder aber brachen die Wände nach außen, während die Stützbalken des Daches in das Mittelschiff oder ebenfalls nach außen fielen – überallhin, nur nicht auf die Gemeindemitglieder. Hochwürden J. J. beruhigte die Gläubigen, hielt in seiner Predigt inne, um ein Dankgebet zu sprechen, und setzte dann seine Kanzelrede fort.

Vielleicht war es das, was Wild Christian meinte, wenn sie von *Glauben* sprach. Aber es brachte die Dinge gehörig durcheinander, denn schließlich war es ja dem Egúngún gelungen, die Kirche zum Einsturz zu bringen. Wild Christian unternahm keinen Versuch, zu erklären, wie das geschehen konnte. Folglich gehörte dieses Bravourstückchen wohl in jene Kategorie von Glauben, der Berge versetzt oder Wild Christian befähigte, Erdnussöl aus einer breitrandigen Schüssel durch einen schmalen Flaschenhals zu gießen, ohne dabei auch nur einen Tropfen zu verschütten. Sie hatte die eigentümliche Angewohnheit, dabei wie in Verzückung zu seufzen, die Ruhe ihrer Hand ihrem Glauben zuzuschreiben und Gott dafür zu danken. Wenn ihr aber die Schüssel wegrutschte oder auch nur ein oder zwei Tropfen danebengingen, dann murmelte sie, dass ihre Sünden zu groß seien und sie wohl inbrünstiger beten müsse.

Wenn Hochwürden J. J. Glauben besaß, so hatte er aber auch den Starrsinn mit unserem Onkel Sanya gemeinsam.

Starrsinn war, wie wir leicht erkannten, eine der schwersten Sünden; und ganz gleich, wie Wild Christian auch immer versuchte, die Predigt von Hochwürden J. J. zu verteidigen, die er am Tage des Auftritts des Egúngún entgegen allen Warnungen gehalten hatte, es hörte sich sehr nach Starrsinn an. Und was Onkel Sanya anging, so gab es überhaupt keinen Zweifel; kaum war Hochwürden J. J. in Erfüllung seiner pastoralen Pflichten außer Sichtweite geradelt, als Sanya auch schon unter irgendeinem Vorwand in den Wald entschlüpfte, und zwar genau in die Gegend, die der Òrò zur Bannzone erklärt hatte. Pilze und Schnecken waren das wahre Ziel, dass er Feuerholz sammeln wollte, war eine Ausrede.

Doch selbst Sanya wagte sich nun nachts nicht mehr in den Wald. Er sah ein, dass es zu gefährlich war. Tagsüber und in der frühen Dämmerung lauerte wenig Gefahr, denn die meisten Waldgeister kamen erst nachts hervor. Mutter erzählte uns, dass bei der bewussten Gelegenheit sie und Sanya Pilze sammelten. Sie waren nur durch ein paar Büsche voneinander getrennt, sie konnte alle seine Bewegungen ganz deutlich hören, denn sie achteten jetzt sehr genau darauf, dass sie dicht beisammenblieben.

Plötzlich, so erzählte sie, hörte sie, dass sich Sanya mit irgendjemandem angeregt unterhielt. Erst lauschte sie eine Weile, dann rief sie Sanya beim Namen, aber er gab keine Antwort. Außer seiner Stimme war nichts weiter zu vernehmen, trotzdem schien er mit einer anderen Person freundlich zu plaudern. Sie spähte durch die Büsche, und da saß Onkel Sanya auf dem Boden und palaverte munter drauflos mit jemandem, den sie nicht sehen konnte. Mit ihren Blicken versuchte sie, die umliegenden Büsche zu durchdringen, doch es war niemand im Wald – außer ihnen beiden. Und dann fiel ihr Blick auf seinen Korb.

Sie hatte das schon mehrmals beobachtet, sagte sie. Es war immer dasselbe, ganz egal, wie viele Kinder aus dem Haushalt sich auch aufmachten, Schnecken, Beeren oder sonst was zu sammeln, Sanya verbrachte die meiste Zeit damit, herumzutollen, auf Bäume oder Felsen zu klettern oder irgendwohin zu spazieren. Seinen Korb ließ er achtlos stehen. Und doch, wenn sie sich auf den Heimweg machten, war sein Korb immer voller als der der anderen. Diesmal war es nicht anders. Als sie näher kam, fuhr unser Onkel Sanya erschrocken hoch, brach seine Unterhaltung brüsk ab und tat so, als suche er im Unterholz nach Schnecken.

Mutter sagte, dass sie sich gehörig fürchtete. Sein Korb war voll bis zum Rand, zum Bersten voll. Außerdem war sie ziemlich entmutigt. Sie nahm also ihren fast leeren Korb auf und bestand darauf, dass sie sofort nach Hause gingen. Sie ging voran, doch als sie sich nach einiger Zeit umschaute, schien es, als versuche Sanya, ihr zu folgen, werde aber gehindert – so als ob unsichtbare Hände ihn zurückhielten. Von Zeit zu Zeit schlug er mit seinem freien Arm um sich und fauchte: »Lass mich doch los! Siehst du denn nicht, dass ich nach Hause muss. Ich sag dir doch, ich muss jetzt gehn, also lass mich!«

Jetzt rannte sie los, und Sanya tat es ihr gleich, sie rannten den ganzen Weg bis nach Hause.

An diesem Abend wurde Sanya krank. Er bekam einen heftigen Schweißausbruch, wälzte sich die ganze Nacht auf seiner Matte hin und her und murmelte ständig vor sich hin. Am nächsten Morgen war das ganze Haus in heller Aufregung. Seine Stirn fühlte sich brennend heiß an, und niemand konnte einen zusammenhängenden Satz aus ihm herausbringen. Zum Glück kam gerade eine ältere Frau, eine von J.J.s Konvertiten, zu einem ihrer üblichen Besuche vorbei. Als sie von Sanyas Zustand hörte, nickte sie weise. Sie verhielt sich ganz so wie jemand, der genau weiß, was hier zu tun war. Zunächst einmal fand sie heraus, was zuletzt geschehen war, bevor Sanya krank wurde. Sie rief meine Mutter zu sich und fragte sie haarklein aus. Die erzählte ihr alles, und die alte Frau nickte die ganze Zeit verständnisvoll. Dann gab sie ihre Anweisungen: »Ich brauche einen Korb voll Àgìdi, für fünfzig Portionen. Dann bereitet mir eine große Schüssel voll Èkuru zu. Dass ihr mir aber jede Menge Johannisbrot und Krebsfleisch hineintut. Es muss so appetitlich wie möglich riechen.«

Die Kinder stoben in alle Richtungen. Einige rannten zum Markt, um die Àgìdi zu holen, andere begannen, die Bohnen für die gewünschte Menge Èkuru zu mahlen. Den Kindern lief das Wasser im Mund zusammen, denn sie nahmen an, dass dies ein Beschwichtigungsfest werden sollte, ein Sàarà für einen gekränkten Geist.

Doch als alles fertig zubereitet war, trug es die alte Frau in Sanyas Krankenzimmer, dazu einen Krug kaltes Wasser und Tassen, schloss Sanya im Zimmer ein und schickte alle Kinder fort. »Ihr geht euren ganz normalen Arbeiten nach, und dass mir keiner dem Zimmer hier nahe kommt. Wenn ihr wollt, dass euer Bruder wieder gesund wird, dann tut, was ich sage. Versucht nicht, mit ihm zu sprechen, und guckt auch nicht durchs Schlüsselloch.«

Sie verschloss sogar die Fensterläden und setzte sich dann am anderen Ende des Hofes nieder, von wo aus sie alle Unternehmungen der Kinder gut überschauen konnte. Aber sie nickte bald ein, und so konnten Mutter und die anderen Kinder ihre Ohren an Tür und Fenster pressen, obwohl sie natürlich Sanya selbst nicht sehen konnten. Es hörte sich an, als sei Onkel Sanya nicht allein. Sie hörten ihn sprechen, er sagte Dinge wie: »Benimm dich, es ist doch genug da für jeden. Also gut, nimm das da, und hier ist eine Extraportion für dich ... Mund auf ... So ... Ihr braucht euch doch nicht um jeden Bissen zu zanken. Hier hast du noch ein Stück Krebsfleisch ... Benimm dich, hab ich gesagt ...«

Und sie hörten etwas, das klang wie ein Klaps auf die Finger, wie das Schaben von Schüsseln auf dem Boden, wie das Gluckern von Wasser, das in eine Tasse gegossen wird.

Als die Frau entschied, dass es nun Zeit sei, und das war lange nach Einbruch der Dämmerung, gut sechs Stunden nachdem sie Sanya eingeschlossen hatte, ging sie und öffnete die Tür. Sanya lag da und schlief fest, doch diesmal ganz friedlich. Sie fühlte seine Stirn und schien mit der Veränderung zufrieden. Die Haushaltsmitglieder, die sich mit ihr zusammen ins Zimmer gedrängt hatten, interessierten sich allerdings nicht für Sanya. Alles, was sie sahen, und mit höchst erstaunten Gesichtern, waren die überall verstreut liegenden Blatthüllen von fünfzig Portionen Àgìdi, ohne Inhalt, eine riesige, leere Schale, die zuvor mit Èkuru gefüllt war, und ein fast leerer Wasserkrug.

Nein, da gab es überhaupt keine Frage, unser Onkel Sanya war ein Òrò, Wild Christian hatte mehr als nur einmal Beweise hierfür gesehen und gehört. Doch seine Kumpane gehörten offensichtlich eher zum wohlwollenden Typus, sonst wäre er sicher mehr als einmal zu Schaden gekommen, ungeachtet des schützenden Glaubens von J. J. Onkel Sanya besuchte uns zu der Zeit nur sehr selten, und so konnten wir ihm die Fragen nicht stellen, die Wild Christian uns zu beantworten sich weigerte. Als er uns das nächste Mal im Pfarreigelände besuchte, bemerkte ich seine fremden Augen, die kaum je zu blinzeln schienen und die starr über unsere Köpfe hinwegschauten, wenn er mit uns sprach. Doch dann wieder schien er viel zu lebhaft für einen Òrò; eine Zeit lang verwechselte ich ihn sogar mit dem hiesigen Pfadfinderführer, der den Spitznamen »Activity« hatte. Also fing ich an, die Wölflinge zu beobachten, denn sie kamen der Art von Gesellschaft, mit der sich unser Onkel Sanya in seiner Kindheit umgeben haben mochte, zweifellos am nächsten. Wenn ich ihre gespannten, kleinen Gesichter sich auf den Wiesen von Aké zum Kreis formieren sah, wenn sie bei ihrer Jamboree ihre kleinen Lagerfeuer entzündeten, mit Händen und Zweigen und mit genau zusammenpassenden Steinen ihre geheimen Zeichen austauschten, dann hatte ich das sichere Gefühl, die versteckten Kumpane entdeckt zu haben, die genau vor den Nasen der übertölpelten Wild Christian und der anderen Kinder aus J. J.s Haushalt ungesehen durch die Ritzen und Spalten der Tür oder direkt aus dem Boden gekrabbelt waren, um sich an fünfzig Portionen Àgìdi und einer riesigen Schüssel Èkuru gütlich zu tun.

Die Mission gestand der Pfarreistelle nur einen Vikar zu und seinen Katecheten; Aké war keinen Bischof mehr wert. Aber selbst das »Palais« des Vikars ist nur noch die Schale seiner selbst. Der Obstgarten ist verschwunden, und längst wurde das Zitronengras von den Ziegen abgefressen. Zitronengras – *das* Heilmittel gegen Fieber und Kopfweh; ein oder zwei Aspirin, eine Tasse heißen Tee aus Zitronengras und ab ins Bett. Doch der Tee strömte auch einen solchen Duft aus, dass wir ihn gern zur Abwechslung statt des schwarzen Tees tranken. Erstarrt, geschrumpft unter dem Einfluss der Zeit, ist jenes weiße quadratische Monument, das, gegen die Felsen gefügt, das Pfarreigelände beherrschte, das Auge auf sich zog, sobald ein Besucher durch das Tor des Pfarreigeländes trat. Der Herr dieses Hauses war ein Brocken von jenen Felsen, schwarz, riesig, ein Granitschädel und gewaltige Füße.

Meist wurde er Pastor genannt. Oder Vikar, Kanonikus, Hochwürden. Oder, wie meine Mutter ihn nannte, einfach Pa Delumo. Vaters Wahl hieß Kanonikus, und das war auch die meine, aber erst nach einem Besuch in Ibara. Wir unternahmen einige solcher Ausflüge; Besuche bei Verwandten, um Wild Christian bei ihren Einkäufen zu begleiten, oder aus irgendeinem anderen Grund, den wir aber nie ganz verstanden. Immer hatten wir am Ende eines solchen Ausflugs das vage Gefühl, man habe uns mitgenommen, damit wir etwas sehen oder erfahren sollten: Doch dann ließ man uns mit unserer Erwartung und Neugier im Stich – und mit unserer Erschöpfung natürlich, denn weite Strecken des Weges gingen wir immer zu Fuß. Manchmal war es schwierig, sich zu erinnern, welche speziellen Dinge wir gesehen hatten, was der eigentliche Grund für unseren Ausflug war, für den wir besonders fein angezogen und ordentlich gekämmt worden waren. Und immer gingen diesen Reisen Vorbereitungen mit viel Gewusel voraus.

Wir waren eine steile Straße hinaufgestiegen und zu einem imposanten Eingang gekommen – weiße Säulen und eine Platte, auf der stand: THE RESIDENCY. Ganz klar, hier lebte irgendein Weißer. Vor dem Tor patrouillierte ein Polizist in ausgebeulten Shorts und starrte über unsere Köpfe hinweg. Das Haus selbst stand leicht zurückgesetzt auf einem Hügel, zum Teil von Bäumen verdeckt. Doch die Objekte, auf die sich meine Augen hefteten, waren zwei schwarze wulstmäulige Rohre, auf hölzerne Räder montiert. Sie standen neben den Säulen, waren auf uns gerichtet, und daneben lagen Metallkugeln zur Pyramide aufgeschichtet, fast so groß wie Fußbälle. Das sind Geschütze, sagte meine Mutter, man nennt sie Kanonen, und im Krieg wird damit geschossen.

»Aber warum nennt Papa Pa Delumo denn einen Kanonikus?« Sie erklärte den Unterschied, aber ich hatte längst meine eigene Antwort gefunden. Es war der Kopf; Pa Delumos Kopf sah aus wie eine Kanonenkugel, darum nannte Vater ihn Kanonikus. Das ganze Drum und Dran der Geschütze beschwor das Bild des Mannes herauf, seine Macht und Massigkeit. Die Kanonen sahen unverrückbar, unzerstörbar aus, genau wie er. Er schien alles zu überragen. Wenn er uns besuchen kam, dann füllte er die ganze Eingangshalle aus. Nur das Wohnzimmer schien ihm angemessen; wenn er sich erst einmal in einem der Sessel niedergelassen hatte, wurde er leichter überschaubar. Ich empfand Mitleid für seinen Katecheten, Jungvikar oder Kuratus – auch sein Assistent schien verschiedene Namen zu haben –, der einen faden Eindruck machte, wie eine verhungerte Parodie seiner selbst, und so offensichtlich arm im Geiste, dass ich mich später seiner nur als einer Kirchenmaus erinnerte. Unter den Männern, die den runden weißen Kragen trugen, kam nur unser Onkel Ransome-Kuti – den alle Daodu nannten – der Persönlichkeit Pa Delumos gleich, ja übertraf sie sogar. Pa Delumos Gegenwart flößte mir Ehrfurcht ein, er beherrschte nicht nur das Pfarreigehöft, sondern ganz Aké, und das auf noch eindrucksvollere Weise als Kabiyesi, unser Oba, zu dessen Füßen ich oft Männer sich zu Boden werfen sah. Gelegentlich traf ich sehr viel geheimnisvollere Kleriker, unnahbar in ihrer ganz eigenen Ehrfurchtgebietung, wie zum Beispiel Bischof Howells, der in der Nähe unseres Hauses im Ruhestand lebte. Aber der Kanonikus war der Vikar von St. Peter, und er füllte die Pfade und Wiesen ganz und gar aus, wenn er den Hügel hinunterschritt, um seine Herde zu besuchen oder seine donnernden Predigten zu halten.

Der Kanonikus kam häufig, um mit Vater zu diskutieren. Manchmal waren ihre Gespräche sehr ernst, dann wieder schallte sein Lachen durchs ganze Haus. Aber sie führten niemals

Streitgespräche. Schon gar nicht habe ich sie je über Gott streiten hören, in der Art, wie es mein Vater mit dem Buchhändler und seinen anderen Freunden tat. Zu Anfang war es erschreckend, sie so über Gott reden zu hören. Besonders der Buchhändler mit seiner schrillen Stimme und seinem Truthahnhals schien für derart respektlose Bemerkungen über eine solche Macht physisch sehr schlecht ausgestattet. Manchmal schien der Kanonikus selbst diese Macht darzustellen, und so war der Wettstreit, wenn auch nur indirekt ausgetragen, sehr ungleich und ziemlich riskant für den Buchhändler. Meinen Vater hielt ich natürlich für gänzlich unverwundbar. Einmal ging der Kanonikus gerade durch das Pfarreigelände, während sie über irgendetwas disputierten, das mit der Geburt Christi zusammenhing. Sie schrien aus vollem Halse, und alle redeten durcheinander. Der Kanonikus war nur durch die Wiese draußen von ihnen getrennt, und ich fragte mich – weil er plötzlich stehen blieb, ob er sie wohl gehört hatte und nun käme, um sie zu maßregeln.

Aber er war nur stehen geblieben, um mit einem kleinen Jungen zu sprechen, der an der Hand einer Frau ging, wahrscheinlich seiner Mutter. Er bückte sich, um dem Jungen den Kopf zu tätscheln, sein breiter Mund öffnete sich in ein endloses Lächeln, und seine Augenwinkel zogen sich in Fältchen. Seine Stirn runzelte sich – manchmal war es schwer zu sagen, ob er über etwas erfreut war oder plötzlich Kopfschmerzen bekommen hatte. Sein Jackett war viel zu klein, die Hosenbeine endeten ein gutes Stück oberhalb der Knöchel, und der runde Kragen schien ihn fast zu ersticken. Der breitkrempige Priesterhut stauchte seine gigantische Gestalt; ich blickte rasch hinüber, um zu sehen, ob er sich vielleicht plötzlich verkleinert hätte, doch seine gewaltigen Schuhe, die, wie mich ein Vetter belehrte, Londoner Quadrat-Format genannt wurden, beruhigten mich. Mein Blick erhaschte gerade noch einmal sein ausladendes Hinterteil, ehe er sich wieder aufrichtete und die Hand der Frau zur Gänze verschwand, als er sie mit der seinen umfasste. Dieser Wechsel zwischen übermenschlichen Fähigkeiten und schlecht sitzender, gewöhnlicher Kleidung verwirrte mich; ich wünschte, er würde immer nur Soutane und Chorrock tragen.

Essay nahm bei allen Disputen mit Vorliebe die Position des Advocatus Diaboli ein – er wurde nach seinen Initialen S. A. genannt, von manchen auch HM oder »Headmaster« und von seinen stürmischeren Freunden auch Es-Ay-Sho. Aus irgendeinem Grund nannte ihn kaum jemand bei seinem richtigen Namen, und lange Zeit fragte ich mich, ob er überhaupt einen hatte. Es brauchte nicht lange, bis er in mein Bewusstsein einfach als Essay eindrang, geradeso wie jene sorgfältigen Stilübungen in Prosa, die ihren eigenen festgelegten Regeln der Komposition folgen und Produkte höchsten Anspruchs und ausgefeilter Eleganz sind, niedergeschrieben in wunderschöner Kalligrafie, die jeden Kopisten jedes Zeitalters vor Neid erblassen ließe. Wie groß war seine Verzweiflung darüber, dass er einen Sohn gezeugt haben sollte, der von Anfang an erkennen ließ, dass er nichts von dieser Schönschreibkunst geerbt hatte. Die gleiche Eleganz stellte er in seiner Kleidung zur Schau. Seine Essgewohnheiten waren eine Quelle ständiger Verwunderung für Mutter, die ich um des Kontrastes willen bald The Wild Christian, die ungezähmte Christin, taufte. Wenn Essay sich ein Stück Yarn abschnitt, es sorgfältig auf sein Gewicht hin abschätzte, es auf seinen Teller hinüberhob, innehielt, es umdrehte, ein Stückchen abtrennte und in die Schüssel zurücklegte, und dann dieses Ritual mit dem Fleisch und dem Gemüse fortsetzte, dann schüttelte sie den Kopf und fragte: »Macht dieses Schnipselchen denn nun einen Unterschied?«

Essay lächelte bloß und fuhr fort, mechanisch zu kauen, das Fleisch, den Yams in Stücke zu schneiden, als handle es sich um die Lösung einer Geometrieaufgabe; mit der Messerspitze nahm er eine Kellenladung vom Gemüseeintopf auf und bewarf das Stückchen Yams wie ein Maurermeister. Er trank nie zwischen den einzelnen Bissen, nicht einen einzigen Schluck.

Wenn sie zu debattieren begannen, war Essay allerdings genauso leicht erregbar wie der Buchhändler, der am schrillsten und verbissensten schrie, während seine winzigen Augen funkelten. Es sah aus, als schiene ihm immerzu die Sonne in die Augen. Der Buchhändler verbreitete im Hause eine Aura von Perlhühnern, Truthähnen, Schafen und Ziegen, Tiere, die er alle im Übermaß auf seinem Grundstück züchtete. Die Schafe mussten alle naselang zusammengetrieben werden; entweder hatte ein unachtsamer Besucher das Tor offen stehen lassen, oder die halsstarrigen Viecher hatten schon wieder eine Lücke in der Mauer aus Stein und Lehm gefunden. Dünn und hitzig, mit hervorstehenden, ledrig straff überzogenen Backenknochen unterstrich er seine Ausführungen mit vogelgleichen Bewegungen. Selbst wenn er noch so sehr in Angriffsstimmung war, ließ er doch die Schultern schlaff hängen; seine Finger weigerten sich, das Stoffkäppi loszulassen, das im Freien immer auf seinem Kopf saß – vielleicht weil er eine Vollglatze hatte. Wir konnten sein Lachen immer deutlich heraushören, schrill und rasplig entblößte es zwei lückenreiche Zahnreihen, die seinem Gesicht schließlich das Aussehen eines alten Korbsessels verliehen.

Die Frau des Buchhändlers war eine von unseren vielen Müttern; hätten wir in der Angelegenheit eine Wahl gehabt, sie hätte in vorderster Front noch vor unserer eigenen Mutter rangiert. Von bovider Schönheit, mit pechschwarzer Haut und von unerschöpflicher Güte, erfüllte sie meinen Kopf doch mit beunruhigenden Gedanken, und das alles nur wegen ihres Ehemannes. Im Gegensatz zu ihm war sie ausgesprochen füllig, und manchmal, wenn der Buchhändler für Tage verschwand, dann war ich ganz sicher, dass sie ihn schlicht verschlungen hatte. Ich verspürte große Erleichterung, wenn ich seinen kahlen Kopf wieder im Haus oder Laden lebhaft hin und her rucken sah. Von all den Frauenrücken, auf denen ich getragen wurde, war keiner so sicher und gemütlich wie der von Mrs B. Er war geräumig, weich und beruhigend, er strahlte die gleiche vertrauenerweckende Ruhe und Freundlichkeit aus, die wir auch in ihrem Gesicht lesen konnten.

Wir übernachteten oft im Hause des Buchhändlers. Mrs B schickte das Dienstmädchen zu unserem Haus hinüber, um ausrichten zu lassen, dass wir bei ihr essen und übernachten würden, und damit basta! Wenn es was setzen sollte, versteckten wir uns hinter ihr, und sie schützte uns.

»Nein, nein, nein, da musst du erst mich schlagen ...«

Wild Christian versuchte, mit ihrem Prügel um sie herumzulangen, aber sie stellte einfach zu viel Masse dar. Damit war die Angelegenheit erledigt, es sei denn, die Missetat wäre ganz besonders schwerwiegend gewesen.

Ihre einzige Tochter, Bukola, war nicht von dieser Welt. Wenn wir unsere Stimmen gegen die Wände des Schulgebäudes im unteren Pfarreigelände schmetterten, um aus der Ferne das zurückhallende Echo zu hören, dann schien es mir immer, als sei Bukola ein eingebürgertes Wesen aus jener anderen Welt, in der die Stimmen gefangen, gesiebt, neu gesponnen und dann in immer kleiner werdenden Kopien zurückgeworfen werden. Amulette, Anhänger, winzige Rasseln und dunkle, aus Kupfer gedrehte Ringe erdeten sie an Knöcheln, Taille, Handgelenken und Fingern. Sie wusste, dass sie ein Àbikú war. Auch die zwei winzigen Narben auf ihrem Gesicht gehörten zu den Abwehrmaßnahmen gegen die Verlockungen ihrer Gefährten aus jener anderen Welt. Wie alle Àbikú war sie privilegiert, abgesondert. Ihre Eltern wagten es nicht, lange oder ernsthaft mit ihr zu schimpfen.

Plötzlich drehte sie ihre Augen nach oben, bis nur noch das Weiße zu sehen war. Sie tat es uns zuliebe, wann immer wir sie darum baten, Tinu stand dann in sicherer Entfernung, bereit, sofort wegzulaufen; irgendwie erwartete sie wohl, dass schreckliche Dinge folgen würden.

Ich fragte Bukola: »Kannst du was sehen, wenn du das mit deinen Augen machst?«

»Nur Dunkelheit.«

»Erinnerst du dich an irgendetwas aus der anderen Welt?«

»Nein. Aber ich gehe immer dahin, wenn ich in Trance falle.«

»Kannst du jetzt in Trance fallen?«

Aus ihrer sicheren Entfernung drohte mir Tinu, sie werde mich bei den Eltern verpetzen, wenn ich Bukola noch weiter ermuntern sollte. Und Bukola sagte, dass sie wohl in Trance fallen könne, aber nur, wenn ich sicher sei, dass ich sie auch wieder zurückrufen könne.

Ich war mir nicht sehr sicher, dass ich das konnte. Ich schaute sie an und fragte mich, wie Mrs B wohl mit so einem übernatürlichen Wesen zurechtkam, das starb, wiedergeboren wurde, erneut starb, das einfach kam und ging, sooft es ihm gefiel. Wenn sie lief, klingelten die Glöckchen an ihren Knöcheln und vertrieben die kleinen Gesellen aus der anderen Welt, die sie unaufhörlich belästigten und sie anflehten, doch wieder zu ihnen zu kommen.

»Kannst du sie wirklich hören?«

»Oft.«

»Und was sagen sie?«

»Dass ich kommen und mit ihnen spielen soll.«

»Haben sie denn keine eigenen Spielkameraden? Warum belästigen sie dich?«

Sie zuckte die Achseln.

Ich empfand Groll, schließlich war Bukola unsere Spielkameradin. Dann hatte ich eine Idee. »Warum bringst du sie nicht mit hierher? Wenn sie dich das nächste Mal rufen, dann lade sie doch ein, hier mit uns zu spielen.«

Sie schüttelte den Kopf. »Das können sie nicht.«

»Warum denn nicht?«

»Sie können sich nicht einfach frei bewegen. Du kannst ja auch nicht zu ihnen hinüber.«

Sie war etwas Besonderes, diese privilegierte Person, die, anders als Tinu und ich und auch ihre Gefährten aus dieser anderen Welt, so leicht von einer Sphäre in die andere wechseln konnte. Einmal konnte ich sie beobachten, als sie unter dem Bann der Ohnmacht stand, die Augen nach oben verdreht, die Zähne fest zusammengebissen, während ihr Körper schlaff wurde.

Mrs B jammerte und schrie: »Egbà mi, ara è ma ntutu! Ara èma ntutu!« Dabei rieb sie verzweifelt Bukolas Glieder, um sie ins Leben zurückzubringen. Der Buchhändler kam durch die angrenzende Tür aus dem Laden gerannt und öffnete ihr gewaltsam den Mund. Schon hatte eines der Hausmädchen eine Flasche aus dem Schrank geholt, und mit vereinten Kräften flößte man ihr eine Flüssigkeit ein. Die Àbikú erlangte das Bewusstsein nicht sofort zurück, aber ich sah bald, dass die Gefahr vorüber war. Die Spannung im Haushalt ließ nach, man streckte Bukola auf dem Bett aus, sie entspannte sich, und ihr Gesicht überzog sich mit übernatürlicher Schönheit. Wir saßen neben ihr, Tinu und ich, und beobachteten, wie sie aufwachte. Dann brachte ihr ihre Mutter etwas leichte Fischsuppe zu trinken, die sie rasch zubereitet hatte, während Bukola schlief. Normalerweise aßen wir alle zusammen aus derselben Schale, aber diesmal gab Mrs B etwas Suppe in ein kleines Gefäß und fügte eine zähflüssige Substanz aus einer Flasche hinzu. Es sah wie Brackwasser aus und hatte einen stechenden Geruch. Während wir unsere Suppe löffelten, stützte Mrs B den Kopf ihrer Tochter und ließ sie ihre Suppe in einem Zug austrinken. Bukola war offensichtlich darauf vorbereitet; sie schluckte die Arznei ohne Widerrede.

Später gingen wir hinaus spielen. Die Krise war überstanden. Doch Mrs B bestand darauf, dass wir innerhalb ihres Hofes blieben.

Ich erinnerte Bukola an den Bannzustand: »Hatten dich deine anderen Spielkameraden gerufen?«

»Ich kann mich nicht erinnern.«

»Aber du kannst es machen, wann immer du willst?«

»Ja. Besonders, wenn meine Eltern etwas tun, was mich ärgert. Oder das Hausmädchen.«

»Aber wie machst du das? *Wie* stellst du es an? Ich weiß, erst werden deine Augen ganz weiß ...«

»Ach ja? Ich weiß nur, dass, wenn ... na ja, wenn ich was haben will und meine Mutter sagt Nein. Es kommt ja nicht immer vor, aber manchmal verweigern mir meine Eltern etwas, und dann höre ich meine Kameraden, und sie flüstern mir ins Ohr: ›Siehst du, sie wollen dich nicht haben da drüben, wir haben es dir doch schon immer gesagt. Irgend so etwas sagen sie, und dann habe ich den Wunsch, wegzugehen, ich will unbedingt weggehen. Ich sage es meinen Eltern immer wieder, ich werde gehen, ich werde für immer gehen, wenn ihr das und das nicht macht. Und wenn sie es dann immer noch nicht machen, dann falle ich einfach in Ohnmacht.«

»Was passiert, wenn du nicht zurückkommst?«

»Aber ich komme doch immer zurück.«

Es bedrückte mich sehr. Mrs B war eine viel zu freundliche Frau, um mit einem solch schwierigen Kind geplagt zu sein. Andererseits wussten wir, dass Bukola nicht wirklich grausam war, ein Àbikú war eben so, sie konnte nichts für ihre Natur. Ich dachte an all die Dinge, die Bukola verlangen konnte, sogar Dinge, die zu beschaffen gar nicht in der Macht ihrer Eltern lag.

»Und wenn du sie jetzt eines Tages um etwas bittest, das sie dir unmöglich geben können, zum Beispiel das Auto des Alake?«

»Sie müssen mir alles geben, was ich will«, beharrte sie.

»Aber es gibt Dinge, die haben sie einfach nicht. Selbst ein König hat nicht alles.«

»Als es das letzte Mal passierte, hatte ich nur einfach um ein Sàarà gebeten. Mein Vater verweigerte es. Er sagte, ich hätte gerade erst eins gehabt, also fiel ich in Ohnmacht. Ich war wirklich entschlossen, für immer zu gehen.«

Tinu protestierte: »Aber man kann doch nicht jeden Tag ein Sàarà veranstalten.«

»Ich will ja auch nicht jeden Tag ein Sàarà«, insistierte sie, »und außerdem war das Sàarà, um das ich gebeten hatte, nicht für mich, sondern für meine Freunde von drüben. Sie sagten, wenn ich nicht sofort zu ihnen hinüberkommen könne, um mit ihnen zu spielen, dann sollte ich für sie ein Sàarà veranstalten. Ich sagte es meiner Mutter, sie stimmte zu, aber mein Vater war dagegen.« Sie zuckte die Achseln. »Na ja, so ist das eben, wenn die Erwachsenen sich weigern zu verstehen: So musste Papa noch ein Huhn extra opfern, weil es viel länger dauerte als sonst, bis ich zurückkam.«

Der Ausdruck ihres ovalen ernsten Gesichtes wechselte, während sie sprach, von Unschuld zu Autorität. Ich beobachtete sie sehr aufmerksam und fragte mich, ob sie wohl wieder eine Reise plante. So natürlich, wie das alles schien, fühlte ich doch eine vage Unruhe, das war doch ein bisschen viel Macht, die ein Kind da über seine Eltern ausüben konnte. Ich rief mir die Gesichter all derer, die bei besagtem Sàarà anwesend waren, ins Gedächtnis, wie wir aßen und tranken, den plötzlichen Streit, der aufkam, die beschwichtigenden Stimmen der Erwachsenen; nichts Ungewöhnliches war dabei geschehen. Es war ein Sàarà wie jedes andere. In kleinen Grüppchen hatten wir im Garten auf ausgebreiteten Matten gesessen, alle in unserem Sonntagsstaat, und Bukola war besonders prächtig gekleidet. Ihre Augen waren dick mit Antimon ummalt, und ihr Gesicht war gepudert. Sie saß mit auf unserer Matte und aß aus derselben Schüssel wie wir, es war absolut nichts Außergewöhnliches an ihr; und schon gar nicht sah ich sie heimlich ihren unsichtbaren Gefährten irgendwelche Leckerbissen zustecken – und doch war das Sàarà ja eigentlich für diese bestimmt.

Ich fragte mich manchmal, ob sich Mr B wohl in unser Haus flüchtete, um der Tyrannei seines Kindes ab und zu einmal zu entfliehen. Sosehr mein Vater Diskussionen liebte, über jedes Thema im Himmel und auf Erden, war es doch der Buchhändler, der die Gespräche gewöhnlich bis tief in die Nacht hinein ausdehnte. Er quälte ein längst totgerittenes Argument mit seinen Falkenkrallen, gab äußerst widerstrebend in einem Punkt nach, nur um sofort einen Standpunkt einzunehmen, der längst überholt oder durch andere Argumente schon lange widerlegt war. Sogar ich bemerkte das, und die übertriebene Geduld, die in Essays Stimme schwang, schien es zu bekräftigen.

Und manchmal nahmen ihre Diskussionen ganz erschreckende Wendungen. Eines Tages begleiteten der Buchhändler, Fowokan – der stellvertretende Rektor der Volksschule, der Katechet und noch einige von Essays Busenfreunden Essay nach der Sonntagsmesse nach Hause. Osibo, der Apotheker, nahm gern an den Diskussionen teil, trug aber selbst wenig dazu bei. Ihre Stimmen hatten schon längst das Haus erreicht, alle waren sie hitzig in die Debatte verwickelt, alle redeten durcheinander, und keiner gab ein Jota nach. Über Flaschen mit warmem Bier und Limonade wurde die Diskussion fortgesetzt; sie erschöpfte Wild Christians Vorräte an Chin-Chin und süßem Gebäck und zog sich bis zum Mittagessen hin. Doch obwohl sie voll Verzweiflung den Kopf schüttelte über »diese Freunde deines Vaters« und sich fragte, wie er es immer wieder schaffte, Freunde an sich zu ziehen, die solchen Heißhunger auf Argumente und Nahrungsmittel hatten, war es doch ganz offensichtlich, dass Wild Christian es sehr genoss, dass das Haus des Rektors die intellektuelle Wasserquelle für Aké und seine Umgebung war.

Wenn der Spätnachmittag heranrückte, lieferten Tee und belegte Brote oder Kuchen ihrer Stimmkraft neue Energie für den letzten Schlagabtausch; dann wurde es Zeit für die Abendandacht, und alle mussten nach Hause gehen, um sich umzuziehen. Gewöhnlich war es um diese Zeit, dass Bukolas Vater in der größten Gefahr schwebte. Die Argumente nahmen eine physische Wendung, bei der der Buchhändler, und immer nur der Buchhändler, als lebender Beweis für einen Diskussionspunkt herhalten musste. Meine Loyalität seiner Frau gegenüber stürzte mich in ein scheußliches Dilemma. Ich hielt es für meine Pflicht, hinüberzurennen und sie zu warnen, dass man dabei sei, ihren Mann in die Sklaverei zu verkaufen, aus Abeokuta zu verbannen, aus einem Flugzeug zu stoßen, vom Kirchturm zu stürzen, an einen Baum gefesselt allein bei Nacht den Waldgeistern zu überlassen, auf Erkundungsfahrt in die Hölle oder auf Friedensmission zu Hitler zu schicken ... immer war es eine gefährliche Konsequenz des gerade debattierten Themas, und die einzige Möglichkeit, darüber waren sich alle einig, zu einer Lösung zu kommen. An jenem Tag wollten die sauberen Freunde ihm doch tatsächlich einen Arm abschneiden.

»Also gut, dann kann ich ja Joseph Bescheid sagen, dass er schon mal die Machete schärft.«

Die Diskussion hatte sich aus dem Thema der Morgenpredigt entwickelt. Im Laufe des Tages hatte sie, wie gewöhnlich, hundert Wendungen genommen, und jedes Mal hatten die gestikulierenden Arme des Buchhändlers die Funken der erschöpften Standpunkte neu entfacht. Jetzt war es so weit, dass er seinen Arm verlieren sollte. Trotzdem kämpfte er verbissen. Das tat er immer.

»Habe ich etwa behauptet, dass mein rechter Arm mir Ärgernis schafft?«

Unter Gelächter – und das war das Unbegreifliche, sie lachten immer – rief Essay, Joseph solle die Machete bringen.

Mr Fowokan schlug vor: »Oder eine Axt, was schärfer ist.«

Mr Bs Hände flatterten immer verzweifelter. »Halt, halt! Habe ich gesagt, dass mein rechter Arm mir Ärgernis schafft?«

»Willst du jetzt etwa behaupten, du seist ohne Sünde?«, konterte der Katechet.

»Nein! Aber wer kann mit letzter Sicherheit behaupten, dass es meine Hand war, die die Sünde beging? Und welchen Arm wollt ihr abschlagen, den rechten oder den linken?«

»Hm ...«, mein Vater dachte über die Sache nach. »Du bist Linkshänder, also besteht große Wahrscheinlichkeit, dass dein linker Arm die Sünde beging. Joseph!«

»Nicht so voreilig. Lasst uns Gottes Wort noch einmal genau betrachten ... wenn aber deine Hand dir Ärgernis schafft ... *Ärgernis schafft,* heißt es, wohlgemerkt ... davon, dass sie eine Sünde beging, ist nicht die Rede. Meine rechte Hand kann eine Sünde begehen, oder auch meine linke. Das mag für Gott ein Grund zum Ärgernis sein, aber es muss noch lange nicht bedeuten, dass es *mir* zum Ärgernis gereicht. Wenn Gott verärgert ist, dann ist das seine Sache, dann soll er nach seinem Gutdünken handeln.«

Essay blickte ihn entsetzt an. »Du willst also allen Ernstes sagen, dass etwas, was für Gott ein Ärgernis bedeutet, vom Menschen nicht als Ärgernis betrachtet zu werden braucht. Du weigerst dich, dich auf Gottes Seite gegen die Sünde zu stellen?«

Hastig war der Buchhändler bestrebt, Gott zu beschwichtigen. »Aber nein. Unterstell mir nichts, was ich nicht gesagt habe. Was du da behauptest, habe ich nie ...«

Wie aus einem Mund riefen sie: »Na also, dann wollen wir keine Zeit mehr verschwenden.«

Joseph stand schon hinter den Kulissen bereit. Mein Vater nahm ihm jetzt die Machete ab, die anderen grapschten sich den Buchhändler.

»Halt! Wartet noch«, flehte der Mann.

Ich drehte mich zu Tinu um, mit der zusammen ich von einer Ecke des Wohnzimmers aus die Szene belauschte. »Einer von uns sollte vielleicht rüberlaufen und Mrs B holen.«

Aber da Tinu eigentlich nie wirkliches Interesse an den Diskussionen zeigte, merkte sie auch nicht, wann der Punkt erreicht war, an dem ein Argument auf eine gefährliche Probe gestellt werden musste.

Essay prüfte die Schärfe der Schneide mit der Daumenkuppe. Der Buchhändler schrie: »Aber ich versichere euch, weder mein rechter noch mein linker Arm schafft mir Ärgernis.«

Mein Vater seufzte. »Heute ist Sonntag, der Tag des Herrn. Stell dir vor, du stündest jetzt vor ihm. Du bist sein Diener. Ein angesehenes Mitglied des Kirchenrates von St. Peter. Du behauptest und beharrst darauf, dass die Worte Jesu Christi wörtlich zu nehmen sind. Also gut, Gott also fragt dich jetzt: Hat deine rechte Hand dir jemals Ärgernis bereitet? Ja oder nein?«

Es war diese Sprache, die mich ängstigte, mehr als die Gewalt, die dem Buchhändler angetan werden sollte. Mein Vater hatte die Angewohnheit, so zu sprechen, als sei er mit Gott per Du. Wie konnte er nur so tun, als ob Gott jeden Augenblick in unser Wohnzimmer spaziert käme, um den Buchhändler zu belangen. Ich fürchtete nämlich, dass in der Tat ein Besuch stattfinden könnte, schlimmer als alles, was den Buchhändler bei diesem ungleichen Kampf erwartete.

Tinu schlüpfte davon. Die Versammlung im Wohnzimmer lachte über den Buchhändler, der wütend kämpfte – besonders mit seiner Stimme. Dieses Lachen machte alles nur noch satanischer. Essay ließ die Machete über den Zementfußboden schaben und kam Schritt um Schritt näher. Plötzlich konnte sich der Buchhändler loswinden; er riss die Tür auf und entkam.

»Ihm nach! Haltet ihn!«, brüllten sie und stoben in alle Richtungen, nicht ohne Wild Christian ein Dankeschön für das üppige Sonntagsmahl zugerufen zu haben. Ich flitzte durchs Esszimmer und den Hintergarten zum Tor, damit ich beobachten konnte, wie die Jagd durchs Pfarreigelände ausging. Sie endete da, wo sich die Pfade gabelten, der eine zum Grundstück des Buchhändlers, der andere zum Tor des Pfarreigeländes, durch das die Freunde ihre eigenen Häuser erreichten. Ihr Gelächter schallte über das ganze Grundstück, als sie sich ihre Abschiedsgrüße zuwinkten. Ich vermochte ihre Leichtherzigkeit überhaupt nicht zu würdigen, ich war viel zu dankbar, dass Mrs B nun doch nicht mit einem einarmigen Ehemann geschlagen war – zusätzlich zu dieser eigenwilligen Àbikú.

2

Wenn ich morgens aufwachte, war Tinu schon weg. Gegen Mittag kam sie zurück und trug eine Schiefertafel, an der ein Griffel befestigt war. Und sie war mit genauso einer kakifarbenen Uniform bekleidet wie die anderen großen und kleineren Kinder, die in Horden von morgens bis nachmittags durch das Gelände quirlten, mit hunderterlei Dingen beschäftigt.

Zu einer festgesetzten Stunde am Morgen langte eines der größeren Kinder nach der Kette, die am Glockentürmchen baumelte, zog daran und bewegte sich dabei wie im Tanz, und die Glocke begann zu läuten. Sofort stoben die tollenden, tobenden, rennenden, raufenden Schüler in die verschiedensten Richtungen zwischen den Schulgebäuden auseinander – die Kleinsten liefen zum Schulraum am hinteren Ende des Geländes, und dort konnte ich sie nicht länger beobachten. Die Größeren blieben in meiner Sichtweite, nahe beim Hauptgebäude. Sie teilten sich in mehrere Gruppen, und jede stellte sich unter den wachsamen Augen eines Lehrers in einer Reihe auf. Wenn alles in Reih und Glied stand, sah ich meinen Vater, der plötzlich wie aus dem Nichts auf dem obersten Treppenabsatz erschien. Er hielt eine kurze Ansprache, dann trat er beiseite. Einer der großen Schüler stimmte ein Lied an, die anderen fielen ein, und in Zweierreihen marschierten sie im Takt ins Schulgebäude.

Es wurde immer aus einem Repertoire von fünf oder sechs Liedern gewählt, und dass eines davon bald mein Lieblingslied werden sollte, lag wohl daran, dass die Schüler es mit mehr Begeisterung sangen als die anderen Lieder. Es fiel mir auch auf, dass die Schüler, wenn dieses Lied an der Reihe war, eher tanzten als marschierten. Selbst die Lehrer schienen davon angesteckt; sie lächelten nachsichtig und machten sich manchmal gegenseitig auf einen Schüler aufmerksam, der zu einem bestimmten betonten Taktschlag die Schultern in höchst eigentümlicher Weise hochzog und doch genau im Rhythmus marschierte. Es war auch ein sehr ungewöhnliches Lied, denn die Strophen waren in Englisch, während der Refrain in Yoruba gesungen wurde. Nur die Worte dieses Refrains drangen bis zu mir herüber:

B'ina njo, ma je'ko
B'ole nja, ma je'ko
Eni ebi npa, omo wi ti're

Von der anderen Schule hörte ich nie so lebhaften Gesang; weniger noch, die Riegen verschwanden einfach aus meinem Gesichtsfeld. Und doch war das die Schule, die meine Schwester besuchte. Ich konnte sie nie in der marschierenden Gruppe entdecken, jedenfalls sah ich in dieser Abteilung niemanden von ihrer Größe. Meine Neugier wuchs von Tag zu Tag. Sie spürte das genau und trieb ihr Spiel mit mir; sie weigerte sich, mir meine Fragen zu beantworten, oder warf mir nur halbe Brocken hin, die meine Neugier nur noch steigerten.

»Ich werde in die Schule gehen«, verkündete ich eines Tages. Wie ein Witz ging der Ausspruch von Mund zu Mund und löste spontan schallendes Gelächter aus. Mutter besänftigte mich: »Warte, bis du so alt bist wie deine Schwester.«

Sobald die Schüler im Gebäude verschwunden waren, nahm das Gemurmel in den Schulräumen mysteriöse Züge an. Durch die offenen Fenster der Klassenzimmer sah ich in Konzentration gebeugte Häupter und die majestätische Gestalt eines Lehrers, die in mein Blickfeld kam und wieder verschwand und dabei über den Köpfen der aufmerksamen Zuhörer Zaubersprüche murmelte.

Aus allen Ecken und Winkeln der verschiedenen Gebäude tönten Psalmodien, und manchmal hörte man sogar richtiges Singen mit Harmoniumbegleitung. Wenn die geheimen Riten hinter den verschlossenen Türen beendet waren, kamen die Kinder wieder in Gruppen heraus und fingen an zu spielen – Verstecken oder Nachlaufen –; sie verteilten sich über das ganze Gelände, hoben Abfälle auf, säuberten die Pfade, schnitten den Rasen und jäteten Unkraut. Sie streiften umher mit Hacken und Macheten, mit Stöcken und Besen und zogen sich dann in die offenen Werkstatthütten zurück, wo sie Körbe flochten, Holz- oder Bambusschnitzereien anfertigten oder Lehm zu eigenartig geformten Objekten kneteten.

Unter der fürsorglichen Aufsicht von Auntie Lawanle spielte ich allein auf den Pflastersteinen vor unserem Haus und beobachtete all diese verschiedenen Geschäftigkeiten. Die Werkzeuge für die Arbeit im Freien wurden wieder gegen Bücher getauscht, Übungsbücher, Schultafeln, unter die Achsel geklemmte Bücher, in kleinen Blech- oder Holzranzen, Bücher in Raffiabeuteln, Bücher mit einem Riemen zusammengebunden und auf dem Kopf balanciert, über die Schulter geschlungen in Tuchtaschen. Genau vor unserem Haus lag der Rasen, der ausschließlich von den Mädchen der anderen Schule benutzt wurde. Sie bildeten Kreise, jagten sich gegenseitig innerhalb und außerhalb dieser Kreise, rangelten um einen Ball und warfen ihn durch einen eisernen Ring, der an einem Brett befestigt war. Dann verschwanden auch sie in den Klassenzimmern, Bücher wurden hervorgeholt, und sie begannen, ihre eigenen Geheimriten zu befolgen.

Tinu wurde immer überheblicher. Meine ehemalige Spielkameradin war in eine neue Welt eingetreten, und obgleich wir noch immer miteinander spielten, hatte sie jetzt ein anderes Feld, dem ihre Aufmerksamkeit galt. Jeden Morgen wurde sie früher als ich geweckt, gebadet, bekam ihr Frühstück und wurde dann von einem der älteren Kinder, die im Haus lebten, zur Schule gebracht. Meine Spielsachen wurden mir fad und langweilig, doch das Hohngelächter dröhnte mir noch in den Ohren, und so verlangte ich nicht mehr, Tinu in die Schule begleiten zu dürfen.

Stattdessen stand ich eines Morgens mit auf, als sie geweckt wurde, verlangte, mit ihr zusammen gebadet zu werden, frühstückte, wählte von meinen Kleidern die aus, die wohl der Schuluniform am ähnlichsten sahen, und bestand darauf, sie angezogen zu bekommen. Ich hatte schon ein paar Bücher auf Vaters Schreibtisch vorgemerkt, nahm sie aber noch nicht weg. Ich wartete im Wohnzimmer. Als Tinu mit ihrer Begleitung durchkam, ließ ich sie erst das Haus verlassen, wartete noch einen Augenblick, dann schnappte ich mir die Bücher, die ich mir vorher ausgesucht hatte, und folgte ihnen. Die Eltern waren beide noch im Esszimmer. Ich folgte mit einem Abstand, damit man mich nicht bemerken sollte, ehe wir die Schule erreichten. Ich wartete an der Tür, beobachtete, wo Tinu sich hinsetzte, und schlüpfte dann auf den Platz in der Bank neben ihr.

Erst jetzt bemerkte Lawanle mich, die heute Tinus Eskorte bildete. Sie ließ einen lauten Schrei los und fragte mich: »Was fällt dir denn ein?« Aber ich ignorierte sie. Die Lehrer hörten den Lärm und kamen ins Klassenzimmer. Ich schien für jedermann der Gegenstand größter Belustigung zu sein. Sie schauten mich an, zeigten mit Fingern auf mich, hielten sich die Seiten und bogen sich vor Lachen. Nun kam ein Mann herein, der die Aufsicht über die Klassen der Jüngsten zu führen schien. Er war ein Freund von Vater und kam uns oft zu Hause besuchen. Ich erkannte ihn und war froh, dass er nicht in das Gelächter der anderen einstimmte.

Stattdessen stellte er sich vor mich hin und fragte: »Willst du deiner Schwester heute Gesellschaft leisten?«

»Nein. Ich will von jetzt an in die Schule gehen.«

Nun schaute er auf die Bücher, die ich von Vaters Schreibtisch stibitzt hatte.

»Sind das nicht die Bücher deines Vaters?«

»Ja. Ich will sie lernen.«

»Aber du bist noch nicht alt genug, Wole.«

»Ich bin drei Jahre alt.«

Lawanle mischte sich ein: »Drei Jahre alt, ha! Hören Sie nicht auf ihn, Sir. Er wird erst im Juli drei.«

»Ich bin fast drei. Jedenfalls will ich in die Schule gehen. Ich habe Bücher.«

Er wendete sich an den Klassenlehrer und sagte: »Nehmen Sie ihn in die Liste auf.« Dann drehte er sich zu mir um und sagte: »Natürlich musst du nicht jeden Tag in die Schule kommen – komm nur, wenn du Lust dazu hast. Vielleicht wachst du morgen auf und hättest viel mehr Lust, zu Hause zu bleiben und zu spielen ...«

Ich blickte ihn einigermaßen erstaunt an. Keine Lust haben, in die Schule zu gehen! Die bunten Landkarten, die Bilder und all die anderen Dinge, die an den Wänden hingen, die farbigen Zählperlen, die Lesezeichen, die Schiefertafeln, die Tintenfässer in ihren sauberen runden Löchern, die Kreidestifte und die Malbücher, das Regal, das beladen war mit Modellen von Tieren, Menschen, Werkzeugen, die Raffia- und Korbwaren in verschiedenen Stadien der Fertigung, selbst die Wandtafel, die Kreide und der Wischlappen ... ein einladenderes Spielzimmer musste man mir erst noch zeigen! Hinzu kam, dass ich eine vage, intuitive Verbindung geschaffen hatte zwischen der Schule und den Stößen von Büchern, mit denen mein Vater eine fast religiöse Kommunikation pflegte und die mir ständig entrissen werden mussten, sobald meine Arme lang genug geworden waren, dass ich damit auf den Schreibtisch langen konnte.

»Ich werde jeden Tag kommen«, verkündete ich zuversichtlich.

Mr Olagbajus Junggesellenquartier hinter der Schule wurde zur Essenszeit mein zweites Zuhause. Sein Lieblingsessen schien ein Gericht aus gestampften Yams zu sein, Iyan genannt, und ich wurde dabei bald sein begeisterter Komplize. Durch dieses selbe Iyan fand ich bald auch meinen ersten Schulfreund, Osiki, einfach indem ich entdeckte, dass er ein noch glühenderer Verehrer des Yams-Gerichtes war als Mr Olagbaju oder ich. Es schien ganz einfach eine Selbstverständlichkeit, dass ich ihn mit zu uns nach Hause oder mit zu Mr Olagbaju nahm, wenn Iyan auf dem Speisezettel stand; außerdem lehrte mich Mr Olagbaju, wie man Ayo spielt, und dazu brauchte ich immer einen Spielpartner.

Mit einiger Verwunderung hörte ich deshalb meine Mutter sagen: »Der schlägt seinem Vater nach. Bringt einfach ohne Vorwarnung Leute zum Essen mit nach Hause.«

Ich sah den Grund nicht ein; es war doch die natürlichste Sache der Welt, dass man einen Freund mitbrachte, wenn es sein Lieblingsessen gab. So wurde Osiki ein unverzichtbarer Kamerad und ein regelmäßiger Besucher unseres Hauses, besonders an Iyan-Tagen. Eine der Hausgehilfinnen machte ein Lied über ihn:

Osiki oko oniyan
A ti nwa e, a ko ri e

… das sie zu singen begann, sobald sie uns Hand in Hand den Pfad von der Schule herunterkommen sah. Doch Iyan sollte auch zum ersten Prüfstein unserer Freundschaft werden.

Viel zu viele Dinge gab es im Klassenzimmer und im Schulhof zu sehen, als dass man sie während der normalen Schulstunden hätte aufnehmen können; und außerdem schien das leere Schulzimmer einen völlig anderen Charakter anzunehmen, der sich dazu noch täglich änderte. Und so blieb ich denn zur Mittagszeit, wenn alle anderen gegangen waren, allein zurück, um neue Entdeckungen zu machen. Jeden Tag blieb ich ein bisschen länger, hielt mich über Gegenständen auf, die neue Bedeutung oder Form, ja neue Dimensionen erhielten, sobald sich die Stille über ihre Umgebung senkte. Manchmal ging ich auch einfach zwischen den Felsbrocken umher, nichts anderes im Sinn, als die herausfordernden Flächen zu erklimmen, wenn niemand sonst dabei war.

Schließlich riss Osiki der Geduldsfaden. Gewöhnlich wartete er zu Hause auf mich, selbst wenn Tinu schon ihr Essen vorgesetzt bekam. An diesem Tag allerdings, vielleicht war er hungriger als sonst, entschloss er sich, nicht zu warten. Später versuchte er zu erklären, dass er vorgehabt hätte, nur die Hälfte der Mahlzeit zu essen, doch dann sei er nicht in der Lage gewesen, sich zurückzuhalten. Als ich nach Hause kam, fand ich leere Schüsseln vor, und ich sah gerade noch, wie sich Osiki hinter dem Crotonbusch verdrückte, der im Garten hinter dem Haus stand, was nichts anderes bedeutete, als dass er sich durch das hintere Hoftor aus dem Staub machen wollte. Ich rannte mit den leeren Schüsseln durch Wohn- und Vorzimmer, versteckte mich hinter der Tür, wartete, bis er vorbeikam, und dann vertrimmte ich ihn mit den Schüsseln. Eine wilde Jagd folgte, bei der Osiki sofort voraus war, fast um die ganze Länge des Schulhofs, trotzdem folgte ich ihm verbissen, untröstlich über den Anblick des sich ständig vergrößernden Abstands und doch unfähig, mit meinen kurzen Beinen mit Osiki Schritt zu halten.

Schließlich blieb ich stehen. Osiki konnte ich schon längst nicht mehr sehen, doch – Geschwindigkeit, Schnelligkeit! Ich hatte dem Phänomen der menschlichen Schnelligkeit bisher noch keinen Gedanken gewidmet, und Osikis Lauf durch das Gehöft war kaum weniger als ein Wunder. Die Ärmel seines Dansiki flatterten und wirkten wie Flügel an seinen Seiten, sodass man wirklich den Eindruck haben konnte, er sei über den Boden geflogen. Dies, mehr als alles andere, machte es meiner Mutter leicht, den Streit zu schlichten. Es wäre äußerst schwer gewesen, sich von einem Schulfreund zu trennen, der nach Lust und Laune über den Schulhof fliegen konnte. Dennoch vergingen einige Wochen, ehe er an die Iyan-Tafel zurückkehrte, und sogleich ließ er der ersten Perfidie die nächste folgen, indem er bewirkte, dass ich zum ersten Mal in meiner schulischen Laufbahn dem Unterricht fernbleiben musste.

Eines der Kinder des Kanonikus hatte zur Geburtstagsfeier eingeladen. Nur die Kinder, die zum Pfarreigehöft gehörten, wurden erwartet, doch ich hatte Osiki das Geheimnis anvertraut, und er erschien in seiner allerbesten Buba. Draußen vor dem Haus hatte man alles für unsere Unterhaltung vorbereitet. Ich merkte, dass eine der Bänke nicht richtig aufgestellt war, sodass sie sich wie eine Wippe verhielt, wenn wir uns an den beiden Enden daraufsetzten. Es war eine selbstverständliche Idee für ein neues Spiel, ja, wir schleppten die Bank sogar zu einer noch unebeneren Stelle, legten unter den mittleren Fuß einen Stein und machten aus der Bank eine richtige Schaukel. Nacheinander kam jeder einmal dran.

Einige Zeit lang lief alles ohne Zwischenfall. Dann wurde Osiki übermütig. Er war größer und schwerer als ich, und ich musste eine Menge Kraft aufwenden, um ihn hochzukriegen; ich stützte mich mit beiden Händen ab und landete mit dem ganzen mir zur Verfügung stehenden Gewicht auf meinem Sitz. Plötzlich, während er oben war, kam ihm in den Sinn, es auch so zu machen. Das Ergebnis war, dass ich ungeheuer heftig in die Höhe geschleudert wurde, während er mit solcher Wucht auf dem Boden landete, dass auf seiner Seite der Fuß der Bank abbrach. Es katapultierte mich hoch in die Luft, ich flog über Osikis Kopf und sah einen langen Augenblick lang, wie mir das quadratische Haus des Kanonikus entgegenkam.

Erst nachdem ich gelandet war, nahm ich so recht Notiz davon, was ich zu dieser Geburtstagsfeier angezogen hatte. Es war ein gelbes Seidendansiki, doch jetzt sah ich mit einiger Überraschung, dass es ein leuchtendes Karmesinrot angenommen hatte, jedenfalls zum Teil. Aber das noch verbleibende Gelb färbte sich sehr rasch mit der neuen Farbe. Meine Haare waren auf der linken Kopfseite mit Blut verschmiert und voller Schmutz, und ehe der Nachmittag sich ausblendete und ich einschlief, fragte ich mich noch, ob es wohl möglich sei, das Blut aus dem Dansiki auszupressen und durch die klaffende Wunde, die ich unter meinem Haar entdeckt hatte, wieder in mich zurückzupumpen.

Das Haus war still und ruhig, als ich aufwachte. Eben noch der Lärm, das Geschrei und Gelächter, das Gehopse auf der Wippe, jetzt Stille und Halbdunkel und die vertrauten Wände von Mutters Schlafzimmer. Trotz des Unfalls, so dachte ich, gab es doch einiges, was für Geburtstage sprach, und so freute ich mich schon auf den meinen. Meine einzige Sorge war jetzt nur, ob ich bis dahin wieder so weit hergestellt sein würde, dass ich wieder zur Schule gehen und alle meine Freunde einladen konnte. Denn Tinu zu schicken, schien ein sehr riskantes Unternehmen, sie würde wahrscheinlich nur alle ihre Freunde einladen und mir einen Geburtstag bescheren mit lauter Mädchen, die ich kaum kannte und mit denen ich fast nie spielte. Dann drückte mich noch eine andere Sorge. Ich hatte bemerkt, dass man einige Schüler aus meiner ersten Klasse zurückbehalten hatte, sie besuchten jetzt noch einmal all die Unterrichtsstunden, die ich schon während meines ersten Schuljahres durchgemacht hatte. Ich bekam Angst, dass ich, sollte ich zu lange zu Hause bleiben, auch zu ihnen in die Klasse geschickt würde. Wenn ich an all das Blut dachte, das ich verloren hatte, dann erschien es mir durchaus möglich, dass ich bis zum Jahresende würde das Bett hüten müssen. Alles hing davon ab, ob man das Blut aus meinem Dansiki aufbewahrt und in meinen Kopf zurückgeleitet hatte. Ich hob den Kopf ein wenig und schaute zum Spiegel hinüber; es war schwer zu sagen, wegen des dicken Verbandes, aber ich hatte den deutlichen Eindruck, dass mein Kopf nicht in beängstigendem Ausmaß geschrumpft war.

Die Schlafzimmertür ging auf, und Mutter lugte herein. Als sie sah, dass ich wach war, kam sie herein, und mein Vater folgte ihr. Ich fragte nach Osiki; sie schaute mich mit einem eigentümlichen Blick an, drehte sich um und flüsterte meinem Vater etwas zu. Ich war mir nicht ganz sicher, aber es hörte sich an, als bäte sie meinen Vater, Osiki auszurichten, er könne sich meinen Anteil am Iyan nicht dadurch sichern, dass er mich umbrächte. Als sie mich fragten, wie ich mich fühle, beobachtete ich ihre Gesichter sehr aufmerksam. Ob ich wohl Kopfschmerzen hätte, oder Fieber, oder ob ich einen Tee wolle? Keiner berührte die entscheidende Frage, und so entschloss ich mich schließlich, meiner Spannung selbst ein Ende zu setzen. Ich fragte sie, was sie mit meinem Dansiki gemacht hätten.

»Es wird gewaschen«, antwortete meine Mutter, während sie mit einem Teelöffel eine Tablette für mich zerdrückte.

»Was habt ihr mit dem Blut gemacht?«

Sie hielt inne, die beiden schauten sich an. Vater runzelte leicht die Stirn und beugte sich vor, um mir die Hand auf die Stirn zu legen. Ängstlich schüttelte ich den Kopf, ungeachtet der pochenden Schmerzen, die das verursachte.

»Habt ihr es etwa ausgewaschen?«, wollte ich wissen.

Wieder schauten sie sich an. Mutter wollte wohl etwas sagen, aber sie war still, als mein Vater die Hand hob und sich nahe bei meinem Kopf auf die Bettkante setzte. Er schaute mich an und sprach ein lang ausgezogenes »Na-a-a-a-i-i-n«.

Erleichtert sank ich zurück. »Weil nämlich, das dürft ihr nicht machen. Es wäre nicht so schlimm, wenn ich mir nur in den Finger geschnitten oder mir die Zehen angestoßen hätte oder so was – es blutet nicht sehr stark, wenn das passiert. Aber ich hab gesehen, was da los war, das war einfach zu viel. Und es kam aus meinem Kopf. Ihr müsst es auswringen und wieder in meinen Kopf zurückpumpen. Dann kann ich sofort wieder in die Schule gehen.«

Mein Vater nickte verständnisvoll und lächelte. »Woher wusstest du denn, dass das das einzig Richtige ist?«

Ich schaute ihn einigermaßen verwundert an. »Aber das weiß doch jeder!«

Er wackelte mit dem erhobenen Zeigefinger und sagte: »Aha, was du aber nicht weißt, ist, dass wir das bereits erledigt haben, als du noch geschlafen hast. Es ist schon alles wieder da drin. Ich habe Dipos Fläschchen benutzt, um dir das Blut wieder einzuträufeln.«

Ich war höchst zufrieden. »Dann werde ich morgen wieder in die Schule gehen«, kündigte ich an.

Drei Tage musste ich zu Hause bleiben, dann nahm ich den Unterricht wieder auf, den Kopf immer noch dick bandagiert, und verkündete meinen besten Schulfreunden sogleich, dass das nächste große Ereignis im Pfarreigehöft mein Geburtstag sein würde, zu dem es noch immer einige Monate hin war. Geburtstage waren nichts Neues. Letztes Jahr hatte ich gemeinsam mit Tinu einen gefeiert, und selbst dem kleinen Dipo hatte man das erste Jahr seines Erdendaseins bestätigt, ein paar Wochen vor dem verhängnisvollen Geburtstag im Hause des Kanonikus. Doch jetzt, als die tägliche Verarztung meines Kopfes die Aura des letzten Geburtstags blähte, da erhielt der Geburtstag einen gänzlich neuen Status, eine besondere, persönliche Bedeutung, von der ich annahm, dass jedermann sie erkannte und bemerkte. Ich war tatsächlich davon überzeugt, dass dies ein Routinewissen sei, das man sich ganz selbstverständlich aneignet, während man heranwächst. Ich begriff, wie ein Kalender funktioniert und dass Geburtstage einer strengen Ordnung folgen, und gehorsam beobachtete ich Essay, wie er Datum für Datum ausstrich auf dem IBUKUN OLU STORES Almanach von 1938, alias »Der Heilige Jakob«, wobei das Alias aus irgendeinem unerfindlichen Grund in leicht schräger Schrift gedruckt war, der Handschrift meines Vaters ähnlich.

Alles war fertig am dreizehnten Juli. Ich kam nach der Schule nach Hause mit einem Dutzend guter Freunde im Schlepptau, allen voran Osiki. Sie alle verstauten ihre Tafeln im Vorzimmer und nahmen dann vom Wohnzimmer Besitz. Auf den Gesichtern der Gäste, alle zeigten sich von der besten Seite, spiegelte sich die gespannte Erwartung auf Essen und Trinken, Musik vom

Grammofon, auf Spiele und aufregende Überraschungen. Jetzt, wo sie alle hier im Haus versammelt waren, fühlte ich mich doch etwas unsicher in meiner Rolle als Gefeierter und Gastgeber; doch ich ließ mich zwischen ihnen nieder und erwartete die Parade der guten Dinge.

Wir saßen schon eine geraume Weile, ehe mir die Stille des Hauses auffiel. Essay war noch in der Schule, und Mutter war offensichtlich mit Dipo, der wahrscheinlich auf Lawanles Rücken gebunden war, in ihrem Laden. Aber wo steckten die anderen? Wenn ich recht darüber nachdachte, dann hatte ich erwartet, dass Mutter zu Hause wäre, um meine Freunde zu begrüßen, selbst wenn sie später hätte ins Geschäft zurückgehen müssen, um sich um ihre Kunden zu kümmern. Außerdem fiel mir auch auf, dass Tinu überhaupt nicht nach Hause gekommen war, vielleicht war sie direkt zum Laden gegangen – sie war jetzt alt genug, dass sie das selbstständig konnte. Das sah vielversprechend aus; ich erwartete, dass meine Mutter jeden Augenblick durch die Tür gestürzt käme und die Verspätung wiedergutmachte, indem sie alle möglichen unerwarteten Leckereien mitbrachte.

Ich ging in den Hinterhof hinaus und hoffte, wenigstens einen der Cousins oder Cousinen anzutreffen oder doch zumindest irgendwelche Zeichen der Vorbereitung für den Geburtstag vorzufinden. Niemand. Nichts. Die Küche war leer, nicht einmal Kochdüfte hingen in der Luft. Laut verkündete ich durchs Haus, dass ich Gäste mitgebracht hätte, und überhaupt, wo denn alle seien? Inzwischen wirklich verdutzt, ging ich zurück ins Esszimmer und inspizierte den Tisch und die Schränke – außer den üblichen Gegenständen war nichts da, keine Schalen voll Chin-Chin, keine Akara, keine Gläser oder Becher waren bereitgestellt, keine Pfannkuchen, kein Jollof-Reis ... schlicht nichts, außer dem Üblichen. Das war nicht, wie sich Geburtstage üblicherweise zu verhalten pflegten, dennoch schien mir noch kein Grund zur Beunruhigung gegeben. Ich überprüfte noch einmal das Datum auf

IBUKUN OLU STORES, stellte zufrieden fest, dass kein Irrtum vorlag, dann ließ ich mich wieder bei meinen Freunden nieder, und wir warteten, dass der Geburtstag stattfände.

Es dauerte nicht lange, und meine Mutter eilte herein, Dipo auf dem Rücken. Auntie Lawanle und die anderen folgten ihr und trugen all die verschiedenen Dinge, die meine Mutter jeden Morgen in den Laden begleiteten. Das war beeindruckend, denn es bedeutete, dass der Laden für heute geschlossen war – und es war doch erst früher Nachmittag. Offensichtlich fand der Geburtstag nun allen Ernstes statt. Aber sie kam herein, schüttelte den Kopf und drehte die Augen in höchst merkwürdiger Weise nach oben. Sie blieb im Wohnzimmer stehen, schaute alle meine Freunde der Reihe nach lange an, dann blickte sie mich an, schüttelte immer wieder den Kopf und verschwand durch die Küchentür. Dann hörte ich sie rasche Befehle austeilen und schließlich das willkommene Geräusch klappernder Töpfe und Pfannen und das Quietschen der Küchentür.

Voll Zufriedenheit nickte ich meinen Gästen zu und versicherte ihnen: »Der Geburtstag fängt jetzt an.«

Einen Augenblick später kam Tinu herein und sagte, ich solle in die Küche kommen, Mutter wolle mich sprechen. Sie stand da, die Arme bis zu den Ellenbogen in Mehl vergraben, aus dem sie wie eine Besessene Teig knetete.

Ohne ihre Augen von der Arbeit zu lösen, fragte sie: »Also, Wole, sag mir, was deine Freunde alle hier wollen.«

Es war eine merkwürdige Frage, aber ich antwortete: »Wir sind hier, weil wir Geburtstag essen wollen.«

»So, ihr wollt Geburtstag essen«, wiederholte sie. Aus irgendeinem Grund fingen Lawanle und die anderen an zu lachen und zu kichern. Mutter fuhr fort: »Ist dir klar, dass du und deine Freunde noch immer dort in diesem Wohnzimmer sitzen und darauf warten würden, ›Geburtstag zu essen‹, wenn Tinu nicht gekommen wäre und mir Bescheid gesagt hätte?«

»Aber ich habe heute Geburtstag«, setzte ich ihr auseinander.
Geduldig erklärte sie: »Das bestreitet ja niemand. Ich hatte vor, heute Abend etwas ganz Besonderes zu kochen ... sieh mal, du kannst nicht einfach Leute einladen, ohne vorher Bescheid zu sagen. Woher sollte ich wissen, dass du heute Freunde mitbringst? Jetzt guck dir an, wie wir uns hier abhetzen müssen, deine Freunde sitzen da und sind schon halb verhungert, und du sagst, du hast sie eingeladen, um Geburtstag zu essen. Verstehst du, du musst vorher Bescheid sagen ...«

Der Geburtstag hielt schließlich alles, was ich von ihm erwartete, nachdem er die erste enttäuschende Hürde genommen hatte – der Geburtstag fand nicht einfach statt, es musste daran erinnert werden, dass er stattfinden sollte. Diese Seite seines Charakters beschäftigte mich eine geraume Zeit, es war eine Unzulänglichkeit, für die ich Entschuldigungen zu finden suchte, doch ohne Erfolg. Der Geburtstag verlor mächtig an Ansehen, fast als sei er vom hohen Ende der verhängnisvollen Wippe heruntergerutscht und in einem Abfallhaufen gelandet, wo er nun zwischen den anderen langweiligen Ereignissen herumlag, die sich im Pfarreigelände abspielten. Immerhin, er hatte meinem Repertoire an Wissen den Kalender hinzugefügt. Als ich an der Reihe war, die kleine Gesellschaft zu unterhalten, sang ich:

Ogbon jo ni September
April, June, ati November
February ni meji din l'ogbon
Awon iyoku le okan l'ogbon

Die anderen fielen ein, und Osiki klopfte einen Ko-ko-ti-ko-ko- ... Ko-ko-ti-ko-ko-Rhythmus auf dem Tisch, so flüssig, dass meine Mutter ihn scherzhaft fragte, ob er für die Maskentänzer getrommelt habe. Zu jedermanns Überraschung sagte er, ja. Ihr Agbole, so enthüllte er, besaß sogar eine eigene Maske, die zusammen mit den anderen bei den jährlichen Egúngún-Festen durch die Stadt paradierten. Als Osiki versprach, ihren Egúngún beim nächsten Fest an unserem Haus vorbeizuführen, da hatte ich das Gefühl, dass der Geburtstag nun doch noch alle früheren Unzulänglichkeiten wettgemacht hatte. Ich hatte sie schon früher von Josephs Schultern aus über die Mauer des Hinterhofs beobachtet und wusste, dass die Egúngún die Geister der Toten waren. Ihre Stimmen waren rau und heiser, und man musste sie mehr fürchten als Kindesentführer. Und doch hatte ich bemerkt, dass viele freundlich zu Kindern waren, mit ihnen spielten und scherzten. Ich wäre vor Überraschung fast von Josephs Schultern gepurzelt, als einer von ihnen genau unter uns an der Mauer vorbeikam, hochschaute, winkte und in der bekannten kehligen Art rief: »Nie o, omo Tisa Agba.«

Aber Joseph erklärte mir dann, dass es natürlich sei, dass die Toten alles über die Lebenden wussten. Schließlich hatten sie ja einmal gelebt wie wir, und dieser freundliche Egúngún mochte vielleicht sogar in unserem Gehöft gelebt haben. Nun war die Entdeckung, dass Osiki einen Egúngún hatte, der jedes Jahr aus dem Boden seines Gehöfts emporkam, fast so, als hätten auch wir unseren eigenen Egúngún. Wir drängten uns um Osiki, und ich fragte ihn, ob er wisse, um welchen seiner toten Ahnen es sich handle.

Er schüttelte den Kopf. »Ich weiß nur, dass es jemand aus meiner Familie ist.«

»Bist du selbst dabei gewesen, als er aus der Erde emporstieg?«

Er nickte. »Da kann jeder zuschauen. Vorausgesetzt natürlich, er ist männlich. Frauen dürfen nicht dabei sein.«

»Dann musst du mir vor dem nächsten Mal Bescheid sagen«, sagte ich, »ich will nämlich kommen und zuschauen.«

»Du willst was?« Es war Mutter, die ihre Stimme alarmiert hob. »Hab ich richtig gehört, du willst zusehen, wie einer aus der Erde steigt?«

»Osiki nimmt mich mit«, sagte ich.

»Osiki nimmt dich nirgendwohin mit. Und lass lieber deinen Vater nichts von der Geschichte hören.«

»Wieso?«, fragte ich. »Er kann doch auch mitkommen. Osiki, wir können ihn doch mitnehmen, oder? Er ist ja nicht wie Mama, er ist ja auch ein Mann.«

Meine Mutter seufzte, schüttelte den Kopf und ließ uns Osikis Geschichten von den verschiedenen Egúngún hören, von den gefährlichen mit den schlimmen Zauberkräften, die einem Menschen Krämpfe oder noch Schlimmeres anhexen konnten, von den gewalttätigen, die man mit kräftigen Riemen binden musste, von den Odipan, die Zauberkunststücke vollführen konnten. Sie konnten sich in Krokodile, Schlangen, Tiger oder Widder und dann wieder in Egúngún verwandeln. Und dann gab es die Akrobaten – die hatte ich selbst über die Mauer hinweg gesehen, wie sie in einem Kreis von Zuschauern nahe beim Zenotaph ihre Vorstellung gaben. Sie machten Purzelbäume vorwärts und rückwärts, verrenkten ihre Glieder in jeder nur denkbaren Weise, zwängten ihre Unterkörper in schmale Mörser und hüpften dann so in die Mörser gequetscht kurze Strecken weit, als veranstalteten sie eine ganz neue Art von Wettlauf. Abgesehen von Giro, dem verkrüppelten Schlangenmenschen, dessen Vorführung ich im Palast gesehen hatte, schienen nur noch diese Egúngún in der Lage, ihre Glieder in jeder gewünschten Weise zu verrenken und zu verknoten.

»Wenn ich sterbe, kann ich dann als Egúngún wiederkommen?«, wollte ich jetzt von Osiki wissen.

»Ich glaube nicht«, antwortete er. »Ich hab noch nie davon gehört, dass ein Christ ein Egúngún geworden wäre.«

»Wird in der Welt der Egúngún Englisch gesprochen?«

Osiki zuckte die Achseln. »Ich weiß nicht. Unser Egúngún spricht jedenfalls kein Englisch.«

Ich musste das unbedingt herausfinden. Auf den bemalten Glasfenstern hinter dem Altar in der Kirche waren nämlich drei weiße Männer abgebildet, die typische Egúngún-Gewänder trugen. Ihre Gesichter waren entblößt, was bei unseren Egúngún niemals vorkam, aber ich dachte, dies sei eine Besonderheit aus dem Lande, aus dem diese weißen Männer stammten. Außerdem hatte uns Osiki ja auch gerade erst erklärt, dass es die unterschiedlichsten Arten von Egúngún gab. Ich fragte ihn nach seiner Meinung über die drei Gestalten, doch Tinu mischte sich ein.

»Das sind doch keine Egúngún«, sagte sie. »Das sind Bilder von zwei Missionaren, und das dritte Bild stellt den heiligen Petrus dar.«

»Und warum sind sie dann gekleidet wie Egúngún?«

»Das sind Christen und keine Maskenträger. Pass bloß auf, wenn Mama dich hört.«

»Sie sind doch tot, nicht wahr? Sie sind Egúngún geworden, und deshalb tragen sie diese Gewänder, frag doch Osiki.«

Osiki schaute noch immer etwas unsicher drein. »Ich habe wirklich noch nie von einem Christen gehört, der ein Egúngún geworden ist. Noch nie.« Doch dann erhellten sich seine Züge plötzlich. »Halt mal, jetzt fällt's mir wieder ein. Mein Vater hat mir mal erzählt, dass sie vor einigen Jahren die Maske des Aleje getragen haben, des Distriktsbeamten, der früher hier eingesetzt war.«

»Siehst du«, trumpfte ich Tinu gegenüber auf, »dann kann ich ja mit diesen Egúngún vom Kirchenfenster sprechen, wenn sie auftauchen. Ich bin sicher, sie sprechen nur Englisch.«

»Du redest doch lauter Unsinn. Du bist halt noch ein kleines Kind.« Voller Verachtung wendete sie sich ab und ließ uns allein.

»Hör nicht auf sie«, sagte ich zu Osiki. »Sie weiß ganz genau, dass ich den Egúngún in der Mitte, den heiligen Petrus, besonders mag. Ich habe ihr mal erzählt, dass das mein ganz besonderer Egúngún ist. Wenn ich erst mit zu euch komme, vielleicht können wir dann zum Friedhof gehen und sie auf die gleiche Art aus der Erde locken.«

»Was, den mit seinem unbedeckten Gesicht?« Osiki war entrüstet.

»Natürlich nicht«, beruhigte ich ihn. »So sieht er doch nur auf dem Bild aus. Wenn er aus der Erde kommt, wird er schon anständig angezogen sein. Und dann kann ich mich mit ihm unterhalten.«

Osiki schien ziemlich beunruhigt. »Ich weiß nicht recht. Vielleicht ist er doch kein richtiger Egúngún.«

»Aber du hast doch gerade gesagt, dass der Egúngún des Distriktsbeamten auch schon in einer Prozession aufgetreten ist.«

»Das ist nicht dasselbe ...« Osiki versuchte zu erklären, musste aber schließlich zugeben, dass er die Sache selbst nicht ganz verstand. Aus irgendeinem Grund wäre es nicht möglich, warum das aber so sei, das wisse er selber nicht. Ich erinnerte ihn daran, dass der Distriktsbeamte sowohl ein Weißer als auch ein Christ gewesen sei und dass der heilige Petrus dazu den Vorteil hätte, sich in der Nähe eines Friedhofs zu befinden. Außerdem könne jeder, der Augen hat, sehen, dass er bereits seine Egúngún-Gewänder trage, was darauf hinweise, dass er bereits an entsprechenden Festen teilgenommen habe. Osiki blieb unentschieden, zu meiner allergrößten Enttäuschung. Wie sollte ich ohne seine Erfahrung den heiligen Petrus bewegen herauszukommen – und ohne ihn würde von jetzt an jeder Aufzug der Ahnenmasken in Aké unvollständig sein.

Als ich wieder blutend auf dem Rasen vor der Schule lag, knapp ein Jahr später, da versuchte ich, mir vorzustellen, wie ich als einäugige Maske von Osiki über die Pfade des Pfarreigeländes geführt würde, mein altes Zuhause besuchte und Tinu und Dipo damit überraschte, dass ich sie beim Namen rief. Der Unfall ereignete sich während einer Rasenmähaktion der älteren Jungen. Die Kleineren spielten auf den Schulhöfen oder waren schon nach Hause gegangen. Osiki hätte mit den anderen Gras schneiden sollen, aber er war zu meinem inoffiziellen Bewacher avanciert, der mich nach der Schule nach Hause oder zu Mr Olagbaju brachte und mich morgens abholte – als wäre ich nicht schon vor zwei Jahren allein in die Schule gegangen. An diesem Nachmittag spielten wir miteinander, er rannte hinter mir her, immer rund um das Schulgebäude. Ich entwickelte langsam ein Gefühl für Geschwindigkeit; nicht, dass ich es hätte mit ihm aufnehmen können, aber ich konnte mich rascher wegducken, als er sich umdrehen konnte, wenn er den Arm ausstreckte, um mich zu erhaschen. Ich war gerade um die Ecke gebogen, als ich aus dem Augenwinkel das Aufblitzen einer erhobenen Klinge sah. Darunter war eine zusammengekauerte Gestalt, ihr Rücken mir zugewendet. Das war alles, was ich in dem kurzen Moment sehen konnte. Im nächsten Augenblick fühlte ich den scharfen Stich der Klinge in meinem Augenwinkel, der Tag war ausgelöscht in einer roten Flut, und blind fiel ich vornüber aufs Gesicht. Ich hörte Schreie von überallher. Als ich mich auf den Rücken drehte und mir mit den Händen ins Gesicht fasste, waren sie sofort von der gleichen warmen, klebrigen Sturzflut überströmt, die auch meinen Salto im Garten des Kanonikus begleitet hatte.

Ich lag still und spürte keinerlei Schmerz. Mein einziger Gedanke war, dass, wenn ich nicht so auf dem Rücken liegen bliebe, mein Auge herausfallen und auf den Boden rollen würde. Dann dachte ich, dass ich diesmal vielleicht wirklich sterben würde. Da ich ganz offensichtlich ein Auge verloren hatte, versuchte ich, mich zu erinnern, ob ich je eine einäugige Maske unter den Egúngún gesehen hatte, die wir über die Mauer beobachtet hatten. Ich hörte das Geräusch schwerer Füße, die zu mir gerannt kamen, dann erkannte ich die Stimmen der Lehrer, fühlte, wie man mich hochhob, ins Klassenzimmer trug und auf einen Tisch legte. Ich hörte, dass Mr Olagbaju jemanden schickte, meinen Vater zu holen.

Aus all dem Lärm und Durcheinander fand ich heraus, dass ich genau in die Aufwärtsbewegung einer Machete hineingerannt war, die von einem Jungen geschwungen worden war, der, ganz auf sein Grasschneiden konzentriert, mir den Rücken zugekehrt hatte. Ich hörte, wie der verwirrte Junge Gott im Himmel anflehte, er möge ihn vor dem Stigma retten, zum Mörder geworden zu sein. Einer der Lehrer befahl ihm, den Mund zu halten, und schob ihn schließlich aus dem Raum. Als ich die Stimme meines Vaters vernahm, kam mir der Gedanke, das unverletzte Auge zu öffnen – bis dahin hatte ich der Tatsache, dass nur ein und nicht beide Augen getroffen waren, noch keine Beachtung geschenkt. Ich wischte das Blut vom linken Auge und blinzelte damit. Die Lehrer standen im Halbkreis um den Tisch und schauten mich an, als sei ich bereits eine Odipan-Maske und gerade dabei, mich zu verwandeln. Ich tastete mich ab, um sicherzugehen, dass es nicht bereits geschehen war, so merkwürdig beäugten mich all diese Augenpaare.

»Wie ist das passiert?«, verlangte mein Vater zu wissen, während er die Wunde untersuchte. Ein Stimmengewirr erhob sich zu vielerlei Erklärungen.

Ich fragte ihn: »Bin ich blind?«

Alle schrien sofort: »Halt still, Wole! Beweg dich nicht!«

Ich wiederholte meine Frage, jetzt ganz sicher, dass ich nicht sterben würde, aber vielleicht würde ich gezwungen sein, mein Leben als Bettler zu fristen, so wie die blinden Männer, die manchmal, von kleinen Kindern geführt, die oft nicht größer waren als ich selbst, ins Pfarreigehöft kamen. In diesem Moment fiel mir ein, dass ich niemals ein kleines Kind gesehen hatte, das ein blindes Kind führte.

Irgendjemand fragte: »Wo steckt eigentlich dieser Osiki?« Aber Osiki war verschwunden. Als es mich niederstreckte, war Osiki schnurstracks in der Richtung, die er eingeschlagen hatte, weitergerannt. Er rannte – da war ich sicher – mit einer Geschwindigkeit, die seine schon normalerweise phänomenale Schnelligkeit noch weit übertraf. Einige der größeren Jungen hatten versucht, ihn zu fangen – ich weiß nicht, warum –, aber Osiki ließ sie weit hinter sich und rannte schlank und leichtfüßig wie der Wind. Ich konnte ihn sehen, und der Anblick ließ mich lächeln. In Gedanken öffnete ich das verletzte Auge, und zu meiner Überraschung konnte ich damit sehen. Erstaunte Ausrufe kamen von den besorgten Gesichtern, die sich näher drängten, um sich selbst zu überzeugen. Die Haut des Lides war bis in den Augenwinkel hinein gespalten, doch der Augapfel war völlig unversehrt. Selbst die Blutung schien zum Stillstand gekommen zu sein. Ich hörte einen Lehrer hauchen »unmöglich«, und ein anderer rief laut: »Olorun ku ise!« Mein Vater trat einen Schritt zurück und starrte mich mit offenem Mund ungläubig an.

Und dann fühlte ich mich sehr müde, ein Nebel schien meine Augen zu bedecken, und ich schlief ein.

3

Ich konnte noch nicht allein auf die Leiter steigen, aber ich wusste bereits, wo sie sich befand. Ich brauchte nur dem Schlurfen der eilenden Füße zu folgen, um zu wissen, wo ich hinzugehen hatte, wenn der Lärm eines Ereignisses in das Haus in Aké drang. Es war eine Eisenleiter, und manchmal standen vier oder fünf Mitglieder des Haushalts zugleich darauf, starrten hinaus und machten ihre Bemerkungen über das Ereignis da draußen. Meine Bemühungen, auch mit auf die Leiter zu steigen, beachteten sie gar nicht; sie behaupteten einfach, es sei zu gefährlich.

Dann gab Joseph eines Tages nach, hob mich auf seine Schultern, und ich konnte meinen ersten Blick über die Mauer unseres Hofes werfen. Ich verfolgte die Tanzgruppe auf der Straße, die am Zenotaph vorbei zur Kirche führte und dann in einer Richtung verschwand, von der Joseph sagte, dass dort der Palast liege. Die Kirche und das Zenotaph hatte ich erkannt. Und ich erkannte auch ein weiteres Merkmal der Landschaft – das große Tor des Pfarreigeländes selbst. Ich begriff, dass die äußeren Mauern des Pfarreigeländes ohne Unterbrechung ineinander übergingen und nur hier und da Raum ließen für ein Tor oder ein Fenster. Hoch oben von Josephs Schultern aus verfolgte ich nach links den Verlauf der Mauer, gegen die wir gerade unsere Körper lehnten, und sah, dass sie mit der Mauer des Lagerraumes verschmolz, in dem die Töpfe – die Kochtöpfe ebenso wie Vaters Blumentöpfe – aufbewahrt wurden, sich dann in der Mauer des Stalls verlor, wo das Feuerholz lag und die Hühner waren, dann die Wand eines kleinen Schlupfwinkels bildete, der Vater als Pflanzenschule diente, und schließlich zur Außenwand des Badezimmers und zuletzt der Küche wurde. Von dort lief sie weiter, umschloss das Gehöft des Katecheten, wickelte sich um sein Haus herum und wurde wieder zu einer ganz einfachen, glatten Mauer, bis das Tor des Pfarreigeländes in sie einschnitt. Danach ging sie in die Mauer der unteren Mädchenschule über, ehe sie an der Ecke abbog und die Front des Buchladens bildete, des einzigen Gebäudes im Pfarreigelände, das zur Straße hinaus lag.

Auf ihrem langen Weg hatte sie hier und da ein paar Fenster; Scheinlüftungen, hoch oben in die Mauer gesetzt, knapp unter dem Wellblechdach. Zum größten Teil aber waren die Mauern glatt, Abwechslung brachten nur die überhängenden Blätter der Bananenstauden, der Guaven, des Bitterleaf-Strauches, dessen üppig wuchernde Blätter jetzt mein Gesicht streiften. Es wurde mir klar, dass wir hier im Pfarreigelände in unserer eigenen, abgetrennten Stadt lebten und dass Aké auch jenes andere war, was ich dort sehen konnte.

Diese andere Stadt, Aké, war durch rostige Wellblechdächer verbunden, gerade so wie unsere Stadt durch die Mauer. Nur ganz besondere Gebäude, wie etwa die Kirche oder das Zenotaph, standen frei. Alles andere hing in einer einzigen, durchlaufenden Naht zusammen.

Und als ich das nächste Mal den Lärm hörte, machte ich mir gar nicht erst die Mühe, um einen Platz auf der Leiter zu kämpfen, die ich ja sowieso nicht erklettern konnte. Ich hatte ja jetzt gesehen, wo das Tor war, durch das ich zur Kirche ging, fest an Lawanles, Josephs oder Mutters Hand. Außerdem war mir klar geworden, dass man viel mehr sehen würde, wenn man nach draußen vor das Tor ging und von dort alles beobachtete. Als ich beim Tor ankam, fand ich es zu meiner Überraschung verriegelt; das war umso ärgerlicher, als ich den hölzernen Bolzen, der den Riegel öffnen würde, nicht erreichen konnte. Dann hörte ich auf der anderen Seite aufgeregte Stimmen, offensichtlich hatten andere vor mir schon die gleiche Idee gehabt. Ich trommelte gegen das Tor, und irgendjemand öffnete es.

Es waren lauter Fremde. Keines der Gesichter hatte ich je gesehen. Ich fragte mich, ob es wohl Passanten seien, die die Stufen zum Tor heraufgekommen waren, um einen besseren Ausblick zu haben. Ich hatte das Gefühl, dass sie mich etwas unsicher anschauten, aber dann machten sie mir Platz, ließen mich ganz nach vorn durch, und wir beachteten einander nicht weiter, denn nun kam die Polizeikapelle in Sicht – der Grund der ganzen Erregung. Sie trugen glänzende Schärpen, leuchtend rote Fese mit tanzenden Quasten und etwas, das wie bestickte Westen aussah. Die Trommel, die der Mann ganz vorn vor den Bauch geschnallt hatte, war von unglaublicher Größe. Bei jedem seiner Schritte erwartete ich, dass er vornüberkippen würde, aber er schlug das weiße Fell mit vollendeter Meisterschaft, die Augen starr geradeaus. Seine Arme malten Schnörkel in die Luft, sodass die breitköpfigen Trommelschlägel wirbelten, ehe er sie schwer gegen die Seiten schlug. Der Anführer jonglierte mit einem langen, großen Stab; er warf ihn hoch, drehte sich um seine eigene Achse und fing den Stab wieder auf. Einmal fing er ihn sogar hinter seinem Rücken, was ihm das begeisterte Jubelgeschrei der Menge einbrachte. Ein glänzender Messingtrichter ragte zwischen den Musikern empor, das Gesicht, das unten hineinblies, sah aus, als würde es gleich platzen. Aus dem Trichter kamen Töne, fast so tief wie die der Trommel, doch die Anstrengung, die sich auf dem Gesicht des Mannes abzeichnete, war erheblich größer als die auf dem Gesicht des Trommlers.

Ich nahm etwas ganz Eigentümliches wahr. Jedes Mal, wenn die große Trommel geschlagen wurde, war es mir, als fahre mir die Vibration in den Magen, werde von Magenwand zu Magenwand geschleudert und schließe sich dann wieder der Trommel an. Ich hörte und *fühlte* jedes »Wumm«. Ich konnte an meiner Sinneswahrnehmung nicht zweifeln; offensichtlich war das die Art der großen Trommel, und ich bezweifelte nicht, dass sie auf alle anderen ganz genauso wirkte. Ich sah kleine Jungen, die der Kapelle folgten, manche marschierten direkt hinter den Musikern und machten ihren Paradeschritt nach, andere liefen am äußersten Straßenrand mit. Sie schienen nicht viel größer zu sein als ich selbst, und so schloss ich mich ihnen an. Anders als die Fremden am Tor, nahmen sie keinerlei Notiz von mir. Ich blieb bei der hintendrein marschierenden Gruppe, achtete aber peinlich darauf, den stolzen Marschtritt nicht nachzuäffen. Ich empfand es nicht nur als unziemlich, die Polizisten sahen auch streng genug aus, um an solchem Verhalten Anstoß zu nehmen.

Wir marschierten am Buchladen vorbei, und ich fühlte mich bestätigt. Seine Vorderfront war genau da, wo sie meiner Schätzung nach sein musste, als ich von Josephs Schultern aus herübergeschaut hatte. Dann aber passierte eine komische Sache; nach dem Haus des Buchhändlers schlängelte sich die Mauer einfach in eine andere Richtung, in eine Gegend, die ich nie gesehen hatte. Und bald war sie ganz verschwunden, verdeckt von Häusern und Geschäften. Es erschütterte meine frühere Vorstellung von der engen Verbindung zwischen Aké und dem Pfarreigelände. Ich erwartete, dass die Mauer überall sei; eigentlich sollte ich mich jetzt an der Stelle der Mauer befinden, hinter der sich der Spielplatz der Schule befand, die Dächer der Volksschule hätten in Sicht kommen müssen, dann die der Schule für die Kleinsten, die schuleigenen Felder und vielleicht der Friedhof. Nichts dergleichen geschah. Stattdessen tauchten Läden auf und mehrstöckige Gebäude. Und überall prangten Inschriften: AKINS FOTOATELIER: IN LONDON AUSGEBILDETER PORTRÄTIST, darunter, in kleineren Buchstaben: *Ein Versuch wird auch Sie überzeugen.* Fotografien hingen zu beiden Seiten der geöffneten Ateliertüren, der Fotograf selbst saß auf einer Bank im Freien, hatte die Beine übereinandergeschlagen, ein Tuch um den Hals und rauchte eine Pfeife. Ich erkannte ihn, denn er war einmal bei uns im Haus gewesen, um Dipo zu fotografieren, kurz nachdem er geboren war. Ich dachte, dass Fotografen ihre Arbeit in den Häusern der Leute verrichten, und war ziemlich überrascht, festzustellen, dass sie auch eigene Geschäfte hatten.

Ich nahm mir vor, dass ich Fahrradfahren lernen würde, als wir am Laden eines Fahrradverleihers vorbeimarschierten, der gerade einen Reifen flickte. Ein Anfänger, dessen Füße kaum die Pedale berührten, fuhr gerade an, gestützt von einem Lehrer, der nicht größer war als er selbst, der aber voller wohlmeinender Ratschläge zu stecken schien. Die Mauer des Pfarreigeländes war für immer verschwunden, aber es spielte keine Rolle mehr. Jene bruchstückhaften Lebenszeichen aus Aké, die gelegentlich in unser Haus kamen oder in den sonntäglichen Begegnungen in der Kirche Spuren ihrer Natur verrieten, begannen hier, ihre wahren Proportionen zu zeigen.

Einmal wöchentlich, manchmal öfter, gingen Lawanle oder Joseph mit einem großen Gefäß voll Mais weg. Wenn sie zurückkamen, war der Mais zerstoßen, und eine Schicht Wasser bedeckte ihn. Dann begann ein geschäftiges Getue mit Kalebassen, Sieben, Körben und riesigen Töpfen. Zum Schluss wurden diese Töpfe in einer dunklen Ecke in der Küche verstaut und gut zugedeckt. Die Tage vergingen, und den Töpfen entströmte ein immer vollerer Geruch der Gärung. Nach etwa einer Woche wurden verschiedene Proben gemacht, es wurde geschmeckt und geschnüffelt, und dann wurde ein Topf aus der Dunkelheit hervorgeholt. Aus ihm wurde nun die glatte weiße Paste geschöpft, die, wiederum mit heißem Wasser verrührt, das morgendliche Ogi ergab, ein indifferentes Gebräu, das allen großartig schmeckte – außer mir. Die Akara, die man dazu aß, die Jogi, Moin-Moin oder Leki waren eine andere Sache. Schon bei dem Gedanken daran lief mir das Wasser im Mund zusammen. Aber es wollte mir absolut nicht einleuchten, wie man sich für dieses Ogi begeistern konnte, auf dessen Zubereitung so viel geheimnisvolle Arbeit verwendet wurde.

Und jetzt entdeckte ich, dass die damit verbundene Arbeit sogar noch größer war, als ich gedacht hatte, und damit verschärfte sich meine Einschätzung der Anmaßung dieses Ogi. Wir kamen an einem kleinen Laden vorbei, in dem eine wirbelnde Maschine stand, die mit ungeheurem Getöse, das der Lautstärke des Spielmannszuges gleichkam, einen breiten Riemen antrieb. Eine Traube von Frauen wartete mit ihren maisgefüllten Gefäßen an der Tür, und ich erkannte, dass dies der Ort sein musste, zu dem Lawanle oder Joseph bei ihren allwöchentlichen Ausflügen gingen. Eine große Schale stand unter einem weiten Trichter, der sich nach unten öffnete. Plötzlich schoss ein Strahl von jenem weißlichen Gemisch aus dem Trichter in die Schale, das genau jenem groben Gemenge entsprach, das Lawanle dann mit nach Hause brachte. Und hier begann dann die Arbeit der Aufbereitung, ehe man das Zeug einige Tage ruhen ließ. Mutter mochte besonders das Omi'kan, die saure, gegorene Flüssigkeit, die sich in der Zeit der ruhigen Lagerung bildete. Es besäße Heilkräfte, behauptete meine Mutter, eine Vorstellung, die mir wenig zusagte. Arznei und Essen gingen getrennte Wege und sollten nicht miteinander vermengt werden.

Die weiße Dame mit der gestärkten, weit ausladenden Haube, die uns manchmal mit Taschen voller Pastillen besuchte, schien auch in einem Haus zu wohnen. Denn hier stand, mit kühnen Lettern in das Tor einer steinernen Mauer eingraviert: MISS MCCUTTER'S MATERNITY CLINIC. Dies war das erste Wort an diesem Tag, das mir Kopfzerbrechen bereitete. Ich kannte sie einfach als Miss Makota, und es hatte nie einen Anhaltspunkt dafür gegeben, dass man ihren Namen anders buchstabierte. Trotzdem hegte ich nicht den geringsten Zweifel, dass sie es war, die in dieser Maternity Clinic wohnte. Ich überlegte, ob ich ihr einen kurzen Überraschungsbesuch abstatten sollte, ließ den Gedanken aber fallen, aus Angst, ich könnte den Anschluss an den Musikzug verpassen.

Ein- oder zweimal überlegte ich ernsthaft, ob ich mich nicht zu weit von zu Hause entfernte. Aber ich hatte ja die Bestätigung, dass zumindest ein Teil meiner Beobachtung richtig war, die Häuser hingen alle miteinander zusammen. Zwar kamen jetzt mehr und mehr Häuser, die frei standen – wie die Kirche und das Zenotaph –, aber sie waren doch alle miteinander verbunden, wenn nicht durch die Dächer, dann durch die niedrigen Mauern und Zäune, die sie umgaben. Manchmal berührten sich auch die Hauswände direkt. Warum mir das so viel Sicherheit gab, wusste ich nicht; jedenfalls fühlte ich mich bei jedem Schritt wie zu Hause.

Wir näherten uns dem Polizeiposten nicht weit von Miss McCutters, und ich erwartete, dass der Zug hier anhalten würde. Die Musiker würdigten den Polizeiposten nicht einmal eines Blickes, sie marschierten schnurstracks vorbei; die Trompeten schmetterten, und die Posaunen blitzten in der Sonne. Ständig schien sich die Zusammensetzung der Kinderschar um mich herum zu verändern. Plötzlich verschwand ein Gesicht oder ein ganzes Grüppchen, wurde aber sofort durch ein neues ersetzt, das schon am Weg bereitstand wie dorthin bestellt. Der Gedanke schoss mir durch den Kopf, dass ich vielleicht jemanden seines Platzes beraubte, indem ich in der Prozession blieb, aber niemand sagte etwas – im Gegenteil, alle Gesichter waren ganz von der Musik, dem Marschieren in Anspruch genommen, und alle schienen sich herrlich zu amüsieren. Ich marschierte mit dem Rest weiter.

Nach der ersten Straßenkreuzung kamen wir wieder an einem Schild vorbei, über das ich grübeln musste. Da stand: MRS T. BANJOKO: IN LONDON AUSGEBILDETE SCHNEIDERIN. Vergeblich suchte ich das »Ein Versuch wird auch Sie überzeugen«. Stattdessen fand ich die Einladung: »Fragen Sie im Laden nach der Geschäftsführerin; Banjoko, Akademie der Schneiderkunst.« Es schien reichlich überflüssig, sich »im Laden« zu erkundigen, fand doch die Schneiderschule direkt vor uns hier auf dem Bürgersteig statt. Die Mädchen trugen alle Uniformen aus blauen, formlosen Kleidern, und ich dachte, die erste Aufgabe der Schülerinnen sei wohl, sich dieses Kleid zu schneidern, ehe sie gelernt hatten, wie man näht. Mama nähte Kleider für uns, aber ich konnte mich nicht erinnern, je etwas derart Unförmiges an Tinu gesehen zu haben. Der Dame, die an der Nähmaschine saß, schien die Rolle der Geschäftsführerin auf den Leib geschnitten, ein Wort, dessen Bedeutung ich nur ahnen konnte. Bisher waren mir so schwierige Worte noch nicht untergekommen, und ich nahm mir vor, meinen Vater zu fragen, worin der Unterschied zu dem einfacheren Wort »Lehrerin« bestand.

Es waren eine ganze Menge Schülerinnen. Die Geschäftsführerin wendete dem vorüberziehenden, aufregenden Treiben teilnahmslos den Rücken zu, und die Mädchen spürten, dass man von ihnen erwartete, das Gleiche zu tun. Nichtsdestoweniger erwischte ich sie alle, ohne Ausnahme, wie sie heimlich erregte Blicke auf die Straße warfen. Ihre gehorsamen Gesichter leuchteten auf in der nur einen Augenblick dauernden Verschwörung mit der Schar, die neben und hinter der Parade marschierte; ich fühlte mich wie in die Lüfte erhoben durch diese heimliche Verbindung mit diesen bedauernswerten Sklavinnen der Nähmaschine. Der Drache am Lehrpult wusste nichts von unserer verstohlenen Kontaktaufnahme, doch sie musste wohl ein Nachlassen der Aufmerksamkeit gespürt haben, denn sie drehte sich um und tat, als sähe und bemerke sie erst jetzt den Aufmarsch, dann kanzelte sie ihre Schülerinnen in deutlich ärgerlichem Ton ab. Die Mädchen rückten eng zusammen und kicherten, passten aber gut auf. Die, die am lautesten gekichert hatte, winkte uns jetzt hinter ihrem Rücken zu, und die meisten winkten zurück, die Mutigeren riefen sogar einen Gruß hinüber, und manche machten freche Bemerkungen über die Tyrannin, die nicht erlaubte, dass die Mädchen ein Stück weit mitkamen. Das Musikkorps zeigte sich unbeeindruckt von dem Geschehen neben und hinter ihm.

Unbeirrt bliesen und trommelten sie vorwärts, die Messingbecken blitzten und schepperten, Schweiß bedeckte den Unglücklichen, der in das dicke Netzwerk aus Röhren gezwängt war, die sich himmelwärts um ihn schlangen und sich dann flachlippig und weitmäulig über seiner Schulter öffneten.

Jetzt fiel mir ein, wo mir schon einmal ein solcher Trichter begegnet war. Er sah genau aus wie der auf dem Bild auf unserem Grammofon, in den ein Hund bellte und unter dem stand: HIS MASTER'S VOICE. Lange wollten Tinu und ich die Geschichte nicht glauben, dass die Musik, die aus dem Grammofon kam, von einem besonders abgerichteten, singenden Hund gemacht werde, der in dem Gerät eingesperrt sei. Wir hatten nie beobachtet, dass er gefüttert wurde, und also wäre er doch längst verhungert. Noch hatte ich keine Mittel und Wege gefunden, das Gerät zu öffnen, und so blieb die Sache noch immer ein Geheimnis.

An der Straßenkreuzung stand auf dem einen Wegweiser: Nach LAFENWA; auf dem anderen – IGBEIN; IBARA. Der Zug folgte Letzterem. Bevor wir Ibara erreichten, kamen wir über einen Markt.

Hier warteten Frauen am Straßenrand, und während wir näher kamen, strömten immer mehr von ihren Verkaufsständen hier zusammen. Ihre Stände erstreckten sich auf der rechten Straßenseite bis ins Endlose, hoch aufgetürmt lagen die Waren auf niedrigen Hockern und besonders hergerichteten Gestellen. Ich zögerte; es konnte doch gar nicht möglich sein, dass es so viele Sachen auf der Welt gab! Ich drückte mich an die Flanke des Musikzuges, sodass ich weit vorausschauen konnte – es waren keine Straßenkreuzungen in Sicht, und ich überlegte, dass, wenn ich mich nicht zu lange im Markt aufhielte, ich schon durch den Klang der Musik wieder zum Zug zurückfinden würde. Mit runden Kulleraugen bog ich in den Markt ein. Pfefferschoten in allen Größen und Formen türmten sich im Überfluss auf Holz- und Emailletabletts. Ganze Hügel von Gari ließen die tassenweisen Portionen, die man bei uns zu Hause mit heißem Wasser zu Eba verwandelte, ärmlich erscheinen. Der erdige Geruch von pulverisiertem Yams stieg mir in die Nase, lange ehe ich die voll aufgehäuften Kalebassen sah. Und SALZ! Niemand, nicht einmal ganz Aké, konnte in hundert Jahren so viel Salz essen, und doch lag es hier aufgetürmt, Stand nach Stand. Dann folgten die verschiedensten Knollen, Gemüse, getrockneter Fisch, Stockfisch, und dann kamen die Fleischstände, in denen Männer lange, blitzende, zweischneidige Messer durch große Fleischbrocken zogen, während sie zugleich mit der anderen Hand die Fliegen wegscheuchten oder den kleinen Jungen eine Kopfnuss verpassten, weil sie eingenickt waren, während sich die Fliegen auf dem Fleisch niederließen. Der Metzger war ein ebenso großer Zauberkünstler auf seinem Gebiet wie der Polizist, der mit dem Stab jonglieren konnte. Jeden Augenblick sah es so aus, als würde er sich alle Finger abschneiden – aber nein, das Messer blitzte nur kurz zwischen seinen Fingern auf, und schon lagen zwei sauber geschnittene Scheiben Fleisch auf dem Tisch.

Es dauerte ziemlich lange, bis die Lebensmittel aufhörten und Stoffen, Nähutensilien, Spielsachen Platz machten, sogar kleine Buchstände gab es, die auch Stifte, Radiergummis, Tintenfässer und Schulhefte fein säuberlich ausgelegt anboten.

Dann prallte ich plötzlich zurück. Der geschrumpfte Kopf eines Tieres starrte mir direkt in die Augen. Er hing an einem niedrigen Holzbord unter einem Stand, und erst jetzt bemerkte ich, dass Kopf und Körper noch zusammenhingen. Er war getrocknet und ausgestopft worden. Und es gab noch mehr davon. Meine Augen wanderten über das Bord, dann über die Tischplatte auf den Böcken und entdeckten Schädel, einfach die glatten, gebleichten Schädel ohne Fleisch oder Haut, riesige, leere Augenhöhlen und Löcher, wo die Nasen hätten sein sollen. Und dann gab es auch getrocknete Rinden und Blätter. Es war die merkwürdigste Reihe von Ständen im ganzen Markt, mit ihren Sortimenten von Steinen, Perlen, Eisenklümpchen, farbigen Pulvern in kleinen Häufchen, winzigen, mit Blättern zusammengebundenen Päckchen, Flaschen voller merkwürdiger Flüssigkeiten, in denen man Rindenstückchen und Blätter herumschwimmen sehen konnte. Es gab auch getrocknete Schlangen und Mäuse. Die Frauen in diesen Ständen waren viel älter; sie saßen ungerührt da, die Musik, die die Jüngeren auf die Straße gelockt hatte, ließ sie völlig kalt. Von Zeit zu Zeit hob eine dürre, runzlige Hand im dunklen Innern des Standes einen Fliegenwedel und beschrieb damit einen langsamen Kreis durch den Stand. Der Anblick ihrer flachen, ausgemergelten Brüste versetzte mir einen Schock; dann erinnerte ich mich plötzlich, dass es sich nicht gehörte, jemanden anzustarren, und ich schaute rasch weg.

Waren das die Hexen, von denen wir schon so viel gehört hatten? Keine Brust, die ich je zuvor gesehen hatte, war so flach, es schien nichts Menschliches daran zu sein. Doch als ich dann wieder auf die Stände schaute, erkannte ich Rinden und Wurzeln, die denen ähnlich waren, die Vater kaufte, in Flaschen und Gläser stopfte und dann tagelang einweichte. Wir mussten davon einnehmen, wenn wir uns nicht wohlfühlten. Manches mussten wir auch nehmen, weil einer der Elternteile einer mysteriösen Eingebung folgte. Und es gab auch Rinden, die in großen Gefäßen aufbereitet wurden. Einmal, nach einem Fieberanfall, bekam ich einen Hautausschlag. Ich erinnerte mich jetzt, dass ich damals jeden Tag mit dem Inhalt eines solchen Gefäßes abgewaschen worden war. Die Kräuter und Wurzeln wurden in Körben nach Hause gebracht, abgekocht, und dann musste die Flüssigkeit auskühlen, ehe ich damit abgerieben wurde. Außerdem bekam ich eine bittere Flüssigkeit aus einem anderen mit Kräutern vollgestopften Gefäß zu trinken und wurde ins Bett gesteckt. Oder es gab Pillen und Tabletten von Miss McCutter, von Oke Padi oder irgendwo anders her, und Teelöffel voll von scheußlich schmeckenden Tropfen aus säuberlich etikettierten Flaschen. Oft wurden beide Mittel zugleich verabreicht, oder von Tag zu Tag abwechselnd. Dabei schien es ziemlich unwichtig, ob man krank war oder nicht. Wir mussten immer irgendetwas einnehmen, nur die Abstände dazwischen änderten sich. Diese Frauen, die so zerknittert und runzlig aussahen wie die Kräuter und Wurzeln auf ihren Ständen, flößten mir kein Vertrauen ein. Die Heiltränke schienen mir Säfte ihres eigenen Körpers zu sein, denn ich konnte nicht feststellen, dass irgendwelches Blut in ihnen floss, jedenfalls bestimmt kein Blut von der Farbe, die ich sah, wenn ich mir die Zehen an einem Stein verletzte.

Die mir am nächsten sitzende Frau schaute plötzlich auf, und ich starrte zurück. Dann lächelte sie. Hätte sie nicht gelächelt, dann hätte ich ihr wohl all die Fragen gestellt, die mir durch den Kopf jagten. Aber ihr Gesicht, das auch in Ruhestellung nicht wie das einer Lebenden aussah, wandelte sich mit einem Mal in das Gesicht der Schrumpfköpfe, die über ihr baumelten. Ich drehte mich um und rannte, rannte den ganzen Weg, bis ich die Musik wieder eingeholt hatte. In meinem Kopf pochte es laut, mehr aus Angst denn vor Anstrengung, mir kam nämlich der Gedanke, dass es keineswegs sicher war, dass die Schädel wirklich von Tieren stammten. Es konnten ebenso gut die Schädel kleiner Kinder sein, die unvorsichtig genug gewesen waren, sich in die Nähe der Stände dieser Hexen zu begeben. Ich überlegte, dass ich diese Mixturen, die man uns zu trinken gab, sowieso nie gemocht hatte; und jetzt hatte ich einen guten Grund, sie endgültig abzulehnen.

Zu meinem Erstaunen stand auf dem Wegweiser, an dem wir als Nächstes vorbeikamen, schon wieder LAFENWA. Diesmal war es eine richtige Kreuzung und keine Gabelung wie beim letzten Mal. Auf zwei anderen Hinweisschildern stand IGBEIN, IBARA, dann LANTORO, während es nach Aké in die Richtung ging, aus der wir anmarschiert kamen. Wir hatten die Straße nach Lafenwa bereits überquert; ich wusste nicht, was ich von einer derart irreführenden Beschilderung halten sollte, aber ich würde meinen Vater danach fragen, wenn ich nach Hause kam.

Es war nur zu selbstverständlich, dass die Ransome-Kutis auch in einem Schulgelände lebten, so wie mein Vater. Kuti war Direktor, und ich erkannte an der Inschrift, an der wir gerade vorbeikamen, ABEOKUTA GRAMMAR SCHOOL, dass dies der Gebäudekomplex war, in dem er lehrte. Ich versuchte, mich zu erinnern, wie mein Vater den Unterschied zwischen Rektor und Direktor erklärt hatte, aber mir war nur im Gedächtnis geblieben, dass ich dieses Gymnasium besuchen würde, sobald ich in St. Peter abgeschlossen hatte. Wir marschierten an den Steinwänden des Gebäudes vorbei, und ich sah keinen Grund, warum ich länger warten sollte. Das Hauptgebäude lag etwas zurückgesetzt im Hof, und ein breiter Pfad führte zu diesem stattlichen Steinhaus hin, das auf dicken, mit Bogen verbundenen Säulen stand und so dicht von Bougainvillea überwuchert war wie BishopsCourt. Aber es war ein viel beeindruckenderes Gebäude, beeindruckender noch als BishopsCourt und Pa Delumos Residenz zusammengenommen. Ich presste mein Gesicht gegen die Stäbe des Eisentors und fragte mich, warum ich nicht jetzt gleich hier den Unterricht aufnehmen sollte. Dann fiel mir ein, dass heute ja Samstag war und folglich kein Unterricht stattfand. Montag freilich war eine andere Sache, ich würde meinen Weg ohne Schwierigkeiten finden.

Während ich mich dem Zug wieder anschloss, wusste ich, dass ich nun den Unterschied zwischen einem Rektor und einem Direktor begriffen hatte. Nur ein *Di*rektor konnte einer Schule vorstehen, die so mächtig und beeindruckend war wie die, die ich gerade gesehen hatte. Ich hoffte natürlich, dass die Tatsache, dass ich nur der Sohn eines Rektors war, keinen Hinderungsgrund bildete, in dieser Schule einen Platz zu bekommen; und immerhin war ja der Direktor häufig Gast in unserem Hause. Mutter nannte ihn Onkel, und wir wurden ermuntert, das ebenfalls zu tun. Mir war aber sein anderer Name, Daodu, lieber. Er passte besser zu seiner Erscheinung, seiner tiefen Stimme und seinen energischen Gesten. Er fuhr auf dem einzigen Motorfahrrad, das ich je gesehen hatte, und seine Agbada blähte sich dabei zu seinen beiden Seiten im Wind.

Eines Tages war er mit dem Rad gestürzt, ganz in unserer Nähe in Aké. Hätten wir in dem Augenblick über die Mauer geschaut, hätten wir es beobachten können. Er wurde in unser Haus gebracht; ich hörte, wie jemand erklärte, seine Agbada habe sich wie immer aufgebläht, doch dann habe sich ein Ärmel in den Speichen verfangen. Alle verschwanden in Vaters Zimmer, während Mutter in heller Aufregung durchs ganze Haus stürzte. Es wurde Wasser zum Kochen aufgesetzt, Verbandszeug wurde bereitgelegt, doch dann kam eine Krankenschwester und verschwand im Zimmer und kam dann zusammen mit Vater wieder heraus.

»Wir müssen ihn ins Krankenhaus bringen, die Verbrennung am Schenkel ist nicht unbedenklich.«

Vater murmelte etwas von der Maschine, die auf ihn draufgefallen sei, sodass der heiße Auspuff wohl die Verbrennung verursacht habe. Die Krankenschwester sagte, mein Vater habe gut daran getan, die Verbrennung mit Vaseline zu behandeln. Die Schwester ging wieder, wir wurden alle zusammen in den hinteren Teil des Hauses geschickt, dann wurde die Wohnzimmertür vor uns verschlossen. Wir hörten schwere Schritte, Türenschlagen, dann Stille. Als wir wieder herausdurften, war der Patient weg, Vater und Mutter mit ihm. Als Daodu aus dem Krankenhaus entlassen wurde, kaufte er ein Auto und fuhr nie wieder mit dem Motorfahrrad. Koye, sein ältester Sohn, den wir Cousin Koye nannten, weil er viel älter war als Tinu und ich, benutzte es jetzt, wenn er zu uns kam, um uns zu besuchen oder eine Nachricht zu überbringen. Daodus Auto, so hörten wir, war das dritte Auto in der ganzen Stadt. Das erste gehörte dem Alake höchstpersönlich, ein weiteres gehörte einem reichen Chief, der in Itoku lebte. Selbst der englische Distriktsbeamte schien kein eigenes Auto zu besitzen; er fuhr mit dem Motorrad oder kam hoch zu Pferd.

Ich fühlte mich in gehobener Stimmung, als ich das Gymnasium hinter mir ließ. Diese Schule würde ich ab Montag besuchen, das stand fest. Aber ich hatte auch entdeckt, dass ich die Kutis mochte. Unterricht unter Daodus Schirmherrschaft versprach ein Abenteuer zu werden. Diese etwas leichtsinnige Vorstellung half mir die Straße nach Ibara hinauf, die so steil war, dass meine Beine die ersten Anzeichen von Müdigkeit erkennen ließen. Ich überlegte schon, ob ich mich nicht besser am Straßenrand hinsetzen und ein wenig ausruhen sollte, als wir eine neue Siedlung erreichten, mit säuberlich ausgerichteten Häuserreihen. Es waren kleine, hüttenähnliche Häuschen, doch aus Zement errichtet und mit Metallschindeln gedeckt. Der Wachtmeister, der an der Spitze des Zuges ging, brüllte einen Befehl, der ganze Zug machte eine Kehre und marschierte in das Siedlungsgelände. Sie marschierten geradewegs auf den Platz vor dem längsten dieser Gebäude zu und stellten sich nach den verschiedenen Befehlen des Wachtmeisters neu auf. Sie bildeten noch immer eine Zweierreihe, doch standen sie jetzt Schulter an Schulter und marschierten auf der Stelle. Ich hielt den selben Abstand, den ich hatte, als sie begannen, sich in Linie aufzustellen, oder vielmehr war ich so viel langsamer gegangen, als sie in das Gelände einbogen, dass ich jetzt nicht weit vom Tor stand. Ein Befehl wurde erteilt, und die Musik brach ab in einem Finale aus Trommelwirbel und krachendem Beckenschlag. Dann war es völlig still.

Und ich machte eine Entdeckung. Ich war allein. Die jazzende, kunterbunte Kinderschar, die nachäffend und Clownerien treibend, mitunter sogar Befehle brüllend gefolgt war, hatte sich einer um den anderen verkrümelt. Jetzt fiel mir auch auf, dass ich schon seit geraumer Zeit keinen von ihnen mehr gesehen oder ihre fröhlichen Stimmen gehört hatte. Sie waren alle verschwunden und hatten mich allein zurückgelassen. Und ich machte noch eine Entdeckung. Ich erkannte, dass ich nicht wusste, wo ich war.

Der Wachtmeister machte auf seinem Absatz kehrt, bellte ein paar Sätze in einer höchst merkwürdigen Sprache, die wohl an jemanden gerichtet waren, der sich in dem Gebäude versteckte. Diese Person kam jetzt heraus – sie trug eine schmucke Uniform. Als Erstes fiel mir auf, dass sie ein Albino war. Im nächsten Augenblick erkannte ich aber, dass sie überhaupt kein Albino, sondern ein Weißer war. Und dass er, anders als die marschierenden Polizisten, Schuhe trug. Er war in schlichtes Kaki gekleidet, also war er auch ein Polizist. Doch hatte seine Erscheinung wenig Ähnlichkeit mit der des Musikkorps. Er stand auf den Stufen vor seinem Büro, während der Wachtmeister wiederum Befehle erteilte und die ganze Gruppe strammstand. Wieder ein Befehl, und sie schienen etwas lockerer zu stehen. Der Wachtmeister fuhr fort, in dieser eigentümlichen Sprache zu reden, doch es gelang mir, ein paar englische Worte und Ortsnamen aufzuschnappen. Er schien irgendetwas »zu melden«, der »Palast des Oba« spielte eine Rolle, schließlich endete alles in einem »Richten« und »weiteren Befehlen«. Der weiße Mann sprach ein paar Worte, der Wachtmeister bellte noch zweimal kurz, dann löste sich der Zug auf, und jeder ging seiner Wege; alle außer dem Wachtmeister. Er blieb stehen und unterhielt sich noch ein wenig mit dem weißen Offizier; es war während dieser Unterhaltung, dass der Weiße aufblickte und mich entdeckte.

Ich war müde, das merkte ich jetzt ganz deutlich. Der Gedanke, sofort wegzurennen, als der Mann aufblickte, mich sah, auf mich zeigte und etwas zu dem Wachtmeister sagte, blieb deshalb nur ein Gedanke. Ich wusste ja auch gar nicht, in welche Richtung ich laufen sollte. Der Wachtmeister schaute jetzt auch zu mir herüber, und dann kam er langsam auf mich zu. Jetzt wäre ich vielleicht doch losgerannt, Müdigkeit hin, Müdigkeit her, aber der weiße Offizier hielt ihn zurück und kam selbst auf mich zu, dicht gefolgt von dem Wachtmeister. Instinktiv machte ich einen Schritt rückwärts auf das Tor zu, doch der Mann lächelte, hielt mir beide

Hände in einer Geste entgegen, die ich nicht ganz verstand, und kam langsam näher. Als er ziemlich nahe war, beugte er sich zu mir herunter, und mit dem komischsten Akzent, den ich je gehört hatte, fragte er mich: »Kini o fe nibi yen?«

Ich wusste, das sollten Worte meiner eigenen Sprache sein, sie ergaben aber absolut keinen Sinn, und ich schaute den Wachtmeister hilflos an und sagte: »Ich verstehe ihn nicht. Was sagt er?«

Der Offizier machte große Augen. »Oh, du sprichst Englisch?« Ich nickte.

»Guut. Dasis sea kluuch. 'chabdich gefracht, was du hier willst. Kannich dir behilflich sein?«

»Ich möchte nach Hause gehen.«

Er und der Wachtmeister wechselten Blicke. »Hm, soso-ei-ei, wo bidudenn suhause?«

Ich konnte nicht begreifen, warum es ihm gefiel, so durch die Nase zu sprechen. Er war schwer zu verstehen, und ich musste mich die ganze Zeit gehörig anstrengen, um den Sinn seiner Fragen zu begreifen. Ich sagte ihm, dass ich in Aké wohne. »Es hat eine riesige Kirche«, fügte ich hinzu, »gleich außerhalb der Mauer.«

»Aha, nahe der Kirche. Sachmal, wie heißdudenn?«

Ich nahm an, dass er mich nach meinem Namen gefragt hatte, und so sagte ich: »Ich heiße Wole.«

»Wonlee. Guut. Und wie heißt dein Vater?«

»Mein Vater heißt Rektor.«

»Was?«

»Mein Vater heißt Rektor. Manchmal heißt er auch Essay.«

Aus irgendeinem Grund amüsierte ihn das maßlos, was ich beleidigend fand. Ich sah nicht ein, weshalb der Name meines Vaters Grund für solches Gelächter bieten sollte. Der Wachtmeister reagierte dagegen ganz anders – ihm fielen fast die Augen aus dem Kopf. Ich merkte jetzt auch, dass er ganz anders aussah als all die anderen Erwachsenen, die sonst um mich herum waren. Er hatte lange Narben im Gesicht, ganz anders als die üblichen, denen wir in Aké begegneten. Und wenn er sprach, dann klang seine Stimme ganz wie die der Hausa-Händler, die ihre Waren zu unserem Haus brachten, um sie gegen getragene Kleidung oder andere Gegenstände einzutauschen. Es war eine merkwürdige Prozedur, die wenig Sinn für mich ergab. Sie breiteten ihre Waren vor dem Haus aus, und alles war so faszinierend, dass ich von ihnen weggetragen werden musste. Sie brachten Bronzefigürchen – Pferde, Kamele –, flache Schalen oder kleine Gefäße aus Bronze und Schmuck. Menschliche Figuren drehten sich auf einer winzigen Plattform, von Gewichten in der Balance gehalten, die an dünnen Metallbügeln zu beiden Seiten der Figürchen befestigt waren. Wir drehten die Figürchen immer rundherum, doch nie fielen sie von ihren kleinen Podesten herunter. Der Geruch von frischem Leder zog durchs ganze Haus, wenn sie ihre Sitzkissen, Taschen, Beutel, Sandalen und ihre verzierten Messerscheiden auspackten. Es gab kleine Fläschchen in Lederhüllen mit Lederstopfen, Amulette an Lederriemen, Schriftrollen, Glasperlen, Parfümfläschchen mit exotischen Namen – nachdem ich ihn zum ersten Mal auf dem Etikett gelesen hatte, vergaß ich ihn nie wieder –, Bint el Sudan, dazu ein Bild von einem beturbanten Krieger neben einem knienden Kamel. Eine Verschleierte bot ihm eine Schale mit Früchten dar. Sie sahen anders aus als alles, was ich je im Obstgarten gesehen hatte, und Essay sagte, es seien Datteln.

Ein- oder zweimal versuchte mein Vater, ihm Geld anzubieten, aber der Händler erwies sich als schwierig. »Nee, ich lieber nehmen Changey-Changey«, wie er die Dinge nannte, die er zum Tausch haben wollte. Also kamen alte Hemden zum Vorschein, Hosen, abgelegte Jacken mit Löchern unter den Armen, und doch nahm Changey-Changey – wie wir ihn inzwischen nannten – diese Fetzen im Tausch für sein »original Marokko«-Leder. »Hier Sie sehen, Meister, ich nix lügen. Guck, guck hier, original Marokko-Leder. Prima für Sie. Boss wie Sie brauchen Ledertasche für Akten. Is' echt! Gib noch ein Hemd, oder noch Hose.«

Ihre Stimmen waren sich so ähnlich, dass sie nur Brüder sein konnten. Und ich war davon umso mehr überzeugt, als ich ihn sagen hörte: »Wenn Rektor von Aké sein Vater sein, dann ich wissen, wo er herkommen. Aber was er hier machen?«

Beide wendeten sich wieder mir zu. Ich wusste keine Antwort auf die Frage. Dann sagte der weiße Mann: »Hast du dich verlaufen?«

»Ich bin der Musik gefolgt«, antwortete ich.

Der Offizier nickte weise, als ob sich nun alles aufgeklärt hätte. Er drehte sich zu dem Wachtmeister um und befahl ihm, sein Fahrrad zu holen. Der Mann salutierte und ging. Irgendetwas schien dem Offizier noch immer zu denken zu geben. Er legte mir die Hand auf die Schulter und führte mich in sein Büro.

»Wie alt bist du?«

»Ich bin vierundeinhalb Jahre alt.«

Er gab ein lautes »Waaas?« von sich, blieb stehen und schaute mich an. »Bist du da sicher?«

Ich nickte. Er schaute mich noch genauer an und sagte: »Ja, sicher, sicher. Und du bist den ganzen Weg von Aké gelaufen? Wo bist du denn losgegangen?«

»Beim Zenotaph. Da waren noch mehr Kinder, aber sie haben mich allein gelassen.«

Wir kamen in sein Büro, und er hob mich auf einen Stuhl.

»Hast du Durst?« Doch er öffnete schon die Flasche Orangensaft. Auf dem Schreibtisch stand ein Krug voll Wasser, und er mixte mir ein Getränk zusammen. Ich trank das Glas bis auf den letzten Tropfen leer.

»Magst du noch eins?« Er wartete die Antwort gar nicht erst ab, mischte gleich ein neues Glas und reichte es mir. Der Inhalt folgte seinem Vorgänger in gleicher Geschwindigkeit. Jetzt fühlte ich mich besser. Ich schaute mich im Büro um, streckte meine Beine, und dann weckten die Papiere auf dem Schreibtisch mein Interesse. Ich erkannte eine Zeitschrift, die auch mein Vater jede

Woche bekam. Ich schaute den Mann mit größerem Interesse an.
»Sie lesen die Zeitschrift meines Vaters.«

Er schaute verdutzt. »Welche?«

»Die da, *In Leisure Hours.*«

»Tatsächlich? Das ist die Zeitschrift deines Vaters?«

»Ja. Er kriegt jede Woche eine neue.«

Er schlug sie rasch auf, suchte irgendetwas auf den Seiten.

»Du willst sagen, er ist der Herausgeber?«

Ich verstand nicht, was er wollte, also wiederholte ich: »Er kriegt sie jede Woche.«

Und dann grinste der Mann und nickte. »Ach so, ich verstehe.«

Langsam wurde ich schläfrig. Der Wachtmeister kam mit seinem Fahrrad. Nur noch halb wach, fühlte ich mich auf die Stange gehoben, und die holprige Fahrt begann. Die Ankunft zu Hause bekam ich kaum mit, Hände hoben mich hoch, reichten mich weiter in andere Arme. Mein Kopf wog mindestens eine Tonne; ich versuchte, mich wach zu halten, um auf das Geplapper der Stimmen um mich herum zu antworten. Ich spürte die unendliche Weite von Mutters Schlafzimmer auf mich zukommen – den Raum erkannte ich leicht am Òri- und-Kampfergeruch. Dann sank ich in wohliges Vergessen.

Als ich aufwachte, herrschte nebliges Halbdunkel um mich. Kurz darauf erkannte ich, wo ich war. Auch fühlte ich ein riesiges Loch im Bauch; ich krabbelte aus dem Bett und steuerte auf die Küche zu, um zu sehen, welche Essenszeit es war. Als ich die Tür öffnete, schlug mir ein lautes Stimmengewirr entgegen. Das ganze Vorzimmer war gesteckt voll mit Erwachsenen, die alle aufgeregt durcheinanderredeten. Ich drehte mich also um und ging erst mal dem Geräusch nach.

Ich durchquerte das Wohnzimmer und schob den Vorhang hinter der angrenzenden Tür beiseite – und plötzlich war alles mucksmäuschenstill. Hundert Augenpaare starrten mich an, und ich fragte mich, was wohl los sei. Mitten in die Stille hinein verkündete ich, was allein meine Sinne im Augenblick bewegte: »Ich habe Hunger!«

Münder öffneten sich weit. Dann unterbrach die Frau des Buchhändlers das Schweigen. Sie schlug die Hände in einer Geste der Verwunderung zusammen und rief: »E-eh! Omo nla! Habt ihr das gehört? Er hat Hunger!«

Wieder hob ein Stimmenwirrwarr an, zumeist ein Echo der Frau des Buchhändlers. Ich konnte überhaupt nicht verstehen, warum es über die Tatsache meines Hungers eine solche Aufregung geben sollte. Sowieso war es schon Abend, und ich hatte den ganzen Tag noch nichts gegessen. Schließlich hörte ich die Stimme meines Vaters sich einmischen, und es war mir auch, als lächle er.

»Nun, es scheint ja nur natürlich, dass er Hunger hat. Wärt ihr nicht auch hungrig nach einem Fußmarsch von Aké nach Ibara?«

Ich hörte jemanden sagen: »Schon. Aber *wie* er das eben gesagt hat!« Dann hob mich die Frau des Buchhändlers mit einem Schwung hoch und erstickte mich fast zwischen ihren ausladenden Brüsten. »Gebt meinem Kind zu essen!«, rief sie. »Mama, warum lässt du ihn verhungern? Mein Herr und Gebieter sagt, er hat Hunger, und du springst nicht, um ihm was zu essen zu holen? Na gut, ich werde ihn mit zu mir nehmen und ihn ordentlich füttern!«

Und ehe ich recht begriff, was vorging, hatte sie mich auf ihren Rücken gesetzt, schlang ihr Wickeltuch um mich, um mir sicheren Halt zu gewähren, und fing an zu singen und zu tanzen. Und plötzlich sangen alle mit ihr, lachten und schrien aus vollem Halse. Nur eine Person saß in ihrem Sessel, offenbar völlig unberührt von allem; es war Mutter, die dasaß, das Kinn in die Handfläche gestützt, und mich anstarrte. Von Zeit zu Zeit schüttelte sie den Kopf, seufzte tief auf und nickte vor sich hin.

Frau Buchhändler sagte: »Seht sie euch an! Ich glaube fast, es wäre ihr lieber, er würde immer noch durch die Wildnis von Abeokuta wandern. HM, gib mir eine Rute, ich glaube, eine Dosis ihrer Lieblingsmedizin würde ihr guttun.«

Vater lachte und sagte: »Prima Idee! Ich hole die Rute.« Er riss die Rute aus der Ecke neben seinem Schreibtischsessel und reichte sie der Frau des Buchhändlers. Im Nu schnellte Mama hoch und sprang durchs Zimmer. Alle waren in ausgelassener Stimmung – es war höchst merkwürdig, erwachsene Männer und Frauen zu sehen, die durch das ganze Haus johlten wie die Bengel, die hinter dem Musikzug hermarschiert waren, bis sie mich im Stich gelassen hatten. Ich habe nie erfahren, wann das Essen endlich zubereitet war, denn auf dem Rücken der Buchhändlersfrau schlief ich wieder ein. Am nächsten Morgen wachte ich in ihrem Bett auf, benommen und doch eigentümlich erregt. Und auch als ich mich zu dem größten Frühstück niederließ, das ich je zuvor gesehen hatte, saß mir noch immer der Gedanke im Hinterkopf, dass ich wohl irgendwie der Grund für die Aufregung der vergangenen Nacht gewesen war, und auch, dass ich mich in irgendeiner Weise ganz deutlich verändert hatte – ich war nicht mehr derselbe wie vor dem Marsch.

4

Ich prustete, tastete nach Nubis Hand und kämpfte mit all meiner Kraft um den Schwamm. Zuerst stieß ich nur einfach ihre Hand weg, wieder und wieder, aber sie legte es darauf an, mich mit Wasser, Seifenlauge und kratzigen Faserbüscheln zu ersticken. Nubi gab nicht nach. Also, wenn es Joseph gewesen wäre ...

Ich wischte mir die Seifenlauge aus einem Auge und sah Nubi, die einen Schritt zurückgetreten war und mich anschaute.

»Was ist jetzt, kann ich dich jetzt waschen oder nicht?«

»Ich will mir das Gesicht selber waschen.«

»Du?« Sie lachte höhnisch. »Leg mal deine Hand über deinen Kopf, zeig mal, ob du das kannst.«

Ich gehorchte. Es schien so eine Art Test zu sein. Wenn ich ihn bestand, würde sie vielleicht mein Gesicht in Ruhe lassen.

»Ganz drüber. So.«

Ich legte meinen Arm ganz weit über den Kopf und strengte mich mächtig an, es ihr gleichzutun. Jetzt spielten ihre Finger mit dem rechten Ohrläppchen, sie deckte das Ohr ganz zu, ließ es einfach in ihrer Handfläche verschwinden.

»Na, siehst du den Unterschied?«

Ich fragte: »Mach ich es denn nicht richtig?«

Noch mehr höhnisches Gelächter. »Ja, siehst du denn den Unterschied nicht?«

»Was mach ich denn nicht richtig?«

»Es geht nicht darum, was du nicht richtig machst, es geht darum, was du überhaupt nicht machst. Sieh meine Hand an, ich kann sie über meinen Kopf legen und das Ohr zudecken. Siehst du? Und jetzt schau dich an. Du kannst ja kaum bis auf deinen Kopf langen.«

Das hörte sich an, als sei die Sache von großer Bedeutung, doch verstand ich nicht, worauf sie hinauswollte. Ich starrte gebannt auf ihre Hand, die das Ohr erscheinen und wieder verschwinden ließ.

»Dieser Unterschied ist die Erklärung dafür, warum ich dich waschen muss. Wenn du glaubst, du bist schon ein großer Junge, nur weil sie dir erlauben, in die Schule zu gehen, dann hast du noch 'ne Menge zu lernen. Es gibt nämlich Dinge, die können sie dir in der Schule nicht beibringen. So, und jetzt komm her.«

Sie kam auf mich zu, den Schwamm in der Hand.

»Joseph erlaubt mir, mein Gesicht selbst zu waschen«, beharrte ich.

»Mama hat mir aufgetragen, dich zu waschen, das ist alles, was ich weiß. Sie hat dich nicht in lauter Stückchen geteilt, ein paar für dich, ein paar für mich.«

Jetzt tauchte ihre rechte Hand mit der kleinen Schale in den Eimer und schöpfte das Wasser, das sie mir über den Kopf gießen wollte. Ich duckte mich.

»Jetzt guck dir das an. Du verschwendest Wasser! Du weißt, was Mama mit dir macht, wenn ich ihr das erzähle.«

Ich schlüpfte in die Ecke des Badezimmers. Zu spät erst merkte ich, dass ich hier in der Falle saß. Trotzdem – ich kämpfte um mein Leben. Als die kreisende Schale mir ihren Inhalt über den Kopf kleckerte, schlug ich aus und traf die Schale genau. Nubi war klatschnass, und das schien sie einigermaßen zu verärgern.

»Jetzt guck, was du angestellt hast!«

Die Bewegung war so schnell, dass ich keine Zeit hatte, mein Gesicht zu schützen. Wie aus dem Nichts klatschte mir ein gewaltiger feuchter Klumpen ins Gesicht, fuhr mir über alle Poren und verstopfte mir vor allem die Nasenlöcher.

Ihre Finger krallten sich mir in den Schädel, pressten mir den

Kopf nach unten, während sie mir das Gesicht schrubbte, ohne mich auch nur einmal Luft holen zu lassen. Ich versuchte zu beißen, kriegte aber nur einen Mundvoll Schwamm ab; jetzt half nur noch eine Verzweiflungstat – ich zog ein Knie an, und in dem winzigen Augenblick, den sie von mir abließ, stieß ich es ihr in den Magen. Ich hörte sie kreischen, »O pa mi o«, und im nächsten Moment schallte der Ruf »Tani yen?« von überall aus dem Haus. »Tani lo' gun nbe yen? Tani?« Und dann rennende Füße.

Hastig wischte ich mir den Seifenschaum mit beiden Händen ab, blinzelte und sah Wild Christian in der Türöffnung stehen. Sie schüttelte den Kopf, konfus wie immer. Jetzt packte mich die nackte Angst, dass sie die Sache selbst in die Hand nehmen würde.

»Sie ist fertig«, sagte ich. »Ich bin schon sauber.«

»Er hat mir seinen Kopf in den Magen gerammt«, klagte Nubi und krümmte sich noch immer.

»Übertreib nicht so«, fuhr Mama sie an.

»Jawohl, Mama«, und augenblicklich richtete sie sich gerade auf.

»Das ganze Haus zusammenzubrüllen. Willst du, dass sich jeder zu Tode erschreckt?«

»Nein, Ma. Aber er wollte sich das Gesicht nicht waschen lassen.«

»Und ob du es gewaschen hast!«, protestierte ich lauthals. »Seit ich hier hereingekommen bin, um mein Bad zu nehmen, hast du nichts anderes gemacht, als mein Gesicht zu schrubben. Du hast es ja fast zu Tode geschrubbt, was willst du denn jetzt noch dran rumschrubben? Tinu wartet immer noch auf ihr Bad.«

Mit einem Mal fühlte ich mich sehr sicher; auf Wild Christians Gesicht spielte ein Lächeln, als sie zu Nubi sagte: »Schon gut, geh jetzt Tinu holen. Sie sind jetzt sowieso beide alt genug, dass sie sich alleine waschen können.«

»Ja, genau. Das habe ich auch gesagt. Ich brauch weder sie noch Joseph.«

»Aber sie müssen dabei sein, damit wir sicher sein können, dass ihr eure Sache auch anständig macht.«

Ich nickte. Dieses kleine Zugeständnis konnte man wohl machen. Trotzdem sagte ich: »Ich brauch sie eigentlich nicht. Ich hab mich schon oft allein gewaschen, wenn Joseph zu viel zu tun hatte. Er inspiziert mich hinterher und sagt immer, dass ich hübsch sauber bin.«

»Na gut. Und trotzdem werde ich mein Lebtag nicht begreifen, warum du so wasserscheu bist, ausgerechnet du, ein im Juli Geborener.«

Ich spülte mir gerade die restliche Seife ab. »Aber ich bin nicht wasserscheu«, protestierte ich.

»Nein? Dann schau doch mal, wie du dich abspülst. Dein ganzes Gesicht ist noch voller Seife.«

Rasch kippte ich mir eine Schüssel voll Wasser über den Kopf, und wie üblich ging etwas schief. Es passierte immer, wenn mir Wasser über den Kopf oder das Gesicht gegossen wurde. Im nächsten Augenblick musste ich prusten und spucken, mit den Fäusten wischte ich mir die beißenden Bäche aus dem Gesicht und schnappte nach Luft.

Doch selbst durch das Wespennest hindurch, das um meine Ohren summte, als das Wasser seine übliche Tortur meiner Sinne begann, hörte ich Wild Christian lachen, als sie wegging.

Beim Frühstück diskutierten sie darüber. »Dein Sohn ...«, fing sie an. »Ich weiß nicht, was er dem Wasser getan hat, aber sie scheinen nicht gut miteinander zurechtzukommen. Weißt du, was heute Morgen passiert ist?«

Sie redeten darüber, als wäre ich überhaupt nicht anwesend. Das war auch so eine von ihren komischen Angewohnheiten, aber ich hatte längst festgestellt, dass das für die meisten Erwachsenen typisch war; sie redeten über die Kinder, als wären die Kinder nicht da. Wir redeten nie über Erwachsene, wenn sie in unserer Hörweite waren. Ich hörte ihnen von unserem Tisch aus zu und schüttelte heftig den Kopf. Ja, sie hatten den springenden Punkt nicht begriffen; ich war wie immer überzeugt, die Lücke in ihren Ausführungen entdeckt zu haben.

»Wole schüttelt den Kopf«, bemerkte Essay.

Mutter lachte. »Willst du etwa leugnen, dass du, sogar als du dir heute selbst Wasser über den Kopf ...«

»Nein. Aber ich bin nicht wasserscheu. Wenn ich das wäre, dann würde ich ja wohl nicht so gern in den Regen hinauslaufen und mich nass regnen lassen.« Ich klatschte meinen Löffel in die Schale voll Eko, und eine Fontäne spritzte auf.

»Pass bloß auf, Herr Rechtsanwalt! Du sollst keine Lebensmittel vergeuden«, ermahnte mich meine Mutter.

»Ich werde kein Rechtsanwalt. Ich will Mrs Odufuwa heiraten und Pfarrer werden.«

»Oh, jetzt ist es also Mrs Odufuwa. Und was ist mit Auntie Gbosere?«

»Sie kommt uns ja nicht mehr besuchen«, erklärte ich. »Mrs Odufuwa hat uns an Ostern lange besucht. Sie ist sehr nett.«

Essay hatte sich Zeit gelassen, das Argument zu überdenken. »Tja«, sagte er schließlich, »vielleicht hast du keine Angst vor Regen. Aber das bedeutet noch nicht, dass du nicht wasserscheu bist.«

Mutter schaute von einem zum anderen, und mit einem »To ò« machte sie sich fertig, um in ihren Laden zu gehen. Ihre Haltung zeigte deutlich, dass sie wusste, wie lange das Hin und Her der Argumente gehen konnte, und dass sie wichtigere Dinge zu erledigen hatte.

»Ist Regen denn nicht auch Wasser?«, wollte ich wissen.

»Regen bedeutet Wasser, aber Wasser muss nicht notwendigerweise Regen bedeuten.«

Mit angemessen feierlichem Kopfnicken seufzte sie ein »Nghhnnh«, rief, dass man ihr ihren Wosi-Wosi-Beutel ins Schlafzimmer bringen solle, sie wolle jetzt in den Laden gehen.

»Aber es gibt keinen Regen ohne Wasser«, protestierte ich.

Vater nickte. »Richtig. Aber es gibt Wasser ohne Regen.«

»Aber das Wasser kommt doch überhaupt erst vom Regen, oder?«

»Ah, hier täuschst du dich. Der Regen kommt ursprünglich vom Wasser. Nur weil es Wasser gibt, kann es regnen.«

Jetzt kam ich ins Schwimmen. Mein erster Triumph war dahin. Dann fiel mir die Bibel ein. »Was ist in der Bibel passiert, hat Gott sie beide getrennt geschaffen?«

»Nun, schauen wir doch mal nach. Geh und hol die Bibel aus dem Wohnzimmer.«

Ich rutschte von meiner Bank, meine Gedanken eilten voraus zu dem, was die Bibel über die Sache zu sagen hätte. Unter den Abschnitten, die für uns ausgewählt worden waren und die wir lernten, bis wir sie auswendig herunterleiern konnten, waren noch keine Verse aus der Genesis vorgekommen, jedenfalls tauchte jetzt keiner in meiner Erinnerung auf.

Ich nahm die Bibel und ging zurück ins Esszimmer. Ich reichte sie ihm, dann ging ich an meinen Tisch, holte meine Schale mit Eko und setzte mich auf Mutters Stuhl zu ihm an den Tisch. Meine Akara waren längst alle, und ich beäugte die bootsförmige Schale, in der noch vier oder fünf von seinen Akara lagen. Er bemerkte meinen Blick, lächelte und schob mir die Schale hin.

»Aber denk daran«, fuhr er fort, »dass die Bibel dir nur einen Teil der Geschichte erzählt, wie du gleich sehen wirst. Nachdem Gott dies und das geschaffen hatte, ließ er die Dinge miteinander auf ihre Art reagieren. Es gibt da noch etwas, was wir die Naturgesetze nennen, und die spielen eine Rolle bei der Frage, wie Regen entsteht.«

Dies schien eine überflüssige Verkomplizierung. Laut saugte ich die Luft durch die Lippen, als ich in eine frische, grüne Atarodo biss, die Wild Christian in die Akara eingebacken hatte. Die ganze Angelegenheit wäre doch geklärt, wenn man wüsste, in welcher

Reihenfolge Regen und Wasser geschaffen worden waren. Dann fiel mir etwas ein: »Na ja, gut. Aber warum hat dann die ganze Stadt um Regen gebetet? Bedeutet das denn nicht, dass Gott noch immer Regen erschaffen kann, wenn er will?«

Er dachte kurz nach. »Du darfst eins nicht vergessen. Obgleich Er die Dinge auf dieser Erde geschaffen hat und sie sich nach ihren eigenen Regeln verhalten, hat Er als der Schöpfer doch immer noch die Möglichkeit, einzugreifen; so kann er die Prozesse beispielsweise beschleunigen oder verlangsamen.«

Gerade in diesem Moment kam Wild Christian aus ihrem Schlafzimmer ins Esszimmer, um sich zu verabschieden, und hörte, was Essay zuletzt zu mir gesagt hatte. Sie schüttelte den Kopf in Verwunderung über Essays unendliche Geduld. »Aber mein Lieber, glaubst du denn, er versteht all diese Argumente, mit denen du ihn verwöhnst.«

Erst jetzt war sie ganz ins Zimmer gekommen, sah, dass ich den Tisch gewechselt hatte und mir Essays übrig gebliebene Akara aneignete. Mit einer flinken Bewegung schnappte sie mir die Schale vor der Nase weg, deckte sie zu und packte sie in den Korb, den das Mädchen schon auf dem Kopf balancierte. Ich wusste nur zu gut, dass sie ein Teil ihrer »Elf-Uhr-Mahlzeit« werden würden.

»Ich habe gedacht, ihr diskutiert hier ernsthaft. Ich hatte ja keine Ahnung, dass die Akaralogie seine Zunge so munter tanzen ließ.« Sie zerrte mich vom Stuhl. »Nimm das!« Sie drückte mir einen Korb in die Hand, und ich wusste, was das bedeutete. Es war Samstag heute, also war keine Schule, und sie wollte, dass ich mitkam und im Laden half.

»Ich muss Hausaufgaben machen«, protestierte ich.

»Die kannst du im Laden machen.«

Ich setzte den Korb ab und verschwand im sogenannten Vorratsraum, um meine Bücher zu holen.

»Du solltest ihn nicht immer ermuntern, Liebling. Er ist schon viel zu argumentierfreudig. Weißt du, was er zum Küster gesagt hat? Letzten Sonntag, während der Nachmittagsmesse. Sie haben die ganze Zeit miteinander gequasselt, er und dieser neue Freund von ihm, Eduns Sohn. Also ist der Küster endlich hingegangen und hat sie zurechtgewiesen. Und weißt du, was dein Sohn darauf geantwortet hat?«

»Nun, was hat er denn gesagt?«

»Er hat gesagt, wie der Küster denn beweisen wolle, dass er gesprochen habe, wo doch die ganze Kirche voller singender und betender Menschen sei. Stell dir das vor! Fordert den Küster auf, zu beweisen, dass er gesprochen hat. Ich bin sicher, hätte der Küster sich darauf eingelassen, sie würden jetzt noch auf der Kirchenbank sitzen und die Sache ausdiskutieren. Jetzt weißt du, was du für einen Sohn hast.«

Ich blieb hinter der Tür stehen, starr vor Schreck. Essay fackelte nicht lange, wenn er hörte, dass in der Kirche oder in der Sonntagsschule Unfug getrieben wurde. Wie konnte mir der Küster das antun? Wild Christian von der Sache zu erzählen, bedeutete, ganz sicherzugehen, dass Essay früher oder später davon erfuhr. Ich blieb wie angewurzelt stehen, heftete meine Augen auf den offenen Türspalt und lauschte.

»Tja-a-a-a«, hörte ich ihn sagen, »es wäre in der Tat nicht ganz leicht zu beweisen …«

Wild Christian seufzte. »Ich hab's ja gleich gewusst, dass du ihn auch noch in Schutz nehmen würdest, wenn ich es dir erzähle. Ich weiß überhaupt nicht, warum ich dir davon berichte. Jedenfalls hat er das von dir. Wo steckt er denn? Hat er den Korb mitgenommen?«

»Da steht er auf dem Stuhl.«

»Oh, ja. Gehn wir!« Sie schubste das Mädchen vorwärts. »Ich werde ihn hierlassen, dann kann er dich mit seinen Sophistereien piesacken. Im Laden bringt er mich doch nur in Verlegenheit mit seinen albernen Fragen. Warum ist dein Magen größer als der meines Vaters? Bist du schwanger wie die Organistin? Ja, solche Sachen fragt er mich, für den Fall, dass du es noch nicht wissen solltest.«

»Tatsächlich?« Er lachte laut auf. »Wann war das denn?«

»Frag ihn selbst. Er ist ja dein Sohn. Omo, wir gehn jetzt. Meine Kunden warten schon.« Wieder bekam das Mädchen einen Schubs, dann entschwanden sie aus dem Haus.

Ich blieb unbeweglich stehen. Essays Lachen bedeutete keineswegs, dass nicht noch mit einer strengen Rüge zu rechnen war. Er blieb ganz still auf seinem Stuhl sitzen. Ich fühlte, wie er lauschte. Durch den schmalen Schlitz in der Tür konnte ich nur einen kleinen Teil seines Rückens sehen, aber ich wusste genau, er hörte auf irgendwelche Geräusche, die ich in meinem Versteck verursachen würde. Wir beide kannten das Spiel. Warum, das wusste ich nicht, aber Essay würde keine Bewegung machen, bis ich mich durch eine Bewegung meinerseits verriet. Das Geräusch eines Schrittes, ein Husten, etwas angestoßen, ein Quietschen der Tür. Bis ich meine Gegenwart verkündete, würde er dort einfach stillsitzen, vielleicht mit der Hand nach einem Zahnstocher langen und mit entrücktem Blick, der ihn weit entfernt von seiner Umgebung erscheinen ließ, anfangen, in seinen Zähnen zu stochern. Voller Eleganz. Ich stand wie an den Boden geklebt, atmete kaum.

Vielleicht half ein Stoßgebet, denn es gab noch eine andere Möglichkeit, wie der Wettstreit zu einem Ende kommen konnte, das war die Ankunft eines Besuchers. Essay hatte ein sehr langes, ja ein absichtlich gedehntes Erinnerungsvermögen. Es war Teil seiner gemeinen Geduld. Tage, Wochen nachdem der Schuldige sein Vergehen längst vergessen hatte, Wochen, in denen Essay ihm auf die Schulter geklopft hatte wegen seines besonders guten Betragens, wegen einer guten Leistung oder wegen seines Unternehmungsgeistes, wegen eines trotz aller Schwierigkeiten akkurat ausgeführten Botenganges, wegen guter Noten in der Schule und so weiter, bestellte Essay den Ahnungslosen zu sich: »Äh … ach, ja, Bunmi.«

»Sir?«

»Em, du wurdest doch vor drei Wochen nach Itoku geschickt, stimmt's? Du erinnerst dich doch?«

»Ja, Sir.«

»Hm-m. Und die Straße nach Itoku führt neuerdings durch den Hof des Buchhändlers, ja?«

Stille. Kapitulation oder Schweißausbruch.

»Hat es dir die Sprache verschlagen? Ich sagte, die Straße nach Itoku führt wohl neuerdings durch den Hof des Buchhändlers, und natürlich ist es nicht erlaubt, durch diesen Hof zu gehen, ohne da einige Zeit zu verweilen und Mangos zu pflücken.«

Im Stillen versuchte ich, das Maß meiner Übeltat abzuwägen. Ich verglich das Reden während des Gottesdienstes mit der Bummelei auf einem Botengang, verbunden mit dem Pflücken von Mangos. Die Abschätzung fiel nicht sehr vielversprechend aus. Ich betete inbrünstiger um einen Besucher, war mir aber durchaus bewusst, dass dessen Ankunft nur Aufschub der schmerzhaften Abrechnung bedeuten würde. Und dann musste ich niesen.

»Wole!«

»Sir?«

In diesem Moment hörte man draußen auf dem Pflaster schwere Schritte, dann folgte die Stimme von Wild Christian: »Liebster, bist du noch zu Hause?«

»Ja, hier bin ich.«

Sie sprach mit irgendjemandem draußen. »Kommen Sie nur. Kommen Sie herein. Nehmen Sie Platz, ich werde ihn rufen.«

Sie kam durch das Vorzimmer, und ich drückte mich, so gut es ging, hinter die Tür, sehr im Zweifel, ob ich wahrhaftig um diese Stundung gebetet hatte. Es fiel mir nicht zum ersten Mal auf, dass Gott die Angewohnheit hatte, Gebete entweder überhaupt nicht zu beantworten oder auf eine Art und Weise, die nicht aufrichtig war.

»Gott ist groß, ich habe Mr Adesina unterwegs getroffen. Er

fragte mich, ob du heute Abend zu Hause wärst, er hätte dich gern gesprochen ... aber ich dachte, er könnte dich ja genauso gut gleich jetzt sprechen. Wenn es dir recht ist.«

»Geht es um seine Stellung bei der Synode?«

»Er denkt doch an nichts anderes. Dauernd kommt er in den Laden und löchert mich damit, und ich sage ihm immer, er soll mit dir sprechen. Fürchtet er sich denn, hierherzukommen? Diesmal habe ich ihn einfach mitgeschleift. Hätte ich ihn allein hergeschickt, wäre er doch nur bis zum Einbruch der Dunkelheit durchs Pfarreigelände geschlichen.«

»Wieso hast du ihn mitgebracht? Meine Antwort ist noch immer die gleiche – ich werde mich nicht für ihn einsetzen. Man kann ihm die Kasse nicht anvertrauen.«

»Ist ja gut. Aber bitte sag ihm das selbst. Ich hab es ihm ja auch schon hundertmal gesagt, aber er will es nicht einsehen. Er soll es von dir selbst hören.«

Zusammen gingen sie ins Vorzimmer. Ich huschte, als alles still war, ins Esszimmer und blieb nur kurz stehen, um mir einen Akara-Krümel von Essays Teller in den Mund zu schnipsen.

Mit derselben geübten Bewegung tauchte meine Hand in das Waschbecken, das an der Wand links stand und ins Esszimmer schaute. Die Hand glitt in das Becken, schnipste eine winzige Menge Wasser hoch und wischte in derselben flüssigen Bewegung über meine Lippen. Genau in dem Augenblick traf mich ein heftiger Schlag an den Kopf und schleuderte mich fast gegen Essays Stuhl.

»Gut.«

Finster drohend stand sie über mir. »Ich dachte, diese Angewohnheit hätten wir dir ausgetrieben.«

Wild Christian hatte die Angewohnheit, aus dem Nichts heranzuschweben. Eine Weile dachte ich über die Ungerechtigkeit nach; ich hatte die Angewohnheit überwunden. Zugegeben, meine Bewegung war haargenau die gleiche wie die, die das »Problem«

dargestellt hatte, aber diesmal hatte ich wirklich nur meine Finger abgespült, eine Bewegung, die normalerweise durch das Abwischen des Mundes vervollständigt wurde. Dann ging mir ein Licht auf, und ich fühlte mich erleichtert. Die Ohrfeige hatte ich wahrscheinlich gefangen, weil ich den Krümel Akara gegessen hatte, und das war in ihren Augen GIER und zog üblicherweise schlimmere Strafen nach sich als eine bloße Ohrfeige. Ich gab keinen Mucks von mir, als sie meine Hand in ihre nahm und meine Finger zusammendrückte, bis es wehtat.

»Wenn ich dich noch einmal dabei erwische.«

Dann ging sie der Sache nach, zu deren Zweck sie zurückgekommen war, holte für den Gast eine Teekanne aus dem Schrank und nahm den Teewärmer mit. Im Stillen nahm ich mir fest vor, nie wieder den Eindruck zu erwecken, ich hätte das Ritual wieder aufleben lassen, das ich zu wiederholten Malen mit dem Handwaschbecken vollführt und das den ganzen Haushalt zu hellem Wahnsinn getrieben hatte.

Auch das Handwaschbecken ermahnte ich, indem ich heftig dagegen trat; schließlich war es die Ursache der »Angewohnheit«, die mir auszutreiben der ganze Haushalt aufgefordert war. Dieses Möbel war auch so eine von den mysteriösen Erscheinungen im Hause. Es hatte Myriaden von Schlupfwinkeln, Borden und Simsen. Inmitten huschender Kakerlaken drängten sich Riechsalzkissen, Tabletten, Miniflächchen, Seifen und angeschlagenes Porzellan auf engstem Raum mit Päckchen voller Kaliumpermanganat, Alaunstummeln, Traubenzucker und verschiedenen Sorten Hefe. Wie alle anderen Möbelstücke im Haus diente auch dieses sehr viel mehr Zwecken als dem eigentlich vorgesehenen. Und mehr noch als alle anderen war es – ein MARKSTEIN. Im Innern des Hauses bestimmte sich alles nach seinem Standort ... es steht in der Ecke beim Handwaschbecken ... unter dem Handwaschbecken ... ich ging gerade beim Handwaschbecken vorbei, als ... geh und hol mir den Stock, der beim Handwaschbecken steht ... er schubste mich gegen das Handwaschbecken ... ich putzte gerade das Handwaschbecken, als ...

Selbst die Mäuse hatten sich angewöhnt, den geraden Fluchtweg vom Vorratsraum zu wählen, der sie unter oder hinter das Handwaschbecken führte.

Es war hinten höher als vorn, sodass Essay, wenn er den Deckel anhob – bei den wenigen Gelegenheiten, wo er tatsächlich einmal geschlossen war –, ihn in den hinten angebrachten Angeln drehen musste, ihn hob und hob, bis er die Höhe seiner eigenen Körpergröße erreichte, und ihn dann gar überragte – und für uns war Essay ein großer Mann. Ich hielt es für einen glücklichen Umstand, dass das Gestell ausgerechnet dort stand. Hätte es keine Wand gegeben, an die man den Deckel anlehnen konnte, nichts hätte das Gestell davor bewahrt – einfach wegen des Gewichtes des Deckels –, nach hinten umzukippen.

Das Becken selbst war in ein großes Loch in einem flachen Brett eingelassen, das zugleich die Abdeckung unter dem großen Deckel bildete, und immer schien es mir, wenn ich stirnrunzelnd in die Dunkelheit des darunter hängenden Schränkchens starrte, dass der Blick, den die Kakerlaken auf diese große, weiße Emailleausbuchtung hatten, wohl dem nicht unähnlich war, den die Ratten hatten, die in der großen ausgehobenen Latrine herumscharrten, wann immer das Hinterteil eines Erwachsenen das Loch im Kasten über ihnen ausfüllte. Beide Löcher schienen etwa die gleiche Größe zu haben, doch darüber hinaus gab es keine weiteren Ähnlichkeiten. Das untere Schränkchen hatte eine eigene Tür, die sich entlang einer horizontalen Achse öffnete und mit einem feinen Metallhaken gehalten wurde. Die zwei Regalbretter in seinem Innern beherbergten all jene Gegenstände, die im Vorratsraum vermisst wurden oder keinen Platz mehr gefunden hatten auf dem Esstisch, dem Toilettentisch in Wild Christians Schlafzimmer, der Fensterbank, beim Platz meines Vaters am Esstisch oder in der Anrichte hinter ihm, wo er sein Epsomer Bittersalz, seine

Zahnbürste, eine Flasche seines geheimnisvollen »Alcool« – das er bisweilen zum Reinigen der Zähne gegen seine Kaustäbchen eintauschte – und Wattebällchen aufbewahrte. Jedes andere Mitglied dieser häuslichen Familie von Gegenständen war im Handwaschbecken ansässig.

Nachdem ich lange über den Winkel nachgedacht hatte, den der Deckel mit der Wand bildete, kam ich zu dem Schluss, dass der Raum in seinem Rücken wohl für das Extra-Sims gedacht war, auf dem außer dem Stück Seife all die Gegenstände Platz fanden, die im unteren Schränkchen nicht untergebracht werden konnten. Die Suche nach einem Mitglied einer ganz bestimmten Familie von Gegenständen – Gegenstände wie etwa ein Röhrchen voll Aspirin oder ein exotisches Seifenstück – begann und endete beim Handwaschbecken.

Die »Angewohnheit« hatte sich von mir unbemerkt entwickelt.

Was Essay anlangte – ihm entging nichts. Eines Tages ging ich vom Vorzimmer zum Vorratsraum, ein Weg, der mich zwischen Handwaschbecken und Esstisch hindurchführte, als er rief: »Halt!«

Ich blieb starr stehen.

»Warum hast du das gemacht?«

Ich wusste nicht, was ich gemacht hatte.

Er musterte mich aufmerksam. »Na gut. Wo kommst du gerade her?«

»Iwaju-ile.«

»Und du wolltest in den Vorratsraum gehen, richtig?«

»Ja, Sir. Ich muss mir ein Buch holen.«

»Ah-so.« Er dachte kurz nach. »Geh noch einmal zurück. Setz dich eine Minute lang an deinen Schreibtisch. Wenn die Minute um ist, geh in den Vorratsraum, genau wie du es immer machst.«

Als die Minute um war, nahm ich die Neunzig-Grad-Kehre beim Handwaschbecken, als wieder der Befehl ertönte: »Halt!«

Ich blieb starr stehen. So schnell, wie der Befehl gekommen

war, war es zu spät für jedwede Absicht, die er im Sinn hatte. Wieder musterte er mich aufmerksam.

»Geh noch mal zurück. Und wenn ich diesmal Halt sage, dann bleibst du genau in der Position stehen, in der du gerade bist. Du bewegst weder deinen Kopf noch die Schultern, noch sonst irgendwas. Wenn du gerade dabei bist, einen Fuß vor den anderen zu setzen, bleib genau so. Hast du mich verstanden?«

»Ja, Sir.«

»Und dreh dich auch nicht um und schau mich an. Geh so, wie du normalerweise zum Vorratsraum gehst. Ändere weder deinen Gang noch sonst was. Kann sein, ich halte dich diesmal nicht an, und wenn ich es tue, kann es an einer anderen Stelle sein. Es kann sein, dass ich dir irgendwo auf deinem Weg HALT zurufe. Ist das klar?«

Klar schon, aber höchst mysteriös. Ich begriff nicht, was das Ganze sollte, und musste mich mit Mühe erinnern, wie ich eigentlich lief. Es schien mir, als hätte sich an meiner Art zu gehen nichts geändert, aber wer konnte es schon wissen? Außer Essay.

Ich erwartete, dass mir der Befehl diesmal an einer anderen Stelle gegeben würde, doch nein. Er kam genau an demselben Punkt, und ich befolgte seine Anweisungen, wie ich hoffte, auf den Buchstaben genau. Was jetzt?

Über sein Gesicht huschte der Schimmer von Zufriedenheit. Er lehnte sich zurück und dachte lange über mein Dasein nach. Er nickte langsam. »Was hat deine Hand da an deinem Mund zu suchen?«

Meine Hand? Mund? Ich dachte rasch zurück.

Es stimmte. Meine Hand lag leicht auf meinem Mund, etwas zur linken Seite des Gesichts hin. Und das Komische war, sie war nass. Ich hielt sie von meinem Gesicht weg. Kein Zweifel; meine Finger waren nass.

»Merkst du nicht, was du jedes Mal tust, wenn du am Handwaschbecken vorbeigehst?«

»Nein, Sir.« Obwohl jetzt der ferne Schimmer einer Erinnerung an Reinigungsriten in mein Bewusstsein stieg. Ein Arm hatte sich aus eigenem Willensentschluss ausgestreckt, Finger titschten in das Bassin ... ja, ich glaube, ich begriff jetzt, was Essay so geduldig beobachtet hatte. Die frische Feuchte auf meinen Lippen bestätigte den Rest der Bewegung. Jedes Mal, wenn ich am Handwaschbecken vorbeiging, schnellte meine Hand in das Bassin, tauchte ein, wischte über meine Lippen, von links nach rechts. Danach erwischte ich mich selbst mehrmals dabei, und ich fragte mich, ob es wohl eine besondere Form von Wahnsinn sei.

Es war schon eine ganze Zeit lang so gegangen; die Heilung dauerte noch einmal so lange. Jedes Mitglied des Hauses wurde angewiesen, mich zu beobachten, mich rechtzeitig anzuschreien oder mich zu melden, wenn es schon passiert war. Dann musste ich mehrmals am Bassin vorbeigehen. Joseph machte sich einen Spaß daraus, auf Zehenspitzen hinter mir herzuschleichen und mich dann zu Tode erschrocken zusammenfahren zu lassen, indem er Essays Stimme imitierte und mich anschrie, stehen zu bleiben. Wenn die Eltern nicht im Hause waren, versuchten Lawanle, Nubi oder auch die anderen »Cousins« und »Cousinen«, in ihre Rolle als Exerziermeister zu schlüpfen. Selbst Tinu, nur ein Jahr und ein paar Monate älter als ich, spielte sich als Aufpasser auf. Das glühende Verlangen wuchs, sie alle – und Tinu zuerst – in das düstere Innere des Handwaschbeckens einzusperren und ihnen dann die Brühe aus dem Becken über den Kopf zu kippen.

Die Regenzeit begann. Harmattan, wenn sich die Haut schuppte und die Tiegel voll Vaseline, Hautcreme und Pomade sich rasch leerten, entschwand aus der Erinnerung bis zum kommenden Jahr. Eine Angewohnheit, die ich mit dem einsetzenden Harmattan angenommen hatte, die mich unablässig um das Handwaschbecken hatte streifen lassen, um meine aufgesprungenen Lippen zu befeuchten, verflüchtigte sich mit dem Ende dieser Jahreszeit und kehrte niemals zurück. Wie sie sich zu einer derart gedankenlos ausgeführten, stromlinienförmigen Bewegung hatte entwickeln können, machte mir bald kein Kopfzerbrechen mehr. Es gab andere Gewohnheiten, die man annahm und wieder ablegte – gelegentlich unter Zwang, manchmal auch einfach gegen andere getauscht, noch ehe sie der immer alerten Aufmerksamkeit von Essay oder Wild Christian überhaupt aufgefallen waren.

Ich habe nie herausgefunden, warum Mr Adesina seine Stellung bei der Synode verloren oder ob er sie je zurückerhalten hat. Er verließ das Haus, wie so viele andere vor ihm, entmutigt und tränenblind. Seine Augen warfen Wild Christian einen letzten bittenden Blick zu; sie hatte sich an der Peripherie der Diskussion gehalten – normalerweise hielt sie sich nicht einmal da auf, doch die Synode bezog sie in gewisser Weise mit ein, denn es handelte sich ja um eine Kirchenangelegenheit. Ich hörte, dass sie gegenüber dem Mann, dem man die Kasse nicht anvertrauen konnte, die gleiche gehorsame Rolle spielte, die auch ich inzwischen anzunehmen gelernt hatte: »Tja, sehen Sie, es ist nun mal die Entscheidung des Rektors. Ich kann ihn doch nicht bitten, gegen sein Gewissen zu handeln.«

5

Selbst der Baobab ist mit der Zeit geschrumpft. Dabei hatte ich mir vorgestellt, dass dieses Bollwerk von Ewigkeit sein, dass es die wachsenden Perspektiven einer entschwundenen Kindheit überdauern werde. Er hat an Umfang verloren, seine Äste spenden nur noch wenig Schatten. Das Glockentürmchen der Schule hatte einen Namen, eine Umschreibung zumindest, einen Platz in der Familie der greifbaren Dinge – mühelos fiel er mir wieder ein – »Einziges Kind des Fernen Kirchturms«. Jetzt aber ist auch die Entfernung zwischen Kirchturm und Glockentürmchen geschrumpft. Weiß wie eine Salzsäule überragt der Kirchturm noch immer die Mangobäume, den Orombeje-Baum im Kirchhof, das Zenotaph, das, obgleich es außerhalb der Kirchenmauern steht, doch zur Großfamilie der Kirche von St. Peter zu gehören schien. Manchmal hebt sich der Kirchturm deutlich gegen die steile Straße nach Iberekodo ab, stupst gegen die rostigen, verkrüppelten Dächer zu seinen beiden Seiten. Aké, Ibarapa, Itoko, dann über den Hügel nach Mokola – das Hausaviertel –, dann Iberekodo selbst. Das Gewimmel brauner Hütten, rosa und orange verzierter Häuser kommt auf dem Scheitelpunkt jäh zum Stillstand und macht den geordneten Mauern und breiten Torflügeln der Stallungen des Chiefs Platz. Verborgen zwischen den Hügeln zu beiden Seiten der Straße, liegt der Zwillingsmarkt von Ibarapa, Nacht- und Tagmarkt, die Nacht zur Rechten, der Tag zur Linken. An alldem hat sich nichts geändert.

Wohl aber die vertrauteren Dinge. Baobab, Glockentürmchen, Spielplätze und Wege. Selbst Jonas. In der Sonntagsschule schaute die Lehrerin auf der Suche nach einer Inspiration aus dem Fenster, deutete auf einen nahe gelegenen Felsbrocken und verwarf ihn wieder. Doch auf der anderen Seite des Schulgebäudes, jetzt unseren Blicken entzogen, lag ein von unseren Füßen geglätteter Fels. Er schien die ganze Erde zu bedecken – jedenfalls reichte er vom Ende des Schulzimmers der Jüngsten bis zum Friedhof außerhalb des Pfarreigeländes, ganz am oberen Ende, dem entferntesten Punkt vom Haupttor.

»Ihr wisst doch, wo die Schüler ihre Tonmodelle herstellen? Nun, der Wal, der Jonas verschluckte, war größer als der Felsen dort.«

Die Eifrigsten nickten voll Zustimmung. »Ja, Wale sind riesig.«
»Größer als Häuser.«
»Und Schiffe.«
»Größer als Flugzeuge.«

Gelegentlich hörten wir das Dröhnen eines Flugzeugs, und wir hatten auch schon den sich bewegenden Punkt am Himmel beobachtet. Eine Hand schob mir einen Zettel zu. Ich las: »Das Haus meines Vaters ist größer als ein Wal.«

Es war mir ziemlich gleichgültig, trotzdem antwortete ich: »Lügner!«

Ich las seine Antwort nicht, ich fühlte mich hinreichend niedergeschmettert. Das war *mein* Felsen. Mein eigener, ganz privater Felsen. Und jetzt hatte ihn die Sonntagsschullehrerin zum Gemeingut dieser verlogenen, nörgelnden Aufschneider gemacht. Sie war in ein ganz privates Revier eingedrungen, in eines von vielen. Anders als dieser Schlaf-Ess-Wohn-Platz, der ebenso auch Essay gehörte und Wild Christian, den Geschwistern und jenen fernen Verwandten, Omo Odo genannt – eine vage Bezeichnung für irgendetwas zwischen Dienstboten und familiärem Anhängsel –, war Jonas meine eigene streng geheime Wohnstatt. Und jetzt hatte die Lehrerin Jonas zu irgendwas aus der Bibel gemacht. Denn erst von nun an hieß die bisher unbenannte, duldsam sanfte

Erscheinung Jonas. Eisern. In dieser Welt unglaublicher biblischer Geschichten verwirrte sich sein Geheimnis, das zuvor unberührt geblieben war, selbst durch das wochentägliche Lehmpanschen auf seinem ausgedehnten Körper, wobei das Wasser benutzt wurde, das sich in seinen zahllosen ovalen Vertiefungen gesammelt hatte. Wer hat die gemacht?, fragten wir, ohne wirklich neugierig zu sein. Der Modellierunterricht ließ das geheimnisvoll Vertraute, das Jonas und mich an den Wochenenden verband, unangetastet, denn die Schüler gingen nach Hause, während ich im Pfarreigehöft blieb und hinüberlaufen konnte, um an seinen steilen Seiten emporzuklettern und auf seinem breiten Rücken in tiefe Unbeweglichkeit zu sinken. Es gab noch andere Felsen im Gehöft, Felsen mit Bambusstauden, Felsen mit langen, glatten Partien, über die wir johlend hinunterrutschten. Jonas war kahl, einsam und verborgen. Bis die Lehrerin ein Kindermärchen aus ihm machte. Verschluckt und für immer verschlossen im Bauch eines Wals! Es hörte sich nicht ganz und gar unglaubwürdig an, aber es gehörte doch wohl eher in die Welt der Fabeln und Fantastereien, zu Aladins Wunderlampe und Sesam-öffne-Dich. Während vorher ... ich erlebte das Hinschwinden eines einzigartigen Vertrauten, den Verlust eines so reich ausgestatteten, mich ganz vereinnahmenden Wesens.

Und dann der Guavenbaum, nicht der üppige, ausladende Baum neben der öffentlichen Wasserzapfstelle, über den sich das quadratisch gedrungene Haus des Pastors erhob. Mein Guavenbaum stand weiter weg, in der Nähe der Schule der Jüngsten. Vor Steinen und Stöcken war er geschützt, denn seine Früchte hingen nah am Boden, und außerdem lieferte er sowieso nicht viele Früchte. Aber er hatte große, dunkelgrüne, fleischige Blätter, und einen seiner Äste zog es fast bis auf den Boden herunter. Dieser Guavenbaum stand in einer verwandtschaftlichen Beziehung zur Regenzeit, nichts wirklich Greifbares, außer, dass er nicht er selbst zu sein schien außerhalb der Regenzeit. Unter brütenden Wolken vollführte er das Doppelkunststück, da zu sein und sich doch in die innere Welt wohlmeinender Blattgeister zurückzuziehen, feucht und doch voll spröder Vitalität, still und doch von weiser Mitteilsamkeit. Und er war zeitlos. Das war Jonas auch, in gewisser Weise, doch der Guavenbaum brachte diese unerklärliche Gewissheit, dass er die Zeit schluckte; er konnte machen, dass sie aufhörte zu existieren. Ich schlüpfte morgens früh aus dem Haus, und plötzlich fiel die Abenddämmerung ein, und doch konnte ich mich nicht erinnern, irgendetwas anderes getan zu haben, als zwischen seinen Ästen zu sitzen. Ich beobachtete Joseph oder Nubi, wie sie den steingesäumten Pfad entlangkamen. Nubi wurde natürlich später getauft, wie alle Nichtchristen, die kamen, um bei uns im Hause zu leben. Danach mussten wir sie bei ihrem christlichen Namen rufen, Mary. Sie kam den breiten Pfad herauf und wendete sich gewöhnlich zunächst zum Teich, weil sie wusste, dass wir oft dort spielten, flache Kiesel hineinwarfen, um die schleimige Oberfläche aufzuwühlen, oder nur die Enten beobachteten. Sie lief und wischte sich mit dem losen Ende ihres Wickelgewandes über die Augenbrauen und rief meinen Namen. Sie gehörte zu einer anderen Welt, einer, die nur zu wirklich wurde, sobald sie mich fachmännisch von meinem Ausguck heruntergeschüttelt hatte.

»Du wirst heute Abend den Stock zu schmecken bekommen, wart's nur ab.«

Ich stolperte und versuchte, mit ihr Schritt zu halten. Schließlich schaute sie mich mit einiger Besorgnis an.

»Kannst du nicht anfangen zu zittern?«

»Mir ist nicht kalt.«

»Wer hat dich denn gefragt, ob dir kalt ist?«

»Du. Du hast gefragt, ob ich nicht anfangen kann zu zittern.«

»Idiot. Òdè. Es hat den ganzen Nachmittag geregnet. Jeder hätte sich dabei eine Erkältung holen können.«

»Ich hab aber keine Erkältung.«

Ja, es hatte geregnet. Ich erinnerte mich jetzt, dass ich im verlassenen Schulzimmer Unterschlupf gesucht hatte. Sie befühlte meine Kleider.

»Na, jedenfalls bist du nicht nass. Das würde die Sache für dich noch schlimmer machen. Trotzdem versteh ich nicht, warum du nicht heimgekommen bist, nachdem es aufgehört hat zu regnen, statt dich da in den Baum zu hocken.«

Schließlich verstand ich. »Ich könnte doch sagen, dass mich der Regen aufgehalten hat, was meinst du?«

»Was bist du doch für ein Idiot! Es hat vor mehr als zwei Stunden aufgehört zu regnen. Deshalb hat mich Mama ja geschickt, dich zu suchen. Wir haben alle gedacht, du wärst die ganze Zeit im Haus gewesen.«

»Aber ich hab doch Joseph gesagt, dass ich zum Schulgrundstück gehe.«

»Das hat er ihr ausgerichtet. Aber du bist so lange weggeblieben. Schade, dass du kein Fieber hast. Der Stock steht schon für dich in der Ecke.«

Nubi war gerissen, so viel war mir schon klar geworden. Hatte sie das Spielchen schon gespielt? Zaghaft fragte ich sie danach.

Sie lachte stillvergnügt. »Vergiss nicht, Mamas Medizin ist nicht sehr angenehm.«

»Aber du hast schon Fieber vorgetäuscht, stimmt's?«

»Hör zu, Dummerchen. Du stellst zu viele Fragen.«

»Nein, sag doch.« Ich wollte es wirklich wissen.

»Ich brauch kein Fieber vorzutäuschen, wenn ich sehe, dass ich eine Abreibung von Mama kriegen werde. Ich fange ganz von selbst an zu zittern, in dem Moment, wo ich sehe, dass sie nur darauf wartet, loszulegen. Es überrascht dich vielleicht, aber sie selbst ist es, die mich fragt: ›Hast du Fieber?‹ Sie hat überhaupt noch nicht begriffen, dass man schon bei dem Gedanken an diese Pasan zu zittern anfängt.«

»Und dann sagst du einfach Ja?«

»Natürlich, du Idiot. Würdest du das nicht auch machen?«

»Aber du hast doch immer Temperatur«, beharrte ich. Temperatur, das war auch eines von diesen magischen Wörtern. Wenn Wild Christian sagte, man habe Temperatur, dann hatte man Temperatur. Da wir auf einer offenen Herdstelle kochten, fragte ich mich immer, wie man wohl keine Temperatur feststellen konnte, wenn man einem von uns in dieser ungelüfteten Küche die Hand auf die Stirn legte. Essay, so stellte ich bei Gelegenheit fest, war nicht sonderlich beeindruckt von Temperatur.

Nubi gab zu, dass auch sie Temperatur nie ganz verstanden hatte. Aber es half, wenn man sie hatte, und sie hatte sie immer zur rechten Zeit.

»Glaubst du, dass ich Temperatur habe?« Ich hatte das unbestimmte Gefühl, es könne wohl möglich sein, da ich so gerannt war, um mit ihr Schritt zu halten.

Sie fühlte meine Stirn. »Nix zu wollen. Ich glaub, du wirst den Stock zu fühlen kriegen.«

Aber die Mauern haben ihre Stimmen bewahrt. Bekannte Stimmen durchdringen die Luft, Stimmen von der anderen Seite des Sparrenwerks. Isara war ein zweites Zuhause – Essay war dort geboren. Alle Großeltern wurden Vater und Mutter genannt, und wir sprachen das mit großer Ehrfurcht aus. Dort war das Sparrenwerk rauchig, der üblichen Deckenmatten entblößt. In allen Ecken des Daches steckten Gegenstände, eingehüllt in Blätter oder Leder. Manche waren schon nicht mehr so geheimnisvoll, denn oft langte Vater in ein solches Bündel, das aussah, als habe sich die Ansammlung einer hundertjährigen Dürre darauf abgelagert. Und doch kam daraus nichts Verwunderlicheres zum Vorschein als Kolanüsse oder Schnupftabak. Isara war eine andere Art von Zuhause, es lag einige Schritte weit in der Vergangenheit. Alter hing in jeder Ecke, die Patina einer langen Ahnenreihe überzog alle Gegenstände, alle Gesichter.

Unsere Verwandten hier alterten anders als die in Abeokuta, die Verwandten mütterlicherseits. Laterit, Lehmhäuser, dungbepflasterte Fußböden, Indigofarbe auf den Händen alter Frauen – ich mochte es nicht, die Berührung dieser durch Indigoüberzug verwandelten Hände ekelte mich. Und hier in Isara war es auch, wo wir so viele indigogrüne Tatauierungen auf Armen und Körpern der Frauen sahen.

Neujahr bedeutete Isara, geräuchertes Schweinefleisch, der Geschmack von Holzrauch, roter Staub der Trockenzeit, trockenes Dachstroh. Neujahr war Palmwein, ebiripo, ikokore … eine festere, erdgealterte Form von Liebe und Schutz. Isara steckte voller unerwarteter Wonnen. So etwa, wenn Vater aus dem Sparrenwerk wieder eines dieser geheimnisvollen Bündel herunterangelte und sich zeigte, dass geräuchertes Wild darin war, ohne Alter in seiner Konservierung. Die Frauen waren von dunklerer Haut in Isara, viel dunkler. Buba, Hüfttuch und Umschlagtuch zeigten die verschiedenen Abstufungen des Indigo, obwohl man gelegentlich auch einem weißen Umschlagtuch begegnete oder einem leuchtend gelben Kopftuch, das das Gesicht der Trägerin nur noch tiefer in einen uralten Schatten drängte.

Ich konnte nicht begreifen, warum Vaters Sparrenwerk in Isara so bloßlag und doch so viele Überraschungen barg, während unsere Decke in Aké, obwohl bestens abgedeckt, außer dem Scharren von Mäusen, so gänzlich bar allen Geheimnisvollen war. Gelegentlich griffen die Termiten ein. Plötzlich fiel uns die Deckenmatte auf die Köpfe – die Termiten waren lange in aller Stille fleißig gewesen, und niemand vermutete, dass sie überall steckten. Eine lang vergessene Schachtel voller Papiere wurde unter einem Bett hervorgezogen, und wir mussten feststellen, dass der Inhalt von den Termiten zerfressen war. Durch verborgene Ritzen in der Wand wanderten sie ins Dachgebälk und gingen an die Arbeit. Und plötzlich waren die metallenen Dachplatten bloßgelegt. Zwischen dem Wellblechdach und der Matte – nichts. Tatsächlich erzeugte die Decke oft quälende Gedanken an einen nächtlichen Besuch von Vater, der, ungeduldig auf unseren nächsten Neujahrsbesuch, seine geheimnisvollen Päckchen in den Dachbalken versteckte, um sich die lange Wartezeit zu verkürzen. Es war ein aufstachelnder, verwirrender Gedanke, und schließlich musste ich ein Loch in die Decke machen.

Ich hatte es nicht geplant, doch wie oft durchbohrte ich die Matten mit meinen gespannten Erwartungen. Ein lauter, wirklich ohrenbetäubender Knall war das erste Anzeichen, dass irgendwas nicht stimmte. Er brachte die Welt zum Stillstand. Irgendwas war gegen die Matte geprallt, einen Augenblick später verkündete ein weiteres, dumpfes und dennoch klares Geräusch, dass irgendetwas durchgeschlagen war und die Metallplatten des Daches getroffen hatte.

Doch die Bestimmung dieser Geräusche kam erst viel später, denn in jenem Augenblick lag ich auf dem Fußboden – die Explosion hatte mich von meinem Stuhl gerissen. Ich war davon überzeugt, total gelähmt zu sein, und machte keine Bewegung: Man hatte mich erschossen, eine andere Erklärung für meinen plötzlichen Sturz zur Erde gab es nicht, auch nicht dafür, dass ich keinerlei Schmerz empfand und doch so klar bei Sinnen war. Ganz offensichtlich hatte ich eine himmlische Dimension angenommen. Außerdem war HM zu der Zeit, als es geschah, in seinem Schlafzimmer; ich hatte, vor der Tür sitzend, auf ihn gewartet. Keine Bewegung, also konnte es nicht sein Schlafzimmer sein, dessen Tür sich so unbewegt dem Auge darbot.

Die vorausgegangenen Augenblicke rückten wieder in den Brennpunkt. Ja, ich hatte im Vorraum gesessen, unter der Porzellanuhr. Ich hatte den Stuhl eingenommen, in dem sonst Besucher saßen, die mit meinem Vater Geschäfte abzuwickeln hatten. Sein Luftgewehr lehnte an der Wand, und ich saß auf dem Stuhl neben der Tür und wartete, dass er herauskam, damit ich ihn wie üblich begleiten konnte. Wie Jonas, wie der Guavenbaum und das

Glockentürmchen war auch Essay-auf-der-Jagd ein ganz privates Wesen. Nie sprach er ein Wort. Ich folgte ihm, manchmal trug ich sein Gewehr und sammelte die Vögel ein, die er geschossen hatte, meist Wildtauben. Manchmal ein Falke oder Turmfalke, gelegentlich ein Eichhörnchen – einmal sogar ein kleiner Emo. Ich erinnerte mich der Aufregung, als er einmal einen seltenen, bisher nie gesehenen Vogel schoss, einen Zugvogel vielleicht. Wir gingen durch das verlassene Schulgelände in den umgebenden Busch. Felsen türmten sich vor uns, und er kletterte vorsichtig voran, während ich das Gewehr hielt. Wenn er ein sicheres Felsband erreicht hatte, langte er nach seinem Gewehr, und ich kletterte hinterdrein. Dann saßen wir und warteten. Oder wir kletterten auf der anderen Seite wieder hinunter und kamen auf einem ganz anderen Weg zurück, über den Pfad, der außen an der Schulmauer vorbei zum Haupttor führte. Mochte sein, dass der Buchhändler oder der Katechet ihn dann aufhielten und ich mit der Tagesbeute schon vorausging.

Ich lag eng an den Fußboden gepresst. Szenen vergangener Jagdausflüge blitzten in meinem Gedächtnis auf, so sicher war ich, dass ich tot war. Vielleicht war ich wieder in einen der häufigen Tagträume versunken, während ich den Lauf des Gewehrs abtastete. Meine Finger müssen wohl den Abzug gefunden haben. Und dann wurde mir klar, dass ich nicht tot war, und fast selbstverständlich ergriff mich eine andere Furcht. Das heißt, erst jetzt schlich sich eine Angst ein. Die Tatsache meines Todes war sehr leicht hinzunehmen; ganz anders der Gedanke an die Reaktion meines Vaters auf meine Unvorsichtigkeit.

Ich rappelte mich auf, aber langsam. Noch immer kein Geräusch vom Schlafzimmer her. War es bloß Einbildung? Ich war jetzt sicher, ich hatte die Tür knarren hören. Das würde ihm ähnlich sehen, dachte ich, mich durch einen Türspalt zu beobachten. Das Gewehr lehnte noch immer an der Wand, während ich den Abzug betätigte, hatte ich es nicht einmal umgestoßen. Ein brenzliger Lufthauch kitzelte mich in der Nase, und ich unterdrückte ein Niesen, wobei ich an einem Stuhl entlangschabte. Diesmal war ich mir ganz sicher – hinter der Tür hatte sich etwas bewegt. Ich heftete meinen Blick auf die Porzellanuhr, verwundert, dass sie nicht getroffen worden war. Die Gewehrmündung zeigte noch immer genau auf den Boden der Uhr. Das Zifferblatt schmückten eine Windmühle und zwei Frauen in Reifröcken und seltsam eng sitzenden Hauben. Auf der anderen Seite des diamantförmigen Zifferblatts flog eine Schar Vögel über ein Feld. Zum ersten Mal und nur für den Bruchteil einer Sekunde überlegte ich, ob mein Vater die Uhr wohl dieser Vögel wegen gekauft hatte. Das ganze Bild war in Blautönen gehalten. Das Porzellan sah sehr zerbrechlich aus. Würde ich einer Tracht Prügel entgehen?

Er beobachtet mich, dachte ich. Vielleicht denkt er, ich bin verletzt. Das wäre auch eine Möglichkeit – also suchte ich nach Blutspuren. Keine. Noch immer keine Bewegung in seinem Schlafzimmer. Aber ich kannte ihn. Er war das genaue Gegenteil von Wild Christian, die längst herausgestürmt wäre. Erste Überlegung: Ist er verletzt? Fand sie ihn unversehrt, folgte eine Salve von Schlägen, zehnmal tödlicher, als ich mir eine Kugel im Fleisch vorstellen konnte. Auf jeden Fall verwirrender. Im Gegensatz dazu konnte es gut sein, dass HM seine ursprünglichen Pläne verfolgte, als sei nichts geschehen. Jagdausflug, nach Hause, Abendessen, Unterhaltung, Besuch, heftige Diskussion über die Vorbestimmung oder den Krieg, das Abendgebet, dann ...

»Wole!«

Nein, ich würde nicht mit ihm auf die Jagd gehen, sollte er seine Strafe verhängen, wie er wollte, ich würde mich nicht in dieser Spannung halten lassen, neben ihm hertrotten, sein Gewehr tragen, das geschossene Wild einsammeln, ganz so, als stünde nichts bevor. Was auch immer er hinter dieser Tür plante ... ich sprang auf und schoss durch die Tür, noch ehe er seine Stimme sammeln konnte. Ein paar Augenblicke später lag ich keuchend auf dem Rücken von Jonas und blickte angestrengt auf den Pfad, den er entlangkommen musste, wenn er noch immer zur Jagd gehen wollte.

Irgendwas wird ihn irgendwann umbringen, »deinen Sohn« – zumindest schien das die felsenfeste Überzeugung meiner Mutter. Und die hartnäckigste Bedrohung meiner Existenz in Aké schienen meine Tagträumereien und meine Gedankenverlorenheit zu sein. Wie sie es jeweils bezeichnete, hing, so stellte ich fest, davon ab, wie schwerwiegend die Entgleisung war, die durch das Leiden verursacht wurde. Sie ließ keine Gelegenheit aus, Essay daran zu erinnern, dass es nötig sei, mich davon zu heilen, ehe es zu spät sei, und so zauberte ich mir denn jetzt ihr Bild vor Augen, um zu sehen, wie sie auf die Neuigkeit reagierte, dass ihre Prophezeiung sich fast erfüllt hätte. »Ich hab's dir ja immer gesagt«, hörte ich sie sagen, »aber jetzt sag ich nichts mehr.« Nur um sich noch im selben Moment über die gefährlichen Auswirkungen der Tagträumerei bei Kindern lang und breit auszulassen. Sie stand nicht allein. Man wusste von Eltern, die ihre Kinder zu einem einheimischen »Medizinmann« gebracht hatten, damit er sie von ebenjenen Beschwerden heile.

Jetzt machte ich mir ernsthaft Sorgen; es schien, dass Wild Christian letztendlich doch recht hatte. Nur noch ein anderes Ereignis hatte den Erfolg gehabt, dass ich ihrem Lamento Aufmerksamkeit schenkte – das war die Geschichte mit dem Rosenbusch. Wir waren alle im Hinterhof, sie kochte, was hieß, dass der gesamte Haushalt damit beschäftigt war, ihr mit Kleinigkeiten zur Hand zu gehen, einen Löffel zu halten oder eine Tasse, eine gewischt zu bekommen, weil das Feuer zu weit heruntergebrannt oder ein Topf übergekocht war. Wenn ich nicht extra für eine bestimmte Aufgabe herausgepickt wurde, fand ich immer Gelegenheit, dem Durcheinander zu entfliehen, meist, indem ich mich ins Vorzimmer setzte und las oder indem ich mich dabei sehen ließ, wie ich gerade meine Hausaufgaben fertig machte. Es wurde anerkannt, dass ich ganz besondere Aufgaben im Haus erfüllte. Ich half manchmal beim Kochen, aber es war nur eine Pseudohilfe, viel weniger als das, was beispielsweise Tinu leistete, oder die »Cousins«, die bei uns lebten. Eine dieser besonderen Aufgaben, eine, die ich mir selbst gewählt hatte und die ich gern erfüllte, war die Pflege von Essays Garten. Ich bewässerte die Pflanzen, entfernte abgestorbene Teile und vermieste den Spinnen die Freude, ihre Netze über den Crotonstrauch zu spinnen. Den Rosen kam die sorgfältigste Pflege zu. Ich ging mörderisch mit den Ziegen um, denen es manchmal gelang, unsere Absperrungen zu durchbrechen und an den Blumen zu knabbern. Es half nur eins, man musste das Tor hinter ihnen schließen und es ihnen dann gründlich mit Steinen und Knütteln einbläuen. Einmal haben wir fast einen Ziegenbock zu Tode geprügelt. Hechelnd und blutend lag er auf dem schmalen Pfad, der zum Tor führt. Einer der Cousins hatte ein wenig zu gut gezielt, und auch der Stein war viel größer gewesen als die, die wir in stillschweigendem Abkommen sonst benutzten. Als wir endlich das Tor öffneten, war der Bock zu schwach, um von selbst herauszustolpern. Gehörig verängstigt, besprizten wir ihn mit kaltem Wasser und schleppten das unglückselige Tier über die Stufe. Wir schlossen die Tür wieder und beobachteten den Bock durch einen Spalt und beteten, dass er sich erholen und sich davonmachen möge, ehe Essay zurückkam. Er war dafür, dass wir die Ziegen wegjagten, aber nicht, dass wir sie einschlossen und umbrachten. Es war eine ungeheure Erleichterung, dass das gequälte Tier sich schließlich aufrappelte und schwankend davonhumpelte. Wäre er je wieder in unseren Garten gekommen, ich hätte ihn umgebracht.

Nur mein Vater selbst übertraf noch die Eifersucht, mit der ich die Blumen hütete. Ein Mitglied von HMs Lehrkörper musste dies schmerzlich erfahren. Er erwarb sich einen Spitznamen durch dieses herbe Zusammentreffen mit Essays eifersüchtiger Zuwendung – Lè-móo – Mach's wieder dran!, ein Ereignis, das auch die

Nachbarn und Essays Kollegen an der Natur dieses eigentümlichen Wesens Rektor rätseln ließ, der eine unerfüllbare Forderung mit solcher Sturheit verfolgte.

Odejimi, der Lehrer, dachte zunächst, HM mache einen Witz; ein Fehler, den viele begingen, wegen der unumwundenen Art, mit der der Rektor meinte, was er sagte. Der Lehrer kam in die Schule, eine blassrote Rose im Knopfloch seiner Jacke. Mein Vater bewunderte die Rose und fragte ihn dann sehr geradeheraus, woher er sie habe.

»Oh, aus Ihrem Garten natürlich, Herr Rektor.«

Essays Ton war unverändert, als er sagte: »Ah, sie kam mir gleich bekannt vor. Ich sehe, Sie mögen Rosen.«

»O ja, sehr, Sir. Und ich muss Ihnen gratulieren. Wirklich, Sie haben einen wunderschönen Garten. Ich hatte ja keine Ahnung, sonst wäre ich sicher schon häufiger dorthin gekommen.«

»So? Und wie haben Sie entdeckt, dass ich einen Garten habe?«

»Ich ging vorbei, Sir, und da stand das hintere Tor offen. Ich sah die Blütenpracht und glaubte, meinen Augen nicht trauen zu dürfen. Sie stellen Ihr Licht unter den Scheffel, Herr Rektor.«

»Vielen Dank«, sagte Essay und ließ die Sache auf sich beruhen.

Als die Schule vorbei war, schickte er nach Odejimi.

»Ah ja, diese Rose. Ich kann mich nicht mehr genau erinnern, wer, sagten Sie doch, habe Ihnen erlaubt, die Rose in meinem Garten zu pflücken?«

Odejimi guckte verdutzt, dann stellte er richtig: »Nein, nein, ich sagte nicht, dass es mir irgendjemand erlaubt hätte.«

Mein Vater schaute ihn überrascht an. »Wirklich? Sie wollen also sagen, Sie sind einfach in den Garten gegangen und haben sich bedient?«

»Genau, Sir. Ich meine, ich hoffe, Sir, Sie haben nichts dagegen.« Mit reichlicher Verspätung schien Mr Odejimi die Botschaft zu dämmern.

»Aber keineswegs«, versicherte ihm mein Vater, »nur möchte

ich Sie jetzt höflich bitten, sie wieder zurückzubringen. Genau an den Platz, von dem Sie sie entfernt haben.«

Es folgte eine lange Stille. Vorübergehend vergaß Odejimi alle Syntax und stotterte: »Äh ... zur Zurückbringung, Sir, äh, Sie meinen, zurückbringen, Sir, in ... in Ihren Garten?«

»Ja, bitte, das heißt, wenn Sie nichts dagegen haben.«

»Selbstverständlich, Herr Rektor. Ich bin ... ehh ... ich bin untröstlich, dass ich Ihren Anstoß erregt habe. Ich hätte Sie um Ihre Erlaubnis fragen müssen.«

»Schon gut. Bringen Sie sie jetzt zurück, wo sie hingehört, und damit ist die Angelegenheit vergessen.«

Odejimi lächelte breit, erleichtert, dass keine schlimmeren Konsequenzen folgen würden. Er nahm seine Bücher und marschierte forsch auf unser Haus zu. Essay blickte ihm nach, bis er die Hälfte des Weges zurückgelegt hatte, dann folgte er ihm. Sein unheimlicher Zeitsinn stellte sicher, dass beide, er und Odejimi, zur gleichen Zeit am hinteren Tor ankamen, Odejimi, strahlend, schon wieder auf dem Weg hinaus.

»Wie ich sehe, sind Sie schon fertig«, bemerkte Essay.

»In der Tat, Sir, ich habe sie dort in den Blumentopf gesteckt.«

»Sehr schön. Gehn wir doch mal kurz und sehen wir, wie es ihr geht, was meinen Sie?«

Ein verdutzter Odejimi folgte seinem Vorgesetzten zum Ort des Verbrechens. Da, über den Rand des Topfes gekrümmt, die welkende Rose.

Essay sah das Ding lange an, dann neigte er den Kopf ein wenig zur Seite, um den Stängel zu finden, von dem die Blüte gebrochen war. »Aber eigentlich stammt die Blüte doch von diesem Stängel hier, nicht wahr?«

»Ja, ja«, bestätigte Odejimi munter, eifrig bedacht, nicht zu widersprechen. »Das ist genau der Stängel, von dem ich sie ... ehh ... entfernt habe.«

»Gut. Lè-móo!«

»Wie bitte, Sir?«

»Ich sagte: Lè-móo.« Und mit dieser letzten Anweisung drehte sich Essay auf dem Absatz um und ging ins Haus. In aller Ruhe machte er sich an die Dinge, die er normalerweise um diese Zeit erledigte, und schenkte dem Lehrer keine weitere Beachtung.

Ich war von der Schule aus gleich nach Hause gerast, um Tinu und Dipo zu informieren. Zusammen beobachteten wir jetzt den unglücklichen Mann, der den Mund auf- und zumachte wie die Fische, wenn sie, noch lebend, zum Verkauf ins Haus gebracht wurden. Seine Umbenennung erfolgte spontan – von jetzt ab war er Mr Lè-móo.

Endlich machte Lè-móo eine Bewegung. Mit unendlicher Zärtlichkeit hielt er die Rose in der Hand und betrat das Haus. Mein Vater war in seinem Schlafzimmer. Lè-móo stand im Vorraum und blickte auf die Tür, die zum Schlafzimmer führte. Einen Moment lang dachten wir, er würde die größte aller denkbaren Torheiten begehen und Vater in sein Zimmer folgen. Er sah hinreichend verwirrt aus, um in diesem Moment zu allem fähig zu sein. Doch er räusperte sich nur, um die Aufmerksamkeit auf sich zu lenken.

»Entschuldigen Sie, Sir. Eh ... Sir, eh, Herr Rektor.«

Essay unternahm keine Anstrengung, seine Geschäftigkeit im Zimmer zu verbergen. Fast eine Stunde lang blieb Lèmóo auf demselben Fleck stehen, die tote Blume in der Hand. Von Zeit zu Zeit interpunktierte er sein Warten mit einem »Sir, wenn ich vielleicht erklären ..., wenn ich vielleicht ein Wort ... Sir, ich frage mich, ob ... Herr Rektor, ich meine, könnte ich vielleicht ...«.

Eine Stunde verging, ehe Essay aus dem Zimmer kam. Zwischen seinem Schreibtisch im Vorzimmer und den Stühlen, die an der Wand standen, die zum Wohnzimmer führte, war nicht genügend Raum für zwei Leute, und so öffnete er die Augen in maßvoller Erzürnung darüber, dass ihm ein völlig Fremder den Weg verstellte – in seinem eigenen Haus. Lè-móo drückte sich flach gegen die Schreibtischkante, doch Essay unternahm keinen Versuch, vorbeizugehen. Er wartete. Es dauerte eine weitere Sekunde, bis der Lehrer erkannte, dass er dabei war, seinen Sündenkatalog weiter aufzufüllen. Er sprang zurück, entschuldigte sich überschwänglich, stolperte über seine Worte und Füße. Essay ließ ihn unbeachtet und ging in den Hinterhof. Er warf einen Blick auf den Blumentopf, schaute Odejimi, der ihm gefolgt war, an und schenkte ihm ein dünnes, mitleidiges Lächeln, das den Lehrer sich ängstlich über die Lippen lecken ließ. Es war das Lächeln, das wir alle kannten, das Lächeln, das begleitet war von einer Bewegung des Kopfes von einer Seite zur andern. Wir überschlugen uns vor Aufregung in unserem Versteck im Vorratsraum, denn wir hatten längst erkannt, dass eine lange und schwierige Lektion auf den sündigen Lehrer wartete. Wir machten es uns bequemer in unseren Logenplätzen und stellten Spekulationen über die mögliche Entwicklung der Dinge an.

Im Laufe der nächsten Stunde machte Lè-móo eine geistige Wandlung durch, denn seine nächste ausdrückliche Handlung bestand darin, die abgetrennte Rose an den Stängel zu halten. Er begann damit, in langer Erstarrung zu verharren und ins Leere zu stieren, dann wendete er sich dem Blumentopf zu, seine Bewegungen waren die eines Schlafwandlers, drückte die Rosenblüte an den elterlichen Stängel und presste die beiden voneinander getrennten Teile aufeinander. Als er schließlich losließ, fiel die Rose zurück ins Beet.

Es war eine maßlose Enttäuschung. Wir hatten seinen starren Blick ins Nirgendwo gesehen, hatten beobachtet, wie sich seine Lippen in eigentümlicher Weise bewegten, und daraus geschlossen, dass er einen Bannspruch, entweder gegen Essay oder die Rose, sprach. Es wurde klar, dass es Letztere sein musste, als er die Blüte gegen den Stängel drückte, und wir waren schon ganz auf Jubelgeschrei eingestellt, fest überzeugt, dass es klappen würde. Es war schiefgegangen, und Lè-móo starrte auf den Topf, dann hielt er seinen Kopf mit beiden Händen, umklammerte ihn krampfhaft und schrie in tiefster Pein: »Ye e! Mo k'éran!«

Plötzlich tat er mir leid.

Im nächsten Moment stand er aufrecht, den Rücken gestrafft mit neuem Mut. Seine Augen leuchteten auf, er hatte DIE IDEE und stürzte vom Haus weg wie aus der Hölle. Wir waren zutiefst enttäuscht. Odejimi, ein Lehrer unter HM, sollte es wahrhaftig besser wissen. War das etwa die große Erleuchtung, die ihm gekommen war? Wegzurennen? Essay konnte man nicht entkommen, und schon gar nicht, wenn man an seinen Rosen herumgefummelt hatte.

Erst als Wild Christian vom Laden zurückkam, Odejimi im Schlepptau, erfuhren wir, welcher Art seine Erleuchtung gewesen war. Er war gegangen, Mutter um Hilfe anzuflehen, den Zorn des Rektors zu besänftigen. Die Reise vom Laden zum Haus, nicht mehr als zehn Minuten Fußweg, musste etwa eine Stunde gedauert haben, denn Lè-móo bestand darauf, sich nach jedem Schritt meiner Mutter zu Füßen zu werfen, er rang die Hände und wiederholte immer wieder, dass es mit ihm aus und vorbei sei, wenn meine Mutter nichts für ihn tun könne. Die langsame Prozession setzte sich bis in den Hinterhof hinein fort, wo Wild Christian nun die Vorbereitungen für das Abendessen traf. Hundertmal versprach sie, dass sie ihr Bestes tun werde, doch nichts konnte Odejimi zufriedenstellen, es sei denn, sie würde Essay irgendwie auf der Stelle herbeibringen und ihn überreden, alles vergeben und vergessen sein zu lassen. Wild Christian schickte mindestens vier der Kinder in alle Richtungen, damit sie Essays gegenwärtige Beschäftigung auspionierten; erst dann beruhigte sich der arme Mann ein wenig und stand Mutter beim Kochen im Weg herum, unablässig seine Hilfe anbietend, alles wollte er tun, selbst die Suppe rühren. Vom Mahlstein musste man ihn wegwuchten, schließlich wurde er mit einer Flasche Limonade und einem Unterteller voll Chin-Chin in die entfernteste Ecke des Hofes verbannt. Ich brachte sie ihm, und da ich seinen Gemütszustand sehr gut abschätzen konnte, sprach ich ihn freundlich an: »Sicher ist Ihnen gar nicht nach Essen und Trinken zumute?«

»O ja, nein, ich meine, ja – nein, danke. Bitte, sag Mama vielen Dank, aber ja, ich meine, sag ihr nein, danke. Sehr freundlich von ihr. Sehr liebe Frau. Ist HM schon da?«

Um die Ecke wartete Tinu. Wir teilten uns die Chin-Chin und tranken die Limonade. Was mich anlangte, hatte er jetzt seine Schulden bezahlt, und seine weitere Qual interessierte mich nicht. Schließlich konnten wir ihn ja nicht wie eine Ziege durch den Hof jagen.

Es war fast Mitternacht, als Odejimi an diesem Tag das Haus verließ, ein erschöpfter, geläuterter Lehrer. Wild Christian brachte die Sache nicht sofort aufs Tapet; sie servierte Essay sein Abendessen und tat so, als kenne sie den Grund für seine rasche Inspektion des Hinterhofes nicht und auch nicht für die eng zusammengekniffenen Lippen bei seiner Rückkehr, denn er hatte Lè-móo nirgendwo gesehen. Später erst verbrachte sie eine ganze Stunde mit ihm hinter verschlossenen Türen. Als sie herauskam, schickte sie Lè-móo, der noch immer unbeweglich in seinem Versteck im Hof verharrte, etwas zu essen. Doch sie musste selbst gehen und ihn zum Essen zwingen – zu unserem maßlosen Bedauern.

Die Glocke rief zum Abendgebet. Ich hatte nicht die geringsten Zweifel, dass auch Lè-móo auf den Knien lag und inbrünstig mit der Familie betete, doch um seiner selbst willen. Nach dem Abendgebet setzte sich Essay ins Wohnzimmer und las. Nicht mit dem geringsten Zeichen verriet er, dass er um die Gegenwart Lè-móos im Hof wusste. Ich konnte nicht schlafen. Als das Haus in vollkommener Stille lag, ging Essay durch den Vorraum in den Hof. Ich hörte ihn rufen.

»Ist Odejimi da?«

Aus seinem Dösen aufgeschreckt, brüllte der Unglückswurm: »Hier, Sir!«, und stolperte über allerlei Gegenstände zu Essay. Er wiederholte: »Hier, Sir! Hier bin ich, Sir! Es tut mir sehr leid, Sir!«

Darauf folgte die kühle, gemessene Stimme Essays: »Haben Sie kein Bett zum Schlafen?«

Stille, dann: »Nun, gute Nacht. Schließen Sie das Tor gut hinter sich.«

Als ich *meinen* Namen durch die gewürgte Luftröhre gepresst hörte, ein Klang fast identisch mit dem Geräusch der ersten Ausbruchsversuche des Leitungswassers nach der langen Dürre des Harmattan, da wusste ich, dass eine Katastrophe über das Haus hereingebrochen war. Ich kam auf die Erde zurück, voll Angst und Schrecken, denn Essay war an der Tür erschienen, und sein Gesicht machte ungewohnte Wandlungen durch, Entsetzen, Unglauben, tiefste Erschütterung. Essay, der kühle, überlegene HM, zeigte mit einem zitternden Finger auf mich, und ich musste einsehen, dass, so unglaublich es auch schien, die Stimme, die meinen Namen gerufen hatte, die seine war.

In meiner Hand hielt ich einen Strunk Ewedu. Ich stand an das halbierte, mit Erde gefüllte Fass gelehnt, das Beet der neuen Rosensträucher, die ich so verschwenderisch gehegt und gepflegt hatte. Die ersten Knospen kamen gerade zum Vorschein, zwei oder drei fingen schon an, sich zu öffnen. Ein merkwürdiger Aspekt war allerdings, dass sie nun in Fetzen lagen, zu Tode gepeitscht von meiner eigenen Hand. Hätten Wild Christians Helfer nicht ständig vor ihr gestanden, um ihre Befehle entgegenzunehmen, oder wären sie nicht dauernd vor ihr vorbeigelaufen, dann hätte sie mich und mein Treiben längst beobachtet und mich zur Vernunft gerufen. Aber sie saß auf einem niedrigen Hocker, fuhrwerkte mit ihren Töpfen und Pfannen, und die Kinder standen fast immer mit dem Rücken zu mir. Als Essay auf die Schwelle der äußeren Tür vom Esszimmer trat, bot sich ihm über die kochende Schar hinweg dieses Bild: sein Erster Gartenassistent lehnte am Fass und ließ, wie hypnotisiert ins Nichts starrend, den Ewedu-Strunk in seiner linken Hand sanft, aber regelmäßig in den Rosenbusch niedergehen. Die frischen, jungen Knospen lagen zerschmettert auf dem Beet zwischen Dornen und Zweigen. Selbst die Blätter waren abgerissen; die Staubgefäße aufgespalten bis in die Fruchtknoten, lag die klägliche Ernte auf den Blättern der Blütenkelche. Die jüngeren Stängel waren nur leicht verletzt durch die sanften, doch beharrlichen Schläge des Ewedu-Taktstocks, der die Musik in meinem Kopf dirigiert hatte. Das Desaster war total. Im hellen Tageslicht, in der Anwesenheit einer großen Zahl von Leuten, die, wie durch eine List des Teufels – anders war es nicht zu erklären –, so standen, dass sie mich nicht sehen, nichts ahnen, mich nicht warnen konnten, hatte ich Essays Rosen mit Waffengewalt angegriffen und ihnen tödliche Wunden beigebracht.

Lè-móo hatte wenigstens etwas, womit er einen Wiederanleimungsversuch unternehmen konnte; aber wo sollte man hier anfangen?

Ich hatte Wild Christian noch nie so sehr geliebt wie in diesem Moment. Sie reagierte sofort auf den Schmerzensschrei ihres Gatten, schaute auf und erfasste die Situation mit einem Blick. Sie hauchte ein sanftes »Ah-h«, und ihre Augen füllten sich mit Mitleid. Im nächsten Augenblick hatte Essay den zwischen uns liegenden Raum im Sturmschritt überwunden, und seine Finger hefteten sich an ihren Lieblingsplatz, mein Ohrläppchen, nur diesmal zwickte er nicht, bis es wehtat, nein, er versuchte, mich daran hochzuheben. Wild Christian kam sehr rasch näher. Es war eines der wenigen Male in ihrem Leben, wo sie sich in die Strafmaßnahmen ihres Gatten einmischte, sie ging sogar so weit, seine Finger von meinem Ohr zu lösen und ihn um meinetwillen anzuflehen.

»Liebster, aber du *weißt* es doch. Er muss wieder geträumt haben. Ah-ah, ist es denn nicht er, der seine ganze freie Zeit mit der

Pflege dieses Gartens verbringt. Er hat seine Gedanken nicht bei sich gehabt. Er hat nicht gewusst, was er tut!«

Essays wütendes Schnaufen reduzierte sich auf ein schweres Atmen, schließlich ging sein Atem wieder regelmäßig. Er schien sich zu beruhigen. Er schaute die zerfetzte Pflanze noch einmal lange an, schüttelte sein Haupt in Selbstmitleid und schlenderte zurück ins Haus.

Wild Christian seufzte: »Es muss etwas geschehen, ehe du dich noch selber umbringst oder das Haus anzündest.«

6

Ich lag auf der Matte und stellte mich schlafend. Es war mein morgendlicher Zeitvertreib geworden, ihn zu beobachten, wie er am Fenster seine Übungen absolvierte. Eine Schautafel war an die Wand genagelt, gleich neben dem Spiegel, und Essay tat sein Bestes, den weißen Turner nachzuahmen, der hier in allen möglichen Positionen und Verrenkungen abfotografiert war. Peinlich genau und ohne Gewese machte er selbst die anstrengendsten Übungen. Ein … Aus … Ein … Aus … atmete er tief. Er beugte den Rumpf und berührte seine Zehen, neigte sich von einer Seite auf die andere, ließ den Oberkörper um die Körperachse kreisen. Er öffnete die Hände und ballte sie, hob erst den einen Arm, dann den anderen, als seien unsichtbare Gewichte daran befestigt. Schweißperlen traten hervor, in festgelegter Ordnung, fanden sich zusammen in disziplinierten Rinnsalen. Schließlich nahm er sein Handtuch – die Turnstunde war um.

Als Nächstes nahm er ein Kaustäbchen von der Fensterbank und eine Tasse, das Stäbchen glitt über eine makellose Zahnreihe, schrubbte tief in jeden Winkel, aufwärts, abwärts über die Schneidezähne. Mit Eleganz spuckte er in die Tasse. Ab und zu brummte er eine Antwort auf den Gruß eines Vorbeigehenden. Ein- oder zweimal ließ er sich auch dazu herab, dem vorbeikommenden Nachbarn einen halben Satz zu erwidern, eine Bemerkung aus verständlichen Wörtern, aber ich merkte, dass ihn dies Anstrengung kostete.

Zum Schluss rollte er sich die Enden seines Hüfttuchs in einem dicken Wulst um die Taille oder verknotete zwei Zipfel des Tuches in seinem Nacken und verließ das Schlafzimmer. Ich folgte dem Klang seiner Sandalen durchs Haus und in den Hof, wo er einen Spaziergang unternahm. Er blieb stehen, um die Rosen in Augenschein zu nehmen oder eine verdorrte Knospe abzuzwicken. Manchmal erschallte laut seine Stimme, dann beorderte er jemanden zu sich, vielleicht, weil er die Gartenschere brauchte, um einen welken Zweig abzuschneiden. Oft stand er nur still zwischen seinen Pflanzen, blickte starr durch seine Blumen in Raum und Zeit.

Seinem Zimmer entströmte geordneter Staubmodergeruch; ganz anders in Wild Christians Zimmer. Ihr Schlafzimmer war eine Orgie von Gerüchen, ein fortwährender Duftwirbel von Kuchen, Plätzchen, Geburten, Krankheiten und Krämerwaren. Es variierte zwischen dem kräftigen Erdgeruch der Aso Òkè, dem Geruch der Mottenkugeln und dem von hundert Salben. Einige Mitglieder des Haushalts, einschließlich eines schon erwachsenen Hausmädchens, nässten nachts noch die Schlafmatte, und so hing auch ständig der Beigeruch von Urin in der Luft. Auf jeden Fall aber wurde ein krankes Kind sofort von der Schlafmatte am Fußboden in ihr vierpfostiges, riesiges Bett umgelagert, wo die Matratze die Folgewirkung einer zwar trainierten, doch durch das fremde Fieber vorübergehend erschlafften Blase gründlich in sich aufsog. Danach wurde die Matratze natürlich einen vollen Tag lang der Sonne ausgesetzt, aber nie verflüchtigte sich dieser stechende Geruch ganz; er erfüllte den Raum, obgleich beide Fenster sperrangelweit offen standen.

Wild Christians Bett war zweimal so groß wie Essays, jedenfalls schien es so. Auf jedem der vier Pfosten saß ein imponierender Bronzeknauf, und auf den Bronzestäben am Kopf- und Fußende des Bettes steckten kleine Kügelchen, die man abschrauben konnte. Aus irgendeinem Grund hatte man die Stäbe am Fußende ganz und gar entfernt, was uns eine Menge Bestrafungen ersparte, denn jetzt konnten wir, wenn wir die winzigen Kügelchen vom verbliebenen Ende abgeschraubt und sie beim Spielen verloren hatten, Nachschub besorgen von dem ausrangierten Gitter, das im großen Vorratsraum versteckt lag. Das Vier-Pfosten-Bett mit seinen glänzenden Verzierungen und der riesige Kleiderschrank waren die einzigen Gegenstände im Raum, die sich um eine fest umrissene Form bemühten. Alles andere in diesem Schlafzimmer war entschieden, ja fast fanatisch gegen Ordnung oder Beständigkeit in jedweder Form gerichtet. Bündel türmten sich unter dem Bett, Körbe mit Seife, kastenweise Ölsardinen in der Dose, eingetüteter Zucker, Tuchballen, Mottenmittel, rund und quadratisch, in Blätter gewickelte Brocken von Schibutter oder schwarze einheimische Seife. Gläser voll mit Bonbons, hausgemachte und importierte, wie die Trebormints, standen auf dem Fensterbrett neben merkwürdigen Broschüren, Bibeln, Lieder- und Gesangbüchern und anderen zerfledderten Büchern. Fest verschlossene Fässchen mit Kerosin, Palmöl, Erdnussöl, Emailleschüsseln voll Gari, getrocknetes Getreide stapelten sich in einer Ecke ... mein Vater kam ins Zimmer, weil er irgendetwas suchte, schaute sich um, gab es auf und ging hinaus, kopfschüttelnd, in geduldiger Verzweiflung.

Auf der Kommode herrschte die gleiche verschwenderische Unordnung, nur ihre Bewohner waren von einer anderen Spezies als die der unersättlichen Höhlung unter dem Bett, der Zimmerecken und des Fensterbretts. Schmuckkästchen, einzelne Perlen, Armbänder, Ohrgehänge und andere Schmuckstücke, eine ledergebundene Bibel, Gesang- und Gebetbücher, alle mit eingearbeiteten Lesezeichen aus Seidenband, dies waren die hier zugelassenen Bewohner. Es gab aber auch Nippes aus Porzellan, verziert mit Wulstreliefs wie die Ziernarben im Gesicht eines Ara-Oke oder andere überladene Kuriositäten, die sich bei Festlichkeiten vervielfältigten oder mit der Ankunft eines Gastes aus fernen Gefilden. Und doch, für die Nacht wurde auf dem Fußboden genügend Raum geschaffen, um dem sich ständig ändernden Sortiment von Kindern auf der ausgebreiteten Matte einen Schlafplatz zu bieten. Manchmal waren es bis zu zwölf, denn es gab keinen gierigeren Sammler herumirrender Kinder als Wild Christian, stillschweigend unterstützt von ihrem Mann. Wir haben es nie erlebt, dass sie den Eltern oder Verwandten, die ihr Mündel brachten, damit es bei uns eine »Ausbildung« erhielte oder nur einfach versorgt sei, ein Nein beschied. Einige liefen davon, doch immer wurden sie wieder zurückgebracht. Manche hatten Kopfgrind, wenn sie kamen, geblähte Bäuche von schlechter Ernährung, ihre Füße waren von Framboesie zerfressen, und Läuse wimmelten in ihrem Haar. Andere kamen geschniegelt und gebügelt, mit Kisten voller neuer Kleider und die Taschen voller Geld.

»Was sind denn das für Koffer?«, fragte Wild Christian dann, ihre Gesichtszüge verräterisch in ihrer Unschuld, doch unmissverständlich.

»Oh, nur ein paar Kleider zum Wechseln.«

»Ach so. Na gut, dann lass zwei Hemden und zwei, drei Paar Shorts da, ein Dansiki für den Kirchgang, und den Rest kannst du wieder mitnehmen. Was das Geld angeht, so möchte ich, dass er kein eigenes hat. Wenn er Taschengeld braucht, soll er zu mir kommen.«

Wild Christians Schlafzimmer offenbarte die ganze Natur der Kinder, die sie unter ihre Fittiche nahm; es zog gegen sich selbst zu Felde und schuf doch ein Gefühl der Zugehörigkeit. Das Schlafzimmer, nicht die Eltern, schien diese Kinder gezeugt zu haben, es hatte sie ausgespien, nur um sie wieder in sich aufzunehmen, sie zu Kindern des Hauses zu machen. In der Ruhe und Zurückgezogenheit des väterlichen Schlafzimmers dachte ich nach über jene Eltern, die ihre Kinder so bereitwillig dem Haus des Rektors und seiner Frau anvertrauten. Ich fragte mich, was meine Schwester wohl dabei empfand, die keine Ungestörtheit genießen konnte, so wie ich sie aus meinem privilegierten Platz in Vaters Schlafzimmer gewann. Dipo war noch ein Säugling. Da er ein Junge war, ging ich davon aus, dass er später auch in *unser* Zimmer kommen würde; es erschien mir nur gerecht.

Es war ein Zimmer, dessen muffige Staubigkeit vom Papier herrührte, zerfledderte Zeitschriften, Notizbücher, Ordner, speckige Lederkisten, Metallkoffer, Lederschuhe, sorgfältig aufgereiht. Zweimal im Jahr reduzierte Essay die Flut von Papier. Er zündete ein großes Feuer an, aus dem wir uns Glanzpapierkataloge und verlockend aussehende Zeitschriften herausangelten, um sie genau anzuschauen. Sie gehörten zu einer anderen, unwirklichen Welt. Wenn ich die bis auf den Boden reichende Bettdecke anhob, konnte ich meine Augen in Bodenhöhe um die Pappkartons und Kisten schweifen lassen; die nächste Ausmistung schon erwartend, fragte ich mich, ob sie um ihr schicksalhaftes Ende im Freudenfeuer wussten.

Der Raum war voller Staubkörnchen, die sich in den Sonnenstrahlen fingen, die durchs Fenster fielen. Durch den Staubschleier betrachtete ich das Bücherregal mit seinen akkurat eingestellten Büchern. Ich hatte schon die eine oder andere Probe aus diesem Schatz entnommen und versetzte selbst Essay in Staunen mit meinem Appetit auf Bücher, doch auch er wusste nicht, wie tief ich schon in seinem Bücherregal gewühlt hatte. Ganz beiläufig hatte ich mich in die Aufgabe treiben lassen, in seinem Zimmer Staub zu wischen, und verdrängte bald Joseph, dessen Sache es eigentlich war. Die Hälfte meiner Arbeitsstunde verbrachte ich damit, den Inhalt der Regale zu verschlingen. Wild Christian ließ keine Gelegenheit ungenutzt, mit mir vor Gästen zu prahlen, und anfangs bedurfte es nicht einmal einer Ermunterung, damit ich anfing, mich großzutun. Aber dann brachte sie Tinu ins Spiel und machte sie verächtlich, weil ihr im Vergleich zu mir gewisse Fähigkeiten fehlten. An die Stelle meiner Begeisterung, gebeten zu werden vorzulesen, trat Unbehagen, schließlich Unwillen. Tinu war meine engste Spielkameradin, und ein schützendes Band war zwischen uns gewachsen, das sich jedoch nur zeigte, wenn man sie verletzte oder bedrohte. Dass ich ihr bei ihren Schulaufgaben half, war so selbstverständlich wie die Erledigung meiner eigenen

Aufgaben, ich konnte keinen Unterschied erkennen, noch konnte ich verstehen, warum Essay es für nötig hielt, ihr Fragen zu stellen, die ganz offensichtlich darauf abzielten, sie in die Falle zu locken. Doch sie vor Fremden herabzusetzen, empfand ich als das größte Verbrechen.

Wild Christians Vorstellung vom größten Verbrechen war eine gänzlich andere; sie bestand darin, dass Emi Esu festgestellt wurde, der Geist des Teufels; das konnte zu jeder beliebigen Zeit sein, am unverzeihlichsten aber vor Gästen. Der Katalog von Emi Esu war sehr umfassend, er beinhaltete auch das geringste Anzeichen von »Unwillen« im Angesicht elterlicher Befehle. Kein Kind von HM und seiner Frau, kein Mündel und kein Omo Odo durfte es wagen, ein solches Verbrechen zu begehen; doch ach!, einige hatten Gesichter, die sie verrieten, noch ehe sich der Gedanke in ihren Hirnen geformt hatte. Ständig schärfte mir Wild Christian ein, dass ich unter diesen der Schlimmste sei. Also nahm ich meine Zuflucht dazu, dass ich die Bücher einfach nicht finden konnte, anhand deren ich meine Klugheit demonstrieren sollte, oder ich bekam plötzlich Fieberanfälle, was mir aber nicht geglaubt wurde, weil sie nicht von »Temperatur« begleitet waren. Bukola war das einzige Kind, das ich kannte, das ohne alle Mühe »Temperatur« handhaben konnte – und noch dazu in entgegengesetzter Richtung: Ihr Körper wurde einfach kalt. Da ich ihr Talent nicht besaß, blieb mir nichts übrig, als zu verschwinden, wenn man mir auftrug, ein bestimmtes Buch zu bringen und den Gästen eine Vorstellung zu geben.

Ich hatte einen Verbündeten. Es war nicht mehr als ein flüchtiger Ausdruck in seinem Gesicht; Essay gestattete es sich nie, mehr als einmal seine Missbilligung zu zeigen. Es war auch möglich, dass es ihm gleichgültig war, solange die Schaustellung vor »seinen eigenen Leuten« stattfand – etwa in seinem Debattierkreis –, doch wenigstens einmal hatte ich ihn erwischt, wie er vor Unbehagen zusammenzuckte und sich dann abwendete, um seine Abscheu zu verbergen.

Meine Ausweichmanöver wurden dreister, Bücher verschwanden, Essays Schlafzimmertür erwies sich auf geheimnisvolle Weise als verschlossen, und nirgends war der Schlüssel aufzutreiben. Ich wurde leichtsinnig, doch mir schien mein Verhalten ganz selbstverständlich zu sein.

Nun suchte ich nach Mitteln und Wegen, den Haushalt wissen zu lassen, dass Vater und ich zu einer separaten Welt gehörten. Wild Christian beobachtete diese wachsende Ablösung von der Teilnahme an allgemeinen Haushaltsangelegenheiten und ließ es durchgehen. »Papa hat mir ein paar Hausaufgaben gestellt«, war endgültig und duldete keinen Widerspruch. Doch der scheinbare Triumph kam nicht ohne die in ihn eingebettete Furcht. Ich spürte, es wurden keine Schlachten geschlagen, aber Demarkationslinien gezogen, und auch die erforderten ein Maß an Verteidigung, das täglich eskalierte. Ich versuchte, es zu leugnen, und doch wusste ich, dass es stattfand; die Behandlung meiner eigenen Schwester war nur eines der ersten Anzeichen für meine beunruhigte Aufmerksamkeit.

Tief im Innern fühlte ich es, ich steuerte auf eine schreckliche Bestrafung zu. Ich konnte nicht sagen, wie ich sie verdient hatte, noch, wie ich ihr entgehen konnte. Das Lied in der Geschichte, die mir mein Vater am vergangenen Abend erzählt hatte, fiel mir wieder ein, und es war wie eine ganz besondere Warnung.

Igba o l'owo
Tere gungun maja gungun tere
Igba o lese
Tere gungun maja gungun tere
Igba mi l'awun o
Tere gungun maja gungun tere.

Schildkröte log natürlich. Zu behaupten, er kenne den Grund seiner Angst nicht, war ganz typisch für seinen dünkelhaften

Charakter. Der Anblick von Flaschenkürbissen, die sich aus ihrer Vertäuung auf dem Feld lösen und anfangen, ihn über Fels und Bach zu jagen, musste doch ziemlich enervierend sein. Das Lied schien wie auf mich gemünzt; jedes Mal, wenn Wild Christian behauptete, ich sei von Èmí Èsù besessen, war ich erstaunt und verwirrt, dass niemand mein Gefühl der bodenlosen Ungerechtigkeit teilte. Schließlich hatte ich ja die Situation nicht heraufbeschworen. Beim nächsten Ausflug streifte ich durch die Wälder, immer ein ängstliches Auge auf alles Knollenartige. Auf unseren Feldern gab es keine Flaschenkürbisse, auch nicht im Wald, doch da waren die Baobabs mit ihren samtig umschlossenen ovalen Früchten, in Form und Größe einem Mahlstein ähnlich. Ich sah, wie sie auf mich niederregneten und mir dann durch die Wälder nachjagten. Wenn Wild Christian nur inbrünstig genug betete, vielleicht konnte es dann geschehen.

Mein Blick fiel auf die Schautafel mit den Gymnastikübungen; das bot eine Ablenkung von den beunruhigenden Gedanken. Ich stand auf und nahm die verschiedenen Haltungen des gymnastischen Vorbilds ein.

»Was soll denn das werden?«

Lawanle war hereingekommen. Diese Störung war unverzeihlich. »Weißt du nicht, dass du anklopfen musst, ehe du Papas Zimmer betrittst?«

»Seit wann bist denn du Papa?«, und sie kam weiter ins Zimmer herein.

»Dies ist noch immer *unser* Zimmer«, beharrte ich.

»Aber nicht mehr lange«, sagte sie, »du wirst nämlich älter, weißt du.«

»Und was macht das für einen Unterschied?«

»Das wirst du schon rechtzeitig merken.« Sie zuckte die Achseln. »Und jetzt komm. Mama hat schon gefragt, was du immer noch hier im Zimmer machst. Warum hast du dich noch nicht gewaschen?«

»Was werde ich schon merken?«

»O Gott, komm jetzt. Musst du immer auf eine Frage mit einer Frage antworten? Das ist es, was mit dir nicht stimmt, immer willst du argumentieren. Du bildest dir wohl ein, du bist hier der zweite Papa, oder was.«

»Was werde ich schon merken?«

Mit einer Art Singsang antwortete sie: »Es wird VERÄNDERUNGEN geben in diesem Haus.«

»Was für Veränderungen?«

Lawanle ließ ihr höhnisches Lachen hören. »Irgendjemand wird es sehr bald wissen.«

»Na gut. Es interessiert mich sowieso nicht. Behalt deine Geheimnisse für dich.«

Während sie mich in eine Ecke des Wohnzimmers zog, fragte sie: »Hat dir Papa nicht gesagt, dass er verreisen wird?«

»Wohin?«

»Siehst du. Es ist eben ein Fehler, dir auch nur eine einzige Frage zu beantworten, denn zum Dank dafür stellst du nur eine weitere Frage.«

Ich log: »Ich wusste ja, dass er verreist, weil er mir nämlich gestern Abend eine extra Geschichte erzählt hat. Das macht er immer, wenn er eine Zeit lang weg sein wird. Das heißt, er hat mir sogar zwei zusätzliche Geschichten erzählt, aber während der zweiten bin ich eingeschlafen.«

»Dann hat er dir doch sicherlich auch gesagt, wohin er reist.«

Inzwischen hatten wir das Wohnzimmer durchquert und den Hinterhof erreicht, sodass eine weitere Unterhaltung nicht möglich war.

Während ich mich abschrubbte, fühlte ich mich ganz krank vor bösen Vorahnungen. Lawanles Worte hatten die Unruhe, die sich in letzter Zeit so verstohlen auf mich übertrug, nur noch verstärkt – diese Sätze, die sich auf Mutters Zunge formten, aber immer unvollendet blieben. Die flüchtige Missbilligung eines

Privilegs, das mir Essay eingeräumt hatte, die geschürzten Lippen, wenn ich mit meiner Matte unterm Arm in sein Zimmer marschierte, während Tinu, die Cousins und alle anderen sich auf die Gemeinschaftsmatte begaben. Ich hasste diese Gemeinschaftsmatte; ganz plötzlich erkannte ich es. Es ging um mehr als nur um das Vorrecht, in Essays Zimmer schlafen zu dürfen. Ich hasste sie abgrundtief, und nicht nur, weil einige der Kinder – älter als ich – noch immer die Matte nässten. Ich zog es einfach vor, allein zu sein.

Mein Vater verreiste; ich zog in Wild Christians Schlafzimmer um. Ich erwartete seine Rückkehr mit einer noch nicht erlebten Bangigkeit. Seine Rückkehr würde eine Probezeit darstellen. Am ersten Abend nach seiner Rückkehr wollte ich wieder meinen normalen Schlafplatz einnehmen, doch wie beiläufig hielt mich Mutters Stimme auf: »Wole, warum willst du denn heut Nacht nicht bei den anderen schlafen? Du solltest sie nicht im Stich lassen, nur weil dein Vater zurück ist. Dein kleiner Bruder hat sich so daran gewöhnt, herunterzuklettern und bei dir zu liegen.«

In der Dunkelheit sezierte ich ihren Tonfall. Sollte das ein versteckter Hinweis darauf sein, dass ich mich nicht drum scherte, mit den anderen zusammen zu sein? Keine Sekunde lang glaubte ich, dass sich Wild Christian um Ladipos Gefühle sorgte; trotzdem erlaubte ich mir die Hoffnung, dass mein Wiedereinzug nur um eine Nacht verschoben war. In der nächsten Nacht würden wieder normale Verhältnisse einkehren.

In dieser nächsten Nacht lag ich auf meiner Matte im Dunkeln und weinte. Meine Verlegung war endgültig. Es war nicht misszuverstehen, dieses fast schuldbewusste, aber bestätigende Halblächeln auf dem Gesicht meines Vaters.

Ladipo wuchs rasch in seinem Kinderbettchen. Von Geburt an zeigte er eine laute, überschäumende Energie, was einen weiteren Grund ergab, sich von diesem mütterlichen Schlafraum fernzuhalten. Schon seit längerer Zeit setzte er seine Bemühungen daran, über das Gitter seines Bettes zu krabbeln, und ein- oder zweimal war es ihm gelungen, auf die Matte zu kommen, einfach indem er sich von seinem Bett herunterplumpsen ließ, so verzweifelte Sehnsucht hatte er nach der Gemeinschaftsmatte. Ich dachte mir, dass dieses Kind wohl ohne einen Funken Verstand auf die Welt gekommen sein musste, da es tatsächlich den Wunsch hegte, den schützenden Frieden seines Bettes gegen das Gerangel von Körpern auf der Matte zu tauschen. Dort zu schlafen, bescherte einem die wüstesten Albträume. Ein Baum stürzte über meinen Körper, ich zappelte und wand mich, bis ich erwachte – jemand hatte seinen Arm oder ein Bein über mich gelegt. Einige der Schläfer waren ausgebuffte Veteranen – kaum dass sie sich niedergelegt hatten, begannen sie, riesige Schlachten zu schlagen, die sie von der einen Ecke der Matte bis zur genau gegenüberliegenden führten, wobei sie alles überrollten und niederwalzten. Am Morgen wachten sie dann völlig umgedreht am falschen Platz auf, oder auch – noch wunderbarer – wieder in ihrer Ausgangsposition. Wie oft wachte ich nachts nach einem heftigen Kampf mit Pythonschlangen auf, die all meine Glieder fest umklammert hatten, oder es erstickten mich schleimige Monster aus mythischer Urzeit, und ich konnte den Hilfeschrei, der mir in die Kehle stieg, nicht ausstoßen.

Nichts konnte den wonnevollen Schlummer dieser kühnen Recken und der anderen Opfer ihrer Feldzüge stören. Sie schliefen tief und schnarchten dazu, angeführt von dem stentorischen Fagott, das Wild Christian blies. Wenn ich nachts aufwachte, dann klang es wie in der Blaize-Memorial-Konservenfabrik, wo wir einmal zugesehen hatten, wie die Pampelmusen, Orangen, Guaven und Birnen gewaschen, geschält, geschnitten, zerstampft und eingedost wurden von einer Reihe monströser Guillotinen, Motoren und flappender Bänder, Kolben und dampfender Kessel, die zischten und spritzten, rülpsten, spuckten und donnerten und genau bemessene Portionen von Flüssigkeit in die Gläser und Dosen schossen.

Am Morgen ging dann oft das Gestreite los, wer denn nun die Pfütze auf der Matte verursacht hatte. Wild Christian war Spezialist in der Lösung dieses kurzlebigen Rätsels. Sie urteilte in der Sache mit solch detektivischer Sicherheit, dass es ans Wunderbare grenzte, wenn man die unvorhersehbaren Positionen bedachte, in denen sich die Verdächtigen morgens fanden, fernab vom Tatort. Langsam wuchs in mir die Erkenntnis, dass jede von einem menschlichen Wesen produzierte Pfütze wohl ihre charakteristische Form und ihren eigenen Geruch habe, deren Geheimnis aber nur Eltern, einschließlich Surrogateltern, bekannt war. Was die Letzteren anlangte, so war die Frage, ob ihnen das Geheimnis auf mystische Weise offenbart wurde oder ob es Teil der Charakterbeschreibung war, die die echten Eltern zusammen mit den Kindern abgaben, wenn sie sie zu uns brachten.

»Du musst ein Auge auf ihn haben, Ma'am. Nicht dass er stiehlt, nein, bei dieser schrecklichen Angewohnheit habe ich ihn nie ertappt. Aber er ist faul, ahh, er ist stinkfaul. Diese Papaya, die da drüben am Baum hängt und nicht genügend eigene Energie hat, um dem Schnabel eines Vogels auszuweichen, ich sag dir, sie ist nicht halb so faul wie dieser Unglücksrabe, den du hier vor dir siehst.« Und während sie dem völlig verdatterten Kind den Finger in den Kopf bohrt, fährt sie fort: »Siehst du die halb gegessene Papaya dort. Das wird aus dem Gehirn von Kindern, wenn sie es nicht benutzen. Wir haben dir gesagt: lerne! Aber du wolltest nicht lernen. Du willst ein Alaaru werden, einer, der für ein paar Kröten Lasten auf dem Kopf schleppt. Aber du wirst nicht einmal einen Kopf haben, um Lasten daraufzutun. Wenn du dein Gehirn jetzt nicht trainierst, dann wird dein Kopf ganz einfach in sich zusammenfallen. Dein Hirn verwandelt sich in Fruchtmus, und bei Nacht picken es dir die Vögel heraus, so wie sie da an der Papaya picken ...«

Damit hatte die Mutter ihre letzte öffentliche Pflicht erfüllt, danach wollte sie mit dem unwilligen Schüler nichts mehr zu tun haben. Doch dann, schon im Aufbruch, erinnerte sie sich unweigerlich einer letzten Kleinigkeit, die immer geflüstert werden musste. Tinu und ich konnten noch so angestrengt unsere Ohren spitzen, wir erfuhren nie, was dieses »Ausschließlich-unter-Eltern-Geheimnis« war. Die saumselige Mutter nahm Wild Christian beiseite, fast schuldbewusst, doch auf jeden Fall voll Heimlichtuerei, und dann begann eine kurze, intensive, einseitige Unterhaltung, wobei dem Wechselbalg immer wieder verstohlene Blicke zugeworfen wurden. Nachdem ich sehr lange über das Problem der Gemeinschaftsmatte nachgedacht hatte, wurde mir klar, es konnte nur eine Lösung geben: Es war während dieser heimlichen Besprechung, dass die Charakteristika der Urinpfütze des Neulings von Mutter zu Mutter weitergegeben wurden.

Die Zerstreuungen der Straße schwappten oft ins Pfarreigelände über. Zuerst war immer der Lärm zu hören; wir verfolgten, welche Richtung er nahm, und konnten in Minutenschnelle sagen, ob das Ereignis bei uns vorüberkommen würde. In diesem Fall rannten wir zu der Leiter an jener Mauer, die sich fast als mein Verderben erwiesen hätte, oder zu einer anderen improvisierten Plattform, von der sich uns ein Rundblick auf Aké bot. Inzwischen konnte ich so gut wie die anderen auf die Leiter klettern. Wenn sich das Spektakel über die Kuppe der wolkenstreifenden Straße von Itoko nach Aké ergoss, dann musste es um die Ecke des Kirchengrundstücks biegen, hinter der der Palast lag, danach konnte es einen geraden Kurs beibehalten, am Ehrengrabmal des Kriegers Okenla vorbei und um den Buchladen herum in Richtung Igbein und Kutis Gymnasium; oder, noch besser, es konnte direkt unter unseren Nasen auf der ungeteerten Straße zwischen der Kirche und unserer Mauer vorbeikommen und sich dann entweder nach links wenden, zum Palast des Alake, oder nach rechts zum Krankenhaus. Je nach Anlass kam es auch vor, dass das Pfarreigelände die lärmenden Gäste aufnahm; Trauerzüge allerdings statteten uns keine Höflichkeitsbesuche ab, obgleich sie oft von Hochzeiten oder Auftritten der Maskengesellschaften nicht zu unterscheiden waren.

Der Leichenwagen, von den Sargträgern gezogen, bildete die Spitze; manchmal nahm ein Pferd ihren Platz ein, doch das war selten. Der Sarg war über und über mit Kränzen aus geflochtenen Palmwedeln bedeckt, in die Blumen eingebunden waren. Wenn St. Peter ihr Ziel war, dann begannen die Glocken zu läuten, kurz bevor der Leichenzug in Sicht kam, feierliche, einzelne Glockenschläge im Abstand von dreißig oder sechzig Sekunden. Fast konnten wir den langsamen Tritt der Füße durch den Boden vibrieren fühlen, begleitet vom Knarren der Räder des Leichenwagens. Oft kamen sie still, die Gesichter von Trauer gezeichnet, von Mitgefühl oder nur dem Ernst, der dem Anlass angemessen war – die Letzteren fanden wir leicht heraus. Sie waren es, die wegen einer Karte Aufhebens machten, die sich von einem Kranz gelöst hatte, ihre Lippen waren fest zusammengepresst, unbeweglich, doch in genau festgelegten Intervallen flüsterten sie den wahren Leidtragenden irgendetwas zu. Bei der Kirche angekommen, wurde der Leichenwagen seiner Last enthoben und von einer Gruppe von Männern in die Kirche getragen. Es befremdete mich immer wieder, dass trotz der vielen Totenfeiern, die in St. Peter stattfanden, niemand einen Weg gefunden hatte, den Sarg auf bequemere Art vom Wagen zu heben und dann die wenigen Stufen hinauf und durch das Mittelschiff am Kirchengestühl vorbei zu den zwei Querbänken vor dem Altar zu tragen. Der Sarg schien immer übermäßig schwer, ganz gleich, wer gestorben war. Die Träger schwankten unter der Last, und wir warteten darauf, dass einer stolpern und der Sarg mit lautem Krach zu Boden fallen würde. Es ist niemals geschehen.

Manche Trauerzüge aber kamen schon Hymnen singend zum Gottesdienst, oder sie sprachen Gebete im Wechsel mit dem Kirchenmann in seinem langen Gewand, der der Prozession voranging oder ihr folgte. Der Gesang war leise, angemessen zurückhaltend. Nichts im Vergleich zu der Szene, die sich im Anschluss an den Gottesdienst abspielte. Die Reihen der ernsten, weinenden Frauen und ihrer steifen Begleiter brachen auf und erfüllten die Straße mit ekstatischem Tanz. Hände, die vorher so feierlich vor den Trauernden gefaltet waren, winkten jetzt jedem am Straßenrand fröhlich zu, als stünde jede zufällig erschienene Person für den eben beerdigten Verwandten. Wie aus dem Nichts tauchten Trompeten auf, Klarinetten, Trommeln, Tamburine und Posaunen – es hing davon ab, wie alt oder bedeutend der Verstorbene war. Selbst der leere Leichenwagen schien von dem verrückten Wirbeln angesteckt, kein Wunder, hatten doch die beiden Männer, die ihn zogen, sich auch in den Taumel des Tanzes gestürzt. Dabei hatten sie offenbar ihren ganz eigenen Tanzschritt: ein paar Schritte nach rechts, dann nach links, zurück in die geradeaus schauende Position, und hoch flog die Deichsel, und ehe sie wieder herunterkam, hatten sie sich herumgeschwungen und blickten nun auf die ihnen folgende Prozession. Jetzt wiederholten sie die Schrittkombination rückwärtsgehend und zogen dabei den Leichenwagen. Die Frauen hatten die stärkeren Lungen, sie pumpten alle Energie in ihren Gesang, ohne dabei im geschickten Schwung ihrer Hinterbacken nachzulassen:

Ile o, ile o
Ile o, ile o
Baba (Iya) re'le re
Ile lo lo tarara
Baba (Iya) re'le re
Ile lo, lo, ko s'ina.

An einem Schauspiel fanden wir keinen Geschmack. Denn außer den Gören und Bengeln, die dem Spektakel folgten, hatte es nichts Festliches an sich. Welche Formen es auch immer annahm, sein

Hauptzug sah so aus: Ein jugendlicher Übeltäter, den Beweis seines Vergehens um den Hals gebunden oder auf dem Kopf balancierend, begleitet von einem Elternteil oder Vormund, der von Zeit zu Zeit die zurechtweisende Peitsche schwang. Während sie so durch die Straßen zogen, wurden die streunenden Bälger und Tagediebe ermuntert, sich anzuschließen und aus Leibeskräften zu johlen und zu singen. Die Meute hob auf, was sich an Blechbüchsen und Schachteln am Wege fand, und steuerte einen Mischmasch an Rhythmen bei, zu denen der Übeltäter zu tanzen hatte. Oft war es der Missetäter selbst, der das Lied sang, zu dem der Mob den Refrain beisteuerte. Meistens war das müde, gedemütigte, elende Wesen eine sehr junge Frau, eine Tatsache, die einen gewissen Eindruck auf mich machte.

Es war vielleicht die einzige Gelegenheit, bei der sich die freundliche Mrs B. meinen stillen Tadel einhandelte. Ihr Hausmädchen litt an der gleichen Inkontinenz, die auch die Mehrheit der Cousins und Haushilfen in unserem Hause plagte. Eines Morgens schauten wir aus dem Haus, angezogen von dem bekannten Blechbüchsenbeat, doch diesmal kam er aus dem Pfarreigelände selbst. Der Lärm kam vom Grundstück des Buchhändlers, und bald konnten wir auch die Worte verstehen:

Toole, toole a f oko ito bori
Suule, suule foko nudi.

Und dann sahen wir sie. Die Matte des Anstoßes trug sie zusammengerollt auf dem Kopf. Vor jedem Haus hielt der Zug an, und sie musste ihren Tanz der Schande tanzen. Und jedes Mal, wenn sie stehen blieben, gab Mrs B. ein Zeichen, dann hörte die Musik kurz auf.

»Seht sie euch an. Sechzehn Jahre alt, und noch immer macht sie ihre Matte nass wie ein neugeborener Säugling. Ich weiß nicht mehr, was ich noch mit ihr tun soll. Auntie, ich weiß einfach nicht, was ich mit ihr machen soll. Sie ist alt genug, dass sie sich auf die Ehe vorbereiten könnte, aber soll sie in das Haus ihres Gatten mit nasser Matte und Decke einziehen? Seht sie euch doch an, diese linkische, begriffsstutzige, reizlose Kreatur. Wer, ich frage euch, mag sie anschauen, wer mag sie in sein Haus nehmen? Sie scheint nicht einmal zu wissen, dass der Heiratsmarkt für diejenigen nicht offensteht, die ... halt den Mund!«

Und wieder fuhr die Peitsche auf das plärrende Häufchen Unglück nieder, auf ihre Schultern, ihren Rücken, dann traf sie die Beine und machte sie hüpfen, und ohne weitere Aufforderung nahm das Orchester seine Katzenmusik zum Takt ihrer hüpfenden Füße wieder auf.

»Hab ich gesagt, du sollst plärren? Tanzen sollst du, atoo'le! Glaubst du denn, dein Gejammer macht auf irgendjemanden Eindruck? Na los, sing! Die, die da für dich trommeln, das könnten deine Kinder sein, sie haben schon vor Jahren aufgehört, ins Bett zu pinkeln. Aber du hast ja keinen Funken Schamgefühl, also tanz, wenn sie für dich trommeln.«

Wie lang es dauerte, hing vom Durchhaltevermögen des Vormunds ab oder davon, ob man auf einen tauglichen Fürbitter in einem Haus oder auf der Straße traf. Als sie zu unserem Haus kamen, stand Wild Christian schon draußen, um die Sache zu beobachten. Schließlich entschied sie, dass Mrs B. nun für eine Beschwichtigung reif sei. Sie gebot den Trommlern Einhalt und winkte das Mädchen zu sich her. »Macht dir das etwa Spaß?«, wollte sie wissen.

Das Mädchen schien von der Frage verwirrt, oder vielleicht hatte sie sie gar nicht gehört.

Mrs B. hob die Peitsche. »Ich glaub, jetzt ist sie auch noch taubstumm geworden. Komm, ich will ihr die Ohren ein wenig öffnen.«

Wild Christian gestikulierte Zurückhaltung. Mrs B. ließ den Arm sinken, und die Belehrung wurde fortgesetzt: »Macht dir das

Spaß? In deinem Alter so auf der Straße vorgeführt zu werden. Eine erwachsene Frau, und noch immer ein Bettnässer, ist das gut? Ich frage dich.«

»Nein, Ma, es ist nicht gut.«

»LAUTER!«

In weiser Vorahnung hüpfte das Mädchen und fand ihre weittragende Stimme wieder: »Nein, Ma. Es ist nicht gut. Es ist wirklich nicht gut!«

»Gut. Aber weißt du auch, dass all dies hier nur zu deinem eigenen Besten ist? Dass dir hier geholfen wird, damit du nicht gehst und dir woanders Schande machst?«

»Ja, Ma. Ich weiß, es ist zu meinem eigenen Besten.«

»Willst du dir Mühe geben und dich bessern?«

»Ich will mich bessern, Ma. Bei der Macht des Herrn, ich verspreche, ich will mich bessern.«

Die Wechselrede dauerte noch eine Weile an und endete mit einer Predigt. Wild Christian nahm, an Mrs B. gewendet, »den Rest der Strafe auf mich«. Mrs B. knickste, das Mädchen kniete nieder und dankte förmlich, die Rasselbande verkrümelte sich, denn der lustige Teil war vorbei. Ich sah zu, wie Mrs B. und das Mädchen, Erstere vornweg, in der Stille, die sich wieder über das Pfarreigelände gesenkt hatte, nach Hause gingen, und fragte mich, ob das Mädchen heute Nacht wohl wieder ihre Matte nass machen würde. Lawanle sagte, die Behandlung sei unfehlbar, doch freilich nur dann, wenn sie außerdem das gebratene Gelege einer Gottesanbeterin esse. Lawanle behauptete, sie habe eine der Cousinen gezwungen, mindestens ein Dutzend Gelege der Gottesanbeterin zu essen und außerdem eine besondere Mixtur zu trinken, die nach dem Rezept einer alten Frau aus Ibarapa zubereitet war. Sie hatte das Verfahren vor einigen Jahren erfolgreich zu ihrer eigenen Heilung angewendet. Alle waren sich einig, dass Wild Christian die Sache bei uns zu Hause völlig falsch anging. Die Missetäter ohne Abendessen ins Bett zu schicken, konnte überhaupt nichts nützen.

Sie aßen nur doppelt so viel bei der Mittagsmahlzeit, die nie später als fünf Uhr stattfand. Und außerdem, wer konnte sie schon ununterbrochen im Auge behalten, um sicherzugehen, dass sie nicht Wasser tranken, um den abendlichen Hunger zu überbrücken? Es war eine Sache für den Babalawo, und er, da war Lawanle todsicher, würde genau die von Mrs B. angewendete Methode empfehlen.

Bis Mrs B. ihr Straßentheater bis zu unserem Haus brachte, hatte sie ihre Ehre in meinen Augen schon wieder hergestellt. Man musste nicht mal genau hinsehen, um festzustellen, dass Mrs B. ihre Peitschenschläge immer rechtzeitig abblockte. Wenn ich noch Zweifel gehabt hätte, ein Blick auf Wild Christian hätte genügt, es zu bestätigen; was Mrs B. als erzieherische Schläge ansah, konnte sie nur amüsieren. Aber sie kannte Mrs B. und ihre Art. Hätte Wild Christian die Peitsche geführt, das Mädchen wäre nicht gehüpft, sie hätte Sätze gemacht, und sie hätte getanzt, selbst wenn man ihr befohlen hätte aufzuhören.

Ein ähnlicher Umzug fand statt, wenn die Übeltat ernsterer Natur war, etwa Diebstahl. Dann wurden sogar die Straßenbengel ermuntert, auf den Schuldigen einzuschlagen. Ein Stückchen Fleisch aus der Suppe zu stehlen, war ein ganz besonders abscheuliches Verbrechen, obwohl ich nicht verstand, wieso. Falls der Dieb bei seiner Festnahme den Beweis seines Verbrechens schon verschluckt hatte, dann musste er den Suppentopf auf dem Kopf herumtragen, und man schmierte ihm das Öl aus dem Topf um den Mund. Dieser öffentliche Umzug konnte sich mehrere Tage hintereinander wiederholen. Die Ankläger konnten gar nicht genug kriegen, zu frevelhaft waren die Gefühle des Hüters der Suppentöpfe verletzt. Ich dachte mir, dass das Fleisch ja nun gegessen war und dass es kein Tanzen und keine Schläge der Welt wieder zurückbringen konnten. Und außerdem schien so ein Schnipsel Fleisch auch viel zu klein und unbedeutend, um eine solche Zahl von Leuten herbeizuzaubern, die alle an der Parade teilnahmen. Während Wild Christian das Abendessen zubereitete und wir alle um sie herumlungerten, hier etwas für sie holten, dort etwas hielten, drehte sich die Unterhaltung um die morgendliche Vorstellung. Wild Christian drohte unseren eigenen Mattennässern und anderen Bösewichtern ähnliche Heilmaßnahmen an, und da sie es erwartete, las sie auch prompt Missbilligung aus meiner Miene.

»Wole will seine Finger in den Topf tauchen, deshalb ist er anderer Meinung.«

Ich verneinte, dass ich irgendetwas missbilligte.

»Oh, vielleicht hat er es sogar schon getan, und wir haben ihn bloß nicht erwischt.«

»Wenn ihr ihn erwischt hättet, würde er sich wie ein Winkeladvokat herausreden«, gab Joseph zu bedenken.

»Bei mir nicht«, versprach Wild Christian. »Sein Vater, ja, der hat eine Engelsgeduld. Aber wenn ich ihm eins draufgebe, sobald er den Mund aufmacht, dann sieht er sehr schnell ein, dass ich nicht mit mir spaßen lasse.«

»Und außerdem«, meinte ein Cousin hinzufügen zu müssen, »würde Wole sowieso viel eher Karamellen, Zucker oder Milchpulver und Ovomaltine stehlen.«

Ich durchbohrte ihn mit meinem Blick. Sein Gesicht verriet nichts, doch ich fragte mich, was er wohl wusste. Offenbar gar nichts. Er hätte mich längst erpresst, wenn er gewusst hätte, dass ich regelmäßig in die Milchpulverbüchse langte. Nachdem Dipo entwöhnt war und angefangen hatte, feste Nahrung zu sich zu nehmen, stand die große Büchse mit Lactogen unbeachtet in einer Ecke im Vorratsraum, vergessen. Ich hatte eine Leidenschaft für diese pulverige Delikatesse entwickelt, es war der köstlichste Genuss, den man sich vorstellen kann, zart, cremig und leicht auf der Zunge. Es ging nicht nur darum, dass ich ab und zu eine Handvoll stibitzte, ich hatte die ganze Büchse in meinen Besitz genommen, an die sich ohnehin niemand erinnerte, hatte sie unter anderem Krimskrams im Vorratsraum versteckt und kramte sie von Zeit zu Zeit hervor, um mein Verlangen zu stillen.

Mindestens ein Monat war seit der Bemerkung des Cousins vergangen, ehe jemand die Dose entdeckte, aber natürlich konnte sich niemand erinnern, wie viel noch darin gewesen war, als man sie vor mehr als einem Jahr zum letzten Mal geöffnet hatte. Wäre ich dem Zeug nicht so hoffnungslos verfallen gewesen, dann hätte ich bedacht, dass Wild Christian ja Verdacht geschöpft haben *musste,* weil die Büchse so lange verschwunden war, und dass sie folglich nun ein wachsames Auge auf die noch enthaltene Pulvermenge haben würde. Nur zu bald bestätigte sich ihr Verdacht, dass hier wer am Werke sei – sie rief alle zusammen, stellte ein paar Fragen und erließ eine allgemeine Warnung. Das hätte mir genügen sollen. Sie war nicht auf dem Kriegspfad, sie plante, mit dem tollkühnen Dieb ein nie gesehenes Exempel zu statuieren, wenn sie ihn erwischte. Vielleicht kannte sie den Milchdieb schon und wusste, dass er bereits Gewohnheitstäter war. Zuweilen überkamen Wild Christian Mutmaßungen, die mysteriösen Eingebungen glichen. Doch ich war dem Milchpulver verfallen. Trotzdem ließ ich eine volle Woche verstreichen; dann konnte ich nicht länger widerstehen. Ich versicherte mich, dass niemand in der Nähe war, und dann tat ich mich am Inhalt der Dose gütlich.

Wild Christian, die ich zuletzt oben im Hof hatte Gemüse putzen sehen, öffnete die Tür zum Vorratsraum einen Spalt weit und nickte: »Aha, du bist es also. Ich hab's mir gedacht, ich habe es schon die ganze Zeit gewusst.«

Das glaubte ich ihr. Normalerweise hätte sie inzwischen längst die ganze Außenwelt in einem Hagel von Schlägen ersäuft, doch diesmal war sie ungewöhnlich ruhig. Man sah es ihr an, sie freute sich hämisch, dass der lang ersehnte Augenblick endlich gekommen war. Ihre Selbstzufriedenheit störte mich, sie schien das Maß des Verbrechens weit zu übersteigen, und wieder hatte ich das ungute Gefühl, wie ein Narr in eine Falle getappt zu sein.

»Wir werden warten, bis dein Vater nach Hause kommt. Wenn

er mit dir fertig ist, dann kommst du zu mir, und dann wirst du meine Strafe zu schmecken kriegen.«

Wieder allein im Vorratsraum, beschloss ich, von zu Hause wegzulaufen. Es ging nicht nur darum, dass ich erwischt worden war. Irgendwie war die ganze Sache zu stimmig, so als hätten alle nur genau auf diesen Moment gewartet und als hätte jeder seinen kleinen Beitrag dazu geliefert. Eines jedenfalls würde nicht passieren: Ich würde nicht die Hauptperson bei einem Spektakulum abgeben, weder innerhalb des Pfarreigeländes noch auf den Straßen von Aké. Noch immer erstaunte mich die Unverhältnismäßigkeit der Aufmerksamkeit, die dieser Büchse voll Milchpulver gezollt wurde, die ein volles Jahr lang vergessen herumgelegen hatte. Fast zwei Monate lang hatte sie unter meiner persönlichen Protektion gestanden, ich betrachtete sie längst als meine Beute. Ich war fest entschlossen; ich würde weglaufen, aber vorher würde ich als letzten Protest das ganze Lactogen über den Fußboden streuen.

Auf Zehenspitzen stahl ich mich vom Vorratsraum zum Schlafzimmer und von da zum Vorraum, wo die meisten meiner Bücher standen. Ich packte sie in ein kleines Bündel zusammen und wartete den rechten Moment zur Flucht ab. Essay kam von der Schule, und wie ich erwartet hatte, schloss sich Wild Christian sofort mit ihm in seinem Zimmer ein, um ihm von der schrecklichen Entdeckung zu berichten. Das war der richtige Augenblick, auf Zehenspitzen huschte ich durch das Wohnzimmer und dann in den Vorraum. In der nächsten Sekunde hätte ich über alle Berge sein können, doch die Stimmen kamen so laut und klar aus dem Schlafzimmer, dass ich zögerte, schließlich stehen blieb und lauschte. Meine Mutter war deutlich unzufrieden, dass Essay nichts mit der Sache zu tun haben wollte.

Ich hörte ihn brummen: »Dann hättest du ihm eben eine Abreibung verpassen sollen. Warum belästigst du mich damit?«

Ich hörte sie antworten: »Aber er muss etwa die Hälfte der Büchse leer gemacht haben, ich kann mich noch sehr genau erinnern, wie viel drin war, als ich sie zuletzt für Dipo brauchte. Sie war fast voll. Ich hatte sie gerade erst frisch aufgemacht, als Dipo keinen Geschmack mehr an Milch und Ähnlichem hatte.«

Ungerührt blieb Essay bei seinem Standpunkt. »Dann straf ihn meinetwegen für die ganze Büchse. Aber ich verstehe immer noch nicht, warum du ihm nicht sofort eine Tracht Prügel gegeben hast.«

Wild Christian wusste, wenn sie nichts erreichen konnte. Sie wirbelte so rasch aus dem Schlafzimmer, dass mir nur Zeit blieb, mein Bündel über die halbhohe Klapptür nach draußen aufs Pflaster zu werfen. Während sie mich in den Hintergarten zerrte, konnte ich nur an mein verräterisches Bündel denken, das jetzt da vorn auf dem Pflaster lag und meine Lieblingsbücher und meine besten Kleider enthielt. Sie schrie, dass man ihr den Stock bringen solle, aber noch ehe der kam, sprang ich schon durch den Hof und versuchte, mich vor den wilden Schlägen und Tritten wegzuducken, freilich mit wenig Erfolg; sie brachten mich zu Fall, und ich rollte durch den Hof. Bis zum letzten Moment fürchtete und hoffte ich zugleich, dass sie versuchen würde, die wilde Jagd nach draußen zu verlegen, in Gedanken probte ich die rasche Bewegung, mit der ich mich bücken, das Bündel aufnehmen und in anhaltendem Lauf durch das Pfarreigelände sprinten würde, dann durch die Straßen, kein Ziel, nur eins, weg von diesem Haus, dessen subtile Feindseligkeiten mir auf der Haut kribbelten. Der ganze Haushalt war daran schuld, dass man mich aus Essays Schlafzimmer verbannt hatte. Von den vielen eigentümlichen Gedanken, die mir während der Schläge im Kopf herumschwirrten, beanspruchte einer mit größter Gelassenheit für sich, beweisen zu können, dass ich recht hatte. Schon lange hatte ich den Verdacht, dass mein Platz nicht mehr in diesem Hause war. Diese Gewissheit kam und blieb mit einer Menge anderer Gewissheiten. Die Gedanken füllten meinen Kopf ohne besondere Reihenfolge, ohne Versuch, Lösungen zu bieten, vielleicht halfen sie mir nur, den augenblicklichen Schmerz der Schläge zu vergessen. Nur, sie erwiesen sich als sehr viel schmerzlicher als die Schläge. Als endlich alles vorüber war, stand für mich fest, dass es das Beste wäre, meinen ursprünglichen Plan weiterzuverfolgen, mein Bündel aufzunehmen und irgendwo, weit weg vom Pfarreigelände, mein Glück zu suchen.

Als ich mich später leise hinausschlich, war das Bündel weg. Joseph hatte es gefunden, aufgehoben und die Sachen dorthin zurückgebracht, wo sie hingehörten. Ich wusste nicht, was ich davon halten sollte, nachdem er alles zugegeben hatte, aber für ihn schien es ganz selbstverständlich, dass er das getan hatte.

In jener Nacht, als alles schlief und Wild Christian das Dach mit ihrem Schnarchen erzittern ließ, schlich ich auf Zehenspitzen in die Vorratskammer und stopfte mir den Mund voll mit Milchpulver. Eine Sekunde später lag ich wieder auf der Matte. Im Dunkeln ließ ich das Pulver im Mund zergehen, langsam schmolz es auf der Zunge, und in winzigen Dosen ließ ich es die Kehle hinunterlaufen. Am nächsten Morgen fühlte ich nicht den geringsten Schmerz von den Schlägen des vergangenen Abends.

7

Es war unmöglich, die Veränderung vorauszusagen. Ein Zeitmaß, eine Stimmung mochte sich über das Haus gelegt haben, über Gäste und Verwandte, Stippvisiteure, arme Verwandte, Cousins und Streuner – alle gehörten so und nicht anders in dieses greifbare Gefühlsmuster –, und plötzlich passierte es! Eine Kleinigkeit geschah, öfter noch gar nichts, nichts, das ich hätte bemerken oder gar begreifen können, und doch – schlagartig veränderte sich alles! Die vertrauten Gesichter sahen anders aus, verhielten sich anders; Charakterzüge erschienen, wo sie vorher nicht gewesen waren, verschwanden und waren uns doch vorher als untrennbar mit unserer Existenz verbunden vorgekommen. Alle menschlichen Wesen, mit denen wir in Verbindung kamen, Tinu und ich, VERÄNDERTEN sich! Ja, Tinu veränderte sich, und ich fragte mich, ob auch ich mich veränderte, ohne es zu wissen, so wie alle anderen.

»Wenn ich anfange, mich zu verändern, dann sagst du's mir, ja?«

Sie sagte: »Wovon redest du denn überhaupt?«

»Hast du's denn nicht gemerkt? Joseph, Lawanle, Nubi, alle verändern sich. Papa und Mama haben sich verändert. Sogar Mr Adelu hat sich verändert.«

Mr Adelu war sehr häufig zu Gast bei uns. Im Vergleich zu anderen war nichts besonders Bemerkenswertes an ihm. Das aber machte es nur noch schlimmer, dass auch Mr Adelu sich veränderte. Vom Buchhändler erwartete ich jetzt auch nichts Besseres.

Manchmal aber fand ich die Ursache heraus. Die Geburt von Dipo brachte so eine VERÄNDERUNG mit sich, oder vielmehr, sie hatte lange vor seiner Ankunft eingesetzt. Über Wild Christian gab es eigentlich nichts zu sagen, nur, dass sie alles andere als wild war und langsam anschwoll. Ich konnte nicht genau sagen, ob sie besonders viel aß oder nicht, aber es schien ganz normal, dass Erwachsene das Recht hatten, sich in jede ihnen genehme Richtung hin zu vergrößern. Ich selbst hoffte, einmal so groß zu werden wie mein Vater, aber es hatte keine Eile. Erstaunlich war, dass Essay sich sehr viel mehr zu ändern schien – was seine Gewohnheiten anlangte – als Wild Christian, die nur anschwoll und anschwoll. Und doch, ein brüllender Bruder, mit übersprudelnder Energie ausgestattet, erschien am Ende der Veränderung, und irgendwie war das die Erklärung für alles, was vorher geschehen war. Essays besorgte Blicke verschwanden, an ihre Stelle traten endloses Lächeln und Freudengickser. Das Haus schien sich in jeder Weise aufzulockern. Besucher strömten ins Haus, und ich suchte immer öfter Zuflucht bei Jonas, um der lauten Veränderung zu entfliehen.

Manchmal waren die Veränderungen weltlich, häuslich. Auf einmal übte die Wohnzimmereinrichtung irgendeine Wirkung auf Wild Christian aus; sie verschwand und tauchte plötzlich in neuer Aufmachung wieder auf. Die dazwischenliegenden Stunden verbrachten wir mit der Jagd auf Wanzen, die sich in den Sesselpolstern und -kissen eingenistet hatten. Alle Säume der Bezüge wurden sorgfältig inspiziert, eine Nadel wurde in der Flamme einer Kerze erhitzt und dann – ein Zischen, das Ende einer Wanze. Als Nächstes galt es, die Eier zu finden. Dazu lasse man die Flamme sanft über den Saum streichen, höre das kurze Knistern, das dumpfe Platzen und sehe den verkohlten Fleck. Wenn die Sessel und niedrigen Beistelltischchen wieder an ihrem Platz standen, war die VERÄNDERUNG perfekt. Manche Möbel allerdings kamen nicht zurück, degradiert wanderten sie in den Schuppen oder ins Vorzimmer. Selbst die unwandelbaren Mahnsprüche, gestickt, gerahmt, verglast, wurden versetzt oder ausgewechselt. Ich schaute auf und erwartete GEDENKE DEINES SCHÖPFERS

IN DEN TAGEN DEINER JUGEND und fand EBENEZER: BIS HIERHER HAT UNS DER HERR GEHOLFEN.

Manchmal war nur der Nagel, an dem der Bibelspruch hing, um ein oder zwei Handbreit in der Waagrechten versetzt. Das hatte sehr ernste Konsequenzen. Es bedeutete, dass Essays Spiegelbild nicht mehr zu sehen war, lange bevor er selbst zu Hause ankam, schon wenn er aus der Tür der Grundschule trat, die durch den breiten Pfad mit dem Tor des Pfarreigeländes verbunden war. Zwei Drittel dieses Weges war er sichtbar, dann erschien er auf du SOLLST VATER UND MUTTER EHREN – und das war der Augenblick, allen Unfug sofort zu beenden. Im Haus selbst reflektierte GEDENKE DEINES SCHÖPFERS sein Bild, sobald er aus dem Schlafzimmer trat, vor dem die zeitlosen Vorhänge flatterten. Es beendete automatisch alles, was wir zur Essenszeit im Esszimmer an Unsinn trieben. Zum Lernen saßen wir oft im Vorzimmer, und all die Sachen, die wirklich unser Interesse bannten, verschwanden im Nu in der Schreibtischschublade, sobald Essay nach Beendigung seiner Gartenarbeit auf DER HERR IST MEIN HIRTE erschien, angemessen umkränzt von den Blütenkelchen der Blumen, die vor dem Fenster des Esszimmers wucherten. Die gerahmten Bibelsprüche waren unsere Rettungsringe, und wir taten, was wir konnten, um ihre Spionageeinsatzmöglichkeit wiederherzustellen. Da an den Nägeln selbst nichts zu zackern war, verlegten wir uns darauf, am Rahmen zu stupsen, bis der Spruch schief hing, die Kordel einseitig zu verkürzen oder Teile von Wespennestern hinter den Bildern zu platzieren. Das Klümpchen getrocknete Erde rief keine Überraschung hervor, wenn es entdeckt wurde, denn die Wespen bauten ihre Nester unter der Decke, wo sie so lange hängen blieben, bis irgendjemand sich berufen fühlte, sie runterzuschlagen.

Auch in den Schlafgewohnheiten gab es eine VERÄNDERUNG. Nicht nur bei mir. Plötzlich wurden wir alle aus Wild Christians Schlafzimmer verbannt. Das Wohnzimmer wurde das neue Schlafzimmer; die Sessel wurden zur Seite gerückt, der große Tisch wanderte in eine Ecke, die Matten wurden auf dem Boden ausgebreitet und Kopfkissen bereitgelegt für diejenigen, die welche brauchten. Nachts musste sich Essay seinen Weg durch die hingeräkelten Körper suchen, wenn er sich einen Schluck Wasser holen wollte. Das war eine erfreuliche Veränderung. Man hatte viel mehr Platz im Wohnzimmer und wachte nicht mehr auf, weil einem die Nase in einen Sack getrockneter Bohnen gedrückt wurde.

Manche VERÄNDERUNG gründete sich auf bloßes Hörensagen. Selbst wenn man gar nicht lauschen wollte, war es fast unmöglich, den Unterhaltungen, die im Hause stattfanden, nicht zuzuhören. Besucher kamen, redeten, diskutierten, schmeichelten, wollten etwas von Essay oder boten ihm etwas an – meist Essay, doch mitunter auch Wild Christian. Manche waren uns völlig fremd; sie tangierten HMs Umlaufbahn ein einziges Mal und verschwanden für immer. Dennoch nahmen sie einen Teil jener Vertrauen schaffenden Bewegungen, jener gewohnten Gesten, Regeln und Gewissheiten, die uns innerhalb der Wände von Essays Haus Sicherheit vermittelten, mit sich. Unmerklich zuerst, spürten wir doch bald, dass die Aufmerksamkeit von einem von uns abgezogen oder auf einen von uns besonders konzentriert wurde. Eine neue Sprache musste gefunden, eine neue körperliche Verbindung zu Dingen oder Leuten geschaffen werden. Ein- oder zweimal hatte ich das Gefühl, das ganze Haus bereite sich auf eine Reise vor, als würde es aus seiner Verankerung in Aké gerissen. Doch niemand konnte mir sagen, wohin, wie, warum – und wir sind nie umgezogen.

Doch selbst die Veränderungen benahmen sich mitunter widersprüchlich. Bis zur Geburt Folosades dachte ich, VERÄNDERUNG sei etwas, das sich der eine oder andere fangen konnte und dann wieder ablegte – wie Temperatur. Folosades Veränderung war dauerhaft. Sie kam nach Dipo; anders als er, war sie ein ruhiges Kind. Doch dann begann sie zu schreien, von morgens bis abends. Sie rollte in ihrem Bettchen hin und her und hielt das ganze Haus wach. Sie lehnte ihre Nahrung nicht von Anfang an ab, doch sie nahm sie nur mit Mühe auf. Wir sahen die Anstrengung in ihren Augen, und sie war erst zehn Monate alt. Wenn wir die kleine Hand durch die Stäbe ihres Bettchens suchten, dann klammerte sie sich mit all ihrer Kraft an den dargebotenen Finger und hielt ihn fest. Dann plötzlich durchzuckte es sie, der Schmerz stand ihr in den Augen geschrieben, und sie begann von Neuem zu schreien.

Unsere Eltern verbrachten Stunden in Essays Schlafzimmer; wir hörten sie sprechen, konnten aber die Worte nicht verstehen. Sie sprachen sehr leise. Das Kindermädchen wurde geholt, ausgefragt. Ihre Stimme war klar und deutlich, was immer sie gefragt wurde, sie verneinte mit größter Heftigkeit, und sie rief Gott zum Zeugen an. Wieder und wieder sagte sie: »Es ist nichts passiert, nein, es ist nichts passiert, Sir.« Sie kam aus dem Schlafzimmer, ihr Gesicht starr, gekränkt durch die falsche Anklage oder den Verdacht.

Folosade wurde ins Krankenhaus gebracht. Am frühen Morgen brachte man sie weg, und erst am Spätnachmittag kam sie zurück. Ihr kleiner Torso war von den Achselhöhlen bis zum Popo in Gips gepackt. Wild Christian trug sie, nicht auf dem Rücken, sondern auf dem Arm, in ein weiches Tuch gehüllt.

Sie schrie noch immer von Zeit zu Zeit. Doch in vielen Nächten lag sie nur einfach wach. Ich stand von der Matte auf, kniete mich neben ihr Bettchen und starrte in die stillen Tümpel ihrer Augen. Sie schien mich nicht zu erkennen. Tag für Tag lag Folosade auf dem Rücken, wurde zum Füttern herausgenommen, die Windeln wurden gewechselt, dann kam sie wieder in ihr Bettchen oder auch immer öfter auf Mutters Bett, auf beiden Seiten durch Kissen abgesichert. Sie lag so still, dass die Kissen überflüssig schienen. Folosade lag nur einfach still da und starrte an die Decke.

Eines Tages traf ich das Kindermädchen weinend allein in einer Ecke sitzend. Es war mir schon vor einiger Zeit aufgefallen, dass sie sich mehr und mehr absonderte. Die anderen sprachen nicht mehr mit ihr. Neben ihr stand ein Teller mit Essen, er war nicht angerührt. Als ich sie fragte, was denn mit ihr los sei, erschreckte sie mich, weil sie plötzlich noch heftiger weinte, und es dauerte ziemlich lange, bis ich verstand, was sie zwischen den Schluchzern sagte.

»Ich schwör's, ich hab sie nicht fallen lassen. Ich schwör's bei Gott, ich habe sie kein einziges Mal fallen lassen. Ich hab immer auf sie aufgepasst, sie ist niemals aus meinen Händen geglitten, ich kann's beschwören.«

Sie saß auf den Stufen, die zum Schuppen hinten im Garten führten, unter einem der Fenster von Mutters Schlafzimmer. Ich hörte, wie dieses Fenster geöffnet wurde. Als ich aufschaute, blickte ich in das Gesicht von Wild Christian. Noch niemals hatte ich einen solchen Kummer und solche Wut in einem Blick von ihr konzentriert gesehen. Mit diesem Blick starrte sie das weinende Mädchen an. Das Fenster war heftig aufgestoßen, nicht heimlich und still geöffnet worden. Es wurde mir klar, dass sie das Mädchen gehört haben musste, dass sie sie schon längere Zeit beobachtete. Was sie entscheiden ließ, das Mädchen jetzt und hier, und sei es nur mit stummem Blick, zu konfrontieren, weiß ich nicht, vielleicht war es meine Stimme. Das Mädchen schaute auf, sah sie, und augenblicklich versiegten ihre Tränen.

Später, am gleichen Abend, wurde das Mädchen noch einmal heranzitiert. Diesmal dauerte die Befragung Stunden. Ich war schon eingeschlafen, ehe es vorüber war. Am Morgen war das Mädchen weg und mit ihr ihre Sachen.

Auch Essay und Wild Christian waren weg. Und Folosade. Was immer es war, das sie schließlich aus dem Mädchen herausgebracht hatten, es veranlasste sie, sofort zum Katholischen Hospital in Ita Padi zu gehen. Solange sie weg waren, herrschte wenig Freude im Haus, eher Besorgnis. Die Abreise des Mädchens, die Abwesenheit beider Eltern mit dem Kind waren Vorboten einer

Entwicklung von großer Tragweite, aber wir wussten nicht, was es sein würde. Es war Joseph, der uns enthüllte, dass das Mädchen noch in der Nacht seine Sachen packen musste und dann von Joseph hinausgebracht wurde, auf Essays Anweisung. Wo sie dann mit dem Baby hingegangen waren, wusste er nicht, doch er hatte über die Mauer geschaut, und die Richtung, die sie eingeschlagen hatten, ließ das Krankenhaus in Ita Padi als Ziel vermuten.

Es gab keine Veränderung in Folosades Erscheinung, als sie zurückkamen, auch nicht in ihren Bewegungen, als sie wieder in ihr Bettchen gelegt wurde. Wild Christian verbrachte mehr und mehr Zeit in Essays Zimmer, auch wenn er in der Schule war. Sie lag einfach im Bett, oder sie kniete und betete. Sie betete sehr viel.

Eines Morgens erschienen ihre Bewegungen zielgerichteter als sonst. Ein Mann, den wir einfach als Zimmermann kannten – er hatte seine Werkstatt am Ende der Straße, die an der Mauer zur Kirche entlangführte –, kam ins Haus mit einem kleinen länglichen Holzkasten unter dem Arm. Mein Vater brachte den Kasten in Wild Christians Schlafzimmer.

Durch die Tür hörte ich, wie sie sagte: »Ich denke, die Kinder sollten sie zuerst sehen, meinst du nicht auch?«

Es folgte eine kurze, gemurmelte Diskussion, dann wurden wir hereingeholt.

Folosade lag da in einem langen weißen Kleid, das ihren Gipspanzer und ihre Füße bedeckte. Ihre Augen waren geschlossen, und sie lag ebenso still wie in den letzten paar Wochen. Ich schaute Tinu an, die unbeweglich neben mir stand. Wild Christian stand dicht bei uns, ein traurig süßes Lächeln auf dem Gesicht, und sagte Dinge, die ich nicht verstehen konnte, nur, dass wir nicht traurig sein sollten, denn Folosade sei nun von ihren Schmerzen erlöst. »Versteht ihr, sie muss nun nicht mehr leiden.«

Wieder schaute ich Tinu an, ich erwartete, dass sie etwas tun, etwas sagen würde, vor allen Dingen etwas tun, schließlich war sie ja die Ältere. Aber Tinu hielt ihre Augen auf den kleinen Körper gerichtet, blickte dann langsam erst den Vater, dann die Mutter an, dann nahm sie die schweigende, ausdruckslose Beobachtung unserer Schwester wieder auf.

Plötzlich brach es aus mir hervor. Eine Kraft aus dem Nirgendwo presste mich auf das Bett, und ich brüllte. Als man mich aufhob, kämpfte ich gegen die beruhigende Stimme meines Vaters, das Gesicht tränennass. Es sog mich in einen Ort der Verlassenheit, dessen Hintergrund oder Bedeutung mir unbestimmbar blieb. Ich verstand es noch nicht, doch selbst durch diesen Tränenschleier sah ich das erstaunte Gesicht von Wild Christian und hörte sie sagen: »Aber was begreift er denn davon? Er begreift es doch noch gar nicht.«

Es gab keine Veränderung nach Folosades Weggang, keine. Täglich erwartete ich eine Katastrophe von ungeahntem Ausmaß, doch nichts geschah. Hätte sich das Haus selbst bei den Wurzeln gepackt und wäre himmelwärts gesegelt, es hätte mich nicht überrascht, doch es geschah nichts. Die Normalität war schier unerträglich, und ich vermutete hinter allem eine Verschwörung unserer Eltern, die ganz sichergehen wollten, dass diesmal, wo VERÄNDERUNG so sinnvoll, ja nötig gewesen wäre, keine stattfand.

Als ob es nichts ausmachen würde, als ob es keinerlei Bedeutung hätte, dass Folosade nicht nur gestorben war, sondern sich ihren ersten Geburtstag gewählt hatte, um von uns zu gehen.

Die schwächeren Gebäude von Aké, aus ungebranntem Lehm errichtet, konnten den Regenfällen des Juli und August keinen Widerstand entgegensetzen. Die Wellblechplatten wurden vom Wind durchdrungen und abgehoben, er schleuderte sie über andere Dächer, und nun konnte der Regen sich den schwächsten Punkt in der Mauer suchen, den Lehm auflösen und den Hausrat überfluten. Doch manchmal trat erst der Regen in Aktion; er fand einen Riss in der dünnen Zementmörtelschicht, die Wände sogen sich voll Wasser bis ins Fundament und brachen dann über den Bewohnern zusammen. Nass, zitternd stand der Überlebende im Vorraum, die Pfütze um seine Füße wurde größer und größer, und erzählte die Geschichte seines Unglücks. Er wurde ins Hinterzimmer geführt, ausgezogen, während Essay in seinem Schrank nach ein paar passenden alten Kleidern wühlte und Wild Christian ihm einen Becher dampfenden Tee bereitete, fast dick wie Sirup von Zucker und Milch, und dazu einen Kanten Weißbrot, dick mit Butter bestrichen.

Obgleich das Haus mitten in Aké zusammengefallen war, weit weg vom Pfarreigelände, brachte die Agbara, die an unserem erhöhten Pflaster vorbeifloss, nun doch all die Trümmer und Reste dieses Hauses bei uns vorbei, und die Gesichter der Opfer – eins nach dem anderen. Rauchverkrustete Matten, behängt mit Medizinfläschchen, gleich danach ein Nachttopf. Rittlings saß eine Puppe darauf, weiß, blauäugig, mit flachsblondem Haar. Das eine Bein war etwas angehoben, und der ausgestreckte Arm wies gen Himmel.

Mrs Adetunmbi kam den ganzen Weg von Ikereku, untröstlich. Selbst im Vorzimmer rannte sie hin und her, wrang ihr Umschlagtuch, in der Tat glich die Bewegung eher dem Versuch, sich in dem Tuch die Hände zu waschen. »E gba mi, e gba mi … sie hat gesagt, sie ginge Feuerholz holen, aber sie ist immer noch nicht zurück. Vor mehr als vier Stunden hat der Regen aufgehört, und sie ist immer noch nicht zurück … e gba mi, o, Headmaster, e gba mi …«

Aber was soll der Rektor denn tun? Der Regen mag aufgehört haben, doch noch immer schwillt die Agbara an und braust und tost, Mama, ich habe das Gesicht deiner Tochter gesehen, es schwamm auf dem Wasser vor unserer Haustür; ich hab nichts getan, es aufzuhalten.

»Wo willst du hin?« Wild Christian machte das Fenster auf, als ich mich gerade vorbeischleichen wollte.

»Nur zum Schulgebäude.«

»Und was willst du da?«

»Ein paar Guaven holen. Nach dem Regen liegen bestimmt 'ne Menge auf dem Boden.«

»Sag Bunmi, sie soll gehen. Du erkältest dich bloß.«

»Geht nicht. Es ist mein Guavenbaum.«

»Bist du übergeschnappt?« Wild Christian explodierte. »Ich hab gesagt, du gehst nicht dahin. Du kommst sofort zurück!«

Ich drehte mich um und stand breitbeinig da. Sie starrte mich noch immer an, und ich legte die Hände vorsichtshalber auf den Rücken.

»Hast du gehört, was ich gesagt habe?«

»Ich hab's gehört, Ma. Ich wollte gerade wieder zu meinen Büchern gehen.«

»Und was sagst du, wenn ich dich anspreche?«

»Ja, Ma.«

Ein langer, Unheil verkündender Blick. »Geh mir aus den Augen.«

»Ja, Ma.«

Ich traf Bunmi, die gerade durch das Hintertor kam. »Wenn du meinen Guavenbaum berührst, dann kommen seine Iwin dich bei Nacht besuchen.«

»Blas dich nicht so auf, du hast doch gar keine Ahnung von Geistern, Òrò leben in den Bäumen, keine Iwin.«

»Fass den Baum bloß an, dann wirst du schon sehen, wer recht hat. Ich hab dich gewarnt.«

»Ach, du bist doch bloß eifersüchtig, weil Mama dich nicht gehen lassen wollte, um die Guaven aufzuheben.«

»Selbst die, die auf den Boden gefallen sind. Wag es, sie anzufassen – dann wirst du schon sehen.«

Als sie zurückkam, verpfiff sie mich bei Wild Christian. Später am Abend, als wir beim Essen saßen, merkte ich, dass sie von Zeit zu Zeit verstohlen zu mir herüberschaute. Als Essay mit Essen fertig war, verkündete Wild Christian laut und schaute mich dabei an: »Ich möchte jetzt gerne etwas mit dir besprechen, das …«

Essay stöhnte: »So? Na gut.«

Bunmi zeigte mit spitzem Finger genau auf meine Nase.

»So, jetzt werden wir ja sehen, wer heut Abend noch den Stock zu schmecken kriegt.«

»Für was? Was für ein Verbrechen soll ich denn begangen haben?«

»Dickköpfigkeit. Als ich ihr erzählt habe, was du gesagt hast, sagte sie, du wirst zu dickköpfig. Sie hat gesagt, sie wird es Papa sagen.«

»Weil du mich verpetzt hast, werden dich heut Nacht die Iwin und die Òrò besuchen.«

Ich ging ins Vorzimmer, um zu lesen, und erwartete, jeden Moment gerufen zu werden. Doch ich merkte, dass es mich nicht sehr beunruhigte.

»Was starrst du denn so an?«

»Deine Nase.«

»Ich sag's Mama, dass du schon wieder ungezogen bist.«

»Man kann nur Älteren gegenüber ungezogen sein. Was bildest du dir denn ein, wer du bist?«

»Ungezogenheit ist Ungezogenheit. Mama hat gesagt, wir sollen es melden, wenn du wieder ungezogen bist.«

»Hab ich dich etwa beschimpft?«, wollte ich wissen.

Bunmi starrte mich an, ein Blick voller Frage und Verwunderung.

»Was ist eigentlich los mit dir, Wole? Warum suchst du dauernd mit jedermann Streit?«

»Lass mich zufrieden.«

Aber sie taten es nicht. Zwar handelten sie offensichtlich auf Anweisung, aber sie ließen mich einfach nicht in Ruhe. Allein Bukola entsprach meiner Gemütsverfassung. Ich flüchtete mich zum Buchhändler, sooft ich konnte. Bukola wusste still zu sein. Selbst wenn sie sprach, vermittelte sie eine Welt der Stille, in der ich mich wohlfühlte. Sie hob kleine Kiesel auf und wog sie gedankenverloren in der Hand. Sie aß, als äße sie zusammen mit *anderen* Leuten. Ich beobachtete sie mit größter Aufmerksamkeit, auf der Suche nach Antworten auf noch unausgeformte Fragen. Sie glitt über die Erde wie ein Wesen, das sich nur selten dazu herabließ, sich der Gegenwart anderer anzugleichen. Bei ihr fand ich einen gewissen Frieden.

Ich wusste immer, wann Wild Christian vorhatte, mit Essay über mich zu sprechen, es vermittelte sich mir ganz einfach auf einer Woge von Feindseligkeit. Und ich zögerte nicht, ich ging immer und lauschte. Manchmal sagte mir Tinu Bescheid. Mitunter setzten mich Nubi oder Joseph in Kenntnis, voll Schadenfreude, als wollten sie mir Angst machen. Ich ging ungerührt an ihnen vorbei, dann rannte ich und hielt mein Ohr dicht an den Vorhang.

»Es ist ja nichts Neues«, sagte Wild Christian gerade. »Er hat ja schon immer einen Hang zur Tagträumerei gehabt.«

»Dann weiß ich nicht, worüber du dir Sorgen machst.«

»Aber es ist nicht gesund, es ist einfach nicht normal bei einem Kind. Als er nur Tinu als Spielkameraden hatte, war es noch nicht so schlimm. Aber seit einigen Jahren hat er diese Tendenz, sich abzusondern. Und jetzt diese ...«

»Wenn es mit Folosade zu tun hat«, überlegte Essay, »dann wird es sich schon wieder geben.«

»Und dann hat er so viel Zeit allein mit dir verbracht. Das hat ihn dem Rest der Familie regelrecht entfremdet.«

»Ah, dann bin also ich schuld ...«

»Aber ich spreche doch nicht von Schuld, Liebster. Ich versuche nur darzulegen, warum wir ihn nicht weiter ermuntern sollten. Es macht ihn nämlich halsstarrig und eigensinnig.«

»Mir ist nicht aufgefallen, dass er eigensinnig ist.«

»Du bist ja die meiste Zeit nicht da, wie sollst du's also merken. Und die Kinder kommen natürlich nicht zu dir, um es dir zu erzählen.«

Es endete immer damit, dass Essay versprach, mich genauer im Auge zu behalten.

»Wir müssen ihn mehr aus sich herauslocken«, beharrte meine Mutter.

»Jaja. Schon gut.«

Die Odufuwas kamen zu Besuch, doch es hob meine Stimmung nur ein wenig. Mrs Odufuwa war schlicht und ohne Frage in den Augen eines jeden Mannes, der nicht stockblind oder von den grobschlächtigsten Gefühlen geleitet war, die schönste Frau der Welt. Ich neidete sie ihrem Gatten nicht, schließlich war er ja mein Patenonkel, und so sah ich in ihm auch kein Hindernis für meine Heirat mit dieser Göttin, sobald ich das Mannesalter erreicht hatte. Ich folgte ihr überallhin, als sie mit ihrem Mann durch den Garten schlenderte.

Sie hatte für einen jeden von uns Spitznamen, denn sie durfte als »Angeheiratete« die Kinder nicht bei ihrem richtigen Namen nennen, jedenfalls nicht diejenigen, die schon geboren waren, ehe sie als Frau in die Familie kam. Und so war Tinu »Obinrinjeje« – die zarte Dame –, was ich für eine sehr gute Wahl hielt, denn es bestätigte nur Mrs Odufuwas Klugheit und gute Beobachtungsgabe. Ich kam als Nächster, und ich war »Lagilagi«, der Blockspalter. Noch ehe ich in der Lage war, ein Küchenmesser zu schwingen, hatte ich darauf bestanden, Joseph beim Holzhacken zu helfen, mit der Axt. Die Göttin hatte mich bei diesen Bemühungen beobachtet – und seither haftete mir der Name an. Hitlers Vorstoß zur Weltherrschaft sickerte gerade bis zu uns durch. Die deutsche Rasse hatte sich den Ruf erworben, furchterregend und kriegerisch zu sein – es war unausweichlich, für Dipo kam nur ein Name infrage: »Jamani!«

Die Göttin und ihr Gatte lustwandelten zwischen den Blumen, ich folgte ihnen. Joseph war in der Nähe und bereitete das Holz zum Hacken vor. Wild Christian bewegte sich irgendwo an der Peripherie. Ich folgte ihnen ganz einfach, blieb stehen, wo die Odufuwas stehen blieben, berührte die Stängel der Rosen, an denen sie kurz gerochen hatte, strich mit der Hand über die Knospen, die ihr Ärmel gestreift hatte. Plötzlich tauchte Jamani wie aus dem Nichts auf und zerstörte alles; er lief nicht, er stolzierte wie ein Pfau, schlug Rad, sprang voraus, blieb wieder zurück, nur um weit vor den Spaziergängern tollend wieder aufzutauchen. Ich sah mir seine Clownerien mit dem langmütigen Ergötzen des älteren Bruders an.

Mrs Odufuwa drehte sich zu mir um und sagte: »Lagilagi, ich habe gehört, du arbeitest so fleißig in diesem Blumengarten wie dein Vater.«

Ich genoss den Augenblick, ließ den Klang ihrer Stimme wieder und wieder in meinem Gedächtnis aufleben, bis Josephs schneidende Stimme dazwischenkam.

»Welcher Lagilagi? Sie sollten ihn nicht weiter bei diesem Namen nennen, Madame. Der kann nur Haare spalten. Er ist so faul, dass er nicht mal die Fliegen von seiner Nase wegscheucht, ehe sie Maden hervorbringen.«

Was mich als Erstes verwunderte, war, dass Joseph, ein Mann aus Benin, plötzlich ein so rohes Yoruba-Argot beherrschte. Er war Kobokobo, er sprach Yoruba noch immer etwas mühselig und mit ganz individuell eigenem Akzent, selbst nachdem er schon einige Jahre bei uns lebte. Und jetzt stand er da und sprachknüppelte mich in bestem Yoruba-Marktjargon nieder. Und völlig ohne Grund. Mit offenem Mund glotzte ich ihn an.

»Ist das wahr, mein Lagilagi?«

Dipo hüpfte wieder ins Blickfeld, und Joseph zeigte auf ihn. »Sehen Sie sich seinen Bruder an, fast drei Jahre jünger, aber er ist viel kräftiger als der, den Sie Lagilagi nennen. Ich wette, Dipo kann diese Axt schon heben und die Scheite damit spalten.«

Ich zögerte keinen Augenblick, ich trat vor, nahm die Axt und schlug sie tief in den Hackklotz.

Jetzt mischte sich auch Wild Christian ein.

»Ständig drückt er sich in irgendwelchen Ecken herum und liest. Er tut so, als ob er fleißig über seinen Büchern wäre, weil er nichts anderes kann.«

Das verletzte mich sehr. Was hatte ich ihnen getan? Warum versuchten sie, mich in den Augen meiner zukünftigen Frau herabzusetzen? Ich schaute von einem zum anderen, und sie grinsten, sie lachten mich aus.

Nubi tauchte auf. Irgendwas braute sich hier zusammen, irgendwas wurde außerhalb von mir vorbereitet, und doch war ich der Mittelpunkt des Ganzen. Jetzt sagte Nubi: »Wenn er irgendwo einen Kampf sieht, dann haut er ab. Wenn man ihn nur anfasst, dann schreit er schon, als wolle man ihn prügeln.« Sie kicherte. »Hm, wer will schon einen Mord begehen? Wenn man ihn anfasst, dann fällt er in Ohnmacht, er stirbt vor lauter Angst. Ich? Nein danke, ich lass ihn sich unter den Rockzipfeln seiner Bücher verstecken.«

Von wem reden die eigentlich?, fragte ich mich. Alles, was hier um mich herum gesagt wurde, hörte sich an wie die Ergebnisse ernsthafter Forschungsarbeit, die sich auf eine bestimmte Person und deren Taten oder Nicht-Taten beziehen konnten. Diese Person schien ich zu sein, allein, ich konnte mich in dem, was sie sagten, nicht wiedererkennen. Joseph fing Dipo mitten in einem Purzelbaum auf, hob ihn hoch und hielt ihn mir vors Gesicht.

»Ich wette, Dipo kann ihn windelweich prügeln.«

»Und ob er das kann«, sagte Wild Christian. »Er wird ihn schlagen, bis er um Gnade winselt.«

Für mich war nur wichtig, was Mrs Odufuwa von dem Ganzen hielt. Glaubte sie es etwa? Sie stand mit ihrem Mann neben dem Zwergguavenbaum, ein verdutztes Lächeln spielte um ihre Lippen, und ich dachte nur, wie unfair, sie einem solch ungehörigen Schauspiel auszusetzen.

Nubi schlug vor: »Warum überzeugen wir uns nicht? Dipo wirds ihm schon gehörig geben.«

Dipo, einer Einladung zu jedweder Tätigkeit nie abgeneigt, ballte seine kleinen Fäuste. Er ging in Kampfstellung und hüpfte hin und her, ein Kriegstanz, gerade von ihm erfunden. Noch nie hatte ich so viel angeregte Erwartung in seinem Gesicht gesehen. Ermunternde Zurufe erschollen rundum, während ich locker dastand, väterlich amüsiert von seinen Hampeleien. Er sah aus wie ein Gnom, so ausgelassen, so voller unbändiger Freude darüber, am Leben zu sein und von den Erwachsenen so beachtet zu werden. Und dann, ohne die geringste Vorwarnung, nur Josephs »Na los, Dipo, zeig's ihm«, katapultierte sich diese kleine kompakte Kreatur mit trommelnden Fäusten gegen mich. Die reine Wucht des Aufpralls stieß mich rückwärts, und ich konnte nicht mehr auseinanderhalten, was das Tosen in meinen Ohren verursachte.

Von weit her hörte ich Stimmen, Protest, Zurechtweisung. Zeit war vergangen, wie viel Zeit, das wusste ich nicht. Es gab eine kurze Phase absoluter Leere, ich konnte mich an nichts erinnern, nur an einen Sturm aufbrausender Wut in meinen Adern. Jetzt fühlte ich Hände unter meinen Armen, kräftige Hände, verzweifelt, ja zitternd, und ich kämpfte gegen sie mit gleicher Verzweiflung. Dann erkannte ich Josephs Stimme.

»Wole, o to, o to. Willst du ihn umbringen?«, und er hatte wieder seinen merkwürdigen Benin-Akzent.

Dann Wild Christians Stimme, beruhigender und verwirrter, als ich sie je gehört hatte: »Wole, wir wollten dich doch nur ein wenig aufziehen. Du hättest daran denken müssen, dass er doch dein kleiner Bruder ist. Ahahah, was auch immer, du hättest nicht so heftig mit ihm umgehen dürfen.«

Der Himmel stürzte über mir zusammen. Ich zitterte so heftig, dass mir Wild Christian die Hand auf die Stirn legte und mich besorgt anschaute. Im Hintergrund hörte ich Dipos Gebrüll. Man hatte ihn ins Esszimmer getragen, wo er nun mit Bonbons und Fruchtsaft getröstet wurde. Wild Christian drehte ihren Kopf dem Geschrei zu, ihre Augen nahmen einen ganz fremden Blick an, er war so voller tiefem Schmerz und Verwirrung, und er zeigte auch Entsetzen, so schien es mir. Jedenfalls war dies eine andere Mutter als die, die ich zuletzt erlebt hatte.

»Aber warum nur?«, wiederholte sie, mehr zu sich selbst. »Es war doch alles nur Spaß. Wolltest du ihn umbringen? Er ist doch noch ein Baby. Du hättest ihn nicht so ernst nehmen dürfen.«

Dipos Gebrüll ließ nach, und Joseph kam heraus. Vielleicht bildete ich es mir nur ein, aber ich hatte das Gefühl, dass er mit Vorbedacht einen weiten Bogen um mich machte. Seine Worte freilich ließen mich über seine Gefühle nicht im Zweifel. Um mich so tief wie möglich zu verletzen, sprach er mich nicht direkt an; jetzt verstand ich auch, warum er mir so weit aus dem Weg gegangen war. »Ich nehme an«, sagte er, ohne irgendjemanden direkt anzusprechen, »der große Bruder ist mit sich selbst zufrieden. Ich weiß gar nicht, warum wir uns überhaupt eingemischt haben. Wir hätten ihn seinen eigenen Bruder umbringen lassen sollen, das war's doch, was er wollte.« Er gab einen absichtlich lang hinausgezogenen zischenden Laut von sich. »Psssssss? Manche Leute wissen nicht mal, wie sie sich als die Älteren zu verhalten haben.«

Wild Christian brachte ihn mit einem »pst« zum Schweigen, doch ich sah in ihrer beider Verhalten keinen Unterschied. Was mich erschütterte, war eine einzige Tatsache – in der Welt der Erwachsenen herrschte weder Gerechtigkeit noch Logik. Ich hatte gedacht, dass ich der Leidtragende sei. Was wirklich geschehen war, wusste ich noch immer nicht, außer, dass man mir mit Gewalt ein quietschendes Bündel hatte entreißen müssen, das mein Bruder war. Aber ich erinnerte mich sehr deutlich, dass ich die Situation nicht heraufbeschworen hatte. Ich hatte mich genau wie die anderen an Dipos Possen gefreut – bis er abhob wie eine Rakete und sich auf mich warf. Wo hatte ich mir etwas zuschulden kommen lassen? Und doch musste ich der Tatsache ins Auge sehen – die ganze Welt hatte sich verschworen und fand mich schuldig, Brudermord versucht zu haben, und nirgendwo konnte ich

Wiedergutmachung fordern. Was auch immer hier vorgegangen sein mochte, es genügte, damit Wild Christian sich die größte Mühe gab, mir etwas zu erklären, das in engem Zusammenhang mit dieser Episode stand. Nach dem üblichen Abendgebet rief sie mich in ihr Schlafzimmer und, wie sie es immer tat, wenn es ein alltägliches oder ernstes Problem mit einem der Kinder gab, ließ mich niederknien und mit ihr allein beten. Dann sprach sie mit mir. Ihre Rede enthielt Warnungen vor den Gefahren, den Teufel zwischen sich und die ganz natürliche Liebe und Zuwendung, die man für den Rest der Familie empfand, kommen zu lassen. Man konnte so leicht vom Teufel besessen sein, sagte sie. Der Ausdruck Emi Esu kam immer wieder vor, und ich fragte mich ernsthaft, ob ich nicht wirklich vom Geist des Teufels besessen sei. Da war dieser Filmriss, diese kurze Zeitspanne, in der ich mich an nichts erinnerte.

Dipo war Tinus und mein Liebling. Seine Energie und sein Humor schafften uns permanente Unterhaltung. Darüber hinaus galt er für zu klein, um schon bestraft werden zu können, also luden wir so manche unserer eigenen Untaten auf ihn ab. Und er war immer bereit, die Schuld auf sich zu nehmen, sei es für die zerbrochene Vase, die Tinu oder ich in einer Rauferei umgestoßen hatten, sei es für das nicht geschlossene Tor, durch das die Ziegen in den Garten gekommen waren. Später, als er etwas klüger geworden war, verlangte er Bezahlung für seine Dienste – ein Stückchen Fleisch, ein Bonbon, ein Stück Yams. Er entwickelte solches Geschick im Einzug des Entgelts – am liebsten natürlich im Voraus, dass wir sicher waren, er würde einmal Wild Christians Laden übernehmen und wegen Übervorteilung der Kunden im Gefängnis landen. Sollte dieser Dipo mich so in Rage gebracht haben, dass ich nicht mehr wusste, was ich tat? Es war ein zutiefst besorgniserregender Gedanke.

Aus Joseph und den anderen konnte ich mit der Zeit herauslocken, dass ich immer weiter auf ihn einschlug, obwohl er schon am Boden war, schrie, sich längst nicht mehr zur Wehr setzte. Ich verneinte das hitzig. Aber da war dieser Emi Esu, den Wild Christian mit ihren ständigen Gebeten zu exorzieren suchte; konnte er ein Kind einfach auf seine Seite ziehen, ohne dessen Wissen? Wenn es nur einen Weg gäbe, zu spüren, wann man in dieser Gefahr schwebte, dann könnte man Vorkehrungen treffen. Schon längst hatte ich alles Vertrauen in die Wirksamkeit von Wild Christians Gebeten verloren. Für einige ihrer Mündel betete sie Tag und Nacht, sie nahm sie mit in die Kirche und betete mit ihnen, jede Ausrede, jede Gelegenheit war ihr recht, sie vor den Altar zu zerren und für sie und mit ihnen zu beten. Sie stahlen, sie logen, sie rauften – oder was immer es auch war, wogegen Wild Christian anbetete – wie eh und je. Das Maß solcher Verderbtheit, so schien es, musste größer sein, als dass es durch Gebete geheilt werden konnte, denn die zwei waren ja völlig allein in der Kirche, und folglich konnte Gottes Aufmerksamkeit ja nicht durch die Stimmen anderer abgelenkt sein. Ich bezweifelte allerdings nicht, dass die Gebete für Wild Christian selbst ihre Wirkung hatten, sie schien durch sie aufzublühen, und sie behauptete, ihre Gebete würden immer erhört. Mit uns, die wir Emi Esu erlaubt hatten, von uns Besitz zu ergreifen, war das etwas anderes, da konnte auch sie nur wenig tun.

Ich nahm mir vor, in Zukunft auf der Hut zu sein, jedenfalls vor dieser Gewalttätigkeit der Bewusstseinslücken. Und langsam stieg eine weniger beunruhigende Erklärung an die Oberfläche meiner Gedanken: Ich hatte auf die ganze Welt meiner Peiniger eingedroschen, und Dipo hatte nur das Pech, gerade in diesem Moment seinen Kriegstanz vor mir aufzuführen. Und es gab noch einen anderen Trost. Ich wartete nicht ohne Bange auf den Augenblick, da man Essay von dem Ereignis berichten würde, aber er erfuhr nie davon. Im Gegenteil, ich hatte das sichere Gefühl, dass alle nur erdenklichen Maßnahmen ergriffen wurden, zu verhindern, dass er je erfuhr, was geschehen war.

8

Handwerker kamen ins Haus. Sie schlugen dünne Stifte mit kleinen Haken in die Wände, einen neben den anderen, in einer langen Linie, die um Ecken und Türfüllungen führte und sie mit den Drähten verband, die draußen vor dem Haus über hohe Pfosten gespannt waren. Die Anwesenheit dieser Handwerker erinnerte mich an eine ähnliche Invasion. Zum Ende jener Geschäftigkeiten brauchten wir die Petroleumlampen und die Kerzen nicht mehr, jedenfalls nicht innerhalb des Hauses. Wir drückten auf einen Schalter, und schon erstrahlte der Raum in hellem Licht. Essays Anweisungen waren strikt – nur er oder Wild Christian durften Befehl geben zur Bedienung des Schalters. Ich erinnerte mich, dass es eine Zeit lang gedauert hatte, bis wir das Phänomen der erstrahlenden Birne mit dem Schalter in Verbindung brachten, so gründlich gelang es Essay, die Täuschung zu wahren. Er behauptete, es sei Magie, mühelos richtete er unsere gespannten Blicke auf die gläserne Birne, während er einen Zauberspruch murmelte. Dann sprach er feierlich: »Es werde Licht.«

Später blies er in Richtung Birne, und das Licht ging aus.

Aber schließlich sind wir ihm doch auf die Schliche gekommen. Es war nicht sonderlich schwierig festzustellen, dass er immer an der gleichen Stelle stand und dass diese Stelle in bequemer Reichweite jenes schwarz-weißen Dinges war, das da an der Wand prangte, seit die Handwerker da gewesen waren. Nichtsdestoweniger, die Anweisung galt. Das magische Licht war teuer und musste mit Verstand genutzt werden.

Jetzt zogen die Handwerker wieder dünne Kabel über die

Wände, und wir waren gespannt, was diesmal für eine Zauberei herauskommen würde. Diesmal gab es keine Glühbirne und keinen neuen Schalter an der Wand. Stattdessen wurde eine enorme Holzkiste ins Haus getragen und ganz oben auf dem Tallboy abgestellt, wo sie das Grammofon ersetzte, das jetzt mit einem Platz auf einem der unteren Regalbretter des gleichen Möbels zufrieden sein musste. Die Front des Kastens schien aus geflochtenen, dicken Seidenschnüren zu bestehen.

Seine Funktion blieb ganz die gleiche. Zugegeben, man musste keine schwarze Scheibe auflegen, man musste keine Kurbel drehen oder eine Nadel auswechseln, es genügte, dass man an einem Knopf drehte, und schon kamen Töne aus dem Kasten. Anders als das Grammofon konnte dieser Kasten aber nicht bewegt werden, zu jeder beliebigen Zeit zu sprechen oder zu singen. Er begann seinen Monolog früh am Morgen, zuerst sang er immer GOD SAVE THE KING, mittags war der Kasten eine Zeit lang still, am Nachmittag war er wieder zu hören, und gegen elf oder zwölf am Abend sang er wieder GOD SAVE THE KING, und dann ging er schlafen.

Da der Kasten ununterbrochen redete, aber nicht das geringste Interesse zeigte, auch einmal eine Antwort zu geben, nannten wir ihn As'oromagb'esi. Zu einem oft gesungenen Versehen, das in der Zeit der Einführung der Elektrizität aufgekommen war, kam nun eine neue Zeile hinzu. Mit einiger Verspätung ließ der Vers dann auch Lagos Ehre angedeihen, wo das heilige Monopol der Lizenz für Schirme zuerst gebrochen wurde.

Elektiriki ina oba
Umbrella el'eko
As'oromagb'esi, iro oyinbo.

Zu bestimmten, festgelegten Zeiten gab der Kasten NACHRICHTEN von sich. Diese Nachrichten entwickelten sich bald zu einem

Gegenstand heiliger Verehrung für Essay und seine Freunde. Wenn die Stunde näherrückte, geschah etwas mit der Herrenrunde. Ganz egal womit sie auch gerade beschäftigt waren, sie ließen alles stehen und liegen, eilten zu unserem Haus und lauschten dem Orakel. Man musste nur Essays Gesicht anschauen und wusste schon, dass jedem Kind, das es wagen sollte, einen Mucks von sich zu geben, während er Nachrichten hörte, bei lebendigem Leib die Haut abgezogen würde. Wenn seine Freunde da waren, glich das sonst schon düstere Wohnzimmer einem Heiligtum; mit verzückten Gesichtern lauschten sie aufmerksam und atmeten kaum. Wenn die Stimme verstummte, wandten alle ihre Gesichter instinktiv dem Priester zu. Essay dachte einen Moment lang nach, gab dann einen kurzen oder langen Kommentar ab, und ein aufgeregtes Stimmengeschnatter folgte.

Das Grammofon wurde nicht mehr benutzt. Die Stimmen von Denge, Ayinde Bakare, Ambrose Campbell und eine Stimme, die so tief war, dass ich glaubte, sie sei mit einem ganz besonderen Trick von His Masters Voice produziert worden, von der Vater aber sagte, sie gehöre einem schwarzen Mann namens Paul Robeson – all diese Stimmen wurden in den Kokon aus Staub verbannt, der sich um das Grammofon bildete. Weihnachtslieder, die Lieder der Marian Anderson; Kurioses, wie eine Platte, auf der ein Mann lachte, nichts als lachte, und das eine Zugeständnis an einen großen europäischen Chor – The Hallelujah Chorus –, sie alle waren auf immer im selben Schrank interniert. Jetzt sangen die Stimmen, unaufgefordert, aus dem neuen Kasten. Einmal schallte ein guter alter Freund, der Hallelujah Chorus, aus dem gewebten Gesicht, und wir mussten zugeben, es klang besser und voller als die Wiedergabe des alten Grammofons. Am eigenartigsten von all der Kost, mit der das Radio uns versorgte, waren allerdings die ständigen Streitereien einer Familie, die jeden Morgen aufs Neue losgingen, zum endlosen Vergnügen einer riesigen Menschenmenge, deren unbändiges Gelächter den Kasten erschütterte. Wir versuchten, uns vorzustellen, wo das Ganze wohl stattfand. Ging die Familie auf die Straße, um dort ihr endloses Gezänk und Gekeife auszutragen, oder lungerte der faule Mob um ihr Haus herum und spähte durch die Fenster und spornte sie an?

Es war einfach unmöglich, sich vorzustellen, dass irgendeine Familie aus Aké, die wir kannten, sich derart bloßstellte. Es dauerte eine geraume Zeit, in der ich immer wieder sehr genau zuhörte, bis mir auffiel, dass diese tägliche Darbietung dem nicht unähnlich war, was wir als kurze Szenen zu Schulfesten aufführten. Und ich begann, auf das Idiom des fremden Humors anzusprechen.

Hitler hatte das absolute Monopol des Kastens. Er hatte sein eigenes, besonderes Programm; doch so weit seine Marotte für den Krieg von uns auch entfernt schien, wir wurden mehr und mehr in den ständig wachsenden Schauplatz der Bedrohung hineingezogen. Hitler kam täglich näher. Es dauerte nicht lang, und die Grußformel »win the war« ersetzte die früheren stürmischen Begrüßungsrituale zwischen Essay und seinen Freunden. Die Friseure am Ort erfanden einen neuen Haarschnitt, den sie ihrem Repertoire von Bentigo, Girls-Follow-Me, Oju-Aba, Missionarsschnitt und anderen einverleibten. Auch die Frauen entwarfen ihre eigene Win-de-woh-Frisur, und diejenigen von ihnen, die eine Essensbude unterhielten, benutzten die Phrase als Standardantwort auf Beschwerden, dass die ausgegebenen Portionen zu klein seien. Essay und seine Brieffreunde wetteiferten miteinander in dem Bemühen, den gleichen Briefumschlag wieder und wieder zu verwenden. Verdunklungen kamen vor die Fenster, mit nur winzigen Schlitzen zum Durchspähen, vielleicht, damit man rechtzeitig sehen konnte, wann Hitler den Pfad heraufmarschiert kam. Haushaltsvorstände wurden vor Gericht gezerrt und mit harten Strafen belegt, weil sie der Nacht ein nacktes Licht präsentiert hatten. Um die geladene Atmosphäre der Erwartungen noch zu verschärfen, flog das erste Flugzeug über Abeokuta; sein schweres Dröhnen gemahnte an den Berg Harmageddon – die Christen flohen in Scharen in die Kirche, um zu beten und dem Zorn des Herrn zu entkommen. Andere schlossen nur einfach Fenster und Türen und warteten auf das Ende der Welt. Nur diejenigen, die schon von solchen Dingen gehört hatten, und die Kinder natürlich, waren fasziniert; sie rannten hinaus auf die Felder, in die Straßen, folgten dem fliegenden Wunder, soweit sie konnten, riefen, grüßten, winkten und schrien noch lange, nachdem es außer Sicht und zu seinem Standort zurückgekehrt war, wo es auf den nächsten Einsatz wartete.

Eines Morgens berichteten die Nachrichten, dass ein Schiff im Hafen von Lagos explodiert und ein Teil der Mannschaft umgekommen war. Die Explosion hatte die ganze Insel erschüttert, Fensterscheiben waren herausgeflogen, Dächer abgedeckt worden. Die ganze Lagune stand in Flammen, die Bewohner von Lagos versammelten sich am Rand der Lagune und fragten sich, was dies wohl für ein schreckliches Omen sei – riesige Feuer loderten und rasten auf dem Wasser. Hitler kam immer näher. Niemand aber schien ganz sicher zu sein, was zu tun war, wenn er schließlich auftauchen würde.

Eine Ausnahme gab es: Paa Adatan. Jeden Morgen erschien Paa Adatan vor Wild Christians Laden, der gegenüber vom Aafin lag, vor dessen Mauern er den ganzen Tag verbrachte. Um seine Hüften gebunden trug er ein Buschmesser in einem Lederfutteral und Gürtel voller Amulette. Ein kleines Hausa-Messer, ebenfalls in der Scheide, trug er oberhalb des Ellenbogens um den linken Arm gebunden, und an seinen Fingern hatte er Ringe aus geschwärztem Draht und Kupfer – wir wussten, dass sie von verschiedener Wirkkraft waren –, Onde, Akaraba und andere. Wenn Paa Adatan einen Gegner mit der einen Hand schlug, dann ging der Mann zu Boden und blieb mit Schaum vor dem Mund liegen. Die andere Hand war Situationen vorbehalten, in denen ihn eine Übermacht angriff. Es genügte, dass er einen oder mehrere Angreifer mit der Hand berührte, und sie würden anfangen, sich gegenseitig zu zerfleischen. Der Gürtel mit den Amuletten stellte natürlich sicher, dass jede Kugel, die jemand auf ihn abschoss, von ihm abprallte und den Angreifer genau an der Stelle traf, an der er den unsterblichen Krieger Paa Adatan hatte verwunden wollen.

Paa Adatan patrouillierte vor dem Aafin, wütend darüber, dass man ihn nicht in die Armee aufnahm und gegen Hitler schickte, ihn persönlich, damit er diesem Krieg ein für alle Mal ein Ende machen konnte.

»Ah, Mama Wole, Engländer, die wollen Ruhm ganz nur für sich. Die nix wollen schwarzer Mann gewinnen Krieg und machen Schluss mit Hitler-Quatsch, zack-zack. Du sie nur ansehen. Hitler, der werfen Bomben auf Lagos, und die nix können machen uns verteidigen.« Er spuckte roten Kolanusssaft auf den Boden und raste und tobte. »Die wenn kommen, die sehen, was Medizin von schwarze Mann können. Ich werden aufbauen Leichen hier an ganze Mauer von Palast, die sehen, wie kämpfen Krieg hier, noch lang vor wissen, was Krieg sein in dem sein eigen blödes Land. Oh ... äh ... Mama«, er grub tief in den Taschen seines Gewandes, »Mama Wole, ich vergessen bringen Geld enh, guck nur, großer Mann wie ich vergessen bringen Geldbeutel von zu Hause. Und ich nix nix essen ganze Tag ...«

Ein Penny wanderte von einer Hand in die andere, Paa Adatan salutierte, zog sein Buschmesser und zeichnete eine Linie auf den Boden, rund um die Ladenfront. »Das für Fall, sie kommen in Zeit ich gehen essen Eba bei Buka. Die wenn versuchen kommen über Linie, Gewehre werden Besen in ihrer Hand. Die hier fegen und kehren, bis ich kommen zurück. Die nur kommen versuchen, sie sehen.«

Einmal folgte ich Paa Adatan, um ihn bei seinem Frühstück zu beobachten. Die Essensverkäuferin wusste schon, was er wollte, und tischte ihm vier blattumwickelte Portionen Eba auf, einen großen Schlag Stew und ein gehöriges Stück Fleisch, das wie eine halb versunkene Insel im Stew schwamm. Paa Adatan ließ das

Fleisch unangetastet, bis er die riesige Portion Eba verputzt hatte, jeder einzelne Bissen größer als alles, was ich bei einer gesamten Mahlzeit essen konnte. Er war erst halb fertig, aber das Stew war alle. Paa Adatan räusperte sich, machte äh und hm, doch die Frau nahm keine Notiz.

Schließlich: »Hm. Iyawo.«

Stille.

»Iyawo.«

Die Verkäuferin fuhr ärgerlich herum. »Willst du mich ruinieren? Jeden Tag dasselbe. Wenn jeder das Stew so runterschlingen würde wie du, wie, glaubst du wohl, könnte sich eine Essensverkäuferin dann ihren Lebensunterhalt verdienen?«

»Ah, du nix schimpfen mit mir, Iyawo. Aber du mir heute nur winzige Win-de-woh-Portionen gegeben.«

Sie fuhr auf ihrem niedrigen Hocker herum, die Kelle gefüllt, und klatschte ihm eine neue Ladung auf den Teller. »Wenn du nur was zu meckern hast. Jeden Tag dasselbe Theater!«

»Gott segne dich, Gott segne dich. Is' dieser Hitler, Bastard, der. Wenn Krieg vorbei, du sehen, wie ich bin großer Mann.«

Die Frau schnaubte, an die leeren Versprechungen gewöhnt. Paa Adatan machte sich über den Rest seines Essens her, putzte alles weg und hielt dann das Stück Fleisch hoch. Mit einer ruckartigen Bewegung stopfte er es sich plötzlich in den Mund, riss und zerrte daran wie ein Hund, dem man einen Brocken rohes Fleisch vorgeworfen hat. Seine Kiefer- und Nackenmuskeln spannten sich, während er auf dem Fleisch herumkaute, mit der Faust auf den Tisch schlug und seine Herausforderung verkündete: »Der nur kommen! Der nur in Nähe von Palast von Alake kommen, und ich ihm Kopf abbeißen, so! Und so!« Er erhob sich, richtete die Kordel, die seine Hosen hielt, und tat, als wolle er gehen. »Übrigens, Iyawo, du nix Angst haben vor wenn die kommen. Ich dein Buka beschützen – Aafin, Laden von Headmaster seine Frau, Centenary Hall, Laden von mein Freund, wo is' Friseur, un Laden von Iya Aniwura, wo verkaufen Zigaretten. Wenn einer von Hitler Leuten kommen in Nähe von ein von den, die kriegen Pfeffer. Du ihnen sagen, ich, Paa Adatan, so sagen!« Hocherhobenen Hauptes, mit kecker Brust, nahm er seinen Kontrollgang wieder auf.

Eines Tages hielt ein Konvoi von Armeelastwagen an der Straße, genau vor der Reihe von Läden, die auch den unseren einschloss. Sofort flüchteten die Kinder und Frauen in alle Richtungen, Mütter schnappten sich die eigenen und fremden Krabbelkinder. Die Männer zogen sich gemessener in die Läden zurück und spähten durch die Ritzen, auf das Schlimmste gefasst, bereit, um ihr Leben zu rennen oder darum zu betteln. Dies waren nicht die bekannten Soldaten, die in der Lafenwa-Kaserne stationiert waren. Es waren die gefürchteten *Bote,* die man an ihren Käppis erkannte. Man behauptete, sie kämen aus dem Kongo, und man sagte ihnen nach, sie seien wilde, gesetzlose Gesellen. Manche Leute behaupteten, sie fielen in die Geschäfte ein, nähmen sich, was sie brauchten, und gingen, ohne zu bezahlen. Außerdem würden sie die Frauen und Kinder entführen – die Ersteren, um sie zu vergewaltigen, die Letzteren, um sie zu fressen. Einen Mann *Bote* zu nennen, war eine unverzeihliche Beleidigung, zu warten, bis ein *Bote* auf einen zukam, der Gipfel des Wahnsinns.

Ich war im Laden bei Wild Christian, die sich um den Ruf der *Bote* natürlich keinen Deut scherte. Da alle anderen Geschäfte in der Umgebung verrammelt oder verlassen waren, kamen sie zu uns und fragten nach den Waren, die sie brauchten – Zwieback, Zigaretten, Konserven, Getränke in Flaschen, Süßigkeiten. Ich kletterte hinauf, um die Dosen und Gläser vom Regal zu holen, und gab sie Wild Christian. Plötzlich hörte ich einen Lärm, den man nur als das Brüllen von einem Dutzend rasender Löwen bezeichnen konnte. Durch den Raum zwischen den Köpfen der Soldaten und dem oberen Teil der breiten Tür sah ich die Gestalt von Paa Adatan, dessen Gesicht wie verklärt schien, starr vor äußerster

Entschlossenheit. Er war bis zu den Hüften nackt, seine weit flatternden Hosenbeine hatte er von den Waden her aufgekrempelt und oben in den Gürtel gestopft. In seiner einen Hand gewahrte ich das gezückte Buschmesser, in der anderen ein Sere, in das er hineinmurmelte und das er dann in einem langsamen Kreis vor sich pendeln ließ.

Die Soldaten drehten sich um, blickten hinaus, schauten sich gegenseitig an.

Wild Christian hatte den Tumult gehört und seine Ursache erkannt, zollte ihm aber weiter keine Beachtung.

Paa Adatan verfluchte die *Bote:* »Bastarde! Heimatlose Bestien. Bote Banza. Ihr nix besser wie Hitler. Raus, raus da, ihr kämpfen wie Männer!«

Die Soldaten schienen die Worte nicht zu verstehen, doch seine Gesten waren unmissverständlich. Sie flüsterten sich in ihrer fremden Sprache etwas zu, hoben die Augenbrauen und zuckten die Schultern. Dann drehten sie sich wieder zu uns um und tätigten ihre Einkäufe. Drei oder vier setzten sich draußen vor dem Laden aufs Pflaster und schauten Paa Adatan zu.

Wild Christian konnte Paa Adatan nicht sehen, ihr war der Blick durch die Soldaten verstellt. Als Paa Adatans Flüche an Heftigkeit zunahmen, wurde sie unruhig und fragte mich, was vorginge.

»Jetzt tanzt er«, berichtete ich.

In der Tat hatte Paa Adatan einen Kriegstanz begonnen. Dazu sang er aus vollem Hals:

Ogun Hitila d'Aké
Eni la o pa Bote.

Noch mehr Soldaten gingen hinaus, um ihn sich anzuschauen, während die anderen jeden essbaren Gegenstand im Laden aufkauften. Wild Christian erhöhte die Preise mindestens um das

Doppelte des normalen Preises, aber den Soldaten war es egal. Im Gegenteil, sie schenkten mir von ihren Keksen, die dick, süß und knusprig waren. Wir redeten ausschließlich in einer Zeichensprache, die vor allem aus Lächeln, Schulterzucken und Handbewegungen bestand.

Der Ärger ging los, als die Soldaten gehen wollten. Paa Adatan hörte auf zu singen, zog eine Linie über den Boden und bedeutete ihnen, sie sollten nicht wagen, diese Linie zu überschreiten. Selbst trat er einige Schritte von der Linie zurück, sprang in die Luft und stürzte mit weit vorgerecktem Buschmesser wieder auf die Linie zu. Genau an der Linie blieb er abrupt stehen – auf einem Bein –, schwankte einige Augenblicke auf diesem Bein hin und her, ehe er sich umdrehte und in die Ausgangsposition zurückschnellte, und das Ganze begann von vorn, wieder und wieder.

Die Soldaten waren jetzt einigermaßen verwirrt. Schließlich bahnte sich Wild Christian einen Weg und mischte sich ein: »Genug, Paa, genug jetzt! Das sind unsere Freunde. Du hältst sie nur auf in ihrem Kampf gegen Hitler.«

»Das sind Bote«, schrie Paa Adatan, »die und Hitler, engal gleich, du sie angucken – Feigling!« Er schüttelte sein Sere drohend gegen sie. »Ihr sofort hergeben, was geklaut in Laden, oder ich euch Botschaft geben für bringen zu Hitler.«

Wenige Augenblicke später war alles vorbei. Zwei Soldaten, die im Laster geblieben waren, schlichen sich von hinten an ihn heran, packten ihn bei den Armen, nahmen ihm Buschmesser und Sere ab und drehten ihm die Arme auf den Rücken. Paa Adatan wehrte sich wie der tapfere Krieger, der er war. Er konnte sie abschütteln, arbeitete sich durch die Woge von Körpern, die ihn überflutete, riss sie mit sich zu Boden und kämpfte verbissen weiter. Es wurden keinerlei Schläge oder Fausthiebe ausgeteilt, alles war reiner Ringkampf, ein titanischer Kampf, wie sich zeigte. Paa Adatan kämpfte in dem Bewusstsein, dass die Sicherheit von ganz Aké auf seinen Armen, seinen Beinen, seinem Torso ruhte.

Er war die zerklüftete Landschaft, die erobert und gesichert werden musste, Baum für Baum, Hügel für Hügel, Fels für Fels. Sie saßen ihm auf allen Gliedern, schwitzten, schnauften, riefen sich in ihrer eigentümlichen Sprache Befehle und Flüche zu. Dann brachte einer einen Strick, und sie fesselten ihn. Selbst jetzt gab er noch nicht auf.

Die Soldaten standen im Kreis um ihn herum, wischten sich den Schweiß ab, betrachteten ihn. Sie staunten, schüttelten die Köpfe, suchten nach einer Erklärung in all den Gesichtern, die eins nach dem anderen aus den Geschäften, hinter Fenstern, aus Nischen und Ecken aufgetaucht waren, seit Paa Adatan mit seiner Vorstellung begonnen hatte. Keiner konnte ihre Sprache sprechen, doch einige nickten bestätigend, als einer der Soldaten die Brauen hob und sich mit dem Zeigefinger an die Stirn tippte.

Paa Adatan wand und drehte sich, bis er trotz seiner Fesseln in sitzende Stellung kam, stierte seine Fänger an und schüttelte den Kopf. »O ma se o. Ruhm von Egbaland ist gelegt in Staub.«

Einige Ogboni kamen jetzt in Sicht, sie hatten von dem Vorfall gehört und waren aus dem Palast geeilt. Ihre Erscheinungen vermittelten den Soldaten wohl den Eindruck von Respektspersonen, deshalb übertrugen sie ihnen mit Zeichen und Gesten alle Verantwortung für Paa Adatan und übergaben ihnen sein Buschmesser und sein Sere, dann kletterten sie in ihren Lastwagen und fuhren davon.

Nun ging eine große Debatte los. Sollte man die Polizei rufen? Konnte man Paa Adatan gefahrlos losbinden? Sollte man ihn nicht lieber in die Irrenanstalt nach Aro bringen? Sie stritten und schrien aus Leibeskräften, während Paa Adatan in seinen Stricken gefesselt saß, ruhig, teilnahmslos.

Schließlich hatte Wild Christian die Nase voll. Sie ging aus dem Laden, rief mich, ihr zu helfen, und gemeinsam fingen wir an, Paa Adatan von seinen Stricken zu befreien. Sofort gab es Protestrufe und Angstgeschrei, doch wir beachteten sie nicht. Ein

Mann wurde handgreiflich, im Versuch, Wild Christian zurückzuhalten. Sie richtete sich zu ihrer vollen Größe auf und warnte ihn, sie noch ein einziges Mal zu berühren. Ich drückte mich an ihre Seite und belegte den Mann mit Schimpfnamen, die mir unter anderen Umständen sofort eine Backpfeife von Wild Christian eingebracht hätten. Nun schaltete sich ein Ogboni-Chief ein, sagte dem Mann, er solle sich zum Teufel scheren, und löste selbst die restlichen Knoten der Fesselung.

Paa Adatan, befreit, erhob sich langsam. Die Menge trat einige Schritte zurück. Er hielt die Hand nach seinem Buschmesser auf und steckte es wieder in die Scheide. Dann nahm er sein Sere entgegen, ließ es zu Boden fallen und zertrat es unter seiner Ferse. Die Explosion war laut; sie erschreckte die Zuschauer, die noch weiter zurücktraten, ängstlich. Sehr langsam schritt er davon. Er bewegte sich mit trauriger, ruhiger Würde. Er ging in Richtung Iporo, verschwand Stück um Stück mit der Straße, die hügelabwärts taucht, ehe sie scharf zur Centenary Hall abbiegt. Ich sah ihn nie wieder.

Etwa zu dieser Zeit verschwand auch ein anderes Merkmal für immer aus unserem Leben. Essay und Wild Christian sammelten heimatlose Streuner. Es schien dies ein unveränderlicher Bestandteil unseres Lebens in Aké; abgesehen von einigen sehr wenigen Zeitspannen, gab es immer irgendeinen Erwachsenen, der ohne alle Vorwarnung aus dem Nichts aufgetaucht war, Teil unseres Lebens wurde und dann, ohne Erklärung von irgendjemandem, plötzlich wieder verschwand. Manchmal hatte Mutter mit der plötzlichen Auflösung von einem von Essays Streunern zu tun.

Wild Christian verbrachte die meiste Zeit des Tages in ihrem Geschäft, und für einige von Essays Streunern schien dies der geeignete Zeitpunkt, sich auf ihren Freund und Beschützer zu stürzen. Ehe sie das Haus verließ, versicherte sie sich, dass das Frühstück ihres Gatten ordnungsgemäß auf dem Tisch stand – Akara-Bällchen und Ogi; Moin-Moin und Àgìdi; Brot, Omelett und Tee; gekochte Yams und Omelett oder Fischstew – eine oder mehrere Kombinationen dieser Art bildeten gemeinhin das Frühstück. Das Leib- und Magengericht aller war freilich die seltene Delikatesse Leki, hergestellt aus fein gemahlenen Feuerbohnen und Melonenkernöl. Ein Teelöffel voll dieses Öls – ungleich verteilt – konnte zu wochenlang anhaltenden Feindseligkeiten im Hause führen. Ich hatte einen Beobachtungsstand zwischen den Beinen des Tallboys, und es wurde allgemein anerkannt, dass, wenn ich hier Posten bezog, um zu beobachten, was auf Essays Teller übrig blieb, dann diese Reste mir gehörten. Die Leki in der Schale freilich waren sakrosankt! Das heißt, bis Wär-iich ins Haus kam.

Wir alle konnten nach einiger Zeit seinen einmaligen Akzent nachäffen und unterhielten uns und Wild Christian mit mimischen Vorführungen, die auch ihre Freunde Tränen lachen ließen. Doch wenn er mich fixierte, wie ich da auf meinem Platz zwischen den Beinen des Tallboys lag und meinerseits meinen Blick auf seine mahlenden Kiefer heftete, dann hielt ich Wär-iichs Einbruch in unser Leben komischerweise für einen hinreichenden Ausgleich für den Verlust der leckeren Happen, die Vater auf seinem Teller zurückgelassen hatte. Freilich, wenn Leki auf dem Speisezettel standen, mussten wir uns schon die Gefühle verrenken, doch im Allgemeinen machten Wär-iichs Ergänzungen zu unserem Repertoire an stimmlichen Nuancierungen und neuen Formen des Wimperngeklimpers die Sache mehr als wett. Tinu und ich, die Cousins, später sogar auch Dipo, wetteiferten um die Ehre, die unterschiedlichen Grade aufgescheuchter Überraschung bei einer ganz normalen, freundlichen Frage am treffendsten nachahmen zu können.

»Haben Sie schon gefrühstückt?«

»Wär-iich? Naain.«

Er war klein, von ziemlich heller Gesichtsfarbe und hatte einen gedrungenen, kastenförmigen Kopf. Es gehörte zu Essays geregelter Lebensführung, morgens zur Schule zu gehen, den Frühgesang zu dirigieren, dann nach Hause zurückzukommen und gemütlich zu frühstücken. Wild Christian ging inzwischen in ihren Laden. Wär-iich kam entweder, noch ehe mein Vater das Haus verließ, oder er wartete im Haus auf seine Rückkehr. Er setzte sich in den Sessel unter der Porzellanuhr, nahm eine Zeitschrift oder ein Buch zur Hand und schmökerte. Wenn Mutter verreist war, kam er sogar noch früher, während Vater noch seine Gymnastik machte. Wir ließen Essay nicht sehen, wie wir kicherten und lachten, denn nur zu gut kannten wir die Konsequenzen, die es nach sich zog, wenn wir uns über einen Gast lustig machten. Später freilich äfften wir ihn in aller Offenheit nach.

Endlich kam Vater aus dem Schlafzimmer, dem Badezimmer, von seinem Gartenspaziergang, von der Schule, grüßte seinen Gast verbindlich und machte sich an seine Arbeit. Es gab Zeiten, besonders während der Ferien, in denen er sehr spät frühstückte. Er saß dann erst am Schreibtisch im Vorzimmer und erledigte eine Arbeit, ehe er sich einem inzwischen kalt gewordenen Frühstück zuwendete. Manchmal unterhielt er sich mit seinem Gast, ließ sich in ein seichtes bis hitziges Gespräch ein über die Tagespolitik, über Nachrichten und Kriegsgerüchte, vielleicht auch eine örtliche Neuigkeit. Wir warteten. Manchmal waren wir es leid, so lange auf Wär-iichs Vorführung warten zu müssen, dann schickten wir einen zu Essay, um ihn zu erinnern, dass sein Frühstück fertig sei, oder um ihn zu fragen, ob sein Ogi oder sein Bohnengericht noch einmal aufgewärmt werden solle. Zweifellos kannte er den Grund für unsere Besorgtheit, trotzdem reagierte er ganz normal, fragte, was es zum Frühstück gebe, und dann, ehe er Anweisung gab, mehr Moin-Moin oder Akara auf den Tisch zu stellen, wendete er sich seinem Gast zu und fragte: »Haben Sie schon gefrühstückt?«

Wär-iichs Gesicht tauchte aus der Zeitschrift auf, in die er es vergraben hatte, während Essay das Frühstück plante. Er schaute erschreckt auf, blickte in alle Richtungen, nur nicht in die, aus der die Frage so deutlich erklungen war, dann erkannte er seinen Fehler, drehte sich dem Fragenden zu und nahm sichtbar erstaunt zur Kenntnis, dass die Frage ja an ihn gerichtet war. Es folgte ein kurzes, tiefes Luftholen, ob der Neuigkeit der Frage, einer Frage, die nie zuvor in seiner Hörweite hatte formuliert werden können, nach der auf seinem Gesicht tief eingegrabenen Überraschung zu urteilen.

Erst jetzt kam die vorherzusehende, rituelle Antwort: »Wär, ööh – Sie mainen – iich? Naaiin.«

Der erste Teil kam leicht beschnitten hervor, trotz der vollen Übertreibung der Vokale. Der zweite, das »iich? Naaiin«, dagegen glitt in ein höheres Register hinüber und klang wie das Miauen unserer Katze, und das war es wohl, was uns die Lachkrämpfe bescherte, die Gesichter fest in die Kissen der Sessel gedrückt, hinter denen wir uns versteckt hielten. Wär-ööh-iich fing wieder an zu schmökern, Essay erledigte seine Arbeit, bis das vervollständigte Frühstück gemeldet wurde. Dann erhob sich Essay, wartete auf seinen Gast, und gemeinsam schritten sie zum Esszimmer, wo Wär-iich keinen Zweifel daran aufkommen ließ, ein ebenso anspruchsvoller Esser zu sein wie sein Gastgeber, doch nichtsdestoweniger daranging, alle Hoffnungen in uns auszumerzen, dass elegante Tischsitten notwendigerweise einem herzhaften Appetit entgegenstehen müssten – eine Täuschung, der wir aufgrund von Essays Essgewohnheiten erlegen waren. Gelegentlich fragte ich mich, ob diese flüchtige Zerstreuung den Einsatz wert war, besonders an Tagen, an denen der zu zahlende Preis übrig gebliebene Bohnenbällchen in Melonenkernöl waren.

Wild Christian brachte aus Gewohnheit immer das ganze Essen in einem Geschirr auf den Tisch, auch wenn sie getrennt von ihrem Gatten aß. Sie verband ein ästhetisches Gefühl mit Nahrungsmitteln; bestimmte Gerichte wurden in bestimmten Geschirren serviert. Für Leki benutzte sie immer eine bootsförmige, geblümte

Schale aus leuchtend weißem Porzellan. Sie füllte sie drei viertel voll und wischte die Ränder sorgfältig sauber, ehe sie die Schale zu Tisch bringen ließ. Da sie schon früh im Laden sein musste, ließ sie sich ihr Frühstück dorthin bringen, das heißt, ihr *richtiges* Frühstück. Denn Wild Christian ging kein Risiko ein, was ihren Magen anlangte. Sie begann den Tag mit einem Probierhäppchen, einem Vorfrühstück, das in seiner Menge etwa dem entsprach, was Essay auf den ganzen Morgen verteilt zu sich nahm. Das Hausmädchen richtete dann, entsprechend ihren Anweisungen, das richtige Frühstück für sie. Etwa zwei Stunden später folgte dann, was sie ihr Elferchen nannte, eine Art Stärkungshappen. Er bestand aus dem, was Essay von seinem Frühstück übrig gelassen hatte, plus allem, was ihr von den Ständen der Essensverkäufer gerade in die Nase stach. An Leki-Tagen erwartete sie ihr Elferchen besonders innig.

Doch ach, eines Tages gab es keinen Stärkungshappen – Wäriich hatte sich seiner angenommen.

Bis zu diesem Tag war Wär-iich ein bloßer Witz; Wild Christian war ihm noch nie persönlich begegnet, durch ihren Laden, Schuldeneintreibung, Einkaufsreisen in und außerhalb der Stadt von zu Hause ferngehalten. Die Art, wie wir ihn nachmachten, war so sehr Bestandteil des alltäglichen Lebens geworden, dass Wild Christian sogar Essay rief, um sich anzuschauen, was die Kinder da vorführten. Jetzt war es etwas anderes. Doch Wild Christian fasste sich in Geduld. Sie brachte die Sache in ihrer beiläufigen, unschuldigen Art aufs Tapet; eine Ehefrau, deren tägliche Routine gestört worden war, wollte nur höflich anfragen, was die Ursache dieser Störung war. Irgendwann während des Abendessens sagte sie: »Ich hoffe, die Leki haben dir geschmeckt heute Morgen?«

Just an diesem Morgen aber war Vater aus der Schule gekommen und zurückgeholt worden, noch ehe er sich zum Frühstück hatte niederlassen können. Er bat seinen Gast, doch schon am Tisch Platz zu nehmen, und der machte sich sofort daran, die

Leki bis auf den letzten Krümel wegzuputzen. Eine schockierte Nubi war in den Laden gekommen, um über diesen Gipfel der Fressgier zu berichten.

HM hatte keine Ahnung, was es zum Frühstück gegeben hatte.

»Oh, es hat Leki gegeben? Ich bat die Kinder, mir etwas zu machen. Ich musste noch mal in die Schule zurück und …«

Sie tat sehr überrascht. »Aber wie dumm von den Kindern. Es waren doch Leki da. Joseph!«

Joseph stürzte herein. »Joseph, wo ist das Frühstück geblieben, das ich für deinen Vater vorbereitet hatte? Warum hat man es nicht auf den Tisch gestellt?«

Gegen Vaters »em-em-em« platzte Nubi heraus: »Wir haben es auf den Tisch gestellt, Ma. Papas Gast hat alles aufgefressen.«

Sie machte runde Kulleraugen. »So? Ich wusste ja gar nicht, dass du einen Gast hast, Liebster. Hättest du doch einen Ton gesagt, dann hätte ich mehr vorbereitet.«

»Oh, ist schon gut. Als ich zurückkam, hatte ich ohnehin keinen Hunger mehr.«

Sie aßen weiter. Nach einem Moment fragte sie: »Wer war es denn, Liebster? Jemand, den ich kenne?«

»Oh, eeh … ein alter Freund. Glaube nicht, dass ihr euch je begegnet seid.«

Amüsiert schüttelte sie den Kopf. »Muss ja schon ein komischer Freund sein. Ein Freund, der dir das ganze Frühstück wegisst und nichts übrig lässt.«

»Oh, schon gut.« Essay wollte es mit einer Handbewegung abschütteln. »Die Kinder haben mir ja was gemacht.«

Wild Christian war zu gewitzt, um jetzt weiter auf der Sache zu beharren. Aber sie hatte ein Zeichen gesetzt. Wenn es so weit war, dann würde sie sich diesen unbedachten Freund vorknöpfen.

Während der Sommerferien wurde er Dauergast. Der Regen diente als ausreichende Entschuldigung – nicht, dass er wirklich eine gebraucht hätte, doch manchmal regnete es länger als eine Woche ohne Unterbrechung. Niemandem wäre es im Traum eingefallen, bei solchem Wetter einen Gast hinauszuschicken, und sowieso war Wär-iich nicht sehr erpicht darauf, zu gehen. Zuerst blieb er zum Mittagessen, dann zum Nachmittagstee, wann immer Mutter unterwegs war oder nicht rechtzeitig zurück sein konnte, um mit Essay zu essen. Schließlich spitzte sich die Sache zu.

Wild Christian hatte das Mittagessen vorbereitet, für Essay, sich selbst und den einen oder anderen unerwarteten Gast. Wäriich wurde schon nicht mehr als Gast betrachtet, sodass wir, als sie mit leeren Schüsseln konfrontiert war und fragte, wen Essay denn zum Gast gehabt habe, wahrheitsgemäß antworten konnten: »Niemanden.« Essay war noch nicht von der Schule zurück.

»Wollt ihr Kinder etwa behaupten, euer Vater hätte die ganzen Schüsseln allein ratzeputz leer gegessen?«, fragte sie drohend.

Die Augenbrauen in Wär-iich-Manier gelupft, schrien wir im Chor: »Wär, Papaaa? Naaiin.«

»Ach so«, seufzte sie, »der schon wieder!«

Und wir führten ihr die neuesten Variationen vor.

»Wie wär's mit einem kleinen Mittagessen?«

»Wär-iich ooh, aigentlich nicht, doch vielleicht ...«

»Na also, essen wir zu Mittag.«

»Ohääh, nuunjaa, Herr Rektor.«

»Möchten Sie gern mit zu Abend essen?«

»Wär-iich, ooh-naaiin ... es sei denn ...«

»Ich will mal rasch nachschauen, was uns die Kinder auf den Tisch gestellt haben ...«

Aber Wild Christian fand es nicht mehr lustig. Wir sahen das Kampflicht in ihren Augen blitzen und empfanden kurz heftiges Mitleid mit Wär-iich, der uns wegen eines Anflugs von Gier des ungetrübten Vergnügens beraubte, das wir aus seiner Anwesenheit im Hause gezogen hatten. Denn jetzt ging es um mehr als die Tatsache, dass dieser Gast sie um eine ihrer Lieblingsspeisen geprellt hatte. Essay, das wusste sie, war ein sparsamer Esser und ein überaus höflicher Gastgeber; daraus folgte logisch, dass er nicht genug zu essen bekam.

Bei der nächsten gemeinsamen Mahlzeit warf sie ihm einen verstohlenen Blick zu und fragte: »Liebster, bist du sicher, dass du genug zu essen bekommst?«

»Natürlich. Sehe ich vielleicht unterernährt aus?«

»Nein, keineswegs ... em, ich würde dir gern das Yamsgericht kochen, das du so gern isst. Wie wär's morgen?«

»Welches Yamsgericht?«

»Das mit Ororo, das nicht so fest ist. Und natürlich gebe ich etwas von dem geräucherten Schweinefleisch dazu, das uns Vater gerade aus Isara geschickt hat ...«

»Oh, jaja.«

»Liebster, hörst du mir zu? Ich möchte ganz sicher sein, dass du ausreichend davon bekommst.«

»Natürlich, warum sollte ich nicht? Ich gehe morgen nirgendwohin. Ja, eine gute Idee.«

Kurze Stille. Langsam näherte sie sich dem Kern der Sache.

»Erwartest du morgen Gäste zum Mittagessen?«

Unser Flüsterton war absichtlich hörbar: »Wär-iich? Naaiin.«

HM tat so, als habe er nichts gehört.

»Nnnein, nein. Mr Adelu könnte vielleicht kurz reinschauen, aber ... Nein, ich erwarte niemanden.«

»Gut. Sollte doch jemand zum Essen kommen, bist du so nett und schickst mir jemanden zum Laden, damit ich Bescheid weiß? Ich meine, ich kann dir dann schnell was anderes zum Mittag machen und das Yamsgericht für den Abend aufheben. Ich koche es ja schließlich ganz besonders für dich, und, nicht zu vergessen, es ist Vaters geräuchertes Fleisch ...«

»Jaja, selbstverständlich. Tu, wie du's für richtig hältst.«

Mit Nubis Hilfe schmiedete sie das Komplott. Sobald Wäriich eingetroffen war, kam Nubi in den Laden gerannt, sagte ihr Bescheid und übernahm ihren Platz. An diesem Tag warteten wir im Vorzimmer, übereifrig mit unseren Schulaufgaben beschäftigt. Nicht eine einzige Seite wurde umgeschlagen. Wild Christian kam, Wär-iich sprang von seinem Sessel auf, ein Vorbild an viktorianischer Höflichkeit. Er verbeugte sich tief über ihrer Hand.

»Guuuten Morgen, gnädige Frau.«

Mit dünnem Lächeln tauschte die gnädige Frau Höflichkeitsfloskeln mit ihm aus. Essay, drüben am Schreibtisch, unterdrückte auch das leiseste Lächeln; er erfasste instinktiv, wenn Pläne ausgeheckt worden waren. Wir vermuteten, dass er der Sache einfach ihren Lauf lassen würde.

»Ich dachte, ich sollte mich doch lieber selbst um dein Essen kümmern«, erklärte sie. »Die Kinder verderben's vielleicht, und Vater hat diese Delikatesse ja schließlich extra für dich geschickt.«

»Aber was ist mit dem Laden ...«

»Oh, Nubi kann das schon ganz gut allein. Außerdem ist heute sowieso nicht viel los – bei dem Regen. Also ich geh dann und mach das Essen fertig.«

Nicht ein einziges Augenflattern verriet Wär-iichs Interesse an dieser Unterhaltung, sein Gesicht blieb in angeblich tiefster Konzentration in das Buch vergraben. Unter dem Tisch kickten wir uns an. Für welche Strategie hatte sie sich entschieden?

Geklapper und Duft der Essensvorbereitung erreichten uns im Vorzimmer, doch ist fraglich, ob an dem Tag einem von uns der Mund wässrig wurde. Die Köpfe entschlossen in die Bücher gesteckt, waren unsere Augen doch nur auf den kleinen Mann gerichtet.

Nach schier endloser Wartezeit hörten wir die Stimme aus der Küche: »Woleee.«

»Komme, Ma.«

Sie knufften mich in die Seiten, als ich mich an ihnen vorbeidrückte, jeder wusste, jetzt kommt's. Als ich durchs Esszimmer kam, sah ich, dass der Tisch schon gedeckt war – für zwei.

Außerdem stand da ein kleines Tablett mit einer kleinen Untertasse voller Kekse und einem Glas.

»Geh und frag den Herrn, ob er lieber Gingerale oder Orangensaft trinkt.«

Ich tat, wie man mich geheißen hatte. Diesmal war seine Überraschung wirklich echt.

»Wär-iich, ööh. Ganz glaich, ööh. Sag dainer Mama, ich bin mit aallem zufrieden.«

Also wählte Wild Christian für ihn. Als sie mir das Tablett in die Hand drückte, machte sie sich bereit, mir zu folgen. Das überraschte mich. Wieder sprang Wär-iich in Habachtstellung. Ich setzte das Tablett auf dem Tischchen neben seinem Sessel ab.

»Oh, gnäädige Frau, seehr freundlich von Ihnen, seehr freundlich. Und lassen Sie mich auch für die Freundlichkeit des Rektors Dank saagen. Herr Soyinka ist ääußerst gastfreundlich, außeroordentlich, ain wahrer Gentleman, wenn iich so saagen darf.«

Sie lächelte süß. »Aber ich bitte Sie, es ist doch nicht der Rede wert.«

»Oh, bitte, aber doch. Aine soo freundliche Seele, saine Qualitääten trifft man selten, seehr selten.«

Mutter gewährte ihm noch weitere fünf Minuten für seine Nettigkeiten, dann unterbrach sie ihn.

»Ich hoffe, Sie können ihn trotzdem für einen kurzen Moment entschuldigen ...«

»Selbstverständlich, gnädige Frau, selbstverständlich ...«

»Eine ziemlich wichtige Familienangelegenheit ...«

»Ooh, ooh ...«

»Familienprobleme.« Sie lächelte, dann schaute sie Vater an.

»Liebster, ich weiß, dass du heute furchtbar viel zu tun hast, deshalb könnten wir die Angelegenheit vielleicht am besten beim Essen besprechen.«

Längst saß ich wieder auf meinem Platz. Einer der Cousins schrieb in sein Notizbuch – 1+ –, womit er die Vorstellung als einen Superlativ einordnete, ein Urteilsspruch, dem wir uns alle anschlossen. Essay erhob sich, erkannte seine Niederlage an und murmelte ein »Entschuldigen Sie mich bitte«. Wär-iich sprang auf, »aber bitte, selbstverständlich«, und setzte sich erst wieder, als beide den Raum verlassen hatten.

Sie hielt Essay fast zwei Stunden lang im Esszimmer fest und brachte jeden nur denkbaren Gegenstand zur Sprache. Wär-iich knabberte seine Kekse mit der gewohnten Geziertheit, trotzdem verschwanden sie mit jener widersprüchlichen Geschwindigkeit, deren Mechanik uns noch lange, nachdem Wär-iich aus unserem Leben entschwunden war, ein unlösbares Rätsel blieb. Freilich gab er nicht so rasch auf. Am nächsten Tag war er wieder da, auch am übernächsten ... aber seine Gegnerin hatte Vorkehrungen getroffen, es war ihr sofort Bescheid zu sagen. Von jetzt ab betrat sie das Haus durch die Hintertür, sodass der erste Hinweis für ihn, dass sie im Hause war, ihre Stimme war, die nach jemandem rief. Dem pflegte dann ein Tablett mit Keksen und ein Glas Orangensaft zu folgen. Sie ging nicht mehr selbst zu ihm ins Vorzimmer, sie schickte einfach einen von uns, Essay Bescheid zu sagen, sie habe »etwas mit ihm zu besprechen«.

Wär-iichs Verhalten blieb korrekt bis zum letzten Augenblick; überschwänglich in seinem Dank, hatte er doch genossen, was die Gastfreundschaft ihm an angenehmen Ereignissen in seinem Leben bieten konnte. Er verschwand schließlich, und das Haus wurde durch seine Abwesenheit ein wenig ärmer.

Den ersten Hinweis auf die Existenz unseres Onkels Dipo erhielten wir, als ein kräftig aussehender bebrillter Mann in Offiziersuniform unangemeldet in unserem Hof erschien. Wir rannten, was wir konnten. So etwas war noch nie vorgekommen, und bei all dem alarmierenden Gerede über den Krieg hegte keiner einen Zweifel daran, dass Hitler persönlich gekommen war, um uns in die Sklaverei zu verkaufen. Essay war außerhalb der Stadt unterwegs, Wild Christian war in ihrem Laden, keiner von beiden hatte angekündigt, dass Besuch erwartet würde. Wir hatten nicht gehört, wie er durch die Vorplatztür gekommen war, durch das Vorzimmer, das Wohnzimmer bis in den Hof, also stoben wir voll Angst in den hinteren Teil des Hofs, verbarrikadierten uns im Vorratsschuppen, einige sogar in der Latrine. Zwei Cousins und ich stürmten die Leiter hinauf und warfen uns flach auf das Dach, bereit, auf die Straße hinunterzuspringen, sollte Hitler uns bis hierher verfolgen. Im Augenblick bestand dafür aber noch keine Notwendigkeit, vielmehr robbten wir auf dem Bauch über das Dach, bis wir über die andere Kante in den Hof sehen konnten.

Der Fremde jagte keinem nach. Vielmehr blieb er auf demselben Fleck stehen, und er schien ein wenig zu schwanken. Es sah aus, als seien seine Augen regelrecht mit den Brillengläsern verschmolzen, sodass mich an seiner Erscheinung am meisten faszinierte, dass zwei zentrale Punkte in seinem Gesicht wie Scheinwerfer leuchteten – wie bei einem Auto. Seine leicht schwankende Bewegung tat ein Übriges, diesen unwirklichen Eindruck zu verstärken, und ich änderte meine Meinung über seine wahre Identität; jetzt dachte ich, er sei vielleicht ein Geist. Nun hob er den Kopf, schaukelte vorwärts und rückwärts mit einer entschlossenen Bewegung und brüllte plötzlich laut: »Schweine, ihr! Wo steckt das Gesindel?«

Der Fremde kam näher, und jetzt war ein Irrtum völlig ausgeschlossen; schließlich hatten wir schon andere Betrunkene gesehen. Ob Hitler, ein Geist oder der Teufel höchstpersönlich – der Fremde war eindeutig betrunken. Er kam näher, immer weiter in den Hof hinein, genau der Richtung folgend, in der wir geflohen waren. Jetzt fiel sein Blick auf einen unserer mächtigen Wasserbehälter, die, tief in die Erde eingelassen, halb offen standen. Dieser war unser liebster Wasserbehälter. Er stand im Schutz der Mauer und zweier üppiger Crotonbüsche; das Wasser aus diesem

Behälter war immer kühl und erfrischend. Der Fremde ging auf den Behälter zu, schwankte, knöpfte den Hosenlatz auf und urinierte hinein.

Schreie der Empörung entrangen sich den zwei Cousins und mir, die wir von unserem Ausguck aus Zeugen dieses unaussprechlichen Akts der Entweihung waren. Es überstieg das Maß unserer Vorstellungskraft. Wir hatten einmal einen Gast erlebt, der im Hof von Rosenbusch zu Rosenbusch taumelte, in dem Versuch, sich den Freunden im Vorzimmer durch die Küchentür wieder anzuschließen, ja, wir hatten sogar gesehen, wie er im Bad das Gleichgewicht verlor, als er sich den Latz aufknöpfen wollte. Aber in einen Wasserbehälter zu pinkeln!

Im nächsten Augenblick rasten wir die Leiter hinunter, schneller, als wir hinaufgeklettert waren. Wir beschimpften ihn, zerrten an ihm, bearbeiteten ihn mit unseren Fäusten, wendeten all unsere Kraft auf. Mit der unbeschäftigten Hand allein konnte er uns mühelos abschütteln.

»Schert euch weg, ihr birmesischen Knirpse!«

Diesen Ausdruck hörte ich zum ersten Mal, doch jetzt hatte ich keine Zeit zu ergründen, was birmesische Knirpse waren. Mit kurzem Anlauf sprang ich ihm auf den Rücken und landete dabei mit solchem Schwung, dass es ihn nach vorn katapultierte, der Deckel des Behälters schlug zurück, und er tauchte mit dem Kopf unter Wasser. Mit dem gleichen Schwung aber überschlug ich mich und flog über seinen Kopf hinweg auf den Komposthaufen und lag eingeklemmt zwischen Mauer und Behälter. Die Cousins hingen wie Kletten an einem seiner Beine, zogen und zerrten und riefen um Hilfe.

Nachbarn kamen gelaufen, und auch die anderen Kinder wagten sich aus ihren Verstecken. Sie sahen den Uniformierten, der schlaff über dem Wasserbehälter hing, und wollten sich gleich wieder verdrücken.

Inzwischen hatte ich mich aus meiner Verkeilung aufgerappelt und schrie aus Leibeskräften: »Es ist dieser Hitler! Er pinkelt in unser Wasserfass!«

Doch Hitler regte sich nicht mehr. Schließlich kamen die Nachbarn vorsichtig näher und hoben seinen Kopf an – er war schlicht in Ohnmacht gefallen. Sie ließen ihn liegen, und einer stand bei ihm Wache.

Nicht lange, und Mutter kam aus dem Laden – irgendjemand hatte nach ihr geschickt. Sie erkannte den Fremden sofort und rief: »Du liebe Zeit, ich dachte, er wäre noch in Birma!«

Die Nachbarn halfen, ihn ins Bett zu bringen, doch erst scheuchte man uns weg, damit man ihm in Ruhe wieder ein ordentliches Aussehen geben konnte. Während des ganzen Abendessens schüttelte Wild Christian den Kopf, weigerte sich aber, unsere Fragen zu beantworten. Sie sagte nur: »Er ist euer Onkel. Er hat sich freiwillig gemeldet, entgegen den Einwänden der ganzen Familie – er ist schon immer unbezähmbar gewesen.« Aber seinen Namen wollte sie uns nicht sagen.

Als wir am nächsten Morgen aufwachten, war unser Onkel schon auf den Beinen. Frisch gebadet, sah er wie geschniegelt und sehr kommandierfreudig aus – sogar in seiner Zivilkleidung. Er frühstückte und saß dabei auf Essays Platz. Als wir aus der Schule kamen, war er weg. Auf all unsere Fragen antwortete Wild Christian nur, dass er unerwartet auf Urlaub zurückgekommen und jetzt zu seiner neuen Einheit unterwegs sei.

Der Wasserbehälter wurde ausgeleert, geschrubbt, mit einer ganzen Flasche Desinfektionsmittel ausgewaschen, dann blieb er ein paar Tage liegen. Dann wurde er noch einmal mit Seifenlauge ausgeschrubbt, gründlich gespült und zum Trocknen liegen gelassen. Erst dann nahm er seinen Platz als kühles Wasserreservoir wieder ein. Doch ich konnte nie wieder Wasser daraus trinken, ohne innerlich Grimassen zu ziehen.

Unser Dipo entwickelte täglich mehr Energie und Mutwillen. Nichts vermochte ihn einzuschüchtern. Eines Tages war er verschwunden. Ein paar Stunden lang blieb seine Abwesenheit unbemerkt. Wir zu Hause dachten, er sei bei Wild Christian im Laden. Und sie hatte natürlich keine Ahnung, dass er irgendwo anders als zu Hause sein könne. Er verschwand kurz nach dem Frühstück, gleich nachdem er ein paar milde Schläge für irgendeine Unartigkeit erhalten hatte. Es war eine neue Welt für unseren Bruder, diese Welt der Schläge, des In-der-Ecke-Stehens, des »Bückens« – das darin bestand, dass der Missetäter auf einem Bein balancieren musste, das andere hielt er angewinkelt, und sich dann so weit vornüberbeugte, bis er mit der Spitze des Zeigefingers den Fußboden berührte. Die andere Hand lag auf dem reuig gekrümmten Rücken. Eine andere sehr beliebte Strafmaßnahme bestand darin, den Übeltäter mit gerade vorgestreckten Armen stehen zu lassen. Das Stöckchen fuhr scharf auf die Knöchel nieder, sollte ein Arm sinken, genauso wie der Versuch, beim »Bücken« das Bein zu wechseln, unweigerlich gehörige Schläge auf den verlängerten Rücken nach sich zog. Unter den Cousins war einer, dessen Untaten ihm aus irgendeinem Grund ständig das »Bücken« einbrachten. Er war schon so an diese Stellung gewöhnt, dass er gelegentlich unter der Strafe einschlief.

Dipo erlebte natürlich, wie jedes Haushaltsmitglied irgendwann die eine oder andere Strafmaßnahme über sich ergehen lassen musste. Die ihn umzingelnde Kinderschar hatte sich aber seine Unschuld zurechtgedrillt, für Vergehen einzustehen, die er nicht begangen hatte, da er noch zu klein war, um schon bestraft zu werden. Als der erste Strafeinsatz erfolgte, begriff Dipo nicht sogleich, dass seine Immunität aufgehoben war; ihm erschien das Ganze einfach als ein Irrtum. Doch es geschah immer wieder, und er ahnte, dass die Zeit des gefeiten Daseins vorüber war. Dipo verschwand. Einige Stunden lang herrschte großer Aufruhr im Hause, dann wurde er von jemandem gebracht, der eigentlich hatte verreisen wollen. Stundenlang war Dipo ziellos durch Abeokuta gestreift und per Zufall an einem der großen Lorry-Parks, der

Busbahnhöfe, gelandet. Als er versuchte, auf einem der offenen Reiselastwagen einen Platz zu ergattern, entging weder dem Fahrer noch den anderen Reisenden die Tatsache, dass er wohl noch ein wenig jung sei, um allein zu reisen. Man fragte ihn aus, ein Polizist wurde geholt – inzwischen hatte man das Kind aus dem Busbahnhof in ein nahe gelegenes Geschäft gelockt –, und schließlich wurde Dipo von dem mitleidigen Reisenden nach Hause begleitet.

Was die Eltern von diesem Abenteuer hielten, wussten wir nicht, noch interessierte es uns sonderlich; für uns jedenfalls war Dipo augenblicklich der große Held. Er sah so verwundbar aus, wie er da im Schlepptau dieses Erwachsenen zurückkam, dass ich mich im ersten Moment um ihn ängstigte. Niemand, der so hilflos aussah, sollte in die Gefahren eines solchen Abenteuers gedrängt werden dürfen. Dann fragte ich mich, ob es die Gewohnheit der Eltern, bei jeder Übertretung nur zu gern das Mittel der Rute in Einsatz zu bringen, wohl beeinflussen würde, doch dem war nicht so. Was Dipo anlangte, so tollte und tobte er schon am nächsten Tag wieder herum, als sei nie irgendetwas geschehen. Nicht die geringste Spur des Abenteuers oder seiner Nachwirkungen zeigte sich in seinem Verhalten. Von da an betrachteten wir ihn als einen Angehörigen einer eigenen Gattung, offensichtlich war er unzerstörbar. Ungefähr ein Jahr später, lange nach dem Besuch des geheimnisvollen Onkels, verkündete Wild Christian, dass Dipos Name in Femi geändert würde. Sie erklärte, dass sie sich bereits lange mit dem Gedanken getragen habe, denn Kinder mit dem Namen Dipo erwiesen sich immer als ungestüm und gänzlich unbeherrschbar. Den meisten war die Namensänderung gleichgültig; ich verbarg meine Verwunderung, doch einmal mehr fühlte ich mich hilflos vor Verwirrung – wussten diese Erwachsenen denn nie, was sie wollten? Dies konnte doch nicht dieselbe Wild Christian sein, die noch vor gar nicht so langer Zeit Dipo angefeuert hatte, der, stillschweigend unterstützt von Joseph und Nubi, auf mich losgegangen war. Und jetzt änderte sie seinen Namen, weil er so gut auf ihren Ansporn angesprochen hatte? Noch wochenlang zerbrach ich mir den Kopf über die Angelegenheit, jedes Mal, wenn sein neuer Name gerufen wurde, war ich von Neuem verblüfft.

Der Glücksritter hatte letztlich doch einen Namen. Trotz Wild Christians sorgsam gehütetem Schweigen zu diesem Thema war ich sicher, dass sein Name nur Dipo sein konnte. Während das neue Wesen, Femi, sich dem Haushalt eingliederte, folgte Onkel Dipo der langen Reihe von Fremden, die in unserem Leben durch ihre lebhafte Gegenwart ihre Spuren hinterließen und dann entschwanden, ohne je wieder aufzutauchen. Sein Aufenthalt war der kürzeste, doch wie es sich für einen echten Dipo gehört, der unerwartetste und stürmischste.

9

In ganz Isara wusste man, dass die Kinder des Rektors sich niemandem zum Gruß zu Füßen warfen; unser ständiger Begleiter achtete streng darauf. Wenn die Kinder des Rektors zu Weihnachten und Neujahr zu Besuch kamen, wurden sie von Haus zu Haus geführt, denn die Bewohner wären sonst zu Tode beleidigt gewesen. Auf den Straßen von Isara begegneten uns Verwandte und Freunde der Familie, gebeugte, knorrige, alte Gestalten, Chiefs, Königsmacher, Kultpriester und Priesterinnen, die Ältesten des Osugbo, die einen mit ihrem stechenden Blick durchbohrten, dann einen Schritt zurücktraten, um die gewohnte Huldigung entgegenzunehmen. Wir wurden vorgestellt – die Kinder von Ayo –, endlich waren wir an einem Ort angekommen, an dem die Nennung von Essays richtigem Namen eine Selbstverständlichkeit war – die Kinder von Ayo, gerade angekommen, um hier Odun zu feiern.

»Sie wissen nicht, wie man sich zum Gruß zu Boden wirft, bitte, nehmen Sie es nicht als Beleidigung.«

Die Reaktionen waren unterschiedlich. Einige waren so tief beeindruckt von diesen Fremden, von denen man munkeln hörte, dass sie mit den eigenen Eltern in der Sprache des weißen Mannes redeten, dass sie rasch von sich wiesen, je eine so provinzlerische Form der Begrüßung erwartet zu haben. Andere, besonders die Ältesten, deren Haut schon die Patina der dunklen Etu angenommen hatte, richteten sich noch höher auf, schnaubten verächtlich und gingen weiter. Der höchste Würdenträger Isaras, der Odemo, besänftigte sie später, wenn ihre Klagen an sein Ohr drangen. Vielleicht beschwichtigte schon die Tatsache, dass wir mit dem königlichen Hause verwandt waren, ihre verletzten Gefühle. Jedenfalls bemerkten wir beim nächsten Zusammentreffen mit diesen Ältesten ein nachsichtiges Lächeln; statt der zusammengezogenen Brauen sahen wir belustigte Fältchen in den Winkeln der Augen, die diese merkwürdigen Objekte betrachteten, die ein Sohn ihrer Erde in der Fremde gezeugt hatte. Und vielleicht hatte sich die Neuigkeit von der peinlichen Geschichte, die sich im Palast abgespielt hatte, bis zu ihnen herumgesprochen.

Nach dem sonntäglichen Gottesdienst, unserem ersten hier in Isara, begleitete ich Essay zum Palast des Odemo. Als wir den Audienzraum betraten, sah ich, dass sich schon einige Chiefs versammelt hatten, darunter auch Gesichter, die ich nie zuvor gesehen hatte, einschließlich eines Fremden, der über und über mit Perlschnüren und Korallenketten behängt war. Er trug ein Gewand aus Aso-Oke und stammte auf gar keinen Fall aus Isara. Nach seiner Sprache und seinem Gehabe zu urteilen, hätte man meinen können, er sei ein Bruder des höchsten Würdenträgers, ja, er führte sich auf, als sei er dem Odemo gleichgestellt.

Wir traten ein, der Odemo nahm mich sogleich auf seinen Schoß und fragte mich über die Schule aus. Die üblichen Rufe erhoben sich: »Ah, omo Soyinka, wa nube wa gbowo«, und sie streckten die Hände aus.

Kabiyesi ließ mich herunter, und ich ging und schüttelte rundum die Hände. Die große, selbstsichere, königliche Gestalt stand neben einem Schrank und fächelte sich mit einem großen Fächer gelassen Kühlung zu. Als ich vor ihm stand, schaute er mich aus seiner riesigen Höhe an und brüllte mit Donnerstimme: »Was soll das heißen? Omo tani?«

Im Chor antworteten Stimmen »Omo Soyinka«, und Finger zeigten auf meinen Vater, der bereits mit Odemo in ein Gespräch vertieft war. Voll Verachtung zog der Fremde die Mundwinkel herunter, und mit gleich verwirrend dröhnender Lautstärke befahl er: »Dòbalè!«

Die Reaktion im Audienzraum war amüsiert und freundlich, man war zum Spaßen aufgelegt ... »Sie können es natürlich nicht wissen, es sind die ›Ara Egba‹, die Kinder des Lehrers, sie wissen überhaupt nicht, wie man sich zu Boden wirft.«

Aus den Augen des Fremden zuckten Blitze. Er schaute von mir zu Essay, zu den Chiefs, wieder auf mich, dann zum Odemo. »WARUM NICHT?«

Ich hatte mich vom Ansturm seiner Stimme und seiner wahrhaft einschüchternden Erscheinung erholt. Stattdessen empfand ich jetzt nur Groll über seine Gegenwart in diesem Palast, nicht zuletzt auch deswegen, weil er sich Essay zum Feind ausgesucht hatte. Ich hatte über die Frage dieser unterwürfigen Art der Begrüßung nie viel nachgedacht, außer, dass sie mir auf den rotstaubigen Straßen von Isara, mit ihren vielen Kothaufen von Hunden und Kindern, als nicht sehr saubere Form der Begrüßung erschien. Es hätte mir nicht das Geringste ausgemacht, mich vor Großvater niederzuwerfen, oder vor dem Odemo oder vor einigen der Ältesten, die hier im Audienzraum versammelt waren, oder vor jenen, die in Scharen zu Vaters Haus kamen, um zum Dank für unsere sichere Ankunft zu Ehren der Götter einen Trunk zu nehmen. Aber ich hätte jede erdenkliche Ausflucht gewählt, um zu vermeiden, mich in jenen Straßen niederwerfen zu müssen, deren Staub einem schon in Kleidern, Haaren und Haut klebte, selbst wenn man sich nicht zu Boden warf, oder meine Nase in eine Urinlache – humanen oder animalen Ursprungs – tauchen zu müssen. Doch mich vor diesem hochgestochenen Fremden niederzuwerfen, hätten mir weder Essay noch Wild Christian befehlen können, auch wenn sie ihre Ansicht in dieser Angelegenheit geändert hätten!

Vielleicht gab mir die Tatsache, dass wir gerade vom Gottesdienst kamen, die Antwort ein, auf jeden Fall war es kein Argument, das ich mir irgendwann zurechtgelegt oder das ich in einem Streitgespräch gehört hatte. Ich hörte, wie ich, mit einer Haltung, mit der man ganz einfach das Offensichtliche darlegt, sagte: »Wenn ich mich vor Gott nicht zu Boden werfe, warum sollte ich mich dann vor Ihnen niederwerfen? Schließlich sind Sie nur ein Mensch, so wie mein Vater, nicht wahr?«

Es folgte das längste Schweigen, das ich je in einer Versammlung von Erwachsenen gehört habe. Odemo unterbrach die Stille schließlich mit einem langen Pfiff, der in ein »O-o-o-oro baba o!« überging. Zu Essay gewendet, fragte er dann: »E mi su' wo re ko?«

Mein Vater schüttelte den Kopf und gestikulierte mit auswärts gerichteten Händen, dass er damit nichts zu tun habe. Als ich Odemos Stimme hörte, hatte ich mich zu ihm umgedreht, jetzt schaute ich langsam in die Runde, erstaunt über die Gleichartigkeit des Ausdrucks in den Gesichtern aller Anwesenden. Plötzlich war ich total durcheinander, ich stürzte aus dem Audienzraum und rannte den ganzen Weg bis nach Hause.

Als diese Ferien zu Ende gingen, verfügte Essay, dass wir uns von nun an nicht nur in Isara, sondern auch in Aké zur Begrüßung der Ältesten zu Boden zu werfen hätten.

Der Odemo besuchte uns oft in Aké, und seine Besuche waren eine einzige Zeit langer aufregender Abenteuer, denn Essay war so mit seinem Gast beschäftigt, dass wir uns die größten Freiheiten herausnehmen konnten, denn wir wussten, dass er für uns jetzt keine Zeit hatte. Daodu war ein anderer Gast, dem Essays ungeteilte Aufmerksamkeit galt – aber er blieb nie über Nacht. Für uns war der Odemo einfach ein enger Freund von Essay, mehr bedeutete er uns nicht. Es waren die Händlerinnen, die den Geschmack, den Geruch, das Greifbare von Isara nach Aké brachten. Oft kamen sie spät in der Nacht an, wie windgepeitschte Karawanen, vollgepackte Körbe und schwere Säcke auf den Köpfen. In den Körben und Säcken hatten sie verschiedene Sorten geräuchertes Fleisch, gewebte Tücher, selbst hergestellte Salben, Gari, Yamsmehl, sogar Büchsen voll Palmöl. Sie kamen kurz vor Mitternacht an, entzündeten ihre Feuer im Hinterhof, kochten, blieben unter sich. Wild Christian brachte ihnen von ihrem Essen,

Essay ging zu ihnen hinaus, um die letzten Neuigkeiten und Botschaften von zu Hause zu hören. Ihre Selbstgenügsamkeit machte großen Eindruck auf uns. Nie versuchten sie, sich in irgendeiner Form in die Angelegenheiten des Hauses zu mischen. Lediglich zwei von ihnen kamen immer bis ins Vorzimmer, um sich mit Essay zu unterhalten, und später erfuhren wir, dass sie seine Tanten waren. Es war unglaublich, dass Essay so etwas wie Tanten haben sollte, es schien einfach nicht möglich, dass er mit solchen zusätzlichen Verwandten belastet sein sollte. Jedenfalls nannten wir sie nie Auntie.

Mit den Händlerinnen kam ein ungewohnter Klang ins Haus, der Dialekt von Ijebu, den zu imitieren wir unser Bestes gaben. Wenn Essay sich mit den Besucherinnen unterhielt, dann konnten wir anfangs von Glück sagen, wenn wir einen Satz oder zwei verstanden. Es war, als sprächen sie eine ganz neue Sprache, nicht das Yoruba, das wir so gedankenlos benutzten. Wenn sie im Hof um ihre Feuer versammelt waren, dann füllte dieser Klang die Nacht wie ein unheimlicher kultischer Grabgesang, dem Gesang der Ogboni nicht unähnlich, der manchmal aus ihrem Versammlungshaus im Palast des Alake zu uns herüberdrang. Der Schuppen hinten im Hof wurde ausgeräumt und den Händlerinnen für die Zeit ihres Aufenthalts zur Verfügung gestellt, doch sie breiteten ihre Schlafmatten unter freiem Himmel aus und übernachteten draußen, es sei denn, das Wetter war sehr schlecht.

Wenn wir morgens aufwachten, waren die Händlerinnen schon auf dem Markt. Mit flachen Säcken und leeren Körben kamen sie zurück, sie hatten all ihre Waren auf dem Markt verkauft.

Am nächsten Tag gingen sie in die Geschäfte von Abeokuta und deckten sich mit Waren ein, die sie wiederum in Isara verkaufen konnten. Bei Sonnenaufgang am nächsten Tag machten sie sich auf den Heimweg und ließen nur den Geruch von Rauch und Indigo zurück.

Ich hatte angenommen, wir würden zu Fuß nach Isara gehen;

stattdessen liefen wir mit unserem Gepäck zum Bahnhof und bestiegen eine Lorry. Isara war aber nicht das Ziel dieser Lorry, sie fuhr nur bis Iperu, sodass uns noch etwa sieben Meilen Weg blieben. Nachdem wir fast einen halben Tag lang vergeblich auf ein Weiterbeförderungsmittel gewartet hatten, entschied Essay, dass wir zu Fuß gehen sollten. Das Gepäck wurde unter uns aufgeteilt, und wir marschierten los. Erst jetzt fiel mir auf, warum ich gedacht hatte, es sei nicht mehr als ein kleiner Spaziergang von Isara nach Abeokuta – die Händlerinnen machten den Weg ja schließlich zu jedem großen Markttag! Was ich nicht bedachte – sie gingen bei Sonnenaufgang aus dem Haus, ihre schweren Lasten auf dem Kopf, liefen den ganzen Tag und kamen um Mitternacht bei uns an. Das war einfach unmöglich! Ich fragte Essay, ob mir die Frauen auch sicher die Wahrheit gesagt hätten, und er sagte, ja – sie gehen zu Fuß. Manchmal, sagte er, würden sie sich zwei Tage Zeit lassen, besonders wenn sie sehr viele Waren zu schleppen hatten. Sie übernachteten dann in einem der Dörfer am Wege; ich versuchte, mich zu erinnern, wie lange wir mit der Lorry gefahren waren, aber ich wusste es nicht. Jetzt fühlte ich mich nicht mehr müde. Dipo reiste auf dem Rücken eines der Mädchen. Meine Aufregung wuchs, je näher wir unserem anderen Zuhause kamen, dem Zuhause dieser dunklen Frauen, die einen mühseligen Tagesmarsch auf sich nahmen, um geräuchertes Fleisch und handgewebte Stoffe zu veräußern, und die in einer Sprache der Klagelieder sprachen. Wir hatten Isara zwar fast erreicht, als eine Lorry auftauchte, trotzdem kletterten wir dankbar hinein und fuhren in der rötesten Staubwolke, die es auf der ganzen Erde geben kann, in Isara ein.

Es waren jene Wanderhändlerinnen, unsere schattengleichen Gäste aus Aké, die uns nun als Führer entgegeneilten, uns ihre Welt erklärten. Sie sonnten sich in ihrer Beziehung zu uns, stellten uns voll Stolz den Überraschten vor, linderten unser Zusammentreffen mit Verärgerten. Sie kämpften um uns und wurden wütend besitzergreifend. Sie hätten uns von morgens bis abends gefüttert, doch hier war Wild Christian noch unbeugsamer als zu Hause; außerhalb der Mauern des Hauses unseres Großvaters hatten wir nichts Essbares anzunehmen. Dahinter steckte mehr als die Missbilligung von GIER. Sie hatte eine tödliche Angst, man könne uns vergiften.

Unsere Ijebu-Verwandten, so schien es, standen in dem Ruf, ihre Feinde reihenweise zu vergiften oder ihnen mithilfe hundert anderer magischer Praktiken zu schaden. Man drillte uns Mittel und Wege ein, jeden Händedruck zu vermeiden, denn manch schädlicher Zauber konnte auch durch die Berührung der Hand übertragen werden. Man kam dann heim und welkte einfach hilflos dahin. Wir wurden Meister darin, mit den Händen auf dem Rücken unseren Bückling zu machen. Je eindringlicher ein zufällig vorbeigekommener Bekannter die Hand hinstreckte, desto entschiedener hielten wir die Hände auf dem Rücken, machten respektvoll unseren Diener und hielten die Augen auf den Boden gerichtet. Es wurde zum Spiel, bald tauschten Tinu und ich unsere Erfahrungen mit unseren jeweiligen Ausweichmanövern aus.

Kein noch so strenges Verbot freilich konnte uns von der Karawanserei fernhalten, die nach Aké kam. Wild Christian hatte keine Ahnung von den zahllosen nächtlichen Besuchen, die wir ihr abstatteten, und von unserem Appetit auf geräuchertes Fleisch und rauchgraue Geschichten, wie man sie uns hier erzählte. Ganz andere Geschichten als die spannendsten, die Essay zu erzählen wusste. Jetzt, als wir sie in ihren eigenen Häusern besuchten, sah ich nicht ohne Traurigkeit, wie sich so manche ihrer Geheimnisse ganz einfach auflösten. Vaters Lehmhäuser waren sehr dürftig ausgestattet, in seinem Kleiderschrank hingen nicht mehr als zwei oder drei Agbadas, ein paar bequeme Buba und Hosen, Kopfbedeckungen und die Gewänder, die er in seiner Eigenschaft als Chief anlegte, doch nichts – außer den Sachen, die er zur Feldarbeit oder zur Jagd trug – war geflickt oder abgewetzt. Die Häuser dieser Händlerinnen machten uns traurig, die Armut, die Schäbigkeit konnte nicht verborgen bleiben. Hinter ihrer Freude über unseren Besuch spürten wir den Druck des nackten Willens zu überleben, ein Leben zu erhalten, das aus Vierzigmeilenmärschen bestand, bepackt mit schweren Lasten. Uns zu Ehren trugen sie ihr einziges Festgewand, wann immer sie uns abholten, und in diesem Gewand erschienen sie auch zum größten aller Feste, dem Neujahrsfest, und dann, wir wussten es, wurde das Gewand sorgfältig verwahrt bis zum nächsten Jahr.

Isara war nicht gerade der hygienischste aller Orte. Es gab eine öffentliche Salanga, tiefe Latrinenlöcher, die aber im Allgemeinen sauber gehalten wurden. Doch schien es selbstverständlich, dass Kinder ihre Exkremente überall absetzen konnten, man rief dann einfach nach einer der zahllosen Promenadenmischungen, die durch die Straßen streunten, und wenn kein Köter vorbeikam, dann schwärmten die Schmeißfliegen so lange um den Haufen, bis er ausgetrocknet war, oder ein unachtsamer Fuß verteilte ihn bei Nacht, ein Fahrradreifen, ganz selten einmal die Räder einer Lorry. Zwischen den einzelnen Gehöften lagen schmale Streifen unkultivierten Landes, hier wurden Exkremente hingeworfen oder von hockenden Erwachsenen direkt abgesetzt. Für uns war das eine nicht versiegende Quelle der Verwunderung, dass diese Erwachsenen sich nichts daraus machten, dass man sie beobachten konnte; sie hockten da und setzten ihren bloßen Hintern dem hellen Tageslicht aus. Wenn ich einen Nachmittag damit verbracht hatte, den Gold- und Silberschmieden bei ihrer Arbeit zuzusehen, dann wurden die Pfade und Wege zu einer Besudelung des Augenschmauses, an dem ich in den Werkstätten der Handwerkskunst Isaras teilgenommen hatte. Ich ersetzte die Lehrlinge an den Blasebälgen und hielt die Tiegel für das geschmolzene Metall. Wieder in den Straßen, waren der Lärm und Gestank ein bestürzender Abstieg aus der Ruhe und Reinheit der eben erlebten Bewegungen. Oft hielt mich der Gedanke an die zu überwindenden

Hindernisse bei Großvater zu Hause. Sein einfaches Lehmhaus war sauber – was für uns das Normale bedeutete. Einmal fragte ich Essay, ob wir nicht diese Gesundheitsinspekteure auf Isara aufmerksam machen könnten, die so unangemeldet in die Haushalte in Aké einfielen, und sei es nur für die Dauer unseres Aufenthaltes hier. Essay schien sich etwas nervös umzuschauen, als wolle er sichergehen, dass niemand mich gehört hatte. Dann musste ich ihm versprechen, ihn daran zu erinnern, sobald wir wieder im Pfarreigelände waren.

Vater hatte oft versprochen, mich zu seinem Feld mitzunehmen, da er aber im Zusammenhang mit den Festlichkeiten eine Reihe von Verpflichtungen zu erfüllen hatte, schlug er vor, ich solle Broda Pupa bitten, mich zu seinem Feld mitzunehmen. Diesen Ausflug wollte ich mir keinesfalls entgehen lassen, und so wurde das Leben für Broda Pupa eine rechte Folterqual, bis er endlich versprach, Wild Christian um Erlaubnis anzugehen. Er war unser Nachbar, wenige Häuser weiter besaß er einen Friseurladen. Schädlicher Zauber konnte auch durch den Kopf eingegeben werden, und so war es ein Zeichen großen Vertrauens, dass Wild Christian uns für unseren Weihnachts-Neujahrs-Spezialhaarschnitt zu ihm schickte. Sie aber dazu zu bringen, mich einen ganzen Tag lang mit Broda Pupa zu seinem Feld gehen zu lassen, war nicht so einfach – doch er hatte einen äußerst dehnbaren Sinn für Humor, der sich sehr rasch Wild Christians verletzlicher Seite anpasste. Und da war natürlich auch Vaters Autorität, die viel zählte, zumindest, wenn er im rechten Moment anwesend war. So konnten wir uns denn schließlich, zusätzlich gesichert durch die Anwesenheit eines echten Cousins, der dem Mannesalter bereits näher gerückt war als alle meine anderen Spielkameraden in Isara, im frühen Morgengrauen zu Broda Pupas Farm auf den Weg machen.

»Na, komm schon, ara Aké«, rief er, während er draußen vor dem Haus auf mich wartete. »Heute werde ich dich in die Schule bringen.« Er drückte mir eine Machete in die Hand. »Hier ist dein

Griffel. Deine Tafel und deine Fibel warten auf dich, es ist etwa eine Stunde Weg, bist du bereit?«

Noch nie zuvor war ich so bereit gewesen. Ich hüpfte zu ihm hinunter und reihte mich zwischen ihn und Yemi ein. Der frische Morgentau füllte meine Lungen. Noch war der Staub nicht aufgewirbelt, der Tau des Harmattan verhüllte noch den Gestank der Straßen, der bis zum Nachmittag widerlich über dem Ort stehen würde.

Broda Pupa hatte gut geschätzt, der Fußmarsch dauerte etwa eine Stunde. Neben dem Feld stand eine Hütte, und in ihr fanden wir, was wir für ein kurzes Frühstück brauchten, ehe wir uns an die Arbeit machten. Wir rodeten ein neues Stückchen Land, lockerten mit der Hacke den Boden auf und füllten schließlich einen großen Korb mit Früchten. Harmattan war die Zeit der Dürre, und es war mir unerklärlich, warum hier alles so grün, warum der Boden so weich und saftig war. Broda Pupa erklärte, dass die ganze Gegend von einem großen Strom bewässert werde, einen seiner Nebenflüsse hatten wir auf dem Weg hierher überquert. Von Zeit zu Zeit stieß er einen falschen Warnschrei aus: »Pass auf, ein Skorpion!«, und ich fuhr vor Schreck zusammen. Doch bald zog dieser Trick nicht mehr. Nun verdrückte er sich leise in den Busch, tauchte plötzlich wieder auf und zog mir einen glitschigen Zweig über den Nacken.

»Schon gut«, sagte ich. »Aber beschwer dich nicht, wenn ich dich tatsächlich für eine Schlange halte und mit meiner Machete nach dir schlage.«

Es war Yemi, der die einzige echte Schlange sah, der wir an diesem Tag begegneten. Er war auf eine Kolanusspalme geklettert, um einige Früchte zu ernten. Er war gerade erst losgestiegen, näherte sich genau der Stelle, an der die dicksten Schoten hingen, als wir ihn rufen hörten, so leise, dass es gerade noch vernehmlich war.

»Broda!«

»Hast du gerufen, Yemi?«

Ein paar Augenblicke lang herrschte Stille, dann sahen wir Yemi, der sich recht verstohlen zwischen den Palmwedeln bewegte und noch dazu in der falschen Richtung. Broda Pupa war überrascht und verärgert.

»Was machst du denn da? Die Kolanüsse hängen da drüben!«

Es vergingen noch einige Augenblicke, dann hörten wir Yemi, der inzwischen in dem üppigen Geäst tief verborgen saß.

»Da ist eine Schlange. Ein monströses Viech, liegt genau auf dem Ast zusammengerollt, an dem die Kolanüsse hängen. Ich glaub, es ist 'ne Agbadu.«

Starr vor Angst schaute ich Broda Pupa an. Aber er war nicht im Mindesten beunruhigt. Er rief zu Yemi hinauf: »Bewegt sie sich?«

»Nein, aber sie beobachtet mich.«

Broda Pupa lachte. »Was soll sie denn sonst tun? Sehen, dass du zu ihr hinaufkletterst, und sich dann zum Mittagsschlaf hinlegen? Hör zu, du bist ziemlich weit vom Stamm weggeklettert, stimmts?«

»Natürlich«, und ich hatte das Gefühl, Yemi klang ziemlich gereizt. »Sie ist da drüben, auf der anderen Seite des Stamms.«

»Gut. Hör jetzt zu. Beweg dich nicht zum Stamm zurück. Schau nach unten, gibt es unter dir einen Ast, der dein Gewicht tragen kann?«

Wir hörten das Rascheln der Blätter, als Yemi die Zweige teilte. »Ja, da ist einer.«

»Gut, dann brauchst du nicht von ganz oben herunterzuspringen und dir das Genick zu brechen. Lass dich auf diesen anderen Ast runter, aber keine hastigen Bewegungen, kletter ganz einfach runter, als wenn es keine Schlange gäbe.«

Yemi führte das erforderliche Manöver aus. Ich konnte nichts dafür, dass ich Angst um Yemi hatte und etwas verärgert war über Broda Pupa – er hatte gut lachen, schließlich steckte er nicht da oben im Baum.

Im nächsten Augenblick krachte ein Körper durch die Zweige, Yemi hatte den Halt verloren, oder der Ast hatte sich als nicht so kräftig erwiesen, wie er gedacht hatte. Zum Glück landete er auf ziemlich weichem Boden. Er rappelte sich schnell auf und stammelte: »Broda, die, die ist riesig, ein Monstrum! Das, das ist gar keine Schlange, das ist ein Zauberer, der sich da versteckt hat, ich schwör's dir, ein Hexenmeister.«

Broda Pupa schnaubte verächtlich. »Ach nee! Sucht mir einen kleinen Haufen Steine zusammen, ja? Und dann zeig mir mal ganz genau, wo sie sitzt, damit ich sie im Auge behalten kann.«

Wir folgten Yemi zu der Stelle genau unter der Traube von Kolanüssen. Yemi hatte recht. Es dauerte nicht lange, bis ich sie ausmachen konnte, denn sie sah genau wie ein Ast aus, nur dass sie schwarz war, aber schwarz glänzend, und der Körper pulsierte ein wenig, aber das konnte auch nur meine Einbildung sein.

Broda nickte zufrieden. »Na prima! Ich hab mir nämlich gerade überlegt, was wir wohl zu unseren Yams zu Mittag essen sollten.«

Ich dachte, er macht einen Witz. »Schlangen kann man doch nicht essen.«

Er schaute mich an, in seinen Augen stand zu lesen, dass ihm langsam ein Licht aufging. »Ah, das habe ich ganz vergessen, Omo Teacher. Die Kinder des Lehrers essen so was ja nicht, sie essen Weißbrot mit Butter.«

»Essen wir nicht! Aber kein Mensch isst Schlangen.«

»Nun, wir werden ja sehen. Yemi, gib mir die Machete, ich glaube, ich schneide mir die Knüppel, die ich brauche, lieber selbst. Omo Teacher, du bleibst hier und lässt die Schlange nicht aus den Augen, Yemi, du gehst Steine sammeln.«

»Und wenn sie runterkommt?«, fragte ich.

»Dann sprich Englisch mit ihr«, sagte Broda Pupa und ließ mich stehen.

Ich verbrachte die zehn Minuten, die sie weg waren, mit ernstem Nachdenken über die Schlange. Sie war dick, glatt und sehr gelassen. Es sah nicht aus, als ob sie herunterkommen würde, jedenfalls nicht mit einem Satz, aber andererseits wusste ich so gut wie nichts über die Gewohnheiten von Schlangen. Die, denen wir in Aké begegneten, wurden im Allgemeinen gleich von den Erwachsenen getötet, meist noch ehe wir zur Stelle waren, gelegentlich hatte ich eine lebende Schlange sich über den Pfad schlängeln sehen, dann rannte ich einfach weg und sagte den Großen Bescheid, aber noch nie hatte ich eine Schlange von solcher Größe gesehen.

Endlich kamen sie zurück. Ich beobachtete, wie methodisch Broda Pupa seine Vorbereitungen traf, und ich konnte nicht anders als vermerken, dass er die gleiche Annäherungsmethode verwendet hatte bei dem Versuch, Wild Christians Einwilligung für diesen Tagesausflug zu erlangen. Essay hatte schon so vielen Verpflichtungen nachzukommen – die Leute wollten ihn ständig sprechen, oder er musste an irgendeiner Versammlung teilnehmen –, dass es Wild Christian oblag, auch noch gegen die harmlosesten Vorschläge ihr Veto einzulegen. Aber Broda Pupa war entschlossen, und außerdem ließ ich ihm ja auch keine Ruhe. Mit der gleichen Bedächtigkeit machte er sich jetzt daran, diese Schlange von ihrem Hochsitz zu holen. Erst sortierte er die Steine nach Größe, einige warf er weg, andere legte er beiseite – wie sich zeigte, für mich, dann ging er mit den Stöcken genauso vor, schätzte ihr Gewicht in der Hand ab, verkürzte einige und legte schließlich einen langen, schweren Schössling beiseite.

Mit allem zufrieden, wählte er den Standort zum Werfen aus und erklärte: »Wir wollen ja schließlich nicht, dass Woles Steine von dem Ast da zurückprallen und uns am Kopf treffen.«

Empört drehte ich mich zu ihm um, doch er befahl knapp: »Du hältst deine Augen auf das Tier gerichtet!«

Jetzt wies er mir meinen Platz bei dem kleinen Häufchen mittelgroßer Steine an und gab seine letzten Anweisungen: »Ich werfe zuerst. Dann wirft Yemi seine Steine, und dann macht Wole die

Schlange mit seinen Steinen fertig. Wir wiederholen die Prozedur so lange, bis sich die Schlange zum Empfangskomitee herunterbemüht. Hat mich jeder genau verstanden?«

Ich nickte, schon ganz aufgeregt.

Broda Pupa zielte und warf seinen ersten Knüppel. Er flog durch die spärlichen Blätter und traf die Schlange in ihrem Mittelteil. Es rüttelte sie nicht nur aus ihrer Gedankenverlorenheit, sie wäre auch fast von ihrem Platz heruntergefallen. Als die Schlange ihren Körper ängstlich nach vorn stieß, stoppte sie der Aufschlag von Yemis Stein, der den Ast genau vor ihr traf. Und schon pfiff Broda Pupas nächster Stock durch die Luft, ohne dass ich an die Reihe gekommen wäre.

»Komm schon, Lehrer, du bist zu langsam.«

Ich warf meinen Kiesel im gleichen Augenblick, in dem Yemi seinen zweiten Stein warf, ich sah, wie er aufstieg, kaum bis zur Höhe des niedrigsten Astes und schon wieder zur Erde zurückkam.

»Ausgezeichnet, sehr gut. Solange wir unseren großen englischen Jäger bei uns haben, muss kein Bauer je fürchten, aus Mangel an Fleisch zu verhungern.«

Die beiden setzten ihr Trommelfeuer fort. Die Schlange war gehörig durcheinander, sie rutschte vorwärts und rückwärts, ringelte sich bis zum höchstmöglichen Punkt, doch auch da trafen sie die Steine und Knüppel. Ich hatte es längst aufgegeben, meine Kieselsteine beizusteuern, überzeugt, dass Broda Pupa ohnehin nichts anderes im Sinn hatte, als mir das Gefühl zu geben, nicht ausgeschlossen zu sein. Ich beschäftigte mich damit, die nutzlosen Fluchtversuche der Schlange zu beobachten. Schließlich stürzte sie herunter. Jetzt sah ich, dass Broda Pupa den schweren Schössling schon in der linken Hand hielt. Während die Schlange herunterfiel, nahm er ihn in die rechte Hand und war über ihr, ehe sie ihre Reflexe sammeln konnte. Ein Schlag landete mitten auf ihrem Körper, der nächste Hieb traf sie mit gehöriger Wucht auf den Kopf. Sie zappelte mit ungeheurer Energie, und ihr Körper peitschte nach allen Richtungen. Noch einmal schlug ihr Broda Pupa auf den Kopf, dann trat er einige Schritte zurück. »Gib mir die Machete«, befahl er.

Yemi holte sie und wollte sie ihm bringen, aber er sagte: »Nein, gib sie Wole. Er soll sie mir bringen.«

Für meinen Geschmack stand er ein bisschen zu nah bei der zuckenden Schlange. Ich nahm die Machete und zögerte. Dann fiel mir ein, dass er ja sowieso zwischen mir und der Schlange stand, ehe sie also nach mir ausschlagen konnte – was sie unter allen Umständen zu tun wünschte, das sah ich ihr an –, musste sie erst Broda Pupa treffen. Trotzdem hielt ich ihm die Machete auf Armeslänge hin.

Er schüttelte den Kopf. »Nein, nein, Omo Teacher, wenn man jemand anderem eine Machete oder ein Messer reicht, dann hält man selbst die Klinge und reicht dem anderen den Griff. Man hält sie so, dass man sich selbst nicht schneidet, aber man bietet dem anderen nie die Klinge! So jedenfalls wird es hier bei uns auf dem Feld gemacht.«

Ich gehorchte ihm. »So ists recht. Wir machen schon noch einen Bauern aus dir.«

»Ich will aber Arzt werden«, sagte ich.

»Keine schlechte Wahl«, sagte er und trennte den Kopf der Schlange mit einem Hieb ab, »aber deswegen kannst du trotzdem ein Feld unterhalten. Ich bin ja schließlich auch Friseur und habe trotzdem ein Feld hier.«

Das hatte ich überhaupt noch nicht überlegt. Dann dachte ich an Essay. »Papa ist Rektor, aber er ist auch Gärtner.«

»Na, siehst du. Er ist hier aufgewachsen.«

Er reichte Yemi die Machete, der wusste, was zu tun war, ohne dass man es ihm sagte. Er nahm den Schlangenkopf mit der flachen Seite der Klinge auf, ging damit ein Stück beiseite und hob ein Loch aus.

»Warum pflanzt du ihn denn ein?«, wollte ich wissen.

»Das musst du dir für alle Zeiten merken. Der Kopf einer Schlange ist gefährlich, auch wenn du ihn abgeschlagen hast. Wenn jemand darauf tritt, kann das Gift in seinen Körper gelangen, so, als hätte die lebende Schlange ihn gebissen. Also, vergrab ihn immer tief im Boden und nach Möglichkeit abseits von den Wegen und Pfaden.«

Yemis Wahl fiel auf den Fuß eines großen Baumes, dort vergrub er den Kopf zwischen den Wurzeln. Als Nächstes wählte Broda Pupa eine Yams aus seinem Vorrat aus und gab sie mir.

»Kannst du eine Yams schälen?«

»Klar. Zu Hause koche ich manchmal für die ganze Familie.«

»Sehr gut. Yemi wird ein Feuer machen, und ich werde die Schlange abziehen. Da du kein Schlangenfleisch essen kannst, wirst du deine Yams mit Palmöl essen müssen.«

Wir beeilten uns mit den Vorbereitungen. Vom Feld wurden frische Pfefferschoten geholt, etwas Gemüse wurde geputzt, eine Flasche mit Palmöl und eine Reihe anderer Zutaten kamen aus der gut bestückten Hütte zum Vorschein, und in kaum einer Stunde breitete sich der Wohlgeruch von brutzelndem Schlangenfleischragout über die grünen Blätter des Feldes. Als das Fleisch fast gar war, schaute Yemi auf. »Broda, warum holen wir nicht den Mörser?«

»Du denkst an gestampfte Yams?« Broda Pupa setzte seine unschuldigste Miene auf.

Yemi nickte. »Ich kenne ein paar Leute, die streiten mit ihren besten Freunden wegen einer Portion gestampftem Yams.«

»Was? Solche Leute kenne ich nicht. Aber du hast recht, machen wir die Sache rund. Schließlich ist es für manche Leute der erste Tag draußen auf dem Feld.«

Ich protestierte. »Wir besitzen ein Feld am Weg nach Osiele, gleich außerhalb der Stadt.« Das stimmte. Ich hatte Essay ein- oder zweimal dorthin begleitet, aber es wurde von einem Bauern bearbeitet, den er dafür angestellt hatte.

»Nun, wie ich schon sagte, dein Vater ist hier aufgewachsen. Er ist ein Bauernsohn. Aber ich weiß, dass ihm seine Arbeit keine Zeit lässt für ein Feld wie dieses. Ich meine, hast du je mehrere Wochen auf deinem Feld zugebracht?«

Ich schüttelte den Kopf.

»Siehst du. Und eine einzige Nacht?«

»Noch nie«, gab ich zu.

»Oder gekocht auf dem Feld, so wie wir jetzt, oder dort gestampften Yams gegessen?«

»Wir haben kein Abule auf dem Feld, so wie du.«

»Aha, das ist es, wovon ich spreche. Wenn deine Mutter zugestimmt hätte, dann hätten wir hier die Nacht verbringen können.«

Ich griff die Idee voll Begeisterung auf. »Aber können wir doch! Du sagst morgen einfach, es wäre zu dunkel geworden und da hätten wir uns entschlossen, die Nacht hier zu verbringen.«

Broda Pupa schüttelte den Kopf. »Sie würde einen Suchtrupp nach uns ausschicken, wenn wir bis Einbruch der Dunkelheit nicht zurück wären. Komm, hilf Yemi mit dem heißen Wasser und lass uns den Yams fertig machen, ich bin hungrig.«

Und das war ich auch. Als wir anfingen zu kochen, war ich noch ganz sicher, dass ich das Schlangenfleisch nicht anrühren würde. Doch schon als das Fleischgericht in die Kalebasse umgefüllt wurde, war ich recht erstaunt zu sehen, dass es überhaupt nicht schleimig und auch nicht gefleckt wie eine Schlange war, sondern von sehr verlockendem Weiß, es sah fest und zart aus, wie Huhn oder Kaninchen. Ich entschloss mich, ein winziges Stückchen zu probieren, und war noch einmal erstaunt, denn es schmeckte auch wie eine Kreuzung aus Huhn und Kaninchen. Im Stillen sprach ich ein Dankgebet, dass ich mich nur fast um den Genuss einer solchen Delikatesse gebracht hatte. Außerdem war das etwas, womit ich angeben konnte, wenn ich nach Aké zurückkam, denn ich war mir gewiss, dass nur sehr wenige Schüler behaupten konnten, Schlangenfleisch gegessen zu haben. Broda Pupa nickte zufrieden, als er den Appetit sah, mit dem ich jetzt dem Fleisch zusprach, und er schob noch mehr Brocken auf meine Seite der Schale.

Eine kurze Ruhepause nach dem Essen sollte der Sonne Gelegenheit geben, »sich ein wenig auszubrennen«, dann jäteten wir das restliche Unkraut vom Kasavafeld, damit die jungen Pflanzen genügend Licht bekamen. Bepackt mit Yams, einem Korb voll Orangen, verschiedenen Gemüsen und frischen Pfefferschoten, machten wir uns auf den Heimweg.

Doch die »Schule« war für heute noch nicht aus. Wir hatten etwa die Hälfte des Weges zurückgelegt und näherten uns gerade einem Kreuzweg, als wir den Schrei eines Menschen hörten. Broda Pupa blieb stehen, machte uns ein Zeichen, still zu sein, und lauschte. Es war der ununterbrochene Schrei eines Menschen mit großen Schmerzen; ein kraftlos hingezogener Schrei, und der Abstand zwischen uns und diesem Laut verringerte sich langsam. Ich hörte, dass er näher und näher kam auf dem Pfad, der unseren kreuzen würde, dass es die Stimme eines Mannes war, aber es klang wie ein Kind, lang nach der Tracht Prügel – ein lang gezogenes, ununterbrochenes Stöhnen in einem Leiden, dessen akuter Anlass vorüber war.

Schließlich konnten wir den Klagenden sehen – uns stockte der Atem. Sein Gesicht, seine Arme, sein Hals waren auf das Doppelte der normalen Größe angeschwollen. Es war keine gleichmäßige Schwellung, sondern viele einzelne dicht sitzende Knoten, jeder so groß wie eine Awuje. Der Mann ging nicht, er schlurfte über den Pfad, er stierte geradeaus und schien uns nicht zu bemerken ... Aus seinem halb offenen Mund sabberte das unaufhörliche Stöhnen, als wären sein Mund und selbst die Stimmbänder völlig entkräftet.

Broda Pupa schüttelte mitleidsvoll den Kopf. »Er stammt aus dem Dorf da drüben. Er hats nicht mehr weit.«

»Aber was um alles in der Welt ist denn mit ihm passiert?«, wollte ich wissen.

»Bienen«, antworteten sie wie aus einem Mund. »Er muss versucht haben wegzurennen«, fügte Yemi hinzu.

»Ja, was hätte er denn sonst tun sollen?«, fragte ich. »Wärst du nicht auch weggerannt?«

»O nein, das darf man nie machen. Du musst dich sofort auf den Boden schmeißen und dich wegrollen.«

»Aber angenommen, da ist ein dichtes Gebüsch und du kannst dich nicht wegrollen?«

»Dann gehst du so tief an den Boden runter, wie du nur kannst«, belehrte mich Broda Pupa. »Ganz tief runter, so flach an die Erde, wie es nur geht, und dann wegrollen. Und wenn du auf Disteln und Dornen landest, bleib am Boden und roll dich weg.«

Gegen Ende unseres Aufenthaltes gelang es mir, an einer Jagdpartie von Mitgliedern meiner eigenen Altersgruppe teilzunehmen; ich gab vor, zu unseren neuen Verwandten, den Händlerinnen, zu gehen. Freilich waren sie alle etwas älter als ich. Unsere Waffen waren Schleudern, Steine, Knüppel – was gerade handlich erschien. Jimo war der Anführer. Er teilte die Gruppe in Treiber und Schützen, ich war natürlich unter den Treibern. In Aké hatte ich schon ein- oder zweimal eine Eidechse mit der Schleuder zur Strecke gebracht, sogar schon einmal einen kleinen Vogel, aber ich konnte wahrhaftig nicht behaupten, die Geschicklichkeit von Jimo und seinen Kameraden zu besitzen, die ein Eichhörnchen in vollem Lauf zu treffen vermochten. Aber ich war entschlossen, als Treiber mein Letztes zu geben. Wir kämmten den Busch in einer geschlossenen Linie durch, und ich stocherte mit meinem Stecken in jedes Loch, schlug auf jeden verdächtig aussehenden Busch und zog jeden Schössling zur Erde nieder. Meine Lungen weiteten sich, um mit dem immer lauteren Ruf zu konkurrieren: Gbo, gbo, gbo, gbo; gba, gba, gba, gba.

Jimo und die Scharfschützen, Schleuder, Steine, Knüttel im Anschlag, warteten auf der gegenüberliegenden Seite des abgesteckten Feldes. Ich bewegte mich gerade auf einen Strauch zu, schüttelte ihn heftig und spürte als Gegenleistung einen scharfen, stechenden Schmerz auf der Stirn. Augenblicklich folgte ein zweiter – und dann sah ich sie. Ein wütender Schwarm Hornissen, bereit, über den frechen Eindringling herzufallen. Als ich hart auf der Erde aufschlug, hatte ich das Gefühl, Broda Pupa wäre stolz auf mich gewesen. Seine Instruktionen klangen mir deutlich im Ohr, ich befolgte sie, als sei ich im militärischen Ausbildungstraining, und dachte dabei, was für eine Fügung, dass wir vor kaum zwei Wochen das arme Opfer mit seinem verquollenen Gesicht gesehen hatten. Einmal mehr empfand ich mit Stolz, unter einem ganz besonderen Schutz zu stehen, und hier in Isara festigte sich diese Empfindung zu einer unumstößlichen, nicht infrage zu stellenden Überzeugung; nichts vermochte sie zu erschüttern.

Jimo blies die Jagd ab. Außer den beiden ersten Stichen hatte ich nichts abgekriegt, und ich protestierte, aber er ließ sich nicht beirren. Ich könnte Fieber bekommen, sagte er, und dann würde man ihm die Schuld geben. Jeder, so schien es, war ängstlich darauf bedacht, nicht verantwortlich zu sein für irgendein Unglück, das die Kinder des Lehrers traf. Ich war allerdings zu sehr von der Tatsache in Anspruch genommen, dass ich mich aufgrund einer Lektion hatte retten können, deren zeitliche Abstimmung an ein Omen, an das Übernatürliche grenzte, um mir aus dieser ärgerlichen Haltung, die sich aus dem einzigen Nachteil ergab, dass wir eben die Kinder des Lehrers waren, jetzt sehr viel zu machen. Stolz trug ich meine Wunden nach Hause und zeigte sie – nicht dem Lehrer und seiner Frau – sondern jenem anderen Elternteil, der hier zum Verbündeten geworden war, der für mich das männliche Isara verkörperte mit seiner schlichten, geheimnisvollen Stärke und dessen weibliches Gegenstück ich schon vorher in den Händlerinnen erkannt hatte.

Abgesehen davon, dass er kleiner war, war Vaters Kopf fast identisch mit dem des Kanonikus, aber was an Größe fehlte, machte er durch die ausstrahlende Energie wieder wett. Er sah hart aus, wahrhaft undurchdringlich, ich war fest überzeugt, dass nicht einmal eine Gewehrkugel diesen Schädel durchdringen konnte, dass jede Kugel einfach von diesem runden, hermetisch geschlossenen Gussstück abprallen würde. Trotz des dicken Haarschopfs hinterließ Vaters Kopf den Eindruck von völliger Glätte, der Glätte einer Eisenplatte. Er war auch eine sehr viel kleinere Person als sein Sohn, doch jeder Zentimeter seiner Gestalt strahlte so viel Macht aus, dass er mit Leichtigkeit alles beherrschte, was in seine Nähe kam. Es wurde nur selten über die Sache gesprochen, aber ich wusste, dass er in die gleiche Provinz des Glaubens eingeordnet wurde, der auch die Ogboni in Aké zugehörten, als Priester und Priesterinnen verschiedener Kulte, gegen die Wild Christian an besonderen Wochenenden des Jahres mit ihren Religionsschwestern zu Felde zog, das Wort Gottes auf dem Marktplatz, in den Straßen und in ihren Häusern verkündend. Anlass für diese Streifzüge war der Jahrestag der Ankunft der Missionare in Egbaland; ihre Mission galt der Erhaltung und Fortführung des missionarischen Geistes, sie wollten mehr Heiden dem Schoß der Kirche zuführen.

In meinem tiefsten Herzen bangte ich um Vater. Ich konnte mir nicht vorstellen, wie er dem religiösen Angriff aus Aké standhalten konnte, sobald sich die Kräfte um ihn vereinigten – von Essays Seite aus war es das gelebte Beispiel und die gelegentliche ruhige Unterhaltung, von Wild Christians Seite kamen dezidiertes Schweigen und demonstrative Vorbereitungen für jene Weihnachtsfeierlichkeiten, die nur den Christen vorbehalten waren. Neujahr war für alle, doch Weihnachten hatte seine hundertundeine Versammlung, Gottesdienste, Kommunionen, Gebetsstunden, zu Hause, in geschlossenen und offenen Räumen, von denen Außenstehende aber ausgeschlossen waren. Wild Christian verstand es ausgezeichnet, den Ungläubigen draußen zu lassen, besonders einen, dessen Haushalt sie angehörte.

Für den Augenblick allerdings schien Vater das Wort Gottes ziemlich gleichgültig zu sein. Als ich ihm die Sache mit den Hornissen erzählte und das zufällige Zusammentreffen mit der Warnung erwähnte, sagte er nicht, wie Wild Christian es getan hätte, »Gottes Wege sind seltsam«; er sagte vielmehr: »Ogun schützt die Seinen.«

Ich hatte den Namen schon mal gehört. Ich sagte: »Ogun ist der Teufel der Heiden; er bringt Leute um und kämpft gegen jedermann.«

»Haben sie dir das beigebracht?«, fragte er.

»Ja. Stimmt es denn nicht?«

Vater kratzte sich am Kinn und durchbohrte mich mit seinen Augen. Dann stellte er mir eine gänzlich unerwartete Frage: »Kommt es je vor, dass dich deine Spielkameraden verhauen?«

Ich sagte: »Manchmal. Aber meistens haben sie Angst, mich anzufassen, weil ich der Sohn vom Rektor bin.«

»Ach, du warnst sie also, wenn sie anfangen wollen, mit dir zu raufen? Ihr dürft mir nichts tun, weil ich der Sohn vom Rektor bin.«

»Nein. Das sag ich nicht, sie selbst sagen es.«

»Wie meinst du das? Was sagen sie?«

»Sie schnipsen mit den Fingern nach mir und sagen: ›Du hast Glück. Wenn du nicht der Sohn vom Rektor wärst, würden wir dir heut Pfeffer geben.‹ Ich glaube, sie haben Angst, dass sie aus der Schule fliegen, wenn sie mir was tun.«

»Und du? Glaubst du, Ayo würde das machen?«

»Nein. Was einige von ihnen nicht wissen, ist, dass wir zu Hause bestraft werden, wenn wir raufen. Jedes Mal, wenn wir mit zerrissenen Kleidern nach Hause kommen oder uns jemand verpfeift, dass wir uns gebalgt haben, werden wir bestraft.«

Und dann fragte ich mich, was er wohl davon hielt, von dieser Sache, die mir immer als schreiende Ungerechtigkeit vorgekommen war. »Wie denkst du darüber, Vater? Draußen kriegen wir die Hucke voll, und wenn wir nach Hause kommen, kriegen wir noch mal 'ne Tracht Prügel. Das ist doch nicht gerecht, oder?«

Vater zwinkerte vor innerem Vergnügen mit den Augen. Seine Augen waren viel größer und strahlender, aber er hatte die gleiche Angewohnheit wie der Kanonikus; wenn ihn etwas belustigte, zogen sich die Augenwinkel in Falten, die fast bis zu den Ohren reichten. Er stand auf und ging zu der kühlen Ecke hinüber, aus der er ein kleines Fässchen mit Palmwein hervorzog. Ich wartete nicht, bis er mich bat, die Kalebassen vom Schrank zu holen. Ich fuhr fort, ihm zu erklären: »Sie sagen, dass nur unerzogene Kinder raufen, dass es das Werk des Teufels ist. Und um die Sache noch schlimmer zu machen, weiß ganz Aké, dass wir zu Hause eine Tracht Prügel kriegen, wenn wir uns auf eine Rauferei einlassen. Also ist es denen, die nicht in unsere Schule gehen, gerade recht. Sie haben keine Angst, in ihrer Schule bestraft zu werden. Sie provozieren uns, sie sagen: ›Kämpft doch, wenn ihr euch traut.‹ Sie versetzen uns einen kurzen Haken, und dann rennen sie weg. Oder wir rennen weg.«

Er sah mich sehr aufmerksam an. »Bist du sicher, dass du nicht wegrennst, weil sie größer sind?«

»Oh, die sind sowieso alle größer. Ich glaube nicht, dass ich schon jemals mit jemandem von meiner Größe gekämpft habe.« Dann fiel es mir wieder ein, und ich fügte hinzu: »Außer einmal mit Dipo.« Und erneut überkam mich die Verwirrung dieser Angelegenheit. »Aber sie haben mich provoziert, allen voran Mama.« Die ganze Szene lief noch einmal in meiner Erinnerung ab, und ich erzählte sie ihm. Ich fragte: »Vater, sie sind nicht sehr konsequent, nicht wahr? Sie strafen uns, wenn wir draußen kämpfen, und dann hetzen sie mich gegen den eigenen Bruder!«

Vater kratzte sich die Stoppeln am Kinn. »Später wirst du das verstehen. Sie haben versucht, das Beste zu tun, aber sie haben einen falschen Weg gewählt.«

Er füllte meine Kalebasse zur Hälfte, dann die seine bis zum Rand. Er blies den Schaum ab und trank sie in einem Zug leer. Ich nippte von meinem Palmwein und schaute in sein Gesicht, in Erwartung seines Urteils. Er zog eine Grimasse.

»Dieser Mann ist faul. Wie oft hab ich ihm schon gesagt, er soll meinen Palmwein weiter stromaufwärts zapfen, oder gar keinen mehr bringen. Der Baum, von dem er den hier gezapft hat, ist ausgeblutet, alle Palmen am Fuß von Larelus Farm sind ausgeblutet, aber er ist zu faul, nur eine halbe Meile weiter stromaufwärts zu gehen.« Er schüttelte heftig den Kopf. »Na gut, ich werd ihm Bescheid sagen! Alakori!«

Trotzdem füllte er sich die Kalebasse noch einmal randvoll, nahm eine Orogbo aus der Tasche, rieb sie zwischen den Fingern, um die dünne Haut zu entfernen, und biss hinein.

»Das wird den Geschmack ein wenig überdecken. Also, weiter jetzt. Dein Vater möchte, dass du die Schule der Weißen in Ibadan besuchst, weißt du das?«

»Government College? Ja, das hat er mir gesagt. Aber ich hab ja gerade erst die dritte Klasse hinter mir. Also ist das noch einige Zeit hin.«

»So lange auch nicht, wenn es nach den Plänen deines Vaters geht. Ayo hält nichts davon, Kinder erst mal körperlich reifen zu lassen, ehe er ihre Gehirne drillt.« Plötzlich zog er die Stirn in Falten. »Halt mal, du sagst, du bist in der dritten Klasse?«

»Na ja, ich hab gerade die Prüfung für die vierte Klasse bestanden.«

Sein Panzerkopf bewegte sich langsam aufwärts und abwärts, wie der eines Eidechsenmännchens. »Ja, das war's, wovon dein Vater sprach. Nächstes Jahr um diese Zeit bist du mit der vierten Klasse fertig. Danach sollst du, wenn es nach ihm geht, auf die Höhere Schule. Er sagt, es sei in diesem Jahr, in dem, in das wir jetzt hineingehen, dass du die Aufnahmeprüfung für die neue Schule machen wirst.«

»Ja, ich mach beides, die Aufnahmeprüfung für das Gymnasium in Abeokuta und für das Government College.«

Er nickte wieder. »Und wenn mir meine Erinnerung keine Streiche spielt, dann bist du jetzt genau achtundeinhalbes Jahr alt. Ist das richtig?«

»Ja, Vater.«

»Und wenn du in dieses Government College aufgenommen wirst, dann wirst du dein Zuhause verlassen und in ein Internat kommen. Du wirst zum ersten Mal auf dich selbst gestellt sein, weg von deinen Eltern, im Alter von neuneinhalb Jahren – stimmt das? Habe ich richtig gezählt?«

Ich versicherte ihm, dass er hatte, und fühlte zugleich, wohin das führte. Ich machte mich bereit, ihm zu widersprechen, ihm zu versichern, dass ich keine Angst hätte, von zu Hause wegzugehen, sondern im Gegenteil voll Erwartung war, darauf brannte, von zu Hause wegzukommen. Ich wollte nicht, dass er Essay gegenüber Protest einlegte, mit dem Argument, ich sei noch viel zu jung. »Du meinst, dass ich noch viel zu jung bin, um schon von zu Hause wegzugehen, stimmt's, Vater?«

»Nein. Kinder verlassen auch aus anderen Gründen ihr Zuhause, nicht nur der Bücher wegen. Nein, aber ich dachte, dass du die anderen zu alt finden wirst. Sieh mal, selbst in Ayos Schule in Abeokuta, wo die Augen der Leute vom weißen Mann ein wenig früher geöffnet worden sind, ist dir nicht schon da aufgefallen, dass deine Klassenkameraden sehr viel älter sind?«

Ich gab zu, dass ich es gemerkt hatte. »Aber ich schlage sie alle«, versicherte ich, »ich habe absolut keine Schwierigkeiten.«

»Ja, dein Vater sagte es mir. Aber du siehst noch nicht, worauf ich hinauswill. Hier gehen die Leute nicht direkt nach der Volksschule auf die Höhere Schule. Sie können es sich nicht leisten. Sehr oft besuchen sie die Grundschule bis zur sechsten Klasse, dann kriegen sie dieses Zeugnis Asamende.«

»As Amended« – eine Art Mittlere Reife – hatte sich in die

Folklore der Erziehung eingeschlichen, als das Zertifikat, nach dem jeder Möchtegernlehrer, -gesundheitsinspektor, -zugschaffner et cetera strebte. Ich grinste, und Vater missverstand mich.

»Das ist nicht zum Lachen! Mit Asamende in der Tasche gehen sie einer Arbeit nach, verdienen, sparen, bis sie sich das Gymnasium leisten können, wo sie wieder, wieder und wieder versuchen, bis zur achten Klasse zu kommen. Da hören die meisten dann auf. Die wenigsten schaffen den endgültigen Abschluss nach zehn Klassen. Verstehst du jetzt, worauf ich hinauswill? Wenn deine Kameraden in der Grundschule schon älter sind als du, was glaubst du wohl, werden deine Kameraden in der Höheren Schule sein? Das sind Männer – *garapa-garapa!* Ein paar von ihnen werden verheiratet sein und um die Ecke ein, zwei Kinder versteckt halten. Du wirst deinen Schreibtisch mit MÄNNERN teilen, nicht mit Jungen!« Wieder rieb er sich die Bartstoppeln am Kinn, und stillvergnügt lachte er in sich hinein. »Sie bringen ihr Rasierbesteck mit in die Schule.«

Er lachte noch ein wenig, dann wurde er wieder ernst. »Tja, und hier ist unser Ayo, mit seinem Ehrgeiz für dich. Er will seinen Sohn in die Schlacht schicken; und glaub mir, die Welt der Bücher ist ein Schlachtfeld, ein Feld, auf dem schwerere Schlachten geschlagen werden, als wir sie kannten. Also, wie bereitet er ihn vor? Indem er seinen Kopf vollstopft mit Buchwissen. Aber dieses Buchwissen, und besonders, wenn man damit erfolgreich ist, zieht andere Schlachten nach sich. Ist dir das klar? Glaubst du, diese Männer da sind begeistert, wenn du, der du ihr Sohn sein könntest, daherkommst und sie schlägst? Hm? Was meinst du? Hat Ayo jemals *darüber* mit dir gesprochen?«

Jetzt packte mich eine gehörige Angst. Eine so unkomplizierte Beschäftigung wie Lesen, Lernen, Prüfungen bestehen nahm verhängnisvolle Proportionen an. Vater sah, dass er Eindruck auf mich gemacht hatte, und füllte meine Kalebasse noch einmal auf. »Trink deinen Palmwein, er ist leicht. Selbst wenn du das ganze

Fass austrinkst, könnte Eniola nicht behaupten, dass ich einen Trunkenbold aus dir mache.«

Und das war die andere Sache. Vater war einer der wenigen, der Wild Christian bei diesem Namen nannte. Die Ransome-Kutis, Daodu und Beere nannten sie auch so, und Odemo, Moroun und ein oder zwei der Verwandten, die plötzlich aus dem Nichts auftauchten und ebenso unvorhergesehen wieder verschwanden. Für andere war sie Mama Tinu oder Mama Wole oder Iyawo Headmaster.

Vater musterte mich noch immer. »Menschen sind, was sie sind. Einige sind gut, einige sind schlecht. Manche werden schlecht, einfach weil sie verzweifelt sind. Neid, hm, du darfst nicht den Fehler begehen zu glauben, dass Neid keine mächtige Triebkraft hinter den Handlungen der Menschen ist. Es ist eine Krankheit, der du überall begegnen kannst, ja – überall. Deine Mutter weiß das auch, das habe ich gesehen. Nur begeht sie den Fehler zu glauben, sie wüsste, was dagegen zu tun ist. Was glaubt sie wohl, wofür ich am Leben bin?«

Ich war ziemlich durcheinander, ich verstand ihn nicht und sagte es ihm.

Er drückte sein Kinn tief gegen den Hals und schüttelte den Kopf wie ein Kampfhahn. »Oho, ihr denkt, ich hole euch zum Neujahr hierher, ohne nach euch zu schauen? Oho, wenn das die Art ist, wie ihr die Dinge in Aké erledigt, gut, es ist nicht die Art, wie wir das Leben hier auffassen. Es gibt mehr in der Welt als die Welt der Christen und der Bücher. Aber – Schluss für heute. Du und ich, wir haben morgen was zu erledigen.«

Ein Schauer der Erwartung durchlief mich. Vielleicht ein Ausflug zu seinem Feld? Wie immer konnte ich mich nicht zurückhalten zu fragen: »Was haben wir zu erledigen, Vater?«

Er stand auf. »Oh, ja, ich hatte es vergessen. Sie sagen, du hörst nie auf, Fragen zu stellen. Geh und spiel mit deinen Freunden. Ich habe schon alles mit deinem Vater besprochen, nur den Tag hatten wir noch nicht festgelegt. Ich denke, wir sollten es morgen hinter uns bringen.«

Er sah es meinem Gesicht an, dass ich viel zu gefesselt war, um jetzt ohne weitere Erklärung zu gehen, aber er schüttelte den Kopf. »Morgen. Aber heute Abend kommst du zurück, du schläfst heute Nacht hier. Geh jetzt.«

In Isara hatten wir ein eigenes Haus für uns, das heißt, Wild Christian und die Kinder. Essay schlief in Vaters Haus. Vom Augenblick unserer Ankunft an war er kein Teil der Aké-Familie mehr, das »Herr« und »Frau« hörte auf; er zog sich in den Schoß Isaras zurück, kam den Verpflichtungen nach, die ihm die Heimatstadt auferlegte. Ständig gab es Besuche, Versammlungen, Familientreffen, Sitzungen des Kirchenrates, Angelegenheiten in Zusammenhang mit der Oba-Würde ... hundert Pflichten, die das ganze Jahr über, manchmal weniger lang, auf ihn gewartet hatten. Einen großen Teil seiner Zeit verbrachte er beim Odemo, doch hier hielten ihn nicht nur Pflichten. Der Odemo und ein oder zwei andere, wie etwa mein Pate, der Mann meiner zukünftigen Frau, erweiterten offensichtlich den engen Kreis der Themen, die Essay hier in Isara diskutieren konnte. Ich fragte mich oft, ob der Odemo Essays Gesellschaft nicht ebenso sehnsüchtig erwartete.

Es herrschte keine starre Ordnung; oft packten ein oder zwei von uns ihre Sachen und übernachteten bei Vater. Es gab immer genügend Matten dort, und es war Platz genug auf dem dungbepflasterten Fußboden des Raumes, der als Wohnzimmer diente. Trotz der von Wild Christian ausgeschickten Boten verbrachte ich die Hälfte der Nächte von Isara in Vaters Haus; dies allerdings war das erste Mal, dass ich eine regelrechte Aufforderung erhalten hatte, dort zu übernachten. Meine Neugier war unbeschreiblich groß, als ich mich zum Schlafen niederlegte, und bis tief in die Nacht hinein konnte ich nicht einschlafen.

Sehr früh wachte ich auf und sah Vater, der, die Öllampe in der

Hand, sich über mich beugte. Der Tag war noch nicht angebrochen, doch es waren schon zwei fremde Gestalten im Haus. Ich sah ihre Umrisse in der einen Ecke des Zimmers, der eine war ganz eindeutig ein älterer Mann, der andere ein junger Bursche, kaum größer als ich. Instinktiv schaute ich mich um, um zu sehen, ob mein Vater in der Nähe sei, aber er war nicht da. Ich vermutete, dass er im Zimmer nebenan noch fest schlief.

Meine Gedanken hatten sich so auf einen Ausflug kapriziert, dass ich fragte: »Wo gehen wir hin?«

»Bist du schon ganz wach?«

Ich nickte.

»Dann geh und wasch dich. Ich habe im Hof einen Kübel Wasser für dich stehen lassen.«

Ich gehorchte. Als ich an den beiden Gestalten vorbeiging, bemerkte ich auf dem Fußboden zwischen ihnen ein Geschirr aus Ton, eine Flasche mit Palmöl, verschiedene kleine Blechdosen, die irgendwelches Pulver enthielten, meist von dunkler Farbe. Auf einem flachen Tablett lagen einige Instrumente aus Metall und etwas, das aussah wie ein Stück von einer Muschelschale. Es machte mich stutzig. Ich nahm ein Bad und zitterte wegen der Morgenkälte, aber auch aus einem Gefühl der dunklen Vorahnung heraus.

Als ich zurückkam, bemerkte ich sogleich, dass man die Sessel und Hocker im Raum umgestellt hatte. Der Palmstängelpfosten war von seinem Platz an der Wand entfernt und fast in die Mitte des Raumes gebracht worden. Einen niedrigen Hocker, einen Ipeku, hatte man davorgestellt, und auf dem setzte sich der ältere Fremde gerade zurecht. Der Junge kniete an seiner Seite und breitete die Fläschchen und Dosen aus und ordnete das komische Sortiment von Instrumenten.

»Komm und setz dich hierher«, befahl mir Vater und zeigte auf den Sessel aus Palmfasern. Ich gehorchte ihm.

Er kam von der Tür auf mich zu und schaute mir ins Gesicht. »Du weißt noch, worüber wir uns gestern unterhalten haben?«

»Ja«, antwortete ich.

»Gut. Jetzt hör mir gut zu. Was du jetzt erleben wirst, wird dir Schmerzen bereiten, aber ... SIEH MICH AN!«

Ich riss meinen Blick los von dem unheimlichen Tablett und schaute in seine funkelnden Augen. »So ists recht. Halt deine Gedanken immer von der Quelle des Schmerzes fern. Dieser Junge hier ist so alt wie du. Es liegt bei dir, ob du dir Schande machen willst und vor ihm schreist und weinst.« Er hielt inne, durchbohrte mich mit seinem Blick.

Da er eine Antwort zu erwarten schien, sagte ich: »Ich werde nicht weinen.«

»Das weiß ich. Ich wollte dich nur daran erinnern. Es wird wehtun, du bist ja nicht aus Holz, also muss es dir natürlich wehtun, aber du wirst nicht weinen und schreien.«

Ich war jetzt starr vor Entsetzen, doch deshalb hörte mein Herz nicht auf, wie wild zu schlagen. Ich war auf das Schlimmste gefasst, aber ich hatte nicht die geringste Ahnung, was auf mich zukommen würde, nur, dass ich nicht weinen oder schreien sollte, wie schmerzhaft es auch sein sollte. Und dann fiel mir etwas ein. »Als Folosade starb, habe ich geweint.«

Vater stand einen Augenblick lang stocksteif. Auch der Fremde hielt in seinen Vorbereitungen inne und schaute Vater überrascht an. Ich sah, dass Vater fast aus der Fassung geriet, dass er nicht wusste, was er davon halten sollte.

Schließlich: »Folosade? Ah, ja, hm.« Und er hing kurz seinen eigenen Gedanken nach. »Das Kind war Abami. Ich habe es Ayo damals gesagt – Abami gidi! Einfach so zu gehen, am Jahrestag ihrer Geburt, hm. Jedenfalls, das war was anderes. Ein Mensch kann nicht mit seiner Seele streiten. Ibanuje, ko m'omode, ko m'agba.«

Ohne Vorwarnung nickte er dem Fremden zu, und ich fühlte mein Fußgelenk in einen Schraubstock gespannt, die Ferse fest auf den Boden gepresst. Genauso rasch bewegte sich die Hand zum Ballen, drückte ihn fest auf den Boden, behielt aber den Druck auf die Ferse bei. Der Junge tupfte meinen Knöchel mit einem Faserbausch ab, der mit einer Flüssigkeit getränkt war. Im nächsten Moment hatte sich der ältere Mann das skalpellähnlichste der Instrumente geschnappt, tauchte es in die Tonschüssel, und ein scharfer Schmerz schoss mir vom Knöchel aus durch den ganzen Körper bis ins Gehirn. Ich stieß einen schrillen Schrei aus! Seine linke Hand hielt meinen Fuß fest auf den Boden gepresst. Als ich aufschrie, war mir, als müsse sich mein ganzer Körper aufbäumen, doch zwei starke Hände, Vaters, drückten meine Schultern gegen die Lehne des Stuhls.

Wie in einem Traum schaute ich nach unten und sah die Klinge blitzen, sah sie wieder in die Schale tauchen, meinen Knöchel berühren, bis sich der Schmerz nicht mehr in zeitliche Einheiten auflöste – die scharfen Bisse der Klinge gingen ineinander über, und ich starrte fasziniert auf den Bogen der Einschnitte, auf die Fußspange aus quellendem Blut, die sich um meinen Knöchel bildete. Nach dem ersten unkontrollierten Schrei zwang sich mein Körper zur Stille, doch die Tränen, die in diesem Augenblick hervorgetrieben wurden, rannen unkontrolliert weiter, während ich die Zähne zusammenbiss und jeden weiteren Mucks unterdrückte. Vaters Finger gruben sich in meine Schultern, und mein Körper zog sich bei jedem neuen Einschnitt zusammen. Ich konnte nicht mehr hinsehen, ich schloss die Augen, hielt meine Zähne zusammengepresst und erwartete das Ende der Feuerprobe. Die Tränen flossen ungehemmt.

Eine lindernde Binde umschloss meinen Knöchel. Als ich wieder nach unten schaute, sah ich, dass ein breiter Verbandstreifen in der Mixtur in der Schale schwamm. Womit mein Knöchel jetzt umwickelt wurde, war ein Streifen dieses arzneigetränkten Tuchs. Der Junge war sehr vorsichtig. Noch während ich mich dem Luxus der Beendigung des Schmerzes hingab, schnitt die scharfe Klinge in meinen anderen Knöchel. Aber der Schock war überwunden und hatte die Überraschung des Schmerzes mit sich genommen. Nach den Fußgelenken bekamen auch beide Handgelenke ähnliche Inzisionen. Von Zeit zu Zeit zuckte ich noch einmal zusammen, aber meine Kiefer hatten sich wieder gelockert. Ich beobachtete jede Bewegung, ja, ich bewunderte das saubere, präzise Können des Herrn der scharfen Klinge.

Als es vorüber war, konnte ich nicht glauben, wie wenig Zeit es in Anspruch genommen hatte. Die Sonne warf gerade erst den ersten Schatten auf die Schwelle. Der Fremde sprach mit verhaltener Stimme in der Ecke des Zimmers, und Vater nickte und brummte offensichtlich Zustimmung. Dann kam er zurück, packte seine Instrumente zusammen, und der Junge ging hinaus, um die Schale auszuwaschen. Der Fremde reinigte die Klingen, füllte den Rest des Pulvers in ein Glas, das er dann in einem tiefen Sack verstaute, der bei der Tür hing. Vater begleitete sie hinaus und schloss die Tür.

Er kam zu mir und setzte sich auf den jetzt leeren Hocker. Er sagte: »Wole, du warst sehr – stark. Du hast dich wie ein echter Akin benommen. Und jetzt hör mir zu. Hör mir ganz genau zu und merk es dir, was auch immer dir sonst jemand, WER AUCH IMMER, sagen mag ... wenn sie dir das Gegenteil sagen, sag ihnen, ich hätte es dir gesagt ...«

Ohne Eile, als ob das Nehmen einer Prise die gefährlichste Unternehmung der Welt sei, langte er zur Seite auf das untere Sims am Tisch, angelte seine Schnupftabakdose hervor, öffnete sie, schüttete ein wenig auf den Rücken der linken Hand, setzte den Deckel wieder auf, hielt dabei vorsichtig den Handrücken bedeckt, damit nichts verstreute, legte die Dose auf das Sims zurück, dann nahm er den Schnupftabak und gab in jedes Nasenloch die genau gleiche Menge. Aus irgendeinem Grund, vielleicht wegen dieser Immersionstaufe, der man mich eben so unvorbereitet unterzogen hatte, waren alle meine Sinne schmerzlich aufnahmebereit, und das geringste Detail jeder Bewegung nahm ein eigenes Leben an, sodass es schien, als sähe ich es zum ersten Mal.

Auch mein Gehör hatte eine scharfe Sensibilisierung erfahren. Als er nieste, hob es mich aus dem Sessel, und der Schall echote in meinem Kopf, selbst als er nur sprach.

»Wer immer dir Nahrung anbietet, nimm sie an. Iss sie. Hab keine Angst, *solange dein Herz dir sagt, iss.* Sobald du aber den geringsten Argwohn hegst, sei es nur für einen Augenblick, nimm nichts an und betrete das Haus nie wieder! Kannst du verstehen, was ich dir eben gesagt habe?«

Ich konnte nur nicken, stumm.

»Ich sagte, wenn dir jemand zu essen oder zu trinken anbietet, und dein Gefühl nicht zögert, dann nimm an. Ich bin es, der dir das sagt. Wenn du aber nur eine Sekunde des Zweifels erlebst, dann wende diesem Ort deinen Rücken zu und gehe nie wieder zurück. Als Nächstes, weiche niemals einem Kampf aus. Wo du hingehen wirst, vielleicht nächstes, vielleicht übernächstes Jahr, ich weiß es nicht. Es mag sein, dass sie dich nicht noch einmal hierher lassen, ehe du diese Schule besuchst, aber es macht nichts. Wo immer es dich auch hin verschlagen wird, lauf nicht vor einem Kampf davon. Dein Gegner mag vielleicht größer sein, er wird dich das erste Mal tüchtig verdreschen, wenn du ihn das nächste Mal triffst, fordere ihn heraus. Er wird dich wieder verhauen. Beim dritten Mal, das verspreche ich dir, wirst du ihn besiegen, oder er wird weglaufen. Hörst du zu, was ich dir sage?«

»Ja, Vater.«

»Beim ersten, beim zweiten Mal – mach dir nichts draus, dass er dich schlägt. Aber geh wieder hin zu ihm. Am Ende wirst du ihm eine Niederlage bereiten – entweder wirst du ihn verdreschen, oder er wird weglaufen.« Er stand auf. »Ich habe deine Eltern und die anderen Kinder nach Sagamu geschickt. Sie sollten inzwischen unterwegs sein, dort sind eine Menge Leute, die sie immer noch nicht besucht haben. Wir sind also unter uns.«

Ich schaute zum anderen Zimmer hinüber. »Ich dachte, Papa sei da drin.«

Er lächelte und schüttelte den Kopf. »O nein, das geht nur uns beide was an. Jetzt muss ich zu einer Versammlung gehen. Jemand wird dir dein Frühstück bringen. Iss nichts anderes, iss heute und morgen nur das, was ich dir schicken lasse. Hast du mich verstanden?«

Ich versicherte ihm, dass ich ihn genau verstanden hätte. Ich fühlte mich erschöpft, in meinem Kopf drehte sich alles, und meine Knöchel an Händen und Füßen pochten. Ich empfand eine eigentümliche Entfernung zu meinen Händen, so als gehörten sie mir nicht mehr.

Dann hörte ich mich fragen: »Hat man Papa auch diese Einschnitte an den Knöcheln gemacht? Ich meine, als er so alt war wie ich?«

Vater hob die Augen zu den Dachbalken. »Sie haben es mir ja gesagt. Ayo hat mich gewarnt, und Eniola auch. Als ich sagte, sie sollen dich heute allein bei mir lassen, haben sie mich gewarnt. Nimm dich in Acht, haben sie gesagt, er wird dir ein Loch in den Bauch fragen.«

Er ging in sein Zimmer. Ich konnte hören, wie er weiter in sich hineinlachte, während er sich für die Versammlung umzog. Dann stieß er seinen einmaligen, lang gezogenen Schrei der Verwunderung aus, der immer den gleichen sauber gestimmten Ausklang hatte. Ich saß noch lange unbeweglich da, ich dachte darüber nach, ob meine Fußgelenke wohl mein Gewicht tragen oder ob die Füße abfallen würden, wenn ich versuchte, sie anzuheben. Es war, als hätte sich mein Dilemma ihm still übermittelt, denn laut klang seine Stimme aus dem Nebenzimmer: »Versuch, auf der Außenkante der Füße zu laufen, wenn das nicht geht, probier's mit der Innenkante. Klappt das auch nicht, dann versuch, ganz normal wie immer zu laufen, auf der Fläche von beiden Füßen, nur ein bisschen vorsichtiger als sonst. Das geht im Allgemeinen am besten.«

Und dann, als ich vorsichtig aufstand, musste ich grinsen, denn ich war sicher, dass Vater glaubte, ich hätte ihn nicht verstanden.

10

Die Gerüche sind dahin. Geräusche haben ihren Platz eingenommen, und selbst sie sind frenetische Verzerrungen der spärlichen, vertrauten Stimmen von Menschen und Dingen gleichermaßen, die Aké von Sonnenaufgang bis Sonnenuntergang erfüllten und deren gedämpfte Varianten uns des Nachts oft ein Verwirrspiel boten, wenn wir, gegen den Schlaf ankämpfend, auf den Matten lagen. Selbst ein unangenehmer Geruch, wie der leichte Übelkeit erregende Geruch einer zerquetschten Wanze, gefärbt mit einem Hauch von Kampfer, der das Auftreten der Wanze von vornherein hätte verhindern sollen, selbst dieser Geruch war Teil des unsichtbaren Netzwerks des breit gefächerten Charakters von Aké; er war von gleicher Ordnung wie Sorowankes nächtliches Poltern – Sorowanke, die Wahnsinnige, die neben dem Mangobaum lebte und die im Schlaf redete. Es war der Mangobaum auf dem Platz, fast genau gegenüber der Kirche. Bei Nacht hörten wir sie deutlich ihren Dämon exorzieren oder mit Yokolu zanken, ihrem geistesgestörten Geliebten. Selbst über das Spratzen der erhitzten Nadel hinweg, mit der Wild Christian ihren nächtlichen Kampf gegen die Wanzen führte, über das Zirpen der Zikaden und Grillen, die ihren eigenen Wettstreit gegen den anhaltend übenden Kirchenchor führten – vielleicht war es der Vorabend eines Kirchenfestes –, kontrapunktierte Sorowanke die Hymnenprobe mit ihren spitzen, schrillen Schreien und mit Schlägen gegen ihre rissigen, ausgemergelten Schenkel, und von der Turmuhr tönten feierlich die zwölf Schläge der Mitternacht. Während wir langsam in den Schlaf trieben, wehte aus der dunklen Ecke der

Küche der prickelnde Gärgeruch der breiig zerstoßenen Maiskörner, der Duft von Ojojo zog aus den Töpfen der Frauen herüber, die den späten Fahrgast versorgten, vermischt mit dem Geruch von Palmwein, der von demselben Stand aufstieg, der auch ein spätes Abendessen anbot, und dann, vor allem an Wochenenden, der Klang der träge gezupften Saiten, wenn Dayisi, der Gitarrist der Juju-Band, von einem Auftritt zurückkam oder einfach so der Nacht ein Ständchen brachte.

Die Gerüche wurden überwältigt; doch ihr Bezwinger Geräusch ist nicht etwa das taktgenaue Schlagen der Turmuhr, die Parade der Egúngún, die Polizeikapelle, die Stimme der Marktschreier oder die Fahrradklingel, es ist das Klanggewirr aus elektronisch verstärkten Musikbands und dem heiseren Scheppern der Handglocke, die das Billigangebot importierter Waren anpreist. Die staubige Straße, die einst so eindrucksvoll breit zwischen der Mauer unseres Hinterhofs und der Kirchenmauer verlief, ist schmal geworden; die eine Hälfte teilen sich, an die Mauer von St. Peter gedrängt, Verkaufsbuden, die die Produkte einer globalen Wegwerfindustrie verschachern – fliegenschissverdreckte Tücher, Kämme, Spiegel, protzige Radioantennen, Verzierungen für das Auto aus Chrom und Schaumgummi, ornamentierte Flakons, unter Blumenarrangements versteckte Trinkgläser, orientalische Tischläufer mit Manchesteretikett, Uhren, »Gold«-Schmuck, Fotorahmen mit weiß fleischig üppigem Hintergrund ... Raquel Welsh, Marilyn Monroe, Diana Dors, Jane Russell, Greta Garbo. Mancher Rahmen umschließt gezierte Mannsbilder, auch sie Stars der Traumfabrik. Sie nehmen die Haltung bewusster Männlichkeit ein, doch trotz ihrer aggressiven Schnauzbärte ist das Ergebnis – androgyn. Auf Dayisis mitternächtlichem Pfad liegt jetzt der junge Höker auf der Lauer und entlässt in das Gesicht des Vorbeigehenden durch den Druck der Finger auf den Knopf das süßlich sanfte Geklimper einer Türglocke, made in Hongkong.

Auch ich habe auf Dayisis Promenade gesungen, aber nur, wenn ich gelegentlich auf spätabendliche Botengänge geschickt wurde, zu Pa Solatan oder einem anderen Mitglied des elterlichen Kreises, das in der Richtung zum Aafin oder nach Iporo zu wohnte, oder zu Auntie Mrs Lijadu. Ich sang, um meine Lebensgeister gegen die Gefahren der Dunkelheit zu wappnen, gegen Gestalten, die im Dunkeln an mir vorbeihuschten und die, soweit ich wusste, Geister und Kindesentführer waren. Eine mächtige neue Waffe hatte ich für mein Arsenal an Beschwörungsformeln gegen das Unbekannte erworben, als ich beim Schulfest zur Abschlussfeier der dritten Klasse in St. Peter die Rolle des Zauberers bekam. Auch wenn die gefährlichsten der Geister kein Englisch verstanden, so war es doch ausgeschlossen, dass sie die grimmige Entschlusskraft der Streitmacht verkannten, die hier auf Dayisis Promenade marschierte und lauthals schmetterte:

Denn ich bin ein Zaub'rer
Dies sei euch allen kund
Könnt von mir sagen hören im ganzen Erdenrund
Könnt sehen meinen Namen in Lettern riesengroß
Bewundern meinen Auftritt für Reiter und für Ross
Denn Anthony Peter Zachary White
Hat seine Hexenkunst für euch bereit ...
Freunde, ich bitt euch, kommt und seht
Was für ein Magier hier vor euch steht
Kommt alle, kommt
Und seid mit dabei
Erhebt eure Stimmen im Jubelschrei ...

Wieso Reiter und Ross? Es war nur eins der verwirrenden Details dieser Kinderoper. Die Macht des Magiers war mir allerdings keine Unbekannte, auch wenn sie ins Reich des Mysteriösen gehörte.

Centenary Hall war ständiger Gastgeber einer endlosen Reihe von Zauberkünstlern, die allesamt »in Indien ausgebildet« waren. Sie verbrannten Weihrauch, hypnotisierten Freiwillige aus dem Publikum und sägten ihre Assistenten mitten entzwei. Einmal gab es ein beängstigendes Zusammentreffen mit einem Zuschauer, fast ein Doppelgänger von Paa Adatan. Er hatte sich als der Freiwillige aus dem Publikum gemeldet, an dem der Magier seine hypnotischen Fähigkeiten demonstrieren wollte. Der angriffslustige, muskulöse Freiwillige trotzte jedoch allen Hypnotisierkünsten. Der Doktor Magicus brachte all seine Kräfte ins Spiel, verbrannte Kette um Kette von Weihrauch, murmelte hundert Abrakadabras und rezitierte die schreckenerregenden Verkündigungen des – wie jemand neben uns flüsterte – Siebten und Neunten Buch Mose; der Freiwillige richtete sich halb von seinem Liegebett auf, sah das Publikum an und grinste höhnisch. Der Doktor spritzte magisches Wasser aus Jerusalem um die Liege, schnipste mit den Fingern nach der müßig liegenden Gestalt und fächelte die Luft vor dem Gesicht des Freiwilligen mit ihm zugewendeten Handflächen; der störrische Mann aus Egbaland weigerte sich, in Tiefschlaf zu fallen. Doch schließlich war die Tat getan. Die Augen des Freiwilligen verschleierten sich, und triumphierend stand der Doktor Magicus über der endlich bewegungslos starren Gestalt. Doch dann verzog sich sein Gesicht zur hässlichen Fratze. Diese Konfrontation hatte seinem Ansehen geschadet, hatte seine Kompetenz in den Augen der Zuschauer infrage gestellt, und wütend tigerte er über die Bühne. Er schleuderte Satzfetzen ins Publikum, aus denen sich entnehmen ließ, dass der Besiegte und er sich auf einen Kampf auf Leben und Tod miteinander eingelassen hätten und dass dieser Zweikampf nur in diesem Sinne zu Ende gebracht werden könne. Das Publikum wurde nervös. Plötzlich warf er sich auf die schlafende Gestalt und riss deren Dansiki hoch. Na also, da fand sich ja der um die Taille gebundene Lederriemen mit den Amuletten. Er riss ihn herunter und hielt ihn hoch, dass jeder im

Publikum ihn sehen konnte; wir verstanden dies als die Erklärung des Doktors für den so lange durchgehaltenen Widerstand. Seine nächste Bewegung war die grauenerregendste des ganzen Abends. Er sprang hinüber zu seinem Schwert, mit dem er zu Beginn der Vorstellung seinen Assistenten halbiert hatte, nahm es auf und schoss zu der Liege hinüber, mit einem Vorhaben, das niemand missverstand. Ein Teil der Zuschauer flüchtete, andere bedeckten die Augen und schrien. Ich stand da, den Mund vor Entsetzen weit aufgerissen – ich konnte nicht glauben, dass eine harmlose abendliche Vorstellung eines Zauberkünstlers auf so gewalttätige Weise enden sollte. Das Durcheinander war so komplett, dass ich weder sah, noch konnte mir irgendjemand anders später sagen, wie die Sache ausgegangen war.

Noch während das Duell im Gange war, dröselten sich seine Fäden für mich auf – es war schlicht ein Wettstreit zwischen einem Magier und einem Osó, einem Hexer. Der Magier war der Repräsentant des geheimnisvollen Orients – Indien, Ägypten, die drei Weisen aus dem Morgenland, Moses, Pharao und die Plagen, der Hexer war der Herausforderer unserer Seite, bewaffnet mit einheimischen Zaubermitteln gegen die fremden Kräfte des Orients. Aber er war besiegt und, soweit ich wusste, von dem wutschnaubenden, rachedurstigen Mann des Orients in Stücke gehackt worden. Der Geruch von Weihrauch verband sich unauflöslich mit der Erinnerung an dieses Ereignis und schuf eine verschwommene Verbindung mit der Aura jener drei Könige, die gekommen waren, das Kind zu sehen, um ihm Gold, Weihrauch und Myrrhe darzubringen. Es war zweifellos eine böse, rachelüsterne Kraft, schreckenerregend und mitleidlos in der Anwendung. Die Rolle eines Zauberers zu spielen, der in sich, laut eigener Aussage, den Magier und den Hexer vereinigte, war daher ein verwirrender Widerspruch, doch die Lieder und Bannsprüche wurden dadurch nur umso wirkungsvoller und stärker. Es war die Sprache einer zweischneidigen Kraft, die die Geister und Kindesentführer nur zu gut verstehen würden. So dienten mir gewöhnlich die Lieder dieser Operette als Beschützer, wenn ich den Gefahren des Durchgangs zwischen der Mauer unseres Hinterhofs und der des Kirchengeländes die Stirn bieten musste, denn schließlich – um die Gefahr noch zu erhöhen – lag hinter der Kirchenmauer der Friedhof; von dem mächtigen Mangobaum ganz zu schweigen, dessen Stamm riesig genug war, um Hunderten von Ewèlè, Òrò, Iwin und anderen Ànjònnú eine Wohnstatt zu bieten!

Auch die Kirchenlieder und Choräle, die den Festen des Kirchenjahres entsprechend geprobt wurden, forderten den Einsatz meiner Stimme. Die Melodien konnte ich klar und deutlich hören, nicht aber die Worte. Die schwebten als eine höchst merkwürdige Sprache zum Gehöft herüber, eine Mischung aus Englisch, Yoruba und einer himmlischen Sprache, wie sie wohl von den Cherubinen auf den bemalten Glasfenstern gesprochen wurde, aus deren Mündern Zweige und Blätter sprossen, die sich dann um die beseligten Antlitze der Heiligen und Erzengel rankten. Die unverständlichen Texte verleiteten mich zu den merkwürdigsten Interpretationen, und eine dieser Versionen sang ich gerade laut vor mich hin, als ich mit Mr Orija, dem Organisten, zusammenstieß, der soeben aus der Hintertür des Kirchhofs trat. Die Erscheinung dieses unordentlichen Mannes, der immer, wo man ihm auch begegnete, den Eindruck machte, als müsse er, schon in Soutane und Chorrock gekleidet, zur Kirche rennen, weil in wenigen Sekunden der Gottesdienst beginnt, diese Figur nun hatte mich zu meinem Schreck mitten im Schritt aufgehalten. Ich murmelte ein verängstigtes »Guten Abend, Sir« und rannte, was ich konnte. Vor Schreck vergaß ich, welche Verballhornung der Osterkantate ich gerade geschmettert hatte, ich hoffte nur, dass es keine Blasphemie war, die zu einer Berichterstattung bei Essay führte.

Meine Hoffnung wurde nicht erfüllt. Mit dem ersten Hahnenschrei stand Mr Orija am nächsten Morgen vor der Tür. Aber er war nicht gekommen, um mich wegen einer Übertretung anzuschwärzen, er wollte Essay fragen, ob ich nicht dem Kirchenchor beitreten könne. Es folgte eine ziemlich lange Unterhaltung – ich lauschte, schon von dem Augenblick an, als ich die plumpe Gestalt des Organisten hatte aufs Haus zukommen sehen. Essay meinte, ich sei noch viel zu klein, aber Mr Orija insistierte, dass meine Stimme genau richtig sei für den Sopran. Schließlich wurden sie sich einig. Die besonderen Gewänder sollten erst angefertigt werden, wenn die Zeit reif war, doch an den Proben sollte ich ab sofort teilnehmen.

Edun, der auf der anderen Seite des Ibarapa-Morgenmarktes wohnte, trat dem Chor zur gleichen Zeit bei wie ich. Wir begrüßten den Beitritt als einen weiteren Schritt in die Befreiung von lästigen Haushaltspflichten. Außer den Schulstunden, den Pfadfindertreffen und einigen geschickten Ausreden gab es jetzt also noch die legitime Flucht wegen der Chorproben. Und obgleich ich näher bei der Kirche wohnte als er, wurde es doch hingenommen, dass ich an der Kirche vorbeiging, die Straße zwischen dem großen Platz von Aké und dem Ibarapa-Markt überquerte, durch den ganzen Markt ging, vorbei an all den Agbole, um Edun abzuholen und dann mit ihm zusammen den ganzen Weg bis zur Kirche zurückzugehen; zunächst nur für die Chorproben, später, als wir unsere Gewänder bekamen, auch für alle Gottesdienste.

Wir nahmen immer andere Wege. Der Abendmarkt lag eigentlich außerhalb unserer Route, denn er befand sich auf der anderen Seite nach Iberekodo, doch der Morgenmarkt war meist öde und verlassen zu den Zeiten, an denen die Proben stattfanden. Durch den Abendmarkt zu gehen, bedeutete einen zehn, fünfzehn Minuten längeren Fußweg, und ich achtete genau darauf, dass ich früh genug losging, um genügend Zeit für den Umweg zu haben. Alle Wohlgerüche des Marktes hatten sich voll entfaltet und lockten uns, die während der Woche so mühsam ersparten Onini und Halfpennys auszugeben. Denn hier waren sie alle versammelt, die

Jogi-Verkäuferin, die zur festen Zeit jeden Morgen an der Mauer des Hinterhofs vorbeikam und ihre Ware mit ihrer vollen lyrischen Stimme pries, nur Minuten später gefolgt von der Afeara-Verkäuferin, aus deren Bohnenkuchen verstohlen das Erdnussöl tropfte, das die Luft mit seinem Duft durchzog. Wir standen am Markt und bestaunten die flinke hohle Hand der alten Frauen und ihrer jungen Gehilfinnen, die geschickt die weiße Bohnenpaste aus dem Mörser schöpfte – immer genau taxierte Mengen – und in das breitrandige, flache Geschirr mit siedendem Öl gleiten ließ. Der Kloß sank augenblicklich in das Fett, aber nicht tiefer als ein, zwei Zentimeter, stieg dann an die Oberfläche, zartrosa getönt vom Palmöl. Das Fett spritzte manchmal bis weit über den Rand des Frittiertopfs, wenn die Bohnenmischung zu wässrig war. Dann bildete sich langsam die äußere krümelig knusprige Kruste, die mit leichter Bräune den inneren Kern aus gebratener Bohnenpaste umschloss, die mit grünem oder rotem Pfeffer, mit fein oder grob gehacktem Krebsfleisch angereichert war.

Selbst wenn die Akara keine knusprige Krause hatten, erfüllte ihr ölsatter Duft den Markt und rangelte mit dem Geruch röstender Kokosnussscheiben um unsere Gunst, die dann in dünne Omeletts aus feinem Maismehl gerollt wurden. Wir nannten sie Kasada. Das kross gebratene, magere Tinko-Fleisch, der käsig faulige Geruch von Ogiri, geröstete Maiskolben, frische Gemüse und Gbegiri – sie alle wollten unsere Aufmerksamkeit. Akàme, das abendliche Maisbreigericht, wurde aus glatten, hellbraunen Kalebassen, die in emaillierten Ringen auf Bambusgestellen ruhten, in die wartenden Schalen gelöffelt, von Frauen, die täglich aus dem Stegreif neue Preislieder für ihre angebotenen Köstlichkeiten erfanden. Ein Onini reichte nicht aus, nicht einmal ein Halfpenny, um alle unsere Sehnsüchte zu erfüllen – doch der Anblick und die Wohlgerüche waren frei. Unsere Chorproben waren nur noch ein untrennbarer Bestandteil unserer Exkursionen durch die allabendliche Erneuerung der köstlichen Duftorgien Ibarapas.

Auch als ein paar Monate später unsere Lehrzeit vorbei war und wir zu Vollchoristen avancierten, holte ich Edun zu Hause ab, doch jetzt für die Früh- und Abendmesse an Sonn- und Feiertagen. Der Morgenmarkt war sonntags geschlossen, doch eine Frau war da, die alle Wohlgerüche der beiden Märkte in ihren Töpfen mit Stew zu vereinigen wusste; johannisbrotlastiger Eintopf mit Krebsfleisch als Krönung einer reichen Portion Reis oder verschiedener Sorten Yams. Abgesehen von einigen Ständen, an denen frisches Gemüse angeboten wurde, trotzte sie allein dem Anspruch des Sonntags auf Marktfreiheit als eines Zeichens des Respekts. Das Ergebnis war vorhersehbar. Das Frühstück zu Haus war alles andere als spärlich – also war es keine Frage des Hungers. Sonntags war es sogar besonders reichlich – Yams, Fisch, Omelett, Brot, Butter und der unvermeidliche Tee, schwarz oder aus Zitronengras. Doch es war vor dem sonntäglichen Frühstück, dass ich, den weißen Chorrock über die Schulter geworfen, den Weg zwischen den Ständen hindurch nahm, Edun von zu Hause befreite und Gott um seine Pennys für den Opferstock betrog, indem ich sie für ein dampfendes, pfeffriges, klebriges Lebergericht oder für andere lecker zubereitete Innereien, die die alte Frau verkaufte, ausgab, während die Kirchenglocken verkündeten, dass wir in einer halben Stunde Gott gegenübertreten mussten. Ein- oder zweimal, vielleicht sogar etwas öfter, packte uns die Angst, dass Gott Einspruch erheben könnte gegen den wöchentlichen Raub seines rechtmäßigen Anteils, doch ich glaube, ich zerstreute unsere Bedenken mit der Feststellung, dass wir umso besser sangen, wenn unsere Stimmbänder mit der Fülle des Marktangebotes geschmiert worden waren. Doch vorsichtshalber achteten wir auf Zeichen der Missbilligung des designierten Eigentümers der Sonntagspennys – aber wir erhielten keine.

Als ich Ibidun, Mrs Lijadus Nichte, fragte, was ihre Tante an ihre Stews gab, damit sie diesen ganz besonderen Geschmack bekämen, sagte sie *Pasmenja*. Es war ein merkwürdiges Wort, aber eines, das genau zu dem Geschmack der Speisen passte, die wir von dieser Tante vorgesetzt bekamen, die, wie wir glaubten, zu der nebelhaften brasilianischen Linie unserer Verwandtschaft gehörte. Zwischen ihr und unserer Großmutter, Daodus Schwester, die allein in Igbein, fast am anderen Ende von Abeokuta lebte, verlief eine direkte Achse aus Geschmäckern und Gerüchen. Wir besuchten sie nur selten, doch wenn, dann traf mich jedes Mal – und nicht nur bei den Mahlzeiten – die ungeheuer überraschende Erkenntnis, dass wir uns nicht im Hause von Mrs Lijadu, sondern tatsächlich im Hause meiner Großmutter mütterlicherseits befanden, der geheimnisumwobenen älteren Schwester von Reverend A. O. Ransome-Kuti. Es blieb eines der Geheimnisse der familiären Beziehungen, über die uns aufzuklären Wild Christian so viel Zeit opferte. Waren die Olubis unsere Cousins? Wenn ja, waren sie Blutsverwandte, oder gehörten sie in eine angeheiratete Linie? Ich hörte zu und verstand nichts von der verzwickten, komplizierten Familiengeschichte. Verbindungen ergaben sich durch sehr viel greifbarere Augenscheinlichkeiten. Unsere Igbein-Großmutter hatte, soweit ich feststellen konnte, nichts mit ihrem formidablen Bruder Daodu gemein. Ebenso streng und genauso gütig wie er vielleicht, dennoch war ich eher bereit, und in der Tat versteifte ich mich lange darauf, anzunehmen, dass sie Beeres Mutter sei. Und ich glaubte, dass sie und Mrs Lijadu Schwestern seien, denn beide kochten mit Pasmenja, beider Haus war ständig erfüllt vom Duft des Pasmenja. Selbst ihr Gebäck und ihre Chin-Chin schmeckten zum Verwechseln gleich; was also das Essen in den beiden Häusern anging, so schmeckte es nicht nur, als sei es von Schwestern zubereitet, sondern von zwei Personen, die ihr ganzes Leben lang schon Schwestern gewesen waren.

Daodus Frau, Beere, brachte ich überhaupt nicht mit Kochen in Verbindung. Essen – das war etwas anderes.

Beere aß leidenschaftlich gern Moin-Moin, und für Wild Christians Moin-Moin hatte sie eine solche Passion, dass sie oft eines ihrer älteren Kinder, Koye oder Dolupo, den ganzen Weg von Igbein nach Aké schickte, um sich von Wild Christian Moin-Moin bringen zu lassen. Wenn sie persönlich zu uns kam und mit den Eltern zu Tisch saß, dann ließ sie einen lauten Schrei los, sollte das übereifrige Mädchen die Freveltat begangen haben, die dampfende Delikatesse aus ihrer Blatthülle zu pellen, denn für sie waren der wahrhaft hehre Teil der Moin-Moin jene waffeldünnen Rumtreiber, die in die Falten der Blatthüllen gesickert waren und jetzt heiß dampfend ans Tageslicht kamen, jene unabhängigen Häutchen, die gemächlich von ihrem nervigen Bett gepult und zwischendurch eingesaugt werden konnten oder die einen kräftigen Happen vollmundigen Moin-Moin krönten. Das unglückliche Mädchen trug voll Stolz die Moin-Moin in ihrer ganzen dampfenden nackten Pracht auf, und Beere bestand immer, mit allem Nachdruck, darauf, dass man die Blatthüllen bringe. Es bestand keine Gefahr, sie wusste nur zu gut, dass die Hüllen nicht in den Müll gewandert waren. Wir schauten ihr zu, wie sie mit peinlichster Sorgfalt Blatt für Blatt mit dem Finger abhobelte, die zusammengepappten Blätter mit der Vorsicht eines Hautchirurgen voneinander löste. Sie hebelte die miteinander verbackenen Blattadern auseinander, zupfte die öligen Waffelfäden längs des Weges heraus und leckte sich in ostentativem Genuss die Lippen. Sie nahm unsere stummen Blicke des Protests zur Kenntnis, indem sie laut verkündete – wenn sie dazu aufgelegt war –, dass jeder, der solche Leckerbissen Kindern überließe, entweder ein Narr oder ein Engländer sei. Dann blinzelte sie verschmitzt mit den bebrillten Augen und schnitt eine gehörige Scheibe aus der Mitte des Moin-Moin, schob sie für uns beiseite und bemerkte dazu, sie würde lieber auf das ganze Gericht verzichten, als dieser fragilen Häutchen verlustig zu gehen, die mit ihrem ganz besonderen Wild-Christian-Geschmack in den geheimsten Blattwinkeln verborgen waren und doch von ihren geübten Fingern so geschickt herausgepickt wurden.

In einigen Gegenden Akés und der übrigen Stadt kann man gelegentlich noch die fliegende Händlerin hören, die Preislieder auf ihre blattumwickelten Moin-Moin singt. Und am Dayisi Walk ist ein Laden, der Moin-Moin aus einer Glasvitrine verkauft, die mit grünen Neonlampen angestrahlt wird. Sie liegen da neben Hamburgern von McDonald's, neben Kentucky Fried Chickens, Hotdogs und vertrockneten Wurstbrötchen. Sie sind in leeren Milchdosen oder ähnlichen Behältern gekocht, herausgefischt und in niedliche geometrische Formen geschnitten worden, wie Seifenstücke. In den Häusern der Neureichen füllt man sie heutzutage mit hart gekochten Eiern, mit Ölsardinen aus Portugal oder argentinischem Corned Beef. Wara und anderen Delikatessen hat das Schicksal nicht einmal diese zweifelhafte Gnadenfrist vergönnt. Die Verkäufer, die ihre Dickmilch in den übergroßen Kalebassen anboten, sind von chromblitzenden Kästen verdrängt worden, die aus polierten Tüllen eine gelbliche Masse in brüchige Waffeltüten spucken. Wenn es wenigstens noch Eiscreme wäre. Aber nein. Der Importeur mit dem Sinn für den flotten Gewinn aus der Instantmaschine begnügt sich damit, seinen jungen Kunden einen Schlag aus dem Bettgeschirr diabetischer Miezen hinzuklatschen und dann zuzuschauen, wie sie es schmatzend auflecken und gierig in die Waffel beißen. Selbst Pa Delumos Sonntagsschulkinder hätten es besser gewusst; der Eiskönig vom Dayisi Walk wäre entthront worden – durch Nichtachtung – zugunsten der Wara-Königin.

Wir wetzten unseren Zahn an Robo, frittierten Bällchen aus pulverfein gemahlenen Melonenkernen, und an Guguru und Epa, der Freund und Erhalter der Arbeiter in der Zeit des kritischen Countdown bis zum nächsten Zahltag. Eine Handvoll Guguru mit einem kräftigen Schluck Wasser, Palmwein oder Pito heruntergespült, stillte für den Rest des Arbeitstages den größten Hunger. Abends gab es dann Konkere, ein Bohnengericht von unvergleichlich kompakter Konsistenz, über das eine Soße aus dem denkbar dunkelsten Palmöl und scharfen Pfefferschoten kam. Wurde das Gericht dann noch mit Gari ergänzt, machte es seinem Spitznamen »Zement« wahrhaftig alle Ehre. Die Hausafrauen, die Guguru verkauften, unterschieden sehr genau nach den verwendeten Maissorten. Wir mischten bei unseren Erwerbungen die steinharten Zahnbrecher mit den weichen, schmuddlig weißen Schwimmern und dem Halb-und-Halb und verschafften den Geschmacksknospen Abwechslung durch dünne Scheiben Kokosnuss oder kleine Portionen Erdnüsse. Heute scheinen die Kiefer am Dayisi Walk nicht weniger hart gefordert; in der Tat, sie mahlen ununterbrochen – auf Kaugummi. Zwischen den neonbestrahlten und von Batterien bunter Birnen beleuchteten Wunderlandbuden steht auch eine Maschine, die einheitlich pappweiches Popcorn ausspuckt. Straßenbengel drücken die neue, plastiktütenverpackte Ware jedem ins Gesicht, der sein Auto auch nur einen Moment im Verkehrsgewühl anhalten muss. Das Getöse der Autohupen wetteifert mit den phonstarken Ergüssen der Rocker, Funker und Punker aus dem Land der Instantkulturhelden. Die Augen glasig, die Kiefer in unaufhörlicher, automatischer Bewegung, artikulieren die Stammgäste geziert das Durcheinander der Liedtexte, die aus jedem Laden plärren, und ihre Arme flappen dazu wie die Flügel verwundeter Buschhühner. Einzeln oder in Gruppen identischer Zwillinge, Drillinge, Viellinge tänzeln sie in die Plattenläden, streicheln das neueste Cover und seufzen. Ein Trio erscheint mit einer übergroßen Radio-Kassetten-Kombination – aufgedreht bis hinten hin – und fordert die Autohupen und die ohnehin vom Lärm schon schwachsinnige Ladenstraße zum Wettstreit.

Sie gehen weiter zu dem Laden, der Flitterkram und Kosmetikartikel feilbietet, ihre Kiefer manschen sich unerbittlich durch die Tröge klebriger Synthetiknahrung aller nur denkbaren Couleur, halten bei McDonald's, begraben die Leichen von Hotdogs in ihren Mündern und ertränken das Mengfutter in Coca-Cola. Endlich entscheidet sich eines der Mädchen für eine der um ihre

Gunst buhlenden Marken von »Hauttönungen« – sie ahnt schon, wie herrlich ihr Teint gebleicht sein wird, wenn das Glanzpapierposter an der Wand seine Versprechung erst eingelöst hat. Da, die willkommene Einmischung eines einheimischen Klangs – zumindest schien es anfangs so. Aber nein, es ist nur einmal mehr eine lokale Imitation eines importierten Popsongs, unangemessen in fromme, beseligende Phrasen und übrig gebliebene Happen traditioneller Sprichwörter gekleidet. Die Musiker schätzen ihr Publikum richtig ein – die Neureichen, die Importeure, Lieferanten, Manager von Handelsgesellschaften, sie baden sich im Glanz der für den Augenblick zur Schau gestellten Frömmigkeit; die geradlinigen, melodischen Verszeilen verlangen Geist und Gefühl nichts ab, genauso wenig der Einsaiteneinheitsklang. Sie nehmen diese neue Musik nur zu bereitwillig an und spielen sich gönnerhaft zum Mäzen auf, kaum fähig, die Übereinstimmungen zwischen »Fuji«, »Fuji-Rock«, »Apola-Disko«, »Afro-Reggae« und ihren nicht weniger faden Vorläufern zu erkennen.

Gleichermaßen unbeirrt, wenngleich auf fremde Mentoren eingestimmt, ist die Wahl der Kinder der neuen Akademikerschickeria – Ärzte, Anwälte, Ingenieure, Beamte, Kleriker. Sie gehen auf dem Dayisi Walk am Pfarrgelände vorbei, halten krampfhaft ihre neuen Kassetten aus »Übersee« fest und versammeln sich im Kentucky Fried Chicken, um Neuigkeiten zu tauschen. Ein Mädchen bleibt vor dem Friseurladen stehen, geht hinein, und bald mengt sich ein Knistern in den Discosound, dem der Geruch brennenden Haares folgt, als die Brennschere der jungen Kundin das Hirn versengt, nicht aber ihre Fantasie anfeuert. Am Ende der Prozedur prüft die Schöne von St. Peter den modejournalgerechten Seidenflaum auf ihrem Haupt, bringt hier und da sanft eine letzte Korrektur an und heißt ihre neue Erscheinung gut. Schon höchste Zeit für das Treffen mit den anderen im »Colonel« und ihren Anteil an Gaumenfreuden, nach denen man sich alle Finger leckt.

Manchmal verband sich Dayisis Promenade mit eigenartigen Grausamkeiten. Zur Mangoreife waren die Gerüche auf dem großen Platz von Aké besonders berauschend. Nicht nur verbreiteten die Früchte ihr eigenes klebriges Aroma, das Schmetterlingsplagen, Fliegenschwärme und fette Schmeißfliegen anlockte, sobald die Stöcke und Steine sie vom Baum katapultiert hatten. Zugleich spendete der Baum in dieser Zeit so überreichen Schatten, dass die Essensverkäuferinnen sich trotz der Insekten freiwillig darunter aufhielten. Während des Tages hockten Arbeiter, Büroangestellte des nahe gelegenen Regierungsgebäudes, Schuljungen, Reisende zwischen den mächtigen Wurzeln auf improvisierten Bänken, oder sie standen herum und stellten sich aus dem reichhaltigen Angebot eine Mahlzeit zusammen. Sorowanke bildete eine zusätzliche Attraktion. Manchmal gaben sie ihr vom Essen ab, manchmal schenkten sie ihr auch Kleidungsstücke, dann wieder war sie der Gegenstand grober Beleidigungen oder gutartiger Neckereien und auch Ziel gelegentlicher anonymer Geschosse.

Sorowanke hatte sich ihre Hütte an die Büsche etwas abseits vom Mangobaum gebaut – ein paar dünne Wellblechplatten, Pappkarton, Lumpen und Stöcke genügten ihr für die Errichtung ihrer Behelfsunterkunft. Yokolu, ihr Geliebter, hatte keine feste Bleibe; er machte seine Patrouillengänge durch ganz Abeokuta, und man konnte ihn zu jeder beliebigen Stunde an jeder beliebigen Ecke der Stadt antreffen.

Eines Tages sahen wir ihn seine Mahlzeit mit Sorowanke teilen. Jetzt kam er immer öfter, bis wir bemerkten, dass unter den Fetzen, die Sorowanke nach dem Waschen zum Trocknen aufgehängt hatte, auch einige waren, die eindeutig einem Mann gehörten. Yokolu ging immer seltener auf Wanderschaft, verbrachte die meiste Zeit des Tages unter dem Mangobaum, und Sorowanke teilte das Essen mit ihm, das man ihr gewohnheitsmäßig schenkte.

Die Angelegenheit konsternierte die Mangobaumbevölkerung. Die Schüler von St. Peter brachten täglich Neuigkeiten über die

Entwicklung der Liaison der beiden Ausgestoßenen und über die Reaktionen der Essensverkäuferinnen und ihrer Kunden. Zuerst, fast unmerklich, verkleinerte sich die Gemeinde um den Mangobaum stetig, trotz des tiefen, sich täglich erweiternden Schattens unter dem Baum. Diejenigen Essensverkäuferinnen, die blieben, rückten immer weiter vom Stamm ab in Richtung Kirche, optierten für neue Plätze fast an der Peripherie des Schattens; Sorowanke und ihr Geliebter nahmen die verlassenen Gebiete in Besitz. Ihre Blechbüchsen, Kanister und ausgefransten Körbe erschienen jetzt unter dem Wurzelwerk, dort, wo sich früher die Kunden zum Essen niedergelassen hatten. Ihre frisch gewaschene Wäsche hing jetzt an den tiefsten Ästen des Baumes, und bald folgten Sorowanke und Yokolu selbst ihren Habseligkeiten zum Fuß des Baumes. Zur Mittagszeit saßen sie, die Rücken an den Stamm gelehnt, und dösten. Ihre Feuerstelle hatte Sorowanke in einem passenden Dreieck errichtet, das von zwei besonders weit herausragenden Wurzeln gebildet wurde, und das Gebräu in ihren Töpfen konnte es wohl, vom pikanten Geruch her zu urteilen, mit dem gebratenen Schweinefleisch, den Yamsgerichten, den Leki und den tausend anderen Delikatessen aufnehmen, die die Essensverkäuferinnen anboten. Es gab widerwilliges Gemurmel, aber es schien, als sei die neue Demarkationslinie friedlich hingenommen.

Und dann wurde Sorowankes Bauch immer dicker. Er wurde größer und größer, und Sorowanke redete weniger und weniger, selbst in der Nacht, wenn sie zwischen den Wurzeln hockte und sich tiefer und tiefer in die Schatten zurückzog. Sie tobte nicht länger gegen Gott und die Welt, wie man es von ihr gewohnt war, besonders wenn sich Yokolu wieder auf eine seiner rätselhaften Reisen begeben hatte, sie begnügte sich jetzt damit, Beschwörungsformeln vor sich hin zu murmeln, die niemand zu dechiffrieren vermochte. Eines Tages verschwand ihr Gefährte. Sorowanke zog sich noch mehr von der Welt in sich selbst zurück. Da sie immer nach unten blickte, wenn sie ihre Sprüche vor sich hinmurmelte, schien es, als bespreche sie die wachsende Schwellung ihres Bauches. Wie aus heiterem Himmel hörten wir eines Morgens Schreie und Gekreische und den scheppernden Aufprall von Geschossen auf Wellblechplatten. Zusammen mit ein paar anderen rannte ich zur Leiter und sah einige meiner Schulkameraden, die Sorowanke mit Stöcken und Steinen bewarfen. Die fliegenden Händlerinnen beteiligten sich, während Männer auf dem Weg zur Arbeit stehen blieben, glotzten, johlten und Sorowanke eine Hexe nannten. Erst vor wenigen Tagen war sie nach ungewöhnlicher Abwesenheit – höchstens ein paar Stunden – zu den qualmenden Trümmern ihrer Hütte zurückgekehrt, ihre Sachen hatte man weit weg vom Fuß des Baumes in alle Richtungen verstreut. Seither hockte sie fast unbeweglich an der gleichen Stelle, murmelte, aß fast nichts. Aber sie besaß ja ohnehin kaum Nahrungsmittel oder Geld – vielleicht war das überhaupt der Grund, weshalb sie ihren Platz für ein paar Stunden verlassen hatte. Und jetzt flogen diese Steine. Ein gut gezielter Knüppel stieß den Blechtopf von der behelfsmäßigen Feuerstelle – reines heißes Wasser floss auf den Boden. Ich sah, dass sie an der Schläfe blutete und sich mit dem Handrücken leicht übers Gesicht fuhr, als verscheuche sie lästige Fliegen. Aber dies waren harte Steine und kleine Knüppel, und mit einem Mal tastete Sorowanke nach dem Stamm hinter sich und zog sich hoch. Die Kinder schlossen den Kreis enger, traten das Feuer aus, warfen ihre Lumpen und Pappschachteln in den Busch, da, wo vor wenigen Tagen noch ihre Hütte gestanden hatte. Die Essensverkäuferinnen erledigten den Rest, sie fegten den Boden rein und nahmen ihre früheren Plätze wieder ein. Es dauerte nicht einmal eine Woche, bis Aké die schwangere Wahnsinnige, Sorowanke, vergessen hatte.

II

Es fiel mir auf, dass er sich mehr und mehr in sein Zimmer zurückzog, seltener aß, und dann auch meist allein in seinem Zimmer, und dass, wenn er herauskam, er uns schärfer anschaute und traurig den Kopf schüttelte. Nichts änderte sich an seiner Erscheinung. Besucher kamen weniger häufig. Wenn Besuch kam, so blieb er nur kurz, oft gar nicht bis zu Essay vorgelassen, abgespeist mit dem Bescheid: »Der Rektor ruht gerade.«

Wild Christian verbrachte mehr Zeit zu Hause, überließ den Laden den Mädchen und Cousins. Sie verbrachte einen großen Teil des Tages in seinem Zimmer, holte ihm etwas zu essen oder eine Tasse Tee und sprach mit gedämpfter Stimme mit ihm. Unsere kleinen Übertretungen blieben von beiden ungeahndet, aber sie verringerten sich ohnehin, sodass nicht viel zu tadeln blieb. Schläfrigkeit legte sich wie eine Decke über das Haus, eine friedliche Ordnung, die raue Stimmen abstieß. Niemand musste uns bitten, nicht laut zu rufen, keine Sachen umzustoßen; wir hatten kein Bedürfnis, die Schule zu schwänzen, herumzutrödeln, wenn wir eine Besorgung zu erledigen hatten, an den heimlichen Streichen unserer Spielkameraden teilzunehmen. Nach der Schule eilte ich nach Hause, von der unbewussten Notwendigkeit getrieben, bei der Familie zu sein, die stille Intimität zu teilen, die Berührung, die Blicke, das Zusammenrücken, das in jeder Handlung greifbar wurde.

Und doch verstand ich kaum. Nicht einmal, als ich ihn, ohne dass er mich bemerkte, bei seinen Blumen überraschte, sein Blick mehr und mehr in weite Fernen schweifend. Ich bog um eine

Hausecke und stieß auf ihn, der dastand und leise mit sich selbst sprach und dabei ärgerlich den Kopf schüttelte.

»O Gott, was für ein erbärmlicher Tod.«

Es geschah mehrere Male. Die Worte waren nicht misszuverstehen. Auf seinem Gesicht spielte ein Lächeln, halb Bedauern, halb Verärgerung, vielleicht sogar ein Hauch neugieriger Erwartung, aber die Worte waren unmissverständlich. Manchmal warf er den Kopf zurück, lächelte nachsichtig, als schelte er ein widerborstiges altkluges Kind.

»Ja. Was für ein erbärmlicher Tod.«

Dann, eines Tages, rief er mich in sein Zimmer. Er saß aufrecht im Bett und hieß mich in seinem Sessel am Fenster Platz nehmen. Ich hatte ihn noch nie so viel, so beharrlich lächeln sehen.

»Du darfst dich von nichts unterkriegen lassen«, begann er, »denn du bist das Oberhaupt in der Familie, und wenn du nicht stark bist, was willst du dann von Tinu und den anderen erwarten? Was du unter allen Umständen verfolgen musst, ist deine Ausbildung. Die darfst du nicht vernachlässigen. Du weißt, es war immer mein Wunsch, dass du das Government College besuchst.«

Rätselhaft, wie seine Worte waren, beunruhigten sie mich doch nicht sehr, und ich nickte zustimmend.

»Es ist richtig, du gehst jetzt auf das Gymnasium. Aber du musst die Aufnahmeprüfung für das Government College bestehen. Und nicht nur einfach bestehen, du musst ein Stipendium bekommen. Die staatlichen Colleges geben verschiedene Stipendien für förderungswürdige Kinder, und dein Bemühen muss es sein, förderungswürdig zu werden. Mach dir zum Ziel, einen Platz im Government College zu erringen, denn siehst du, was auch immer geschieht, die Regierung unterstützt den eifrigen Studenten – das darfst du nie vergessen.«

Ich versprach, mich um ein Stipendium zu bemühen. Es schien so wichtig für ihn, und mit einem Mal hatte ich das Gefühl, dass ich eine wichtige Veränderung durchmachte mit diesem

Versprechen, das ewig bindend schien. Es war klar, dass ich nichts zwischen mich und die Erfüllung dieses Versprechens kommen lassen durfte, das auf bisher unerforschtem Gelände auf ungewöhnliche Weise zwischen zwei Leuten gegeben worden war. Er nickte, als habe er meinen eigenen Akt der Erkenntnis erkannt, und war zufrieden.

»Es geht nicht immer alles so, wie man es plant. Es gibt viele Enttäuschungen im Leben, und immer lauert das Unerwartete. Du planst genau und vorsichtig, du entscheidest dich, Schritt für Schritt vorzugehen, und dann ... ja, so ist das Leben. Wir sind nicht Gott. Aber siehst du, man darf sich durch das Unerwartete nicht unterkriegen lassen. Du wirst eines Tages feststellen, dass nur die Entschlossenheit uns weiterbringt, die reine Entschlusskraft allein. Und das Vertrauen auf Gott – vernachlässige niemals deine Gebete. Du bist das Haupt der Familie, denk daran, dass die anderen auf dein Beispiel schauen werden. Du darfst sie nie im Stich lassen.« Er schüttelte zur Bekräftigung den Kopf. »Hörst du, du darfst sie niemals im Stich lassen!«

An diesem Abend bekam ich hohes Fieber. Der Fieberanfall wütete durch die Nacht und den folgenden Tag. Erst am dritten Tag sank die Temperatur langsam. Während meines Deliriums sah ich nur zwei Gesichter deutlich – Vater und Mutter, die sich ängstlich über mein Bett beugten. Und die Stimme Wild Christians, die, als das Fieber endlich fiel, sagte: »Was ist nur los? Ist es wegen des Gesprächs, das du mit deinem Vater hattest?«

Ich sagte nichts, wohl wissend, dass sie recht hatte, aber unfähig zu erkennen, wie denn das eine zum anderen geführt haben konnte.

Während ich mich erholte, sah ich den Fotografen im Haus herumschleichen. Meine Krankheit hatte, so schien es, eine geplante Fotografierfeier verzögert, die nun mit einer Art ruhiger Forciertheit in Angriff genommen wurde. Essay hatte seinen Kleiderschrank auf den Kopf gestellt und seine feinsten Aso Oke herausgeholt. Er wurde allein fotografiert, mit jedem Busch und Strauch in seinem Garten, vor den Crotonbüschen, vor seinen Rosen, er wurde mit Wild Christian aufgenommen, mit jedem seiner Kinder, dann mit allen zusammen, schließlich wurden noch verschiedene Familienbilder gemacht. Er ging in sein Zimmer und zog sich um, wurde wieder fotografiert – gegen die untergehende Sonne, an die Hauswand gelehnt, im Sitzen, im Stehen ... und immer dieses breite Lächeln auf seinem Gesicht. Er bewegte sich heiter, gab dem Fotografen Anweisungen, stellte jeden von uns genau so hin, wie er uns haben wollte, stehend neben ihm, dann halb kniend – ich fragte mich, was der Fotograf wohl von dieser plötzlichen Porträtierorgie hielt. Essays letzte Anweisung an ihn an diesem Abend ging dahin, dass er sich mit den Ergebnissen beeilen solle. Gegen den erstaunten Protest des Fotografen bestand er darauf, dass die Bilder entwickelt, abgezogen und vergrößert am Abend des folgenden Tages in seinem Haus sein müssten.

Ich legte mich wieder zu Bett, erschöpft, von einem leichten Rückfall geschüttelt.

Dann, so langsam und graduell, dass ich es eigentlich kaum bemerkte, zog der Schatten vorüber. Stück um Stück kehrte die alte Routine wieder ein, der Lärm nahm wieder zu, die Heiterkeit und Ausgelassenheit, die Witze, die Besucher im Vorzimmer und die übliche Ladenführungsabwesenheit von Wild Christian. Als das Haus zur Normalität zurückgekehrt war, fing ich an zu glauben, alles sei nur eine Halluzination meines Fieberanfalls gewesen. Der unwirksame Bann des Wartens – auf was, wusste ich nicht – hatte sich gelöst. Die Tage erlangten ihre Bestimmung, ihr altes Muster zurück. Ein Gefühl der Befreiung, eine tiefgreifende psychische Entlastung, ein Gefühl des Gerettetseins breitete sich aus. Außer den wenigen Malen, bei denen ich mich dabei ertappte, dass ich Essay mit verwunderter Intensität beobachtete, außer den Fotografien, die nun säuberlich gerahmt an den Wänden hingen, nahm ich die neue Ordnung als eine Selbstverständlichkeit hin, vielleicht mit einem Gefühl der Dankbarkeit gegenüber einer unsichtbaren Kraft für die Befreiung von der vermuteten, aber unausgesprochenen Bedrohung.

12

Großvater hatte recht. Nicht alle waren Männer in der Abeokuta Grammar School – meist kurz AGS genannt, aber es gab viele, deren einziges Unterscheidungsmerkmal von den Lehrern das blaue Hemd und die Kakiuniform der Schüler war. In jeder anderen Hinsicht wären sie in der Lage gewesen, die Verpflichtungen eines Familienoberhauptes zu erfüllen, und einige taten es bereits.

Fast alle meine wunderschönen neuen Bücher und Hefte, meine Stifte und mein Füllhalter, die Radiergummis und Tintenlöscher und manch andere Gegenstände meiner Schulausrüstung kamen mir im Laufe der ersten Wochen im AGS abhanden. Am größten freilich war der Verlust des funkelnagelneuen Zirkelkastens, der erste, den ich je gesehen und besessen hatte. Er hatte ungeahnte Perspektiven ganz neuer Arten der Gelehrsamkeit eröffnet, große Aufregung versprochen. Dass ich seiner verlustig gehen sollte, noch ehe ich Zeit gehabt hatte zu ergründen, wozu der Stechzirkel, der Zirkel, das unflexible Winkelmaß, der durchsichtige halbrunde Winkelmesser mit seinen eigentümlichen Zeichen dienen sollten, war bei Weitem schmerzlicher als die Strafe, die seinen Verlust begleitete. Nicht einmal der Ersatz – eine ebenso neue Garnitur – konnte den Verlust des ersten glänzenden Metallkastens wettmachen, dem ich solche Ehrfurcht entgegengebracht hatte, dass ich allen guten Rat in den Wind schlug und mich weigerte, ihn durch das Einritzen meines Namens zu verschandeln. Der große Junge, der ihn gestohlen hatte – jeder wusste, dass er ihn gestohlen hatte, und er wusste, dass es jeder wusste –, hatte seinen Namen schon innen und außen auf den Kasten gekratzt.

Dies belegte sein Eigentumsrecht; niemand konnte jetzt noch etwas unternehmen, nicht einmal der Klassenlehrer, dem ich den Verlust und meinen Verdacht anzeigte.

Es gab noch ein paar andere Initiationsriten beim Eintritt in diese neue Welt, und ehe das Jahr um war, brauchte ich gar nicht zu belauschen, was Wild Christian zu sagen hatte, um festzustellen, dass ich der Tagträumerei sehr viel seltener zugeneigt war und vielmehr mit Enthusiasmus auf meine lärmende Umgebung ansprach. Meinen Zirkelkasten hatte man mir unter der Nase weggestohlen, mitten in einer Unterrichtsstunde. In St. Peter wäre so etwas einfach undenkbar gewesen. Instinktiv fing ich an, meine neuen Kameraden sehr genau zu beobachten und mir Mittel und Wege anzuzeigen, unter ihnen überleben zu können. Ich freute mich auf meinen nächsten Besuch in Isara: Selbst der hellsichtige alte Mann, fand ich, hatte noch was zu lernen über die Eingeborenen von AGS, die in diesem Gebäude auf der Jagd nach Wissen aus und ein gingen.

Als ich in die Schule eintrat, war Daodu gerade auf Dienstreise. Zusammen mit anderen Lehrern, die aus ganz Westafrika zusammengekommen waren, befand er sich als Mitglied einer Delegation in England; während seiner Abwesenheit erfüllte Mr Kuforiji, ein Mathematiklehrer, die Aufgaben des Direktors. Sein Spitzname war Wèé-wèé, ein Name, der nichts bedeutete – bis man dem dünnen stellvertretenden Direktor höchstpersönlich begegnet war, ein Mann mit der Stimme einer Rohrleitung, mit einem eng sitzenden Gabardineanzug, mit einer Brille, die seinen Blick über den Kopf eines jeden, mit dem er sprach, hinweggleiten ließ, und mit einem Gang, der an ein Huhn erinnerte, das man beim Körnerpicken aufgescheucht hat. Wenn er seinen Kontrollgang durch die Schule machte, plötzlich in einem Klassenzimmer auftauchte, Minuten verharrte, um den Unterricht zu überwachen, hatte er immer sein Stöckchen dabei. Was auch immer der Klassenlehrer über individuelles Betragen und Können zu berichten hatte, Wèé-wèé bildete sich an Ort und Stelle sein eigenes Urteil über Erscheinung und Eifer der Probanden, pickte sich diejenigen heraus, deren Leistungen seinen Anforderungen nicht gerecht wurden, und verabreichte ihnen seine Korrekturmaßnahme gleich vor versammelter Klasse.

Trotzdem galt er nur als durchschnittlicher Zuchtmeister. Man konnte mit ihm umgehen, ihn sogar lenken, und manchem gelang es zu entkommen, obgleich er fast einen Mord begangen hatte. Und selbst das dramatischste Ereignis in seiner Karriere als stellvertretender Direktor, ein Skandal, in dessen Mittelpunkt der Schulsprecher stand, endete mit dem falschen Höhepunkt – und nicht einmal einem Wimmern.

AGS wurde zu Recht eine Schule genannt, die hart machte; ein Exerzierplatz für das spätere Überleben. Oft schien es, als werde sie nicht von den Lehrern geleitet, sondern von einer Kombination anonymer Kräfte, die irgendwo im großen Schlafsaal des Internats zu suchen waren, in den Kellern, Korridoren und Gewölben, unter den Bäumen und Büschen, im Dickicht und Gestrüpp rund um die Sportplätze. Finstere Transaktionen gingen über jene Absperrungen von der Außenwelt vonstatten, während der Sportstunden, in den Pausen, nach dem Unterricht. Ich gewann sehr bald den Eindruck, dass von jenen Orten aus, und nicht im Schulzimmer, in der Aula oder im Büro des Direktors, die Schule tatsächlich geleitet wurde. Für einige der Internatsschüler hatte die Schule keine Schranken, sie hatten ein perfektes System, jeden Hausmeister ins Bockshorn zu jagen, der auf seinem nächtlichen Rundgang ein leeres Bett vorfand, das bis zum Morgen leer blieb. Gegen Ende des Verhörs wurde er nur zu oft unsicher, ob er wirklich ein leeres Bett gesehen hatte oder ob das Bett, das er so gänzlich unbenutzt gesehen hatte, wirklich in der von ihm bezeichneten Reihe stand.

Es war nicht ungewöhnlich, dass ein Junge der höheren Klassen unter seinen Freunden ein mittleres Vermögen verteilte; er hatte einfach die Geldkassette seines Vaters erbrochen und sie geleert. Ein erschütterter Vater erschien, der zukünftige Staatsfeind Nr. 1 wurde herbeigeordert, und Wèé-wèé begann mit der moralischen Zermürbung. Wenn der Vater Glück hatte, fanden sich die Überbleibsel seines Vermögens in der Matratzenfüllung seines Sohnes, in einem der »Geheimsafes« hinter lockeren Mauersteinen oder vergraben unter den Wurzeln eines Baumes, termitensicher in eine Blechbüchse verpackt. Einmal waren auf diese Art die gesamten Ersparnisse eines Kakaobauern gestohlen worden. Der Bestohlene kam im Zustand völliger Erschöpfung in der Schule an und musste die Treppe zum Dienstzimmer des Direktors hinaufgetragen werden. Als der Sohn hörte, dass sein Vater im Hause sei, packte er seine Siebensachen und machte sich aus dem Staub. Er kam nie zum Unterricht zurück und ging, wie wir hörten, auch nie wieder nach Hause. Er setzte sich nach Lagos ab, nahm dort eine Arbeit an und schaute ab und zu in seiner alten Schule vorbei; in Anzüge nach dem letzten Schrei gekleidet, verteilte er Zeichen seiner Freigebigkeit an seine ehemaligen Mitschüler. Eines Tages kam er, um ein endgültiges Auf-Wiedersehen zu sagen. Sein Vater hatte wieder einiges zusammengespart und schickte ihn jetzt nach England zur »weiteren Ausbildung«.

Zum vollwertigen Skandal kam es, als ein Schüler der obersten Klasse – und zugleich der Schulsprecher – ein Mädchen schwängerte. Es war nichts Ungewöhnliches, aber es war das erste Mal, dass die Eltern eines solchen Mädchens darauf bestanden, dass der Schuldige von der Schule gewiesen werden solle. Normalerweise regelten die Eltern der beiden Betroffenen solche Angelegenheiten unter sich. Der Schulsprecher war bei uns allen sehr beliebt. Er hatte ein steifes Bein, das ihn aber in keiner Weise behinderte. Seine feste Handhabung der Schulangelegenheiten war zugleich auch so humorvoll, dass niemand Groll gegen ihn hegte. Anspruchsvoll bis mäklig, selbst wenn es nur um seine Schuluniform ging, hatte er sich einen Gang angeeignet, der sein Handicap eher wie den besonderen Stil eines tollen Typen denn als Behinderung erscheinen ließ. Einige der jüngeren Schüler versuchten sogar, seinen Gang zu imitieren. Wenn er mit dieser ganz eigenen flotten Note, die er seinem Aussehen gab, und mit seinem ganz besonderen Gang zum Podium schritt, um eine Ankündigung zu machen oder die Ankunft des stellvertretenden Direktors zu melden, dann schrien alle vor Begeisterung seinen Spitznamen – Akeenzy. Er hatte einfach Pech, dass er ausgerechnet an ein Mädchen aus einer »bedeutenden« Familie Abeokutas geraten war, einer Familie, die glaubte, es sich schuldig zu sein, ihr Pfund Fleisch zu verlangen. Mr Kuforiji zögerte, die Karriere eines hoffnungsvollen jungen Mannes durch eine unehrenhafte Entlassung zunichtezumachen, vor allem im letzten Schuljahr, trotzdem war das Vergehen schwer genug, um eine exemplarische Bestrafung zu rechtfertigen. Er entschied sich für die öffentliche Züchtigung. Für einen Schulsprecher war das – sogar für das AGS – eine empfindliche Demütigung. Und die Zahl der Schläge war eine noch nie verabreichte – sechsunddreißig!

Eine außerordentliche Versammlung wurde einberufen. Der gesamte Lehrkörper stellte sich feierlich in einer Reihe vor dem Podium der Aula auf, und Mr Kuforiji ging zum Rednerpult. In angemessen förmlichem Tonfall gab er den Anlass der Zusammenkunft bekannt, gab dem Entsetzen der ganzen Schulgemeinde über die Schande Ausdruck, die über uns gebracht worden war, und sprach schließlich von dem Unglück, das die Familie des Mädchens betroffen hatte durch diese gedankenlose Tat eines unserer Mitschüler. Dann nannte er den Schuldigen und befahl ihm, zum Podium zu kommen. Kuforiji wandte sich ihm zu und verkündete feierlich, dass er sich entschlossen habe, ihm noch eine Chance fürs Leben zu geben, er könne wählen. Entweder der Verweis von der Schule und Löschung seines Namens aus allen Schulregistern oder sechsunddreißig Stockschläge – hier vor versammelter Schülerschaft. Der junge Mann entschied sich für Letzteres.

Drei Rohrstöcke lagen schon auf dem Pult bereit. Der Schulsprecher musste »die Zehen berühren«, und die Strafaktion begann. Einer der Lehrer war bestimmt worden, die Schläge zu zählen.

Nach dem ersten Dutzend wechselte Wèé-wèé den Rohrstock aus; Akeenzy bewegte keinen Muskel. Nach weiteren sechs Schlägen begann Wèé-wèé zu schwitzen. Als er bei vierundzwanzig erneut den Rohrstock wechselte, merkten wir, dass er sich etwas Zeit ließ, ehe er die Züchtigung fortsetzte, und wir bemerkten auch, dass seine Schläge an Schärfe verloren hatten. Es herrschte absolute Stille im Saal, nur unterbrochen vom Laut der fallenden Schläge. Ich spürte, dass hier Geschichte gemacht wurde. Aller Augen waren auf Akeenzys Körper geheftet, unfähig, zu glauben, dass es möglich war, dass ein Mensch vierundzwanzig Schläge auf Rücken und Gesäß aushielt, ohne ein einziges Mal seine Position zu verändern, ohne das leiseste Zucken eines Muskels. Ich fragte mich, ob Akeenzy sich vielleicht vorsorglich wattiert hatte, doch dann fiel mir ein, dass Wèé-wèé vor Beginn der Prozedur einen raschen Blick in Akeenzys Hosenbund geworfen hatte, um sicherzugehen, dass hier nicht gemogelt wurde. Die letzten sechs Schläge verabreichte Kuforiji nur noch unter Aufbietung aller Willenskraft. Er war in Schweiß gebadet. Akeenzy richtete sich auf, ruhig, unerschüttert, verbeugte sich mit tadelloser Anmut und sprach im geforderten Tonfall die rituelle Dankesformel für die Verabreichung der Züchtigung: »Ich danke Ihnen, Herr Direktor!«

Und dann ließ donnernder Applaus das Dach der Aula erzittern. Vergeblich hieb der stellvertretende Direktor, nachdem er sich vom ersten Schreck erholt hatte, mit der Faust aufs Pult und erbat sich schreiend Ruhe. Einer der Lehrer ergriff die Handglocke und schwang sie wütend, doch das Glockengebimmel mischte sich nur nahtlos in das Jubelgeschrei. Der ganze Lehrkörper beteiligte sich an dem Versuch, dem spontanen Ausbruch Einhalt zu gebieten, sie erreichten nichts. Kaum schien es, als ebbe der

Applaus ab, schwoll er wieder an, bis er schließlich ganz langsam erlahmte. Noch Minuten, nachdem wieder Stille eingetreten war, war Wèé-wèé zu entrüstet, um sprechen zu können. Er starrte über die Köpfe seiner unberechenbaren Herde und suchte verzweifelt nach passenden Worten. Schließlich prustete er: »Eyin omo Satani! Schamlose, uneinsichtige Idioten. Glaubt ihr im Ernst, so etwas sei einen Applaus wert? Awon omo alaileko! Eure Seelen sind durch und durch verdorben – hinaus! Die Versammlung ist entlassen.«

Als Daodu von seiner Dienstreise aus England zurückkam, zog sich Wèé-wèé dankbar in seinen Mathematiklehrsaal zurück. Die Menge, die Daodu in Abeokuta willkommen hieß, war so riesig, dass niemand zu Hause geblieben sein konnte. Er ritt auf einem Schimmel in Aké ein, um an einem Dankgottesdienst in St. Peter teilzunehmen, flankiert von königlichen Bläsern und Trommlern und einer Abordnung der Pfadfinder. Seine Agbada, wenn man das Prunkgewand überhaupt noch so nennen konnte, sah noch voluminöser aus als sonst, als wäre sie extra dafür entworfen worden, sich weit über den Rücken des Pferdes zu bauschen – im Gegensatz zu dem schmaleren Umfang des Mopeds, das ihn vor zwei oder drei Jahren ins Krankenhaus gebracht hatte. Kunde von seinen in England vollbrachten Taten hatte uns schon durch Mundpropaganda erreicht; mit aller Deutlichkeit hatte er sich gegen die britischen Pläne ausgesprochen, nur eine einzige Universität für alle ihre westafrikanischen Kolonien zu errichten. Er bestand darauf, dass jedes Land seine eigene Universität haben müsse. Seine unbeugsame, hartnäckige Opposition, die kaum die Unterstützung der anderen Delegierten fand, wurde hier mit großem Beifall aufgenommen; nur Daodu hatte so was fertigbringen können.

Die Implikationen dieser Angelegenheit freilich überstiegen den Horizont der meisten von uns, obwohl es nicht schwer zu begreifen war, dass mehrere Schulen besser sein mussten als nur eine.

Was wirklich zählte, war die Tatsache, dass Daodu den U-Booten Hitlers getrotzt hatte, die allen Berichten zufolge keinen Unterschied zwischen Schiffen auf friedlicher Mission und Kriegsschiffen machten. Daodu hatte Hitlers dämonische Bomber überlebt, hatte sicher den Ozean überquert, zweimal, trotz der berüchtigten Minen, die versprengt auf allen Schiffsrouten lauerten. Er ritt in Aké ein, eine hoch aufragende Gestalt in wallendem Gewand, eine Persönlichkeit – so ging das Gerücht –, die oft genug selbst den Distriktsbeamten der Kolonialregierung und den Alake von Abeokuta beeindruckt, wenn nicht gar eingeschüchtert hatte; und vor dem Alake warfen sich die Männer in den Staub, und die Frauen knieten nieder, wenn er vorbeikam. Der Musiklehrer hatte ein Lied zu Daodus Begrüßung komponiert; und ich sang es ununterbrochen zu Hause.

Doch nur eine Woche nach seiner Rückkehr fragte ich mich, warum Hitler den unverzeihlichen Fehler begangen hatte, Reverend A. O. Ransome-Kuti entkommen zu lassen, unversehrt, als er seiner Gnade ausgeliefert war. Ich ging nicht so weit, ihn auf den tiefsten Grund des Meeres zu wünschen, aber ich hatte gehört, dass nach der Bombardierung und Kaperung von Handelsschiffen Gefangene gemacht worden waren. Es gab einfach keinen Grund, weshalb Daodu diesem Schicksal entgangen sein sollte. Nach allem, was man hörte, hatte er doch seine priesterliche Profession zugunsten der erzieherischen an den Nagel gehängt, und ich hatte das Gefühl, Gott hatte sich eine ausgezeichnete Gelegenheit entgehen lassen, diesen Umstand wieder rückgängig zu machen. Er hätte es doch so einrichten können, dass Daodus Reise eine mehrjährige Zwangsverpflichtung als Kaplan in einem Kriegsgefangenenlager einschloss.

Das Gras des Schulgeländes in Aké zu mähen, war integraler Bestandteil des Unterrichts, wie in allen anderen Schulen, die wir kannten, auch. Es war eine einfache, auf bestimmte Stunden festgelegte, geregelte Beschäftigung, jede Klasse hatte ihr abgestecktes

Gebiet. Gelegentlich handelte sich ein Schüler ein paar zusätzliche Stunden Grasschneiden als Bestrafung ein. Ohne Ausnahme hatte die ganze Schulbevölkerung anzutreten, Oja Agba in der Hand, um das Schulgelände vom einen bis zum anderen Ende abzuernten, wobei wir uns wie eine gut gedrillte Armee bewegten, in schnurgeraden Reihen, und nichts hinterließen, das auch in der heftigsten Sturmböe noch hätte flattern können. Die Lehrer folgten uns auf dem Fuß und hielten Ausschau nach Stellen, die nicht dicht genug am Boden abgemäht waren.

Zugegeben, ich hatte in den früheren Jahren ein geringeres Quantum an Grasschneiden absolviert als alle anderen, aber das hing mit dem unglückseligen Unfall zusammen, der mich fast das rechte Auge gekostet hätte. Es war eine Narbe geblieben, eine sichtbare Erinnerung für jeden Lehrer an etwas, das für alle kaum weniger als ein Wunder gewesen war. Tief beeindruckt von diesem einmaligen Zeichen göttlicher Protektion und wenig gewillt, das Schicksal noch einmal herauszufordern, schickten mich die Lehrer einfach zurück ins Klassenzimmer, wenn es Zeit zum Grasschneiden war. Ich hatte daher eine etwas zurückgebliebene Ausbildung in der Kunst des Oja Agba, aber ich holte ganz gut auf im letzten Jahr der Grundschule, als der Vorfall langsam in Vergessenheit geriet.

Grasmähen war, wie es sein sollte – ohne alle Mysterien. Die Klinge musste scharf sein, man musste vermeiden, Steine zu treffen, damit die Schneide glatt blieb, der Mähende beugte sich tief zum Boden, Knie gebeugt, der Arm schwang die Oja Agba in einem glatten, ununterbrochenen Bogen, und die Bewegung endete auf der anderen Seite des Körpers, nachdem sie den bemessenen Raum durchschnitten und eine dünne Schicht Halme zu Füßen des Mähenden zurückgelassen hatte. Meister der Kunst freilich waren die Gefängnisinsassen. Ich hatte sie oft bei ihrer Arbeit auf den Wiesen vor dem Palast des Alake beobachtet. Einer, manchmal auch zwei, wurden zum Vorsänger ernannt. Mit einem

Stück Metall und einer Blechbüchse, oder einem langen Nagel und seiner Oja Agba, sorgte er für den Rhythmus, zu dem die anderen ihre Klingen schwangen:

N'ijo itoro – Gbim!
N'ijo i sisi – Gbim!
O o ni lo Toni – Gbim!
O o ni se b'emo – Gbim!
Won gba e l'eti – Gbim!
Ewon re d'ola – Gbim!
Tin tinni gba tin tin tin gba
Tin tinni gba tin tin tin gba.

Im AGS allerdings wurde Gras in die Kategorien »gut« und »schlecht« eingeteilt. Es ging dabei nicht um die Frage der Unkräuter oder der gefährlichen Grasarten, die hart und dornig waren oder scharfe, knollige Wurzeln hatten. Gras, gemeines, grünes, glattes Gras, das ich für eine Selbstverständlichkeit auf Wiesen und Sportplätzen gehalten hatte, wurde jetzt in zwei Lager gespalten, gut und böse. Die Pflege unserer Rasenflächen geschah deshalb nicht mit einer Oja Agba oder einer Sichel, sondern wurde peinlich genau mit den Fingern vorgenommen. Jedes Büschel schlechten Grases musste mitsamt den Wurzeln ausgerissen werden. Gutes von schlechtem Gras zu unterscheiden, war nach einiger Übung nicht schwierig, doch die beiden Sorten unterschiedlich zu behandeln, und das hieß, mit ihnen in der vorgeschriebenen Weise zu verfahren, erwies sich als sehr schwierig für mich. Ich konnte es nicht begreifen! Denn zu allem Überfluss hatte diese merkwürdige Prozedur den Effekt, dass jede Rasenfläche und jeder Turnplatz aussah wie ein Flickenteppich aus Gras und Wüste, da die Eliminierung von schlechtem Gras nicht durch die Neuaussat von gutem wettgemacht wurde. Schaute man vom ersten Stock des Schulgebäudes auf den Fußballplatz hinunter, hatte man den

Eindruck, er leide an einem schrecklichen Pilzbefall oder einer ansteckenden Hautkrankheit.

Ein unsichtbares Linienfeld überzog den Fußballplatz, eine Einteilung in gleichmäßige Planquadrate für jede Schulklasse. Weitere Einteilungen innerhalb dieser Flächen wiesen jedem einzelnen Schüler aus einer Gruppe von drei oder vier sein Arbeitsfeld zu. Es war deutlich geworden, dass Wèé-wèé Daodus einmalige Verbohrtheit in Sachen Gräser nicht teilte; seine Freitagnachmittagsinspektion bestand darin, wie ein energischer Schlafwandler über die Sportplätze zu schreiten und dabei über die Köpfe der Schüler hinwegzuschauen, aber sicherlich niemals nach unten auf das Gras. Mit der Ankündigung von Daodus bevorstehender Rückkehr änderte sich freilich alles. Die Klassenlehrer erhielten ihre Anweisungen, so manche zwischenzeitlich vernachlässigten Rituale und häuslichen Pflichten wurden wieder eingeführt. Sich an eine Wand zu lehnen, besonders mit den Händen, zog ungewohnte Bestrafungen nach sich. Die meisten wieder eingeführten Regelungen waren irritierend, andere lästig, aber keine rief diese besondere Blockierung in mir hervor, wie sie die Behandlung des Grases bewirkte. Ich infizierte ein paar meiner Klassenkameraden, und so trödelte meine Gruppe nur herum, während alle anderen mit den Nägeln im Boden kratzten, als ginge es um ihr Leben. Wir waren neu in der Schule, wir hatten Daodu noch nie in der Ausübung seines Amtes erlebt, und wir hielten vieles von dem, was man so hörte, für Übertreibung. Kein Ungeheuer konnte so gründlich sein, wie man ihn zu machen suchte – war er denn nicht jener Daodu, der von seinem Moped gefallen war, den man in das Bett meines Vaters gelegt hatte, ehe man ihn ins Krankenhaus brachte? Ich konnte mir nicht vorstellen, dass er derart krankhaft besessen sein sollte, dass er mit der Nase am Boden jedes Hälmchen sogenannten schlechten Grases ausschnüffelte und ein Riesentrara veranstaltete wegen eines vereinzelten Blättchens hier und da.

Ransome-Kuti nahm seinen Dienst wieder auf, als sei er nur ein oder zwei Tage unterwegs gewesen. Das weckte meine ersten Zweifel – dass ein Mann, der gerade dem Spießrutenlauf der Bomben entkommen war, als Erstes eine Schulversammlung einberief und sich dann daranmachte, die Zimmerdecken nach Spinnweben abzusuchen und das Singen zu kritisieren. Und sein erster Freitag gehörte routinemäßig seinem Rundgang über die Sportplätze, eine Beschäftigung, die niemand von einem Mann erwarten sollte, der gerade von internationalen Abenteuern zurückgekehrt war. Gefolgt vom gesamten Lehrkörper, schritt Daodu kreuz und quer das ganze Sportfeld ab. Ohne wirklich auf allen vieren zu kriechen, ging er doch weit nach vorn gebeugt, die Hände auf dem Rücken. Seine aufmerksamen Augen schweiften einige Ellen weit nach rechts und links wie Suchlichter. Plötzlich blieb er stehen, schaute noch genauer hin. Dann gab er seinen Erkennungslacher von sich, den ich jetzt zum ersten Mal hörte. Er war, zu spät erst bemerkte ich es, bedeutungsvolle Welten entfernt von dem kräftig kurzen, selbstvergnügten Daodulacher, den ich so gut kannte. Dieser hier setzte in der Region des unteren Brustraumes an, stieg in den Unterkiefer auf und verharrte dort, bis er in höchst zufriedenen Quäntchen kehlig durch Lippen entlassen wurde, die sich im freudlosen Lächeln einer Melonenhälfte teilten. Es war ein stillvergnügtes Lachen, das sagte: »Ah, sie haben gedacht, sie könnten damit durchkommen, aber sie kennen mich eben nicht. Nach all diesen Jahren kennen sie ihn noch immer nicht, den einen und einzigen Daodu!«

Der Lacher war offensichtlich auch ein Stichwort für die ganze Schule. Als der Laut dieses Lachers ertönte, hörte ich zu meiner Überraschung aus allen Ecken des Sportfeldes eine im Chor gerufene Erwiderung. Es war nur ein einziges, aber übermäßig in die Länge gezogenes Wort: »Dao-o-o-o-o-o-o-o-o!«

Außer einem kurzen Blick, nur um zu sehen, wer denn das Opfer sei, schenkten Daodus Schuljungen der Sache keine Aufmerksamkeit. Er hatte sich in der Zwischenzeit auf den beleidigenden

Fleck gestürzt, das »schlechte« Beispiel entwurzelt und hielt es nun in die Höhe.

»Und wer war hier zuständig?«

Der Verbrecher trat vor. Daodu blickte sich nach weiteren Zeichen der Nachlässigkeit in dem Gebiet um, nickte zufrieden und verkündete: »Drei!«

Der Junge wusste, was zu tun war. Er bückte sich, Daodu hielt die Hand auf, und sein Rohrstock wurde hineingelegt. Das *Ta-a, ta-a, ta-a* der Rute auf gestraffter Haut klang uns als Drohung in den Ohren. Es folgte das obligatorische »Ich danke Ihnen, Herr Direktor!«, und die Inspektionstour ging weiter.

Die verzweifelten Bemühungen meiner Gruppe, jetzt noch von Daodu ungeliebte Kräuter auszuzupfen, kamen zu spät. Wir rissen aus, was wir konnten, stopften uns die Taschen damit voll, versuchten, die Halme der »guten« Gräser über ihre anstößigen Beetgenossen zu breiten, doch schließlich mussten wir aufhören, denn die Entourage näherte sich. Daodus Brillengläser blitzten regelrecht vor Vergnügen, als er zu unserer Parzelle kam. Der Lacher stieg von seinem ungewöhnlichen Startplatz auf, kam bis zu seiner Kehle, fiel dann bis in seinen Magen zurück, blubberte dort sekundenlang, ehe er zurückkreiste und seine sadistische Entlassung im freudlosen Lächeln der halbierten Melone fand. Von jedem Punkt des Sportfeldes aus stieg der Salut in die Lüfte.

»Daoo-o-o-o-o-o-o-o-o!«

Es wollte überhaupt nicht mehr aufhören, der Ruf erschallte immer wieder, in Proportionen, die der Stärke von Daodus Lacher angepasst waren. Er brauchte nicht zu fragen, wer hier zuständig gewesen war, zu deutlich stand die Schuld auf den Gesichtern der vier Neulinge geschrieben, die da abseitsstanden – auf das Schlimmste gefasst. Doch als er es verkündete, glaubte ich, davonsprinten zu müssen. Ich war überzeugt, dass dieser Mann ein potenzieller Mörder war; ich konnte schon sehen, wie man mich vom Feld trug – tot.

»Vierundzwanzig«, sagte er; und uns blieb die Luft weg. Einen nach dem anderen schaute er uns vier an. Er ließ seine Augen auf mir ruhen, dann wanderten sie zum größten Jungen der Gruppe, der fast doppelt so groß war wie ich. »Nun«, nahm er die Sache wieder auf, »hier haben wir also vier Komplizen. Wie teilen sie normalerweise, was ihnen zukommt – wenn wir es erfahren dürften? Gleichmäßig? Oder entsprechend der Größe?«

So groß war meine Erleichterung, als ich erkannte, dass wir nicht jeder vierundzwanzig bekommen sollten, sondern wir sie zwischen uns zu teilen hätten, dass ich nicht zögerte.

»Zu gleichen Teilen«, wobei ich gleich einen Schritt vortrat, denn eines war ich nicht bereit, mit den anderen zu teilen, die Qual, warten zu müssen, bis ich an die Reihe kam. Das durften die größeren Jungs gern für sich allein behalten. Ich hielt meine Augen fest auf den Boden gerichtet und meine Gedanken auf das Gras, und während ich über die Absurdität der Unterscheidung nachdachte, die zu machen ich gezwungen war, vermochte ich meine Gedanken von dem Schmerz abzulenken – außer dem des ersten Schlages, der mir wie ein Schock durch den Leib fuhr. Daodu hatte wahrhaftig einen gehörigen Schlag drauf. Ich gestattete mir nur, auf das Zählen, nicht auf die Schläge zu hören. Es war bald vorbei, ich richtete mich auf, und gerade rechtzeitig fiel es mir noch ein: »Ich danke Ihnen, Herr Direktor!«, wobei ich alles für ihn empfand, nur keine Dankbarkeit.

Es war das erste und einzige Mal, dass Daodu seinen Rohrstock gegen mich führte, und das letzte Mal, dass ich ihn in eines von Hitlers Konzentrationslagern wünschte. Keine Woche verging, und er nahm wieder seinen alten Platz in meiner Bewunderung ein. Alles, was Daodu tat, war nicht nur überdimensional, er blies Bagatellen zur Überlebensgröße auf, er machte aus jeder Sache ein Drama. »Disziplin« wurde zu einem Abenteuer. Manchmal schien es, als sei die Maxime »unschuldig bis zum Beweis der Schuld« speziell für ihn oder von ihm geschaffen – er führte sie ad absurdum.

Es genügte nicht, eine Untat zuzugeben; sie musste dem Angeklagten bewiesen werden können. Oder vielmehr, der Angeklagte musste gegen sich selbst den Beweis führen, wobei er mildernde Umstände für sich in Anspruch nehmen durfte. Konnte er sich überzeugend verteidigen, so ging er nicht nur straffrei aus, sondern sein Ankläger konnte sich die eigentlich dem Übeltäter zugedachte Bestrafung einhandeln, wenn seine Darstellung des Falles als unzureichend erkannt wurde.

Einmal ertappte der Direktor höchstpersönlich drei Jungen auf frischer Tat in dem dichten Gestrüpp am Rande eines Sportplatzes. Einer von ihnen war der berüchtigte »Iku«. Sie brieten sich gerade ein frisch geschlachtetes Hühnchen über einem kleinen Feuer. Kopf und Federn lagen noch da, Daodu hatte also nicht die geringsten Schwierigkeiten, die Herkunft des Huhnes festzustellen. Er hielt den bestbestückten Hühnerhof, den ich je gesehen hatte, und oft hatte ich ältere Jungen sagen hören, dass sie nur zu gern einmal eins von den Hühnern in die Finger kriegen würden. Diesen dreien war es offensichtlich gelungen.

Das Gericht tagte am üblichen Ort, in dem langen, auch als Speisesaal dienenden Gang, der die ganze Länge der Vorderfront des Gebäudes im Obergeschoss einnahm. Der auf diesen Gang im rechten Winkel stoßende andere Gang diente als Klassenzimmer. Was wie eine Grundschulabteilung des AGS anmutete, war tatsächlich eine eigene, von Mrs Kuti geleitete Abteilung. Der Wohnbereich der Kutis lag in dem Teil des Gebäudes, der sich hinter der Mitte des Frontganges abspaltete, der erste Abschnitt dieses Ganges diente Mrs Kutis Internatsschülern als Speisesaal. Der Internatsteil, die Lehrräume und die Privaträume der Kutis gingen also ineinander über, ein Paravent trennte den Speisesaal der Internatsschüler vom Esszimmer der Kutis.

Die Beweisstücke der Tat vor sich hertragend – Kopf, Federn und halb gebratenes Huhn –, klopften die Angeklagten an den Paravent und wurden hereingebeten. Dann wurde der Paravent beiseitegeschoben, sodass jeder interessierte Beobachter vom Speisesaal der Internatsschüler aus den weiteren Verlauf der Angelegenheit verfolgen konnte. Obgleich Daodu der Hauptankläger war, waren die Jungen aufgefordert, den Fall vorzutragen, sich selbst zu belangen und sich selbst zu verteidigen.

»Iku« machte sich, wie erwartet, zu ihrem Sprecher. Sein Spitzname – Tod – war einer der passendsten Spitznamen, der je in dieser Schule geprägt worden ist. Iku bot dem Tod ständig die Stirn, indem er sich für seine nächtlichen Ausbrüche aus dem Schlafsaal Wege suchte, die allesamt höchst halsbrecherisch waren. Er blickte zuversichtlich drein.

»Es war so, Herr Direktor. Da war ich, an der unteren Peripherie des Sportplatzes, Herr Direktor, zusammen mit meinen Freunden hier. Wir waren mit einem schulischen Experiment beschäftigt, Chemie, um genau zu sein, Herr Direktor, ein Experiment im Zusammenhang mit der Phlogistontheorie und der Idee der spontanen Entzündung. Das Experiment gelang, Herr Direktor. Zu unserer wissenschaftlichen Freude entflammte ein kleines Feuer unter den Zweigen und Oguso, die wir für diesen besonderen Zweck gesammelt hatten, Herr Direktor. Wir waren gerade dabei, dieses Feuer zu löschen, hatte es doch seinen Zweck, eine wissenschaftliche Frage zu klären, erfüllt, als ein junger Hahn daherkam, dessen Färbung und königliches Gehabe ihn deutlich als ein Exemplar auswies, das nur aus dem Hühnerhof von Mrs Kuti persönlich hervorgegangen sein konnte.

Der zweite Angeklagte, der hier anwesende Bode, Herr Direktor, sagte zu mir: ›Iku, da geht doch ein Hühnchen daher, das in den Hof der Frau des Herrn Direktor gehört. Wie mag es wohl hierhergekommen sein?‹ Woraufhin der dritte Angeklagte, der hier anwesende Akinrinde, Herr Direktor, sagte: ›Es ist nicht an uns, über diese Frage zurate zu sitzen, sondern zu handeln, unsere Tatkraft einzusetzen, wie es uns der Herr Direktor so unermüdlich lehrt.‹ Ich stimmte mit ihm überein, Herr Direktor, und da es rasch zu handeln galt – weil nicht, wie jetzt, Zeit zur Verfügung stand –, denn die Tat spricht lauter als das Wort, man muss die Gelegenheit beim Schopfe packen, eine einmal verpasste Chance kommt nicht wieder, das rechte Mittel zur rechten Zeit erspart viel spät're Müh', Herr Direktor, und schließlich auch ist eine Liebe wohl der anderen wert. Von diesen Gedanken also geführt und geleitet, schwärmten wir aus, umzingelten den Hahn, um ihn einzufangen und in sein Gehege, aus dem er ausgebrochen war, zurückzubringen.

Allerdings handelte es sich um einen sehr ausgelassenen jungen Hahn, Herr Direktor, nicht eins von diesen krätzigen, verschüchterten Hühnchen, wie man sie gelegentlich in manchen Häusern findet. Es war ein feuriger, junger Hahn, Herr Direktor, ein wohlgenährter, angriffslustiger, freiheitsliebender junger Hahn, Herr Direktor, und wie könnte es auch anders sein – wurde er doch unter den Händen von Beere, der Gattin unseres Direktors, ausgebrütet, großgezogen und genährt. Der Hahn flog gegen den zweiten Angeklagten hier und rammte ihn so, dass er zu Boden fiel – Sie möchten vielleicht die Wunden des Angeklagten in Augenschein nehmen, Herr Direktor? Dieser Kampfhahn also schlug ihn mit seinen flatternden Flügeln und zerkratzte ihm die Handgelenke. Zweiter Angeklagter, tritt bitte vor und zeige deine Kratzwunden.«

Bode trat vor und hielt Daodu seine Handgelenke hin. Sie waren wirklich von langen Kratzern gezeichnet, die von den Krallen eines Hahns stammen konnten. Daodu begutachtete sie ernst, dann gab er Iku ein Zeichen fortzufahren.

»Nun, Herr Direktor, während also der zweite Angeklagte sich rückwärtsbewegte, um sich zu schützen, drückte die Schubkraft, mit der der Dahingeschiedene sich auf ihn warf, denselben natürlich nach vorn, und dies verursachte, wie bereits erwähnt, Herr Direktor, die genannten Wunden an Handgelenken und Unterarmen des zweiten Angeklagten. Nun wäre es freilich ein Leichtes,

Mutmaßungen darüber anzustellen, was geschehen wäre, hätte es sich um ein ganz normales Feuer gehandelt. Dem war aber bekanntermaßen nicht so, Herr Direktor. Handelte es sich hier doch um ein Feuer, welches, durch die Phiogistontheorie entzündet, totale spontane Verbrennung bewirkt. Daraus folgt, dass es von gleichmäßiger, extremer Hitze war. Die von dem Hahn eingesetzte Bewegungsenergie trug ihn direkt in das Zentrum dieses Infernos, wo er augenblicklich die Besinnung verlor, überwältigt von der starken Hitzeeinwirkung. Zugleich trug er selbst zur Bestätigung der Richtigkeit eines Experiments bei, das durchzuführen wir uns in die Abgeschiedenheit des Sportfeldes zurückgezogen hatten, um einer wissenschaftlichen Wahrheit nachzuspüren, welche notwendigerweise die Anwesenheit weiterer Zeugen ausschließen musste, Herr Direktor.

Es zeigt sich also, Herr Direktor, dass unser scheinbares Vergehen nicht in einer vorsätzlichen, offenkundigen Handlung gründet, sondern in dem passiven Delikt der Geheimhaltung. Doch was geschehen war, das war geschehen, Herr Direktor, was hilft es, Tränen über verschüttete Milch zu vergießen, auf Regen folgt Sonnenschein – solche und ähnliche Gedanken beschäftigten uns, nicht zu erwähnen die Angst, uns selbst zu bezichtigen und dabei möglicherweise missverstanden zu werden, weshalb wir uns still zurückhielten. Wegen dieser letztgenannten Fehleinschätzung liefern wir – das heißt, meine Wenigkeit als erster Angeklagter sowie der zweite und dritte Angeklagte hier, für die ich mitspreche – uns der Gnade dieses Gerichtes aus.«

Es herrschte Stille. Die Angeklagten erwarteten ihr Urteil. Daodu nippte an seinem Tee, der inzwischen lauwarm war, und dachte angestrengt nach. Ich hatte im Leben noch kein dreisteres Gefasel gehört und erwartete zuversichtlich eine Reihe empfindlicher Bestrafungen, die mit wenigstens achtzehn Hieben pro Mann beginnen würden. Doch ich hatte noch viel zu lernen, was Daodus Schema von Beweis und Schuld anlangte. Es genügte nicht, eine Verteidigungsrede als schamlose Frechheit abzutun, mochte sie noch so fantastisch oder aller Wahrscheinlichkeit hohnsprechend sein; dem Ankläger kam die Pflicht zu, sie zu *widerlegen*. Sogar die Erklärung für das Vorhandensein des Feuers – und was besagte die Phiogistontheorie überhaupt? Ich bezweifelte, dass der Direktor es wusste; Physik und Chemie waren nicht sein Fach. Endlich schaute er ohne die Spur eines Lächelns auf.

»Das Verfahren ist niedergeschlagen!«

»Ich danke Ihnen, Herrrr Direktooor.«

Er unterbrach ihn, indem er die Hand hob. »Ich beziehe mich allerdings nur auf die ursprüngliche Anklage, die wie lautete?« Er wartete.

»Unerlaubtes Entwenden eines Huhnes, Eigentum von Reverend und Mrs Ransome-Kuti, das wissentliche Braten desselben in der Absicht, es heimlich zu verzehren, Herr Direktor.«

»Gut. Aber du hast im Laufe deiner Verteidigungsrede eine neue Anklage erhoben: Geheimhaltung – Nichtbekanntgabe eines Unfalls.«

»Richtig, Herr Direktor.«

»Eine Anklage, zu der du dich zugleich auch schuldig bekannt hast.«

»Wiederum richtig, Herr Direktor.«

»Sodass es nun meine Sache ist, hierüber das Urteil zu fällen.«

»Ja. Ich wäre Ihnen dankbar, Herr Direktor.«

»Dann verkünde ich hiermit das Urteil. Ihr drei werdet jetzt gemeinsam dieses Huhn zum Tatort zurückbringen und dort vollenden, was ihr begonnen habt. Dieses Huhn wird eure letzte Mahlzeit für die nächste Woche sein.«

»Ich danke Ihnen, Herrrr Direktooor.«

»Die Küche wird dementsprechend informiert werden. Das Gericht zieht sich zurück.«

»Ich danke Ihnen, Herrr Direktooor.«

Ein Hühnchen für drei erwachsene Jungs für sieben Tage? Das schien unangemessen hart. Ich fragte mich, ob sie nicht lieber Prügel bezogen oder andere Aufgaben zu erledigen bekommen hätten. Andererseits glaubte ich nicht, dass er wirklich erwartete, sie würden verhungern; er wusste nur zu gut, dass sie sich mit ihrer Schlauheit und der Hilfe der anderen über die Runden bringen würden. Iku, so erfuhr ich später, war ein Veteran der gerichtlichen Debattierkunst. Er weigerte sich sogar, irgendeinen Fall mit einem Lehrer zu erörtern, er bestand auf seinem Recht, vom Direktor gehört zu werden. Die Lehrer hatten ihn schon längst aufgegeben und ließen ihn gewähren. Die anderen zwei waren seine unzertrennlichen Komplizen bei hundert anderen Eskapaden, von denen einige sich in der Stadt abgespielt hatten. Sie hatten sogar zu Gegenüberstellungen bei der Polizei geführt, doch es war nie gelungen, ihn aus der Reihe der Männer herauszufinden.

Daodu war ein Rasender in seinem Umgang mit der Musik. Wenn er den Schulchor bei einer der vielen Aufführungen, die in regelmäßigen Abständen stattfanden, dirigierte, dann belebte sich die ganze massige Gestalt, nasse Flecken erschienen auf seinem Jackett unter den Achselhöhlen, weiteten sich aus, wuchsen, bis sich die beiden Kreise auf der Brust trafen. Unfehlbar pickten seine Ohren die Quelle eines jeden falschen Tons heraus. Doch ich stand vor einem Rätsel, als ich feststellte, dass er nicht in der Lage war, diejenigen auszusortieren, die ganz offensichtlich über keinerlei musikalisches Gehör verfügten. Stattdessen ließ er nach einer unbefriedigenden Vorstellung die ganze sündige Reihe, mitunter auch eine ganze Klasse, vortreten und prügelte sie durch. Die Lösung wäre so einfach gewesen, und so offensichtlich, aber der Gedanke schien ihm einfach nicht zu kommen. Von jedem in dieser Schule wurde erwartet, dass er sang; wer nicht gut singen konnte, wurde bestraft. Ich verbrachte die Stunden der Mittagspause bei der Familie oben im ersten Stock, nachdem ich zusammen mit den Internatsschülern gegessen hatte. Eines Nachmittags klimperte ich auf dem Flügel, und Daodu fragte mich, ob ich nicht richtig spielen lernen wolle, und bot an, mir Stunden zu geben. Ich versicherte ihm eiligst, dass mein Vater das schon täte, denn ich fürchtete, sein Rohrstock würde mich wohl auf jede falsch angeschlagene Taste nur zu nachdrücklich hinweisen. Es war weniger als eine Halbwahrheit, aber meine Gründe hätten sogar eine glatte Lüge gerechtfertigt. Ich nahm inzwischen einen endgültigen Standpunkt gegenüber den Unzulänglichkeiten der Vernunft Erwachsener ein, man musste doch beispielsweise nur die staunenswerte Tatsache bedenken, dass ein Pädagoge und erfahrener Weltreisender wie Daodu sich genauso verhielt wie Wild Christian, die all ihre Autorität allein aus der einen Weisheit zog: »Spar mit der Rute, und du verdirbst das Kind.«

Noch ehe Daodu wieder aus England zurückkehrte, hatte sich eine Gruppe um Mrs Kuti gebildet. Es waren zunächst lose Zusammenkünfte von drei bis vier Frauen, dann nahmen immer mehr teil. Sie trafen sich und beredeten Probleme der Gemeinde, aber sie sprachen auch über Haushaltsangelegenheiten. Wild Christian war Mitglied der Gruppe, und wenn sie zu den Treffen zu den Kutis kam, dann wartete ich nach der Schule immer auf sie, und gemeinsam gingen wir dann nach Hause. Die Frauen ignorierten, dass ich mich in ihrer Nähe aufhielt, während sie sich unterhielten und Tee tranken. Sie waren alle Christinnen und Frauen von »Akademikern« – Lehrer, Pfarrer, Apotheker und so weiter. Wenn sich ihre Gespräche nicht um Probleme der Hygiene drehten, wenn es nicht um einen Engpass in der Versorgung mit bestimmten Waren oder um Preiserhöhungen ging, wenn nicht Pläne für eine Jubiläumsfeier auf dem Programm standen, dann galt ihre ganze aufopfernde Sorge der Misere junger Frauen, die gerade in den Stand häuslicher Verantwortlichkeit gesetzt worden waren. Wieder und immer wieder machten sie die Feststellung, dass diese Frauen »einfach nicht wissen, wie sie sich zu verhalten haben«; »sie scheinen sich nicht über ihren Platz in der Gesellschaft im Klaren zu sein«; »sie wissen nicht, wie man Besucher empfängt«; »die Hochzeit von soundso war eine einzige Peinlichkeit«; »sie haben keine Ahnung von Hygiene und Säuglingspflege«; und so weiter und so fort. Versuche, individuelle Hilfe zu leisten, hatten oft genug mit groben Beleidigungen geendet, so klagten sie. Eine schlug vor, die Häuser dieser Jungvermählten doch gemeinsam aufzusuchen und taktvoll guten Rat anzubieten. Eine andere schlug vor, die »Problemfrauen« ganz zwanglos zu den Zusammenkünften einzuladen und sie dann angemessen zu unterweisen.

Ich hatte das Gefühl, ich kannte die Sorte Frauen, von denen hier die Rede war. Die traurigste Hochzeit, bei der ich je in St. Peter zugegen war, fiel mir ein. Es war eine weiße Hochzeit – Handschuhe, Schleier, Zylinder, Blumenbouquet, langes Kleid et cetera. Man konnte die Liste abhaken, es fehlte nichts am kolonialen Ensemble. Bräutigam und Brautführer trugen genau die gleichen Anzüge, Einstecktuch und Nelke akkurat am rechten Platz, die Brautjungfern und die Knaben waren zu beiden Seiten des Paares aufgestellt worden, auch sie alle korrekt ausstaffiert, ihre Schuhe glänzten, die Söckchen waren makellos weiß. Die Schleppe der Braut lag weit hinter dem Paar ausgebreitet auf dem Kopfsteinpflaster des Hofes von St. Peter, als sie vor den Stufen der Kirche für den Fotografen posierten. Nur eine Kleinigkeit war falsch – nicht ein Stück der ganzen Ausstattung passte irgendjemandem. Die Kleidung schien aus den verschiedensten Geschäften zusammengeklaubt und dann einer zufällig zusammengewürfelten Gesellschaft aus Männern, Frauen und Kindern übergeworfen zu sein, die ihr Lebtag noch keine Stadt gesehen oder den Klang einer Orgel gehört hatten. Die Braut sah aus, als würde sie jeden Augenblick mit ihrem Kind niederkommen, ihre Schwangerschaft wölbte sich vor ihr wie eine Erklärung für die leidvolle Miene des Bräutigams und die gelangweilte, unbehagliche Haltung der

Knaben und Jungfern. Es lag eine Schäbigkeit über dem ganzen Schaustück, die weit über die schlecht sitzende Kleidung hinausging; es war der völlige Mangel an Freude – an ihrer Stelle stand schuldbewusste Verstohlenheit, verstärkt noch durch den traurigen Versuch, ein Mäntelchen – und ein fremdes noch dazu – um eine Zeremonie zu decken, der es an Herz oder Liebe, nein, in der Tat an innerer Übereinstimmung fehlte.

Ich hoffte ernsthaft, die Frauengruppe dächte an diese Hochzeit, und ich wartete, dass sie sie ausdrücklich erwähnten in ihren Missfallensäußerungen, war es doch eine Szene, die mich tagelang beschäftigt hatte. Doch keine der Frauen erwähnte sie, und so musste ich mich mit der Hoffnung zufriedengeben, dass nur sie gemeint sein konnte.

Genauso beunruhigt waren die Frauen aber auch über Fragen der Kindersterblichkeit; wie konnte man die jungen Frauen dazu bringen, die Geburtsnachsorge in der Klinik mehr in Anspruch zu nehmen und sich weniger auf zufällig angebotene Allheilmittel zu verlassen? Außerdem hegten sie in noch undefinierter, sehr allgemeiner Weise den Wunsch, mehr Frauen würden sich mit bürgernahen Angelegenheiten, etwa mit philanthropischer Arbeit, befassen.

Daodu schlenderte eines Nachmittags an der tagenden Gruppe vorbei, er blieb stehen und hörte eine Weile zu. Dann griff er in das Gespräch ein: »Wisst ihr was, ihr Frauen habt recht gute Ziele, aber ihr scheint nicht recht zu wissen, mit welchen Mitteln ihr sie erreichen könnt. Ihr trefft euch jetzt schon geraume Zeit, doch alles, was ich jedes Mal sehe, sind Oníkaba. Die Leute, die wirklich eure Hilfe brauchen, sind die Aróso, doch die sind nie dabei. Vergesst eure Probleme mit dem gesellschaftlichen Wohlverhalten der Neuvermählten. Konzentriert euch auf die Aróso. Bringt sie mit hierher in eure Versammlungen. Sie sind es, die eure Hilfe brauchen.«

Und er setzte seinen Spaziergang fort.

Die weißhaarige Dame – sie sah am verehrungswürdigsten von allen aus – war die Erste, die sprach, nachdem Daodu gegangen war: »Daodu hat gerade eine wahre und äußerst wichtige Feststellung gemacht. Wir sind unvollständig. Das nächste Mal bringt jede von uns mindestens eine Aróso mit zur Versammlung.«

13

Wild Christian nahm ihre Freundin Mama Aduni zur nächsten Zusammenkunft der Gruppe mit. Die Versammlungen waren inzwischen für den Speisesaal von Mrs Kutis Zöglingen zu groß geworden und fanden deshalb unten im Innenhof statt. Auf den Gesichtern der Frauen, die jetzt in Scharen die Versammlungen besuchten, Marktfrauen, die mit Pfefferschoten, Gari, Palmöl und anderen hausgemachten Waren handelten, erkannte ich die innere Müdigkeit wieder, die ich auch bei den Händlerinnen aus Isara gesehen hatte, unseren ständigen Begleiterinnen dort, die uns in ihren eigenen Häusern ihre mageren Vorräte zur Verfügung stellten.

Die von hohen Rundbögen überwölbten Fenster des Balkons gaben den Blick in den Innenhof frei. Wenn Versammlungen stattfanden, ging ich nach oben, hörte vom Balkon aus zu und beobachtete. Es gab immer irgendein kleines Drama; ein Streit musste geschlichtet werden – im Allgemeinen von Beere, der weißhaarigen Dame, die mir jetzt als Ma Igbore bekannt war, oder von Wild Christian. Manchmal stimmte eine der Frauen unerwartet ein Lied an, oder eine begann, Zoten zu reißen. Das Treffen konnte den Charakter einer Ratsversammlung annehmen oder eines spontanen Festes. Einige Frauen kamen immer früh genug, um das Essen vorzubereiten.

Der Umzug in den Innenhof erfolgte aufgrund eines weiteren Vorschlags von Daodu. Er hatte es sich zur Gewohnheit gemacht, wie zufällig bei einem Gang durchs Haus an der Gruppe vorbeizuschlendern und dann ein paar Augenblicke zuzuhören. Aber sein Schlaf- und Arbeitszimmer lagen ja ohnehin in Hörweite, und ich vermutete, dass er seine beiläufigen Gänge erst dann unternahm, wenn die Diskussion einen Punkt erreicht hatte, der ihn auf eine Idee brachte, denn er ging fast nie vorbei, ohne etwas zur Diskussion beizusteuern.

Eines Tages sagte er: »Wisst ihr, was das eigentliche Problem mit den Aróso ist? Sie sind Analphabeten. Sie können weder lesen noch schreiben, und deshalb werden sie ausgebeutet. Würdet ihr euch bei jedem eurer Treffen eine halbe Stunde Zeit nehmen, dann könntet ihr im Laufe eines Jahres allen Frauen im Egbaland Lesen und Schreiben beibringen!«

Er feixte über seinen eigenen unbändigen Optimismus und ging weiter.

Die Idee wurde aufgegriffen. Mama Aduni und die Handvoll Aróso, die jetzt regelmäßig die Versammlungen besuchten, wurden aufgefordert, die Botschaft zu verbreiten. Tafeln und Griffel wurden gekauft, Hefte und Stifte. Als das Rinnsal sich zum reißenden Strom entwickelte, musste man in den Innenhof umziehen. Jede Oníkaba hatte ihre Gruppe, der sie bei jedem Treffen eine halbe oder volle Stunde lang die Grundbegriffe des Schreibens einpaukte. Und während sich dann später die Diskussion um Hygiene oder die Gemeindeentwicklung, um Selbsthilfeprogramme oder Marktangelegenheiten und Preisentwicklungen drehte, übten sie fleißig weiter an ihren Buchstaben und Zahlen und hielten nur inne, wenn sie selbst in die Debatte eingreifen wollten. Oben vom Balkon aus konnte man nur die in Konzentration gebeugten Rücken sehen und die Kopftücher, unter denen oft genug weiße Haarbüschel hervorlugten. In der ersten halben Stunde herrschte absolute Ruhe bei der Arbeit, nur hier und da von einem plötzlichen Lachen unterbrochen; mühsam malten sie langsam Strich für Strich. Oft war es Wild Christians neckende Stimme, die das Gelächter auslöste, denn gelegentlich nahm sie eine sich plagende Hand in die ihre, führte sie über die Tafel und gab laute Anweisungen: »So. Siehst du, erst einen Stock – nein, nein, nein, ein ganz gerades Stück Holz, wie ein Hochspannungsmast, nicht so ein krummer Knüppel. Oder malst du hier das Bein deines Mannes? So, und jetzt setzt du so etwas wie eine Straßenkurve dran – nein, nicht doch! Weißt du denn nicht mal, wie dein Bauch aussieht, wenn dein Mann und du sich auf Gott weiß schon was eingelassen haben? Ah-ha. Ich wusste, dass du es so begreifst. So, und das ist ein ›b‹. Ein Hochspannungsmast und unten dran ein dicker Bauch – ›b‹.« Mit »bente-bente ... asikun bente-bente ... bente-bente ... asikunbente-bente ...« glitt die Lektion geschmeidig in Gesang und Tanz.

Der Hof bebte vor Lachen, und Mama Aduni oder die weißhaarige Dame nahmen Wild Christian beiseite und klagten: »Für die Frau eines Lehrers verstehst du es ausnehmend gut, die Konzentration der Schüler zu stören!«

Sie waren begierige Schülerinnen, häufig sehr jung, und es waren die Eifrigsten, die die große Umwälzung in Igbein auslösten, die in Aké endete. Sie kamen immer als Erste, stellten Bänke und Stühle auf, kehrten den Hof, wenn nötig, und legten eine extra Übungsstunde für sich ein, ehe die anderen kamen. Durch einen Zufall wurde ich zum stolzen Lehrer dieser »Vorschulklasse«. Dolupo und Koye, die beiden ältesten Kuti-Kinder, waren schon längst zum Dienst eingezogen. Ich saß auf meinem üblichen Platz oben auf dem Balkon und beobachtete, wie sie mit den Wörtern kämpften. Sie hatten längst das Stadium erreicht, wo sie einzelne Buchstaben zu Wörtern zusammensetzten, doch meist in der falschen Reihenfolge. Ich schrie von oben meine Korrektur herunter, und sie riefen zurück, ob ich zu faul sei, herunterzukommen und es ihnen zu zeigen. Wie ein geölter Blitz sauste ich die Treppe herunter. Ich erfuhr, dass die meisten aus den umliegenden Dörfern, nicht aus Abeokuta selbst stammten. Vielleicht erklärte das ihren Eifer.

Und dann kamen sie nicht mehr zur Vorstunde; selbst zum Hauptunterricht kamen sie zu spät. Manchmal erschienen sie überhaupt nicht. Und es waren nicht nur die Lernbegierigen, die ausblieben, auch andere, und nicht nur die aus den Vororten. Es war Erntezeit: Die meisten der Frauen waren mit Bauern verheiratet, und so nahmen die Leiterinnen an, es seien wohl häusliche Pflichten, die sie abhielten zu kommen. Sie entschuldigten sich, wenn sie verspätet hineinhuschten, setzten sich auf ihren Platz und versuchten, das Versäumte im Laufe der Versammlung nachzuholen. Schließlich aber wurde die richtige Frage gestellt, oder die Leiterinnen hörten endlich etwas genauer hin, wenn die zu spät Gekommenen ihre Entschuldigungen in die laufende Diskussion hineinmurmelten. Die Zusammenkünfte zum Zweck der gegenseitigen Weiterbildung änderten ihren Charakter in dem Augenblick, als eine Stimme ihre Erklärung laut abgab und die anderen sich anschlossen: »Ich bin von diesen Steuereintreibern verhaftet worden!«

»Diese Parakoyi haben mir die Hälfte meiner Felderträge als Marktsteuer abgenommen. Ich bin zum Gemeinderat gegangen, um mir bei ihm Hilfe zu holen.«

»Man hat uns auf dem Weg zu unserem Feld aufgelauert. Die örtliche Polizei verlangte ein Fünftel unserer mitgeführten Erträge als Abgaben.«

»Ich versuchte, einem dieser Uniformierten auszuweichen, und habe einen Waldpfad genommen, von dem ich dachte, dass ich ihn kenne. Ich hab mich verirrt. Gott allein hat mich gerettet, sonst würde ich noch immer in dieser Wildnis herumirren.«

»Die haben kein Herz, diese Männer. Sie sehen dich an, als wären sie nicht aus Fleisch und Blut, bis du ihnen gibst, was sie wollen.«

»Wir haben die Nacht in einer Polizeizelle zugebracht. Sie haben all unsere Waren beschlagnahmt und wollen sie nicht rausgeben, bis wir unsere Quittung über die entrichtete Steuer vorweisen. Aber wir konnten ja gar nicht zum Markt, wie können wir bezahlen, wenn die die Waren haben, die wir erst verkaufen müssen?«

»Es sind diese Chiefs. Sie stecken mit ihnen unter einer Decke. Sie hetzten die Adana, ihre schmutzige Arbeit zu verrichten, weil sie es nicht wagen, Steuern für die Feldprodukte zu erheben.«

»Nein, der Alake ist schuld; einer der Adana hat zu mir gesagt: ›Was beschwerst du dich bei mir? Geh doch zu Kabiyesi, der hat mich geschickt!‹ Jawohl, das hat er gesagt.«

»Die uns aufgelauert haben, haben gesagt, es sei der weiße Mann. Er sagte, der Befehl sei vom Aleje, der ihn von seinem weißen Kollegen in Lagos bekommen hat. Sie sind nichts weiter als Diener des weißen Mannes in Lagos.«

»DAS REICHT!«

Das konnte nur Kemberis Stimme sein. Die »jüngeren« Frauen eines polygamen Haushalts, und wohl ein boshaftes Pack, so überlegte ich, hatten ihr, deren richtiger und noch dazu christlicher Name Amelia war, diesen Namen gegeben. Für die Frauenversammlung war diese höchst gefürchtete, furchtlose und redegewandte Frau Madam Amelia. Doch seit ich wie eine Klette an der Gruppe klebte, hatte ich sowohl Wild Christian als auch Beere von ihr als Kemberi reden hören. Als ich irgendwann eine Botschaft zu überbringen hatte und sie dabei selbst Madam Kemberi nannte, flog mir fast der Kopf weg von der Ohrfeige, die mir Wild Christians Rückhand verpasste. Beere protestierte und machte deutlich, dass ich wohl kaum dafür zu rügen sei, einen Namen benutzt zu haben, den ich gehört hatte. Und erst jetzt wurde mir erklärt, dass Kemberi ein besonderer Spitzname sei, den ihr die anderen Frauen des Haushalts gegeben hatten. Nur ganz engen Freunden, wie etwa Wild Christian und Beere, war es gestattet, sie bei diesem Spitznamen zu nennen, und auch nur dann, wenn sie unter sich waren.

»Das reicht«, wiederholte Kemberi, und das empörte Gemurmel ebbte langsam ab. »Was ihr hier mit so vielen Worten zu sagen versucht, ist doch dies: Die Frauen des Egbalandes können nicht mehr frei und ungehindert über die Straßen ihres Landes gehen, sie können ihrer Lebensweise, die sie vom Feld zum Haus, vom Feld zum Markt führt, nicht mehr nachgehen, ohne von diesen Blutsaugern belästigt zu werden – ist das richtig?«

»Was sonst haben wir gesagt?«

Sie hielt beide Hände hoch, dann wendete sie sich an Mrs Ransome-Kuti: »Beere, du hast sie gehört. Aber was unternehmen wir dagegen? Du hast gesagt, lehrt sie das Abc; das haben wir gemacht. Und wir haben auch zu ihnen gesagt, seht zu, dass eure Kinder ein sauberes Zuhause haben, und setzt eure ganze Kraft dafür ein, dass eure Kinder eine gute Erziehung und Ausbildung bekommen. Und sie haben es getan. Es ist wegen dieser Kinder, dass sie nicht zu Hause rumsitzen und warten, bis auch der Faulpelz von betrunkenem Ehemann die Botschaft begriffen hat. Schließlich sind die Frauen des Egbalandes harte Arbeit gewohnt. Aber jetzt haben wir ihnen einen neuen Grund gegeben – ihre Kinder. Sie haben angefangen zu arbeiten, und sie haben ihre winzigen Ersparnisse für die Ausbildung der Kinder hingelegt. Und wegen dem wenigen, was wir hier gemeinsam gelernt haben, können diese nichtsnutzigen Kinder nun nicht länger mit ihren Lügen nach Hause kommen, dass sie die Besten der Klasse seien, wenn sie doch in Wahrheit nur geschwänzt haben und keine bessere Note erzielten als eine fischäugige Null. Wenigstens einige von uns kennen inzwischen den Unterschied zwischen null und hundert, zwischen dem 1. und dem 34. Platz. Wenn die Zeugnisse kommen, selbst wenn sie nicht alles auf diesem Papier lesen können, so können sie doch genug lesen, um festzustellen, ob dieses Kind ihr sauer verdientes Geld verplempert. Und wenn sie das Zeugnis nicht lesen können, dann wissen sie, wo sie damit hingehen können – HIERHER!

Und jetzt sagen uns diese Frauen, dass sie nicht mehr frei und ungehindert hierherkommen können. Die Straßen von Egba werden ihnen genau von den Leuten verstellt, gegen die wir sie zu schützen versucht haben. Steuer! Steuer für was?

Was bleibt denn übrig, wenn eine Frau ihre Kinder ernährt, die Schuluniform gekauft, das Schulgeld bezahlt hat? Was, um alles, besteuern sie eigentlich?«

Ein Schrei erhob sich aus den Kehlen der so grob Misshandelten. Kemberi befahl abermals Ruhe. »Es wird Zeit, dass wir ihnen sagen: keine Steuern mehr. Sie wollen uns ausbluten, doch wir werden ihnen sagen: keine Steuern mehr!«

Der Tumult der Zustimmung schwappte über den Innenhof. Schließlich konnte wieder Ordnung hergestellt werden. Mrs Ransome-Kuti wurde bevollmächtigt, sowohl den Distriktsbeamten als auch den Alake von Abeokuta und seinen Rat der Chiefs davon in Kenntnis zu setzen, dass die Frauen die Abschaffung ihrer Besteuerung verlangten. Es war die bisher längste Versammlung der Frauen, und noch lange, nachdem sich die große Menge zerstreut hatte, saß die Kerngruppe oben in Kutis Privaträumen zusammen. Es kam gar nicht infrage, dass ich an diesem Abend nach Hause ging. Ich spürte den Beginn eines ungewöhnlichen Ereignisses, und die Aufregung schlug mich in Bann. Dem Gesundheitsinspektor ebenbürtig, war der Steuereintreiber sicherlich der meistgefürchtete Mann in Abeokuta – ohne die Toleranz zu besitzen, die man gemeinhin Ersterem zusprach. Der Steuereintreiber war auch gelegentlich schon in unser Haus eingedrungen. Obgleich sein Auftreten höflich, eben glatte Routine war, verstand er es doch, eine solche Aura der Macht um sich zu verbreiten, dass ich jedes Mal erleichtert war, wenn Wild Christian die Schublade aufzog und den gelben Quittungszettel vorweisen konnte. Einmal gab es eine Razzia in den kleinen Läden, und ein übereifriger Typ hatte sie bis nach Hause begleitet, um sich zu vergewissern, dass sie ihre Steuern bezahlt hatte. Die größeren Cousins wollten ihn rausschmeißen. Kemberis Proklamation klang daher wie einer der Alliierten Verträge in einem dieser Bürgerkriege, die sowohl in unseren englischen wie in unseren Yoruba-Geschichtsbüchern den größten Teil der Texte auszumachen schienen. Dazu mischte sich die Erinnerung an die Frauen aus Isara, die jene vierzig und mehr Meilen marschierten, bepackt wie Omolanke, jene Schubkarren, die jetzt immer mehr den menschlichen Alaru Konkurrenz machten. Ich stellte mir vor, wie die Adana ihnen vor den Toren Abeokutas auflauerten und sie zwangen, einen Teil der Handelsware herauszugeben, nachdem sie sie diese unmenschlich weite Strecke geschleppt hatten. Und schließlich empfand ich die an meinen eigenen lobenswerten Schülerinnen begangenen Freveltaten als persönlichen Affront, konnten sie doch nicht mehr rechtzeitig zum Unterricht kommen wegen dieser ständigen Belästigungen durch die Steuereinzieher. Ehe ich einschlief, schwor ich mir, dass, wenn ich erst einmal groß wäre, kein kakiuniformierter Beamter mir auch nur einen Penny von meinem schwer verdienten Geld als Steuer abluchsen würde.

Die Gruppe saß bis tief in die Nacht hinein zusammen. Ich war längst auf der Bank im Speisesaal eingeschlafen und wachte am Morgen in einem der Betten von Mrs Kutis Internatsschülern auf. An jenem Morgen hörte ich beim Frühstück zum ersten Mal den Ausdruck *Egba Women's Union* – Vereinigung der Frauen von Egba. Eine Zeit lang wurden wohl noch wortgewaltige Debatten über andere mögliche Namen geführt, doch dann schien eine neue Bewegung entstanden zu sein, ganz formal, mit dem Namen – Egba Women's Union.

Kurz danach reiste Beere nach England. Krieg hin, Krieg her, es schien Konferenzen zu geben, an denen man teilnehmen musste; wenn es nicht die Christliche Mission war, dann war es die Koloniale Mission. Wild Christians Laden wurde zum Treffpunkt der Frauen von Abeokuta. Mama Aduni entwickelte sich zu einer Art reisender Zeremonienmeister, zu allen Stunden erschien sie mit Frauen aus allen Berufssparten – Tuchfärber, Weber, Korbflechter und die üblichen Kleinhändlerinnen der Märkte. Sie kamen einzeln, zu zweit, in Gruppen, sie kamen von nah und fern gelegenen Gehöften und Stadtteilen und auch aus fernab gelegenen

Dörfern, deren Namen ich nie gehört hatte. Sie rochen nach dem Schweiß der Reise, nach Färbemitteln, getrocknetem Fisch und Yamsmehl, nach Laterit und dem Kokosöl in ihren kunstvollen Flechtfrisuren. Einige hatten Tatauierungen auf Armen und Beinen und Ziernarben im Gesicht. Zusätzlich zu ihren Kopftüchern trugen sie oft die sauber gefalteten Schultertücher auf dem Kopf als zusätzlichen Sonnenschutz.

Ich versuchte längst nicht mehr, mich vor der Pflicht zu drücken, den Laden zu hüten – jetzt konnte man mich nur noch mit Mühe von ihm fernhalten. Einige der Frauen kamen erst zum Pfarreigehöft, weil das leichter zu finden war als der Laden. Noch ehe sie Zeit hatten, ihr Anliegen vorzubringen, sprang ich von meinen Büchern auf und begleitete sie zum Laden. Auf dem Weg zwischen Haus und Geschäft, frei von tadelnden Blicken, den Fragedrang zu bezähmen, ließ ich meiner schamlosen Neugier freien Lauf. Nur eine von ihnen hat mich, ohne es zu wollen, verraten. Unfähig, meine Augen von ihren tief gebeugten Schultern lassen zu können, war ich der festen Überzeugung, die Entstellung sei eine Folge der Lastenschlepperei über Strecken so weit wie von hier nach Isara.

Ich schlug ihr vor: »Warum holen Sie sich nicht die Pferde vom Chief in Itoko? Die könnten doch die Lasten für Sie tragen.«

Die Frau lachte und versprach, Mama Aduni zu bitten, den Vorschlag bei der nächsten Versammlung vorzubringen. Aber schon in der ersten Minute des Zusammentreffens mit Wild Christian war die Geschichte heraus. Zu meiner Überraschung schüttelte sie nur den Kopf und sagte: »Das hätte ich mir denken können.«

Es kam eine lange Flaute. Niemand konnte mir sagen, ob die Frauen tatsächlich aufgehört hatten, Steuern zu bezahlen, oder nicht. Ich lauschte bei allen Diskussionen, die Essay und Wild Christian führten, ohne auch nur den Versuch zu unternehmen, mir dafür Ausreden zurechtzulegen; sie suchte seinen Rat in vielen Angelegenheiten, die ihr die Frauen vortrugen. Die tägliche

Routine des Pfarreigehöfts drehte sich mehr und mehr um die neue Frauenbewegung. Wild Christian reiste, hielt Vorträge, empfing ihr Frauenvolk zu jeder Tages- und Nachtzeit. Manchmal dauerte ein Besuch im Laden nur eine Minute: Schon schnappte Wild Christian sich ihr Schultertuch, band sich ihr Kopftuch um, griff ihre Tasche mit einem »Oh, ja« und einem »Pass auf den Laden auf« an meine Adresse, ließ der Beschwerdeführerin den Vortritt und marschierte spornstreichs mit ihr zur Quelle des Problems. Ich schloss den Laden regelmäßig bei Einbruch der Dunkelheit. Sie kam oft erst spät nach Hause, doch selbst dann saß sie oft noch stundenlang mit Essay bei einem späten Abendessen und besprach mit ihm ihre Taktiken für den vorliegenden Fall und ihre Strategien zur endgültigen Lösung des Problems der schikanierten Frauen.

Essay wurde zum Strohwitwer, doch soweit ich sehen konnte, bekam es ihm prächtig. Er fand eine neue Möglichkeit, ein Problem anzugehen, leierte seine Idee durch die Mühle und schickte schließlich eine Notiz an Wild Christian in den Laden. Ich wusste immer, wann es sich um eine »Krisennotiz« handelte. Wenn sie gerade nicht im Geschäft war, riss ich den Umschlag auf und las die Nachricht. Wusste ich, wo sie hingegangen war, so gab das eine ideale Entschuldigung dafür ab, dass ich den Boten, der von Essay kam, im Laden ließ und den Brief selbst besorgte und bei der Übergabe so beiläufig wie möglich bemerkte, ich hätte die Angelegenheit für dringend gehalten. Manchmal versuchte ich, mich zu erinnern, wie ich in diese Gewohnheit hineingeschlittert war, und dann wieder wunderte ich mich, dass Wild Christian niemals Einwände erhob. Allerdings nahm sie mich auch nie freiwillig mit, wenn es irgendwo Stunk gab. Jedes Mal, wenn sie blitzartig mit einer Beschwerdeführerin den Laden verließ, blieb ich allein mit meiner unstillbaren Neugier zurück. Bald aber hatte ich den Bogen raus – ich hörte der kurzen Unterhaltung sehr genau zu, und konnte den Ort des Krawalls meist leicht herausfinden. Wenn zufällig keine Notiz von Essay einging, dann bot jede zufällig vorbeischauende Aróso eine noch bessere Entschuldigung. Kurzerhand machte ich den Laden dicht, nahm sie in mein Schlepptau und brachte sie zu Wild Christian.

Zum ersten Mal verließ ich Abeokuta, ohne dass mich ein Elternteil begleitete. Trotz seiner wachsenden Anteilnahme an den Belangen der Frauenbewegung hatte mein Vater den Blick nicht vom GCI – dem Government College Ibadan – gelassen, wo ich als Stipendiat einen Platz erringen sollte. Ich kreidete ihm seinen überraschenden Mangel an Einfühlungsvermögen bös an – wie konnte er versuchen, mich von Abeokuta loszureißen zu einer Zeit, in der sich so fesselnde Dinge ereigneten? Er hatte ein scharfes Auge darauf, dass ich meine schulischen Pflichten nicht vernachlässigte. Während ich einerseits versuchte, Wild Christian überallhin nachzusteigen, wo ordentlich was los war, musste ich andererseits jede Menge Schulaufgaben erledigen und abends vorzeigen. Ich legte die Aufnahmeprüfung ab, Wochen vergingen, dann kam der Brief, der mich zu einem Gespräch und weiteren Prüfungen nach Ibadan rief. Ich hatte einen neuen Freund gefunden, Oye, der sich ebenfalls für eine weitere Prüfung in Ibadan qualifiziert hatte, und wir planten, das große Abenteuer gemeinsam zu unternehmen. Meine Eltern verringerten allerdings die Dimension des Abenteuers, indem sie darauf bestanden, dass ich einen erwachsenen Begleiter bekäme. Vergeblich machte ich geltend, dass ich bereits zehn Jahre alt sei und sechs Monate Überlebenstraining im AGS hinter mir hatte – nichts konnte sie bewegen, nicht einmal meine Auszeichnung als Mann-für-Alles in der Frauenbewegung. Zugegeben, Oye war älter als ich, doch seine Eltern hatten nichts dagegen einzuwenden, dass er allein reiste; freilich auch erst dann nicht mehr, als sie hörten, dass der Sohn des Rektors sein Reisekumpan sein würde. Ich wies auf die fehlende Logik hin: Wieso sollte Joseph, der als mein Begleitschutz ausgewählt worden war, mitkommen, wenn doch Oyes Eltern mich allein als ausreichenden Schutz für die Sicherheit ihres Sohnes ansahen? War das denn nicht Beweis genug, dass ich auf mich selbst aufpassen konnte?

Joseph schaute mich mit einem Blick an, der an großes Mitleid grenzte: »Ich hoffe, diese Weißen in deiner neuen Schule haben was übrig für so argumentierfreudige Bälger.«

Als die endgültigen Resultate veröffentlicht wurden, stand auch mein Name auf der Liste. Ich hatte die Aufnahmeprüfung bestanden, doch ein Stipendium würde ich nicht bekommen. Das hieß, noch ein Jahr warten und einen neuen Versuch unternehmen. Joseph ließ sich die Sache sehr zu Herzen gehen, er brütete lange darüber, schließlich ging er zu Wild Christian: »Mama, bitte mach ihm klar, dass er mit dem weißen Mann niemals rechnen darf; siehst du, sie haben ihn die Aufnahmeprüfung bestehen lassen, weil sie wissen, dass er klug ist. Aber meinst du denn, der weiße Mann gibt einem Eingeborenen umsonst zu essen, damit er stark genug wird, ihm mit der Machete den Kopf abzuschlagen?«

Ich war enttäuscht. Ehe ich zu der Prüfung fuhr, war Government College nur etwas, das in meinem Hinterkopf lauerte und meine Neugier anstachelte. Zu der Prüfung geladen zu werden und selbstständig nach Ibadan zu reisen, wäre schon Höhepunkt genug gewesen; mit der physischen Verlockung der Schule hatte ich nicht gerechnet. Mein Pfarreigelände, AGS schrumpften zur Zwergengestalt. Was GCI an Abeokutafelsen abging, machte es durch Wälder, Obstgärten, Bäche, Felder und Kleinwild wett. Die Kandidaten kamen aus allen Ecken und Enden des Landes – so jedenfalls schien es. Jeder brachte, wie es angeordnet war, seine eigene Decke und sein Kopfkissen mit, und alle zusammen wurden wir in einem langen Schlafsaal untergebracht. Hier entwickelten sich rasch Freundschaften, die vom ersten Augenblick an Bestand hatten. Entsetzt über meine Unwissenheit darüber, wie viele verschiedene Namen, Gesichtstypen, Orte und Temperamente es gab, war ich wie mit Stummheit geschlagen und stellte – für dies eine Mal – keine Fragen. Und wieder hatte Vater recht gehabt – die meisten waren MÄNNER. Doch der Anteil jener, die meiner Altersgruppe angehörten, war beruhigend hoch. Instinktiv schloss sich diese Gruppe zusammen, giftig von den »Papas« beäugt. Einer hatte einen Lippenbart.

Auch zwei andere Jungen waren zusammen aus einer Stadt gekommen. Sie waren Ijebu, stammten aber nicht aus Isara. Wir waren noch keine zwei Stunden in Apataganga, dem Vorort von Ibadan, in dem das College lag, da warnten uns die anderen schon, uns vor jenen in Acht zu nehmen. Sie hätten Oogun mitgebracht, das dazu gemacht war, alle anderen in Verwirrung zu stürzen, damit sie unangefochten die ersten Plätze belegen könnten. Ein Junge aus Edo schwor, er habe gesehen, wie sie etwas in der Ecke des Klassenzimmers vergraben hätten, in dem wir die Prüfung ablegen sollten. Ein weiterer Beweis ihres finsteren Vorhabens war die Tatsache, dass sie einen Tag zu früh angekommen waren. Während man das bei denjenigen, die von weit her, etwa aus Benin, Awka oder Makurdi kamen, als selbstverständlich hinnahm, gab es keine Entschuldigung für jemanden, der aus der nahen Ijebu-Provinz kam, wenn er früher als am festgesetzten Tag zur Prüfung aufkreuzte. Das konnte nur einen einzigen Grund haben: Sie waren gekommen, um für die anderen den »Boden zu verderben«.

Dieses letzte Argument war von überragender Überzeugungskraft, und es gab nur eine Lösung: Einer schlug vor, wir sollten während ihrer Abwesenheit ihr Gepäck durchsuchen; der Vorschlag wurde mit lautem Jubelgeschrei angenommen. Ich hatte eigentlich nicht damit gerechnet, doch wir fanden tatsächlich eine Sammlung merkwürdiger Objekte – Amulette, in ein Stück Papier gewickeltes schwarzes Pulver, Ringe, wie ich sie an Paa Adatans Fingern gesehen hatte, und ein Stück Papier mit komischen Zeichen und Wörtern, die mir wie die verdrehten Namen biblischer Persönlichkeiten aus dem Alten Testament erschienen.

Den Jungen, in deren Gepäck wir die Sachen gefunden hatten, wurde ein unbarmherziger Empfang bereitet. Während ich mich bei der Durchfilzung ihrer Sachen nicht zurückgehalten hatte, zweifelte ich an unserem Recht, das Paar mit unseren Trophäen konfrontieren zu dürfen. Ich *wusste,* wir hatten kein Recht gehabt, ihre Sachen zu durchwühlen, dennoch gab ich zu, dass wir es tun *mussten,* zu unserem eigenen Schutz. Sie mit unserer Entdeckung zu konfrontieren, war eine andere Sache – zunächst mal: Was hatten die Dinge denn überhaupt für eine Bedeutung? Warum sollte jemand keine Amulette, schwarzes Pulver, ein Papier voller kabbalistischer Zeichen in seinem Besitz haben? Ich dachte an Bukola, die Àbikú, und dann umgriffen meine Finger mein eigenes Handgelenk – hatte nicht Vaters Besucher durch die Einschnitte mysteriöse Mittel in meinen Blutstrom gegeben? Es schien kein qualitativer Unterschied zwischen diesen verschiedenen Arten von »Besitz« zu bestehen.

Beide Jungen sahen den Kreis grimmiger Ankläger um sich, doch nur ein Augenpaar hatte die auf dem Bett ausgebreiteten Beweisstücke erhascht. Sein Gesicht arbeitete wütend, und schließlich stieß er zornig hervor: »Dafür könnt ihr alle ins Gefängnis kommen. Ihr seid Räuber, Diebe. Wenn ich euch bei der Polizei anzeige, werdet ihr schon sehen.«

Der Edo-Junge, der uns zuerst aufmerksam gemacht hatte, antwortete: »Mein Vater ist Polizeihauptmann. Letzten Monat hat er jemanden verhaftet, weil er böses Juju angewendet hat gegen einen Mann, der fast gestorben ist.«

Der bedrängte Junge beantwortete die Herausforderung mit einem Hilfe suchenden Blick auf seinen Freund. Der sah auch ziemlich verwirrt aus und wusste auch nicht, was er tun sollte. Im nächsten Augenblick drehte sich der Juju-Besitzer auf dem Absatz um und rannte in die Nacht.

»Lasst ihn nicht entkommen!«, schrie sein Hauptankläger, und alle spurteten hinter ihm her.

Ich blieb stehen. Der Gang der Dinge hatte mich ebenso unsicher gemacht wie den anderen Ijebu-Jungen, mit dem ich mich – abgesehen von zwei oder drei anderen – allein im Raum befand. Ich ging zu ihm hin. »Glaubst du an dieses Juju?«

Er zuckte mit den Schultern. »Er schon«, und er zeigte mit dem Daumen hinter sich auf die Tür, durch die eben alle entschwunden waren.

»Und du?«

»Weiß nich. Ich muss schwer büffeln. Ich brauch 'n Stipendium, oder ich krieg nie 'ne gute Ausbildung.«

»Aber dein Vater hat dir kein Juju mitgegeben?«

Er schüttelte den Kopf. »Früher war er Moslem. Jetzt ist er Christ. Soweit ich weiß, hat er nie Juju benutzt. Vielleicht ist er deswegen so arm.«

Er hatte ein Buch zur Hand genommen und wollte anfangen zu lernen. Ich entschloss mich, ihn noch mit einer weiteren Frage zu belästigen: »Was hat er in der Ecke des Klassenzimmers vergraben?«

»Oh. Sie haben uns also gesehen?«

»Ihr habt es also zusammen vergraben?«

Er schüttelte den Kopf. »Nein. Ich hab ihm bloß zugeschaut.«

»Und du hast nicht versucht, ihn davon abzuhalten?«

»Warum denn? Glaubst du etwa da dran?«

Jetzt zuckte ich die Achseln. »Ich weiß nicht.«

»Na, siehst du. Keiner ist sich wirklich sicher.«

Der ganze Trupp kam wieder zurück, in der Dunkelheit hatten sie die Spur des Jungen verloren. Ich sagte dem Edo-Jungen, was mir der Freund des Flüchtigen erzählt hatte.

»Gut«, sagte er. »Wir werden einen Priester besorgen, der morgen früh ein Gebet darüber spricht.«

Ich schaute ihn überrascht an. »Was soll denn das nützen?«

»Es zerstört die Macht des Juju«, antwortete er.

Ein anderer schaltete sich ein. »Es gibt nur zwei Arten von Oogun – bösartige und gutartige. Jedes Gebet zerstört die Kraft des Letzteren.«

Dann schlug eine andere Stimme vor, das Sicherste sei, den Juju auszugraben und auf irgendeinen Müllhaufen zu werfen.

Jetzt erhoben sich Stimmen in panischem Protest. »Du weißt ja nicht, wovon du redest. Wer lässt sich denn auf ein solches Wagnis ein? Du brauchst nur in die Nähe von so einem Ding zu kommen, und dir werden die Hände verdorren. Nee, ohne mich!«

Bevor ich noch recht wusste, was ich sagte, brüstete ich mich: »Meine Hände werden nicht verdorren!«

»So?«, kam die höhnische Retourkutsche. »Dein Vater hat dich wohl ›gebacken und gewürzt‹, was?«

»Nein, nicht mein Vater. Mein Großvater.«

Das brachte mir unverzüglich ein paar sehr eigentümliche Blicke ein. Einige Jungs traten ein paar Schritte von mir zurück, andere scharten sich enger um mich und fragten neugierig: »Ist das wahr, oder machst du bloß Witze?«

»Gehn wir hin und graben wir das Ding aus, und dann werdet ihr's ja sehn.«

Ich hatte das Gefühl, dass ich ganz schön leichtsinnig war, als ich die Petroleumlampe nahm. Der Edo-Junge folgte mir, und bald führte ich eine Prozession von fünf oder sechs Jungen an, die zu dem bewussten Schulzimmer marschierte.

Der Edo-Junge zeigte uns die Ecke, wir nahmen ein paar Stöcke zur Hand und fingen an zu graben. Wir hatten kaum zehn Zentimeter tief gegraben, als wir auf ein weißes Bündel stießen, so groß wie eine Orange. Mit spitzen Fingern zog ich es an der Verschnürkordel heraus und trug es zu dem gepflasterten Weg, der durch die große Rasenfläche führte.

Einer fragte: »Was machen wir jetzt damit?«, worauf der Edo-Junge prompt antwortete: »Verbrennen natürlich. So macht man das bei Gericht mit bösem Juju, das gefunden wird.«

Also schraubten wir den Deckel von der Lampe, tränkten das Bündel mit Kerosin und warfen ein angerissenes Streichholz drauf. Das Tuch fing sofort Feuer, brannte eine Weile und fing dann an, eine Reihe kleinerer Explosionen in seinem Innern zu erzeugen. Irgendein brennendes Teilchen wurde herausgeschleudert und landete nahe vor den Füßen eines der Jungen. Während die andern nur ganz automatisch einen Schritt zurücktraten, geriet er in Panik und schrie: »Epe lo fo ja'de yen!«, und gab Fersengeld. Im Nu waren wir angesteckt. Wir alle rannten, was wir konnten, zum Schlafsaal zurück, einige schrien »Jesu, Jesu, Gbami« auf dem ganzen Weg. Trotz des Tumults und der Aufregung hörte ich allerdings, dass der Edo-Junge dauernd »R. M. O. H., R. M. O. H.« vor sich hinmurmelte, so als sei es ein mystischer Bannspruch. Als wir alle wieder einigermaßen bei Sinnen waren, fragte ich ihn, was er denn da rezitiert habe.

»R. M. O. H.«, antwortete er. »Hast du das noch nie gehört? Es steht für ›Rette Mich, O Herr!‹ Wenn du wirklich unter Druck bist, ist es am besten, wenn du nur die Anfangsbuchstaben sagst.«

Der Auslöser all der Aufregung musste während der Nacht zurückgekommen sein. Als der Morgen dämmerte, war sein Gepäck verschwunden, doch sein Bett war unbenutzt. Bei der Prüfung haben wir ihn nicht gesehen. Ein Glück, dass er weg ist, war alles, was ich mir dachte, doch der Edo-Junge saß aufrecht im Bett, hielt sich den Kopf mit beiden Händen, und so fragte ich ihn: »Denkst du immer noch daran, ihn verhaften zu lassen?«

Er schüttelte den Kopf und schien große Sorgen zu haben. »Du scheinst nicht zu begreifen. Guck doch mal, was wir für unvorsichtige Idioten gewesen sind – uns einfach so hinzulegen und zu schlafen. Er hätte uns während der Nacht mit seinem Juju umbringen können! Wenn mein Vater das erfährt …«

»Wieso, was wird er denn dann machen?«

»Er würde mich für meine Unvorsichtigkeit durchprügeln. So bringt man sich um oder macht sich zum Krüppel.«

Er schaute sich langsam um, versank in tiefste Verzweiflung und stammelte sogar in gebrochenem Englisch: »Guck, wir schlafen wie Munmu, wir nix wissen, was der Bastard für Zaubermittel hier zurückgelassen.«

»Aber wieso machst du dir denn Sorgen? Sag doch einfach R. M. O. H.«

Seine Züge hellten sich auf, er nickte kräftig, und wir gingen hinaus, unsere Dusche zu nehmen.

Ransome-Kutis Neugier kannte keine Grenzen. Aus manchen Gründen bewunderte er die staatlichen Schulen, doch im Großen und Ganzen bezweifelte er, dass weiße Lehrer die Fähigkeit hatten, Afrikanern eine angemessene Erziehung zukommen zu lassen.

»Zum Ersten«, sagte er, »können sie einem Schüler keinen Charakter vermitteln. Nicht den richtigen Charakter. Was eine Schule wie AGS leistet, ist, unseren Jungen Charakter zu geben. Da kann keine andere Schule mithalten. Was denkst du von diesen weißen Lehrern?«

Ich erinnerte ihn, dass wir ja keinen Unterricht gehabt hatten, sondern nur eine weitere Prüfung abzulegen war.

»Jaja. Aber du hast mit ihnen gesprochen. Was für eine Meinung hast du dir gebildet?«

»Sie scheinen ganz nett zu sein. Ich hatte nur Schwierigkeiten, alles zu verstehen, was sie sagten. Sie haben diese komische Angewohnheit, durch die Nase zu sprechen ...«

»Da dran wirst du dich gewöhnen. Ich habe mich auch dran gewöhnt. Hm. Ich kenne den weißen Mann in seinen eigenen vier Wänden, und nur da kann man ihn wirklich kennenlernen. Ich bin froh, dass ich in England gewesen bin. Gibt einem eine bessere Qualifikation, mit den Jüngelchen zurechtzukommen, die sie uns als Kolonialbeamte hierherschicken. Obwohl, einige sind gar nicht so schlecht. Aber als Lehrer ... nein, ich kann immer noch nicht begreifen, warum Ayo dich auf ihre Schule schicken will.«

Ihm in den Rücken fallend, platzte ich heraus: »Mir hat's da aber gefallen!«

Seine Augen wurden groß und rund: »Wirklich? Du bist lieber dort als hier?«

»Ich denke, es wird mir dort gut gefallen, Onkel.«

Er schaute mich an, als sähe er mich zum ersten Mal. »Erstaunlich. Das ist wirklich erstaunlich. Du ziehst diese Schule AGS vor ...«, und dann hatte er sich wieder im Griff. »Aber du bist ja noch nicht mal ein ganzes Jahr hier, du bist ja noch kein vollwertiger Grammatiker.«

»Mir hat die Schule gefallen«, beharrte ich, »und ich hoffe, dass ich das nächste Mal ein Stipendium bekomme.«

»Das ist es!«, explodierte er. »Ich habe die ganze Zeit überlegt, welchen Vorteil diese Schule bieten könnte, was für sie spräche. Ja, sie vergeben Stipendien, richtig. Und wenn du ein Stipendium bekommst, dann wäre das natürlich sehr gut für Ayo. Aber du musst mich in allen Schulferien besuchen kommen, ich will alles ganz genau über ihre Lehrmethoden wissen!«

Das versprach ich ihm.

»In diesen Schulen bringen sie euch bei, ›Sir‹ zu sagen. Nur Sklaven sagen ›Sir‹. Das ist eine ihrer Methoden, den Charakter von Jungen zu verbiegen – in einem Alter, wo man sie noch beeindrucken kann –, Sir, Sir, Sir, Sir, Sir! Sehr schlecht! Du musst uns in allen Ferien besuchen kommen, hörst du ...« Dann fiel ihm eine weitere Unzulänglichkeit ein. Er sah sehr nachdenklich aus, wie er so den Kopf schüttelte. »Und sie setzen kaum den Rohrstock ein – das ist ein grober Fehler!«

»Das würde ich nicht sagen, Direktor.«

»Nein? Du glaubst nicht, dass Schläge mit dem Rohrstock der Charakterbildung förderlich sind?«

»Nein, Direktor.«

»Oje, oje, oje, ausgerechnet du – Eniolas Sohn!«

»Ja, ich, Direktor.«

Er seufzte, schüttelte wieder traurig den Kopf und setzte seinen Gang den Flur hinunter fort.

Beere befand sich auf hoher See, auf der Heimreise. Eines Morgens war die Zeitung voll mit vernichtenden Urteilen über ihre Unternehmungen in England. Bei einer Konferenz oder einem öffentlichen Vortrag hatte sie behauptet, die Frauen in Egbaland führten ein miserables Dasein. Sie seien arm, elend dran, unterprivilegiert und würden rücksichtslos ausgebeutet. Die Vier-Blatt-Zeitung enthielt einen langen Leserbrief, der ihre Aussagen anfocht und ihr vorwarf, in ihrer Unbesonnenheit Lügen über die edlen Frauen des Egbalandes verbreitet zu haben. Es sei eine Schande, und Beere habe ihre eigenen Landsmänninnen abscheulich verraten. Der Brief lud britische Bürger ein, nach Abeokuta zu kommen und sich persönlich zu überzeugen, dass die Frauen des Egbalandes wohlhabend seien, ja, dass selbst die durchschnittliche Egbafrau sich ein behagliches, prächtiges Leben leisten könne. Es gäbe Krankenhäuser im Überfluss, die Stadt sei blitzsauber, und die Häuser seien luxuriös eingerichtet. Mrs Ransome-Kuti sei gut beraten, ihre Nase nur in die Angelegenheiten zu stecken, derentwegen sie ursprünglich nach England gereist sei, und im Übrigen die Sorge um das Wohlergehen der Frauen im Egbaland dem Manne überließe, der sich dies schon immer zum wohlwollenden Anliegen gemacht habe – dem Vater des ganzen Egbalandes, dem Alake von Abeokuta!

Noch während die Frauen zu einem Treffen zusammenkamen, das die Gruppe einberufen hatte, um eine passende Antwort auf diesen Angriff zu überlegen, veröffentlichte dieselbe Zeitung einen Leserbrief zu Beeres Verteidigung, der einfach »ein Zuschauer« unterzeichnet war. Der Schreiber bestätigte die Richtigkeit von Beeres Behauptungen, verwies die Leser auf die zahllosen Elendsquartiere, die versteckt in Ikereku, Iberekodo, Ago-owu et cetera lagen, in denen die Frauen wie Ratten hausten, um ihr kümmerliches Dasein fristen zu können. Bei der Zusammenkunft wurde die Zeitung von Hand zu Hand gereicht, jeder wollte sie sehen, selbst diejenigen, die nicht lesen konnten. Schließlich nahm Ma Igbore die Zeitung, las den Artikel laut vor und übersetzte ihn.

Zustimmende Schreie gellten auf, dann ergriff Kemberi das Wort: »Der andere Brief, der, in dem stand, dass ihr alle Millionärinnen seid, war vom Salon der Atupa und einigen anderen Prostituierten des Alake unterzeichnet. Nur weil eine Handvoll dieser Damen sich durch Täuschungsmanöver Geld erschwindelt hat, weil sie mit ihren Trippelschrittchen im Palast aus und ein gehen, weil sie sich mit Goldschmuck behängen können, vergessen sie, dass sie noch immer zwischen denjenigen leben, die ihren Kindern nicht einmal zwei anständige Mahlzeiten am Tag bieten können. Nun, Beere ist unterwegs. Wenn sie zurück ist, dann werden die Leute in Egbaland wissen, wer der wahre Odale ist. Doch es gibt eine Sache, die ihr nie vergessen dürft – die Hand ist die Hand Jakobs, doch ... wir wissen, wer Esau ist!«

Eine andere erhob sich.

»Natürlich. Ich kann es bestätigen. Der Alake hat sie dazu überredet, und es war der D. O., der dem Alake die Idee eingegeben hat. Der D. O. war noch im Palast, als Kabiyesi nach Atupa und ihren reichen Freundinnen schicken ließ. Der fertige Brief wartete schon auf sie, als sie ankam. Alles, was sie noch zu tun hatte, war ihr Kreuzchen darunterzusetzen – Atupa kann doch kein A von einem B unterscheiden! Sie hat den Brief nicht selbst verfasst; seit wann ist Atupa denn in der Lage, mehr als zwei zusammenhängende Worte zu sprechen, es sei denn den Satz: ›Warte, lass mich erst mein Kleid ausziehen.‹«

Hohngelächter brandete auf, und genau in dem Augenblick schlenderte Daodu vorbei, ebenfalls eine Ausgabe der Zeitung mit den Ansichten des »Zuschauers« in der Hand.

»Wisst ihr, was ihr tun solltet?«, fragte er. »Ihr solltet hundert Kopien von dem Artikel drucken lassen. Und die solltet ihr mitnehmen und verteilen, wenn ihr Beere am Hafen abholt.«

Die Idee wurde für gut befunden. Daodu schlenderte weiter, und die Frauenversammlung wendete sich wieder ihren Problemen zu. Zehn Minuten später kam er wieder vorbei.

»Lasst tausend drucken. Ja, eintausend Exemplare. Drückt sie allen Leuten, die gerade mit dem Schiff ankommen, in die Hand, verteilt sie unter denjenigen, die gekommen sind, die Ankömmlinge zu begrüßen.«

Wieder drückten die Frauen im Chor ihre Zustimmung aus. Daodu hatte das Ende des Pfades noch nicht erreicht, als er sich umdrehte und wieder zurückkam; mit entschlossener Miene und forschem Schritt kam er auf die Versammlung zu. »Zehntausend. Ja, lasst ZEHNTAUSEND Exemplare drucken! Irgendwie kriegen wir das Geld dafür schon zusammen. Werft die Blätter in die Luft, verteilt sie direkt unter der Nase der Kolonialregierung in Lagos. Ja, lasst zehntausend drucken.«

Jetzt galt es, keine Zeit zu verlieren. Daodu nahm die Vorbereitungen für Beeres Empfang selbst in die Hand. Er übersah nicht die geringste Kleinigkeit. Er ließ riesige Wasserbehälter kaufen – solche, wie wir sie in unserem Garten hatten – und überall im Gehöft der AGS eingraben und mit Wasser füllen. Mit Wild Christian und den anderen Führerinnen der Gruppe besprach er die Frage der Verköstigung der riesigen Menge von Glückwunschüberbringern, die mit Sicherheit in sein Haus einfallen würden. Ich glaubte zu ahnen, was in seinem Kopf vorging – Daodu wollte die Rückkehr seiner Frau zu einem noch größeren Triumph machen, als sein eigener Einzug es gewesen war; ihr triumphaler Empfang sollte in Lagos beginnen und auf dem Weg nach Abeokuta anschwellen und wachsen, er sollte die Lästerzungen und Verleumder umklammern und sie zermalmen.

14

Mrs Kutis Rückkehr machte aus dem Schulgelände der AGS einen Festplatz. Außer den Wasserbehältern hatte sich Daodu Hunderte von Öllampen kommen lassen. Bambusstäbe wurden in vier Fuß lange Stücke geschnitten und dann entlang des Pfades rund um die Sportplätze und rund um das Küchenhaus in den Boden getrieben. In die Höhlungen der Pfähle wurden die Öllichter gesteckt. Die Flure des ausgedehnten Gebäudes, jede Leiste an den Rundbögen, jede Bank, jeder Gartentisch, alles hatte sein Quantum Licht. Als alle Lampen brannten, sah es aus, als wären Millionen riesiger Glühwürmchen im Gehöft niedergegangen. Enorme Tabletts, Töpfe, Gefäße, Körbe, hoch bepackt mit Esswaren, wurden von den Frauen durch die Reihen der Lichter heraus- und hineingetragen. Überall wurde gesungen, und wo immer der Gastgeber oder seine Frau in der Menge auftauchten, erschallte ein lautes »Dao-o-o-o-o Bee-re-e-e-e-e-e-e«. Eine endlose Reihe von Frauengrüppchen strömte in das Gehöft. Manchen Gruppen gingen ihre eigenen Trommler voran. Sie waren noch nicht ganz durchs Tor, da kam schon die nächste Gruppe aus einer ganz anderen Richtung. Zwei oder drei Gruppen trafen draußen auf dem Pfad zusammen, es ergab sich ein buntes Durcheinander von Trommelrhythmen und Melodien – entweder mischten sich die Rhythmen, vereinigten sich zu einem neuen Rhythmus, oder man trennte sich wieder, und jeder behielt seine eigene Melodie bei. Die Gruppen drückten sich durch die Menge im Hof, tanzten die Treppe hinauf, um die Heimgekehrte zu begrüßen. Ab und zu verstummten die Musikgruppen. Über das

Singen und Schreien aus anderen Ecken des Gehöfts hörte man die Stimme eines Priesters, der noch und wieder ein Dankgebet für Beeres sichere Rückkunft sprach. Ich hatte Daodu noch nie so stolz gesehen. Wahrhaftig doch selbst schon ein bedeutender Mann, platzte er schier vor Zufriedenheit und Stolz. Jedes Mal, wenn ich in seine Nähe kam, schaute ich ihn ganz genau an; es schien mir, als werde mir hier ein sehr seltener Anblick geboten – ein erwachsener Mann, der ohne alle Scham glücklich war. Seine stolzgeschwellte Brust wölbte sich noch weiter vor als sonst, seine Schulterhöhe schien sich um Zentimeter gehoben zu haben, er rollte hin und her und füllte die voluminöse Agbada, die er für diesen Anlass gewählt hatte. Er blieb fast die ganze Zeit oben, schaute aber oft aus den verschiedenen Fenstern. Seinen Augen entging nichts. Er drehte sich hierhin und dahin und gab seine Anweisungen. Es stand außer Frage, dass die Frauenbewegung in Daodu einen wahrhaft mächtigen Verbündeten hatte.

Gegen Mitternacht schien die Menge kleiner zu werden, doch als ich durch das Gelände streifte, stellte ich fest, dass die Frauen nur ruhiger geworden waren. Sie saßen oder schliefen in Ecken und Nischen, in jedem Flur und Korridor, doch fest entschlossen, bis zum Morgengrauen Wacht zu halten. Einige Zeit später legte ich mich zum Schlafen hin, wurde aber bald durch einen Tumult am Tor geweckt. Ich hörte Schreie und das Scharren rennender Füße. Ich sprang aus dem Bett und eilte zum Fenster. Ein Mann in einem großen, weiten Schlafrock stand schon am Fenster, es war Daodu, der seine Augen auf die aufgeregte Menge vor dem Tor gerichtet hielt, denn dort kam der ganze Krawall her. Er rief hinunter, die Menge drehte sich um und teilte sich dann. In ihrer Mitte, hilflos im festen Griff der Frauen, stand eine junge Frau, splitterfasernackt. Die Häscherinnen führten sie auf das Haus zu und überhäuften sie dabei mit Beschimpfungen und sparten auch nicht mit Faustthieben. Auf ihrem Kopf balancierte die junge Frau eine große Kalebassenschale, in der sich ein Ebo befand. Im flackernden Licht erkannte ich, dass es der Körper eines Hundes war, vom Kopf bis zum Schwanz in zwei Hälften gespalten, darüber war eine Masse gebreitet, die aus Blut, Palmöl, Asche und irgendwelchem Pulver bestehen mochte. Um den Körper des Hundes lagen Kolanüsse, einige Münzen, Pennys und Onini, Kaurischnecken und leere Palmkernhülsen. Der Körper der Frau war mit Flecken und Striemen bedeckt, wo die Schläge sie getroffen hatten. Es war ihr Gesicht, von dem ich den Blick nicht losreißen konnte. Es hatte etwas Überirdisches an sich; geradeso wie ihr Körper von den Schlägen keine Notiz nahm, fand sich auch in ihrem Gesicht keine Regung, die den Schmerz anzeigte. Es leuchtete lebhaft im Licht der Lampen, aber es nahm nichts wahr. Die strahlenden Augen starrten geradeaus, bis auf einen einzigen Moment, als eine der Frauen vortrat und ihr direkt ins Gesicht schrie: »Dahun! Tani ran e?«

Da blieb sie stehen, ließ ihre großen Augen auf der Frau ruhen, doch ohne dass ihr Gesicht einen besonderen Ausdruck gezeigt hätte, und dann setzte sich der Zug wieder auf das Haus zu in Bewegung.

Als sie unter dem Fenster angelangt waren, fragte Daodu sie noch einmal, was los sei, und befahl ihnen, die Frau nicht mehr zu knuffen und zu schlagen. Er erinnerte sie daran, dass Beere von der Reise und der Anstrengung des Willkommens erschöpft sei, und bat sie, die Stimmen zu dämpfen. Der Nachtwächter gab jetzt detaillierte Auskünfte über das, was vorgefallen war. Er hatte die Frau innerhalb des Gehöfts angetroffen, mit der Igba Ebo auf dem Kopf. Nahe dem Haus war er auf sie gestoßen, etwa an der Stelle, wo er jetzt stand – er zeigte mit dem Finger auf den genauen Platz. Als er sie angesprochen habe, sei sie davongerannt, durch einen Spalt im Zaun entschlüpft und zum Haupttor gelaufen, wo sie noch einmal versucht hätte, ihr Ebo abzustellen. Inzwischen hätten seine Rufe die Frauen aufmerksam gemacht, und sie hätten ihm dann geholfen, die eingedrungene Person dingfest zu machen. Das war alles.

Daodu fragte die Frauen: »Kennt irgendjemand diese Frau?«

Die Frauen schauten sich gegenseitig an, dann betrachteten sie wieder die Gefangene und schüttelten die Köpfe. Gegenseitig klatschten sich die Frauen über Kreuz auf die Handflächen, sie zischten, sie seufzten, sie stießen Verwünschungen aus – das Rätsel der plötzlichen Materialisierung der jungen Frau brachte sie völlig außer Fassung. Der Pfad war breit und mehr als hinreichend beleuchtet. Wo man auch ging und stand, waren Leute. Dennoch war es dieser Frau gelungen, hier einzudringen, splitternackt und mit einer Igba Eho auf dem Kopf, und bis zur Mauer des Gebäudes zu langen, wo sie ihre Unheil bringende Last abstellen wollte, hätte nicht die Aufmerksamkeit des Nachtwächters sie gehindert. Niemand kannte sie, und sie gab keinen Laut von sich. Ich bemerkte, dass man keine weiteren Anstrengungen unternahm, sie zum Sprechen zu bringen; den Frauen war klar geworden, dass sie durch nichts würde zum Reden zu bewegen sein.

Eine Frau sagte: »Die ist vom Salon der Atupa geschickt, ganz bestimmt.«

Die Vermutung wurde als Tatsache anerkannt, noch ehe sie ganz ausgesprochen war. Stimmen erhoben sich, Fluch und Schande über diesen teuflischen Plan, Beere mit derart satanischen Mitteln Schaden zufügen zu wollen. Und dann fiel auch der Name des Alake, aber der allgemeine Spruch lautete: Der Salon der Atupa hat die junge Frau geschickt.

Daodu sah recht in die Enge getrieben aus. Es war erst vier Uhr früh, und er hatte sich noch nicht entschieden, was mit der nackten Frau, die dort unten stand, geschehen solle. Ich wusste, dass es für mich in dieser Nacht keinen Schlaf mehr geben würde. Im Stillen hoffte ich, er würde eine Gerichtsverhandlung anberaumen, wie er es normalerweise mit den übeltäterischen Schülern machte. Ich versuchte, die Klage zu formulieren, doch alle Formulierungen blieben unzureichend, unvollständig. Ich hatte noch nie von einem Fall gehört, bei dem eine nackte Frau erwischt worden war, die auf dem Gelände der AGS herumschlich, ein Igba Ebo auf dem Kopf. Ich fragte mich, wie Iku wohl die Verteidigung angelegt hätte.

Schließlich befahl Daodu, man solle sie bis zum Morgengrauen unter strenger Bewachung halten und dann die Polizei verständigen.

Die Frauen führten sie zum Rasenstück hinter der Küche. Sie bildeten einen Kreis um die junge Frau und ließen sie in ihrer Mitte stehen – die Kalebasse auf dem Kopf, bis der Morgen anbrach. Dann stießen sie sie vor sich her, führten die noch immer nackte Frau durch die Straßen zum Polizeiposten. Sie sangen dabei:

Atupa Parlour on ngb' ebo ru
Gbogbo oloye n'tagbure.

Ganz offensichtlich hatten sie sich noch vor der Morgendämmerung geeinigt, dass auch die Chiefs des Egbalandes in die Sache verwickelt sein mussten. Selbst mit dem ersten Sonnenstrahl änderte sich nichts an dem unbeteiligten Gesichtsausdruck der Frau.

Es kursierten Hunderte von Erklärungen am nächsten Tag und auch noch an den folgenden Tagen. Weithin für richtig befunden wurde die Erklärung, dass man die Kalebassenträgerin in einem Mittel gebadet hatte, das sie unsichtbar machte – aus diesem Grund musste sie auch nackt sein. Das Mittel musste allerdings irgendeinen Fehler gehabt haben, der dazu führte, dass sich die Wirksamkeit verflüchtigte, noch ehe sie ihre Mission erfüllt hatte, und daher auch ihr plötzliches Erscheinen, wie aus dem Nichts. Was das Ebo bezwecken sollte, wusste niemand zu sagen, außer, dass es gegen Beere gerichtet war und sicherlich keine freundliche Geste des Willkommens bedeuten sollte, wer immer es auch geschickt hatte. Auf dem Rückweg von der Polizeistation machten die Frauen einen Umweg, vorbei am Salon der Atupa in Ikereku.

Sie warfen ein paar Fensterscheiben ein und schmissen Straßenschmutz durch die Fenster des berühmten Salons.

Von Atupa selbst ging das Gerücht, sie habe Zuflucht zum Aafin genommen.

Die Zusammenkünfte der Frauen erweckten jetzt den Eindruck verstärkter Dringlichkeit, vielleicht wegen des Anschlags auf Beeres Gesundheit – wenn nicht auf ihr Leben. Fast jeden zweiten Tag wurden neue Flugblätter gedruckt, die über diesen oder jenen Umstand informierten. Wild Christian entwarf einige, oder, um es genauer zu sagen, sie besprach ihre Vorstellungen mit Essay, er machte sich Notizen und schrieb dann alles in seiner sauberen Handschrift um; dann schob er ihr die beschriebenen Blätter zu und sagte: »Versuch doch, die Frauen zu bewegen, morgen darüber zu sprechen.«

Ich hatte mich inzwischen ganz und gar in meine Rolle als Sonderkurier gefunden, war ständig auf Achse zwischen Igbein und Aké, dem Laden und Mama Aduni, Ma Igbore und Kemberi und hielt mich immer da am längsten auf, wo es die größte Aufregung zu geben versprach. Die allgemeinen Versammlungen fanden wieder statt, die Schreib- und Lesestunden wurden wieder aufgenommen, und ich fragte mich, ob eine meiner Schülerinnen nicht eine bessere Frau für mich sei als Mrs Odufuwa. Sie war jünger, lebhaft und neckte mich andauernd. Außerdem war sie ledig, was, wie ich inzwischen herausgefunden hatte, nicht ganz unwichtig bei der Entscheidungsfindung in dieser Sache war. Und außerdem beteuerte sie immer wieder, wie wild sie darauf sei, viel zu lernen, damit sie Grammatik mit mir reden könne, wenn wir erst verheiratet seien. Da ich das Thema ihr gegenüber nicht angeschnitten hatte, empfand ich es als einen weiteren Punkt, der zu ihren Gunsten sprach, dass sie ganz von sich aus auf etwas reagierte, das bisher nur in meinem Kopf vorgegangen war. Unglücklicherweise hatten aber auch ein paar andere ihre Absicht erklärt, den »jungen Lehrer« heiraten zu wollen. Wild Christian wurde ununterbrochen von ihnen gedrängt, mich ja gut zu füttern, damit ich schneller groß würde und sie den Unterricht im sicheren ehelichen Heim fortsetzen könnten. Sie hatten die Angewohnheit, heimlich komische Gesten zu machen, wenn sie diese Sachen sagten, sodass alle Frauen rundum schallend lachten. Sie schauten in einer Art klug und weise drein, meine liebste Schülerin nicht ausgeschlossen, die sich meine erste Zukünftige nie gestattet hätte. Es war zugleich peinlich und verführerisch, ich wusste nie ganz genau, was ich von ihnen halten sollte, ich vermutete nur, dass sie auf jene geheimen Riten anspielten, die sich zwischen Mann und Frau abspielten. Sie hatten unerschöpfliche Energien und ließen sich von nichts und niemandem einschüchtern – nicht einmal von Beere, Wild Christian oder Daodu. Im »Klassenzimmer« allerdings waren sie verändert. Wenn eine zu ausgelassen wurde, dann riefen die anderen sie zur Ordnung, und meine Favoritin erwies sich stets als meine verlässlichste Verbündete. Ich beschloss, dass wir heiraten würden, sobald ich Arzt geworden war.

Die Gruppe hielt jetzt ihre eigenen zusätzlichen Versammlungen ab. Bei einem dieser Treffen muss die Entscheidung gefallen sein, außer den Stunden für Lesen, Schreiben und Rechnen, Gesundheitsfragen und so weiter eine weitere Stunde einzurichten, in der es ausschließlich um die Besprechung der Steuerprobleme gehen sollte. Eines Tages kam ich zu meinem Beobachtungsstand und fand die Versammlung schon in eine dieser neuen Krisensitzungen vertieft. Sie hatte wie jede andere Zusammenkunft begonnen, doch sie gipfelte im ersten Marsch der Frauen zum Aafin.

Einige Frauen hatten von ihren Erfahrungen mit den Steuereintreibern berichtet. Die ursprüngliche Resolution der Frauen war, so schien es, verworfen worden oder einfach unbeachtet geblieben. Bei jedem Treffen wurde ein Bericht über die Auswirkung der Keine-Steuern-mehr-Forderung gegeben. Es war ziemlich unnötig; die unveränderte Realität zeigte sich in ihrer fortgesetzten Belästigung auf Straßen, Märkten und in ihren kleinen Verkaufsbuden.

Darüber freilich wurde in aller Ausführlichkeit berichtet, unter Begleitung empörter Zurufe. Es wurden neue Texte für Flugblätter aufgesetzt. Neue Delegationen wurden gewählt. Der britische Distriktsbeamte wurde mit Bittschriften bombardiert, mit Forderungen und Drohungen. Zahllose Male war Mrs Kuti nach Lagos gereist, und sie unternahm Reisen durch das ganze Land, um Unterstützung für die Forderungen der Frauen zu finden. Irgendwann, viel später, hörten wir von der Gründung der Nigerianischen Frauen Vereinigung, der *Nigerian Women's Union.* Die Bewegung der Oníkaba, die als Damenkränzchen begonnen hatte, das sich bei Tee und belegten Broten den Problemen der Neuvermählten widmete, denen es am nötigen gesellschaftlichen Schliff gebrach, hatte sich zu einer bekannten, landesweiten Bewegung entwickelt. Und sie war mit einer anderen Strömung verschlungen: der, der Herrschaft der Weißen in diesem Land ein Ende zu setzen.

Denn plötzlich tönte es: »Oge-e-e-e-e-d!« Und dann: »Ze-e-e-e-e-k!« Seine Redekunst, so hörten wir, könne Berge versetzen.

Einige junge, radikale Nationalisten wurden als Aufwiegler eingesetzt, und Aufwieglung war gleichbedeutend mit der Forderung, die Weißen sollten das Land verlassen und uns die Regierungsgewalt übergeben. Mehr und mehr neue Namen tauchten auf.

Eine neue Delegation bereitete sich auf einen Englandbesuch vor, so wie vorher Daodu und Beere dieses Land besucht hatten. Sie wollte nicht nur größere Befugnisse, höhere Ämter für die einheimischen Angestellten der Kolonien fordern, sondern das Ende der Herrschaft der Weißen. Die Leute reisten durch das ganze Land und sammelten Geld für ihr Vorhaben. Die Women's Union stellte ihre Kräfte in den Dienst der Sache. Konzerte fanden statt. Wir gaben unsere Halfpennys Taschengeld, denn wir fühlten, dass selbst diese Pfennigbeträge der großen Sache dienen würden.

Oged, Zeek, Tony, Ibiam, Ojike – das waren nur Namen, doch in Abeokuta kannte jeder Beere und die Frauenvereinigung. Und beide, ihre Oníkaba als auch ihre Aróso, hatten Ja gesagt zu einer Bewegung, die den langatmigsten Namen hatte, den wir je gehört hatten – *The National Council of Nigeria and the Cameroons*. Es lag uns viel daran, sie so rasch wie möglich auf ihre Reise zu schicken.

Doch die Frauenbewegung sah sich noch immer dem Steuerproblem gegenübergestellt. Bei der nächsten Stunde des Erfahrungsaustauschs meldete sich eine alte Frau zu Wort. Sie war so alt, dass man sie stützen musste, als sie aufstand. Sie war zum ersten Mal auf einer Versammlung, und sie hatte ihren gebrechlichen Körper hierhergeschleppt, weil sie in der Vereinigung ihre letzte Hoffnung sah gegen die Bedrohung, die über ihrem Haupt schwebte.

»Ich komme aus dem nahen Owu«, berichtete sie, »ich habe gehört, dass es hier Leute gibt, die etwas unternehmen, wegen der Leiden, die diese Steuereintreiber auf unsere Köpfe häufen. Vielleicht könnt ihr helfen.«

Sie fummelte in den Falten ihres Umschlagtuches an einem fest geschnürten Knoten. Ihre Finger nestelten an dem Knoten. Da sie offensichtlich nicht in der Lage war, ihn zu lösen, kamen ihr andere Hände zu Hilfe. Schließlich war der Knoten aufgedröselt, und ein Stück Papier kam zum Vorschein.

»Hier ist es«, sagte sie, »das ist der Grund der ganzen Not. Ich habe das ganze Unglück selbst auf mein Haupt geladen ... ich will es euch erzählen. Ich hatte einen Sohn, mein einziger Sohn, und er starb vor etwa drei Jahren. Er ließ dreizehn Kinder zurück, hört ihr? Dreizehn Kinder, von verschiedenen Ehefrauen. Die Kinder sind alle noch klein. Als man mir die Kinder brachte, sagte ich, was soll ich mit den Kindern anfangen? Ich habe keinen Mann, und dieser war mein einziger Sohn. Ich weiß ja nicht einmal, wie ich mich selbst durchbringen soll.

Nun, um es kurz zu machen, mein Sohn besaß ein großes Feld, damit hatte er sich seinen Lebensunterhalt verdient. Und so sagten die Leute zu mir, Iya, sitz nicht herum und sieh zu, wie diese Kinder leiden. Geh und bewirtschafte die Farm. Nimm diejenigen Frauen deines Mannes mit, die sich nicht vor harter Arbeit fürchten, such dir Hilfe, wo du sie kriegen kannst, bearbeite das Feld und nimm, was es abwirft, um die Kinder zur Schule zu schicken. Also sagte ich mir, nun gut, es ist besser zu arbeiten, als zu betteln, und ich ging auf das Feld. Wir konnten gerade eben unseren Lebensunterhalt davon verdienen, gerade, dass es zum Leben reichte, nicht mehr. Selbst die Ausbildung der Kinder geht nur umschichtig. Es kann immer nur eins zur Schule gehen.

Nun, ich dachte, dass mir das Leben in meinem Alter schon hart genug zusetzte. Das war bis vor zwei Wochen. Dann brachten die Steuerleute mir dieses Papier hier. Sie sagen, weil ich ein großes Feld besitze, werde ich besonders besteuert. Sie sagen, ich sei eine Gbajumo, weil ich ein so großes Feld besitze, aber von den dreizehn Kindern und den vier Frauen, die aus dem Ertrag des Feldes nur Gari für sich kaufen können, davon sagen sie nichts, nein! Sie sagen, ich bin eine Gbajumo mit einem großen Feld, so steht es auf dem Papier hier. Wo soll ich das Geld hernehmen, das sie hier auf das Papier geschrieben haben? Bitte, sagt mir, woher ich es nehmen soll. Sagt mir, wo das Geld ist, damit ich hingehen und es holen kann, denn ich sage euch, in den drei Jahren, in denen wir uns jetzt von diesem Feld ernähren, habe ich zusammen noch nicht so viel Geld gesehen. Ich, meine ›Frauen‹, meine Kinder, wir alle zusammen haben in unserem ganzen Leben noch nie so viel Geld gesehen.«

In der Versammlung herrschte betroffenes Schweigen, als man der alten Frau half, ihren Platz wieder einzunehmen. Die Gruppe, die wie üblich am Tisch saß, der Versammlung gegenüber, besprach sich nicht, wie sie es sonst tat, nur das Stück Papier wanderte von Hand zu Hand und wurde dann von Mrs Kuti auf den

Tisch gelegt. Sie strich es langsam glatt, das Gesicht in nachdenkliche Falten gezogen. Die Stille nahm kein Ende, sie war ein Hohn auf all die Resolutionen, Delegationen, Konsultationen, auf all die wohltönenden Organisationen, die sich in und um die Bewegung gebildet hatten. Nicht unvorhergesehen war es Kemberi, die mit ihrem Ausbruch das Schweigen brach. Plötzlich war sie hinter dem Tisch aufgesprungen und schubste den Stuhl mit ihrem Körper beiseite.

Mrs Amelia Osimosu, von ihren jüngeren Mitfrauen im Hause Osimosu Kemberi genannt, blickte eine nach der anderen am Tisch an, dann drängte sie sich hinter dem Tisch vor: »Es reicht! Wir haben jetzt endgültig die Nase voll! O ya, e nso l'Aké!«

Geschlossen erhoben sich die Frauen. Alle Hände flogen zu ihren Köpfen und rissen die Kopftücher herunter; im Wind entrollten sie sich und flatterten wie Banner. Dann machten sie die Kopftücher zu Schärpen, banden sie um ihre Hüften zum Zeichen ihrer wilden Entschlossenheit. Kemberi führte sie an, sie drängten aus dem Hof des Gymnasiums, füllten die Straße, marschierten spornstreichs zum Palast nach Aké.

Vor dem Palast des Alake liegt ein öffentliches Grundstück; eine fast quadratische Rasenfläche von der gesamten Länge des Palastes. Dieses Grundstück dient als Pufferzone zwischen den Mauern des Palastes und der Straße. Wild Christians Laden lag auf der anderen Straßenseite, diesem Grundstück gegenüber. Der Rasen war gut gepflegt, eingefasst von den üblichen weiß gekalkten Grenzsteinen und überschattet von Bäumen, die in gleichmäßigen Abständen am äußeren Rand des Grundstücks standen und zu beiden Seiten der breiten Auffahrt zwischen dem Torbogen an der Straße und dem Palastgebäude selbst. Eine Plastik auf dem Torbogen stellte einen ruhenden Elefanten dar, das Symbol der Königswürde von Egba.

An dem nach Aké weisenden Ende des Grundstücks stand eine rechtwinklige, lange, niedrige Konstruktion aus Lehm und

Holz, überragt von einem tief heruntergezogenen Wellblechdach. Sie war in gleichmäßigen Intervallen von ungleichen Rundbögen durchbrochen, die jeweils bis zu zwei Drittel ihrer Höhe mit hölzernem Gitterwerk verschlossen waren. Ein Schenkel der Konstruktion verlief entlang der öffentlichen Straße, die auch an die Rasenfläche grenzte, der andere Schenkel verlor sich in einem Gewirr aus Lehmhäusern und Gehöften. Diese zwei Mauern schützten die Wandelgänge der Ogèom-Enklave vor neugierigen Blicken von der Straße. Vom Laden aus konnte man die Ogboni zu allen Stunden des Tages vorbeihuschen sehen auf ihrem Weg zu einer Versammlung mit den Chiefs im Aafin oder zu ihren eigenen periodischen Sitzungen in ihrem eigenen Gebäude. Ein hohes Alter schien die Vorbedingung zur Mitgliedschaft in dieser numinosen Gesellschaft zu sein, dennoch schritten einige weit aus, waren von roher, kraftstrotzender Gesundheit, riefen sich ihre Grüße mit robuster Stimme zu und sahen eher aus wie Krieger, nicht wie Teilnehmer einer Zusammenkunft von List, Erfahrung und Weisheit.

Ohne Ausnahme trug jeder Ogboni ein einzelnes, breites Tuch, das er wie eine Toga geschlungen hatte, eine Schulter vom losen Zipfel des Tuches bedeckt. Auf der anderen Schulter, sonst bloß, lag das unterscheidende Band, ein schmales, grob gewebtes Stück Tuch, an den Enden mit Quasten versehen, und in der Mitte mit einem aufgebauschten, vielfarbigen Muster. Einige, vor allem die Ältesten der Ogboni, trugen eine Buba unter der Toga. Einige eilten barfuß und ohne Kopfbedeckung vorbei, andere trugen Ledersandalen oder gewebtes Schuhwerk und eine Kopfbedeckung aus weichem Tuch, die auf der einen Seite wie ein Beutel über ein Ohr hing. Ein eiserner oder bronzener Amtsstab wurde von ihnen selbst in der rechten Hand getragen, oder ein Diener trug ihn vor ihnen her. Ein breiter, rundlicher Fächer aus steifem Leder schien zu ihrer Amtsausrüstung zu gehören, doch das hervorstechendste Unterscheidungsmerkmal der Egba-Ogboni waren die breitrandigen Hüte, meist aus sehr hartem Leder, verziert mit gefärbten Lederstreifen, Raffiafäden, Bändern oder Perlschnüren. Die Ogboni glitten durch die Straßen von Aké wie uralte Gespenster, still, dunkel und weise, gegerbte Beutel, gefüllt mit der Geschichte Egbas, ihren Geheimnissen, Erinnerungen, Erfahrungen, oder sie stampften durch die Stadt auf Kriegersfüßen, keck und rau, breitschultrig-gedrungen, voll unausgesprochenem Ungestüm. Wir hatten Angst vor ihnen. Unter vorgehaltener Hand flüsterte man sich zu, dass sie Häscher ausschickten, kleine Kinder zu fangen, deren Angstgebrüll für einige ihrer Riten und Zeremonien unabdingbar sei. Auf jeden Fall aber unterstand ihnen der Oro-Kult, deren Schwirrhölzerklang die Frauen in die erste erreichbare Zufluchtsstätte trieb. Es war ungewöhnlich, dass man die Schwirrhölzer am hellen Tage hörte, oder ohne Vorwarnung; einmal allerdings geschah es, als ich gerade bei Wild Christian im Laden war. Rasch verrammelte sie die Ladentüren, bis die Gefahr vorüber war. Ihre unheimlichen Gesänge waren an manchen Abenden sogar im Pfarreigelände zu hören, akzentuiert von dumpfen Schlägen, die, so erklärte man uns, der Klang ihrer Stäbe waren, die sie im Takt auf den gestampften Lehmfußboden stießen, während sie im Kreis gingen in ihrer versteckten Enklave. Es gab keine ordentliche Belehrung über solche Angelegenheiten, doch wir erfuhren, dass die wahre Macht des Königs und des Landes in den Händen der Ogboni ruhte, nicht die Macht, die sich darin zeigte, dass Männer und Frauen sich zu Boden warfen vor dem König, sondern die *wahre* Macht, die übernatürliche, kabbalistische, die einflussreiche, Ränke schmiedende Macht der Mitternacht, die selbst den König eines Morgens mit der Feststellung erwachen lassen konnte, dass, während er schlief, die Stützbalken seines Hauses durchgefressen worden waren.

Wir betrachteten die Ogboni mit einer Mischung aus Furcht und Faszination.

Um in die Gebäude ihrer Enklave zu gelangen, mussten die Ogboni den Weg durch den elefantenbekrönten Torbogen nehmen und dann nach links auf ihren privaten Pfad abbiegen, der zu ihrem Bereich führte. Die Auffahrt in der Mitte führte direkt zum ausgedehnten Komplex des Palastes, unter einem Bogen in dem zweistöckigen Gebäude hindurch, das den äußeren Ring der Palastanlage bildete. In diesem Gebäude waren die Büros und Ratszimmer der einheimischen Verwaltung untergebracht, über die der Alake den Vorsitz führte. Und an der Innenwand dieses Gebäudes, wenn man durch den Tunnel unter ihm in den Innenhof geschritten war, hörte die Außenwelt auf zu existieren.

Dieser kurze, niedrige Tunnel, überdacht von den Fußböden der Büros, war eine Zeitkapsel, die uns in einen archaischen Raum spie, der umrahmt war von den wachsamen, feurig leuchtenden Augenbällen versteinerter Ahnen und Götter. Dies zumindest war mein erster Eindruck, als ich aus dem kurzen Schatten des Tunnels in den sonnenüberfluteten Innenhof trat. Aus der menschlichen Abfolge von Buchladen, Kirche, Zenotaph, Nähstudios, Fahrradreparaturbuden, Friseurläden, Kleinhändlerständen, der steinern-zementenen Masse der Centenary Hall, vorbei an streunenden Ziegen, lärmenden Hökern, baumgesäumtem Rasenstück und Amtszimmern, stieß man uns plötzlich in diesen Halbkreis stummer Beobachter, Krieger hoch zu Ross – einzeln und in Gruppen, kniende Priesterinnen, Opferszenen, königliche Prozessionen. Kenntnis der Namen kam erst später – die Augen von Ifa, Sango, Orakelpriestern, Ogun, Obatala, Erinle, Osanyin, eiserne Stäbe mit ihren Ringen aus aufgesetzten Orakelvögeln ... selbst die Prozession der Ogboni, in der Bewegung erstarrt. Sie umschlossen den Innenhof auf einer niedrigen Mauer, die ihrerseits das Halbrund des Hofes bildete und von einem vorschießenden Dach geschützt war, das auf Pfosten ruhte, die in kunstvoll gearbeiteten Schnitzereien Menschen und Tiere darstellten. Die niedrige Mauer war nur der äußere Teil eines gebogenen Wandelgangs, dessen hintere Wand kleine Grotten beherbergte, in denen weitere geschnitzte Bewohner der Ahnenwelt lebten. Gänge aus dem tiefsten Innern des Palastes trafen auf diesen Wandelgang, wie Strahlen angeordnet, und auch sie waren wieder in Abständen mit Votivgestalten ausgefüllt, die umso schattenhafter wurden, je weiter die Gänge ins Innere des Labyrinths reichten.

Einer dieser Gänge, gleich zur Linken, wenn man durch den Tunnel kam, war breiter als die anderen. Er führte aufwärts zu ausgedehnten, gestaffelten Plattformen und verlor sich in einem von Säulen getragenen Raum, über den sich eine Wohneinheit erhob, von deren Vorlaube, mit hölzernem Gitterwerk gesichert, man den Innenhof überblicken konnte – dies waren die privaten Wohnräume des Alake. Zur Stunde der öffentlichen Audienz versammelte sich das Volk unten im Innenhof. Wenn der Alake oben in der Laube erschien, warfen sich die Männer in der vorgeschriebenen Weise zu Boden, und die Frauen machten Yinrinka, ein Bewegungsablauf, der damit begann, dass sie sich auf beide Knie niederließen, sich dann auf die Ellenbogen und Unterarme stützten, sich schließlich zur Seite neigten, bis sie den Boden erst mit der einen, dann mit der anderen Seite des Körpers berührten und der sie zuletzt wieder in ihre kauernde Stellung zurückführte. Dann wurden die Bittsteller und Beschwerdeführer von einem der Chiefs des Alake einer um den anderen aufgerufen, Urteilssprüche wurden verkündet, Ratschläge erteilt, gütliche Einigungen vorgeschlagen und Schlichtungsentscheidungen angeordnet.

Mehrmals war ich Zeuge solcher Szenen. Eines Tages, nach dem Kirchgang, wurden wir, Tinu und ich, zum ersten Mal zu einem Besuch beim Alake mitgenommen. Ich hatte kaum erst angefangen, regelmäßig die Schule zu besuchen, und der bleibende Eindruck war der von einem Friedhof ohne Grabsteine, ohne Marmorplastiken, ohne geschmückte Gräber, dafür aber mit hölzernen Figuren, die aber gar nicht übereinstimmten mit den Engeln und Cherubim, die den Kirchhof neben der Kirche füllten. Aber dann war da andererseits die bekannte Umgebung des Privatgartens des Alake, der fast so groß und üppig wie Essays war, sich aber einiger Pflanzen rühmen konnte, die ich noch nie gesehen hatte. Am merkwürdigsten freilich war sein Aquarium, das erste, das ich überhaupt sah. Es war in den Boden eingelassen, mit Fliesen umlegt, in einem kleinen Innenhof, und es enthielt sowohl bunte als auch graue Fische. Einer von ihnen, so hatte man uns eindringlich gewarnt, würde uns ein höchst unschönes Gefühl vermitteln, wenn wir ihn anfassten. Bei der ersten sich bietenden Gelegenheit schlüpfte ich aus dem Wohnzimmer und ging und fasste ihn an; fast wäre ich in das Aquarium gefallen. Was ich da erlebt und gefühlt hatte, war zutiefst erschreckend; und ich hatte keine andere Wahl, ich musste es für mich behalten, aus Angst, man würde mich sonst nie wieder in das Innere des Palastes mitnehmen. Der Alake machte viel Wesens von der Familie des Rektors, vor allem wegen meiner Mutter, die er sehr gern mochte. Bei späteren Besuchen nahm er Tinu und mich bei der Hand, löcherte uns mit Fragen und nannte uns seine »Yekan«. Als ich Mutter fragte, was Yekan bedeutet, war ich auf alles vorbereitet, nur nicht auf die Nachricht, dass es bedeutete, wir seien miteinander verwandt. Die Welt des Pfarreigeländes und die des Aafin waren so weit voneinander entfernt, ich konnte einfach nicht verstehen, wie die beiden miteinander verbunden sein sollten. Der König war durch seine Stellung gezwungen, den Orisa zu folgen, trotz seiner regelmäßigen Kirchenbesuche, bei denen er immer in seinem eigenen Kirchenstuhl saß. Zum König gekrönt zu werden, bedeutete auch »Je Oba«, und das, so erfuhren wir hintenherum, war wörtlich zu nehmen. Wenn der alte König starb, wurden sein Herz und seine Leber herausgenommen, und man erwartete vom neuen König, dass er sie aß. Nichts brachte mich mehr aus der Fassung, als zu erfahren, so en passant, dass dieser Mann, auf dessen Schoß ich gesessen und der mich »Yekan« genannt hatte, wirklich und wahrhaftig Menschenfleisch gegessen haben sollte, und sei es auch nur um der Königswürde willen. Nachdem ich das wusste, schaute ich den Alake bei unseren Besuchen immer ganz genau an, ich wollte wissen, ob man die Spur des menschlichen Blutes auf seinen Lippen noch entdecken konnte, und war doppelt verwirrt festzustellen, dass nur ein warmes, faltiges Lächeln um die Lippen spielte. Ich brachte nie den Mut auf, ihn direkt zu fragen; es schien eine von den wenigen Sachen in der Welt zu sein, nach denen zu fragen man nicht wagte, ich brachte nie den Mut dazu auf!

Ich kannte die Stunde der öffentlichen Audienz beim Alake, und manchmal, wenn wir zu zweit im Laden waren, riskierte ich es und ging hinüber, um einen Blick auf die Bittsteller zu werfen. Einmal sah er mich und winkte mich nach Beendigung der Audienz zu sich. Jetzt fürchtete ich, er könne vielleicht eine Nachricht für Wild Christian haben, was meine Gegenwart hier ans Licht gebracht hätte, und so verdrückte ich mich rasch. Danach ging ich nur noch sehr selten hinüber und achtete peinlich genau darauf, dass ich nicht entdeckt wurde. Die vorgetragenen Fälle waren verschiedenster Art, manche entbehren nicht der tragischen Komik. Andere wieder hatten gar nichts Komisches an sich, außer für die Chiefs und Gefolgsmänner des Alake, die an jeder Situation etwas fanden, worüber sie sich ausschütten konnten vor Lachen. Bei einer dieser Audienzen stellte ich fest, dass einer der Durchgänge, die vom Halbrund des Wandelganges abgingen, mit Gefängniszellen bestückt war. Ich hatte »einheimische« Polizisten vor dem Eingang des Durchgangs gesehen, aber angenommen, sie seien Angehörige der Palastwache. Doch bei einer der Audienzen wurde eine Tür in diesem Gang aufgeschlossen, und eine Reihe von Missetätern – Männer und Frauen – wurden von den Polizisten herausgeführt. Im Innenhof warf man sie zu Füßen des Alake in den Staub, und seine dünne, wehmütige Stimme schwebte von der Laube zu ihnen herab: »Warum muss man euch Leute immer erst zwingen, eure Steuern zu bezahlen?«

Es war genau diese Szene, die mir deutlich vor Augen stand, als ich jetzt, von der AGS kommend, vor dem Buchladen der Christlichen Mission abbog, um eine Abkürzung von einem knappen Kilometer zu nehmen, die mich zur Rückseite des Geländes von St. Peter brachte, durch den Friedhof, das Schulgelände, an BishopsCourt vorbeiführte, wo ich beim nahe gelegenen Tor gegenüber von Pa Solotans Haus herauskam, dann hinter der Kirche vorbei zu Wild Christians Laden, wo ich kurz reinschaute, um Bunmi, die gerade Dienst schieben musste, die Neuigkeit zu berichten, und noch fünf Minuten, bevor die Vorhut der Frauen beim Palast anlangte, hatte ich mir bereits einen hervorragenden Beobachtungsplatz gesichert. Die Frauen platzten in den Innenhof und verlangten eine sofortige Audienz bei ihrem »Baba«. Der Akoda am Tunneleingang trat ihnen mit außergewöhnlicher Überheblichkeit entgegen.

»Wer seid ihr? Wer schickt euch? Was wollt ihr? Hat man je gehört, dass Kabiyesi zu dieser Stunde Audienz gewährt? Verzieht euch, und warnt dieses lärmende Volk, das da hinter euch kommt ...«

Als das »lärmende Volk« durch das Tor drängte und sich auf dem Rasenplatz vor dem Palast breitmachte, ja, ihn vollständig ausfüllte, blieb dem Akoda jede weitere Frage und jeder Befehl im Halse stecken. Mit großen Kulleraugen ging er langsam rückwärts durch den Tunnel und verschwand im Palast, aus dem jetzt eine Abteilung untergeordneter Chiefs herausstürzte. Ich erkannte in ihnen jene Gefolgsleute, einige von ihnen hatten sogar schon unwichtige Titel, die sich im Allgemeinen, auf Matten gelagert, vor dem Zugang zu den Privaträumen des Alake aufhielten. Einige von ihnen hatte ich auch in amtlicher Pflichterfüllung bei den Audienzen des Alake gesehen; sie riefen den nächsten Bittsteller auf oder hatten Botengänge zu machen. Im Moment schien ihre dringliche Aufgabe zu sein, die Frauen davon abzuhalten, in den Innenhof einzufallen. Die Frauen antworteten, dass sie sich ruhig verhalten und draußen bleiben würden, wenn der Alake bereit sei, sich zu zeigen und die Delegation zu empfangen, die bereits zu ihm unterwegs sei. Die Chiefs dankten ihnen und zogen sich zurück, dem König die Botschaft zu übermitteln.

Nicht viel später kamen die offiziellen Führerinnen an – Ma Igbore, die mich dadurch überraschte, dass sie mit dem forschen Tritt der anderen Schritt halten konnte. Wild Christian, Mama Aduni, zwei oder drei andere Frauen und natürlich – Kemberi. Als der Alake oben in der Laube erschien, knicksten sie, ließen sich auf die Knie nieder, aber nicht mehr. Der Alake hatte sich allen Anzeichen nach wohl entschlossen, die Abgesandten höflich zu empfangen. Er sprach mit ihnen in väterlich weltmännischem Ton, seine hohe Stimme war belegt mit überzeugender Besorgnis und Anteilnahme; er sprach sie an, als seien sie seine eigenen Töchter, seine Freunde, Verwandten, er lud sie ein, ihre Bürgersorgen mit ihm zu teilen.

»Ah-h, Moroun, yekan mi … Und Mrs Owodunni … Und wie ich sehe, ist auch Igbore hier, von der Geistlichkeit ganz zu schweigen … Nun, es muss sich um eine schwerwiegende Angelegenheit handeln. Doch es ist gerade die Zusammensetzung eurer Abordnung, die ja in der Tat sozusagen die ganze Stadt repräsentiert, die mich sicher macht, dass es nichts gibt, was wir nicht lösen könnten. Nichts wird ungelöst bleiben, bei einer Gruppe wie der, die ich hier vor mir sehe. Also, fangen wir an. Was ist los in unserem geliebten Egbaland?«

Kemberi ließ sich wieder auf ein Knie nieder, grüßte ihn »Kabiyesi o, Kabiyesi«, wechselte auf das andere Knie, dann erhob sie sich.

»Kabiyesi, die Botschaft, die ich Ihnen heute zu bringen habe, ist die Botschaft all jener Frauen, die ihre Marktstände, ihre Häuser und Kinder, ihre Felder und Kleinhandlungen im Stich gelassen haben, um heute hierherzukommen und Sie zu besuchen. Es ist die leidende Menge, die sich vor Ihrem Palast versammelt hat, Sie können sie selbst sehen, Kabiyesi, es ist die versammelte Frauenschaft des Egbalandes, und sie sind gekommen, um zu sagen – genug ist genug! Die Stimme, mit der ich spreche, ist die Stimme Beeres, unserer Mrs Kuti. Die Worte, die Sie von mir hören, sind die Worte von Mrs Kuti. Sie bat mich, Ihnen auszurichten, im Namen jener Frauen, die draußen versammelt sind, dass die Frauen von Egba endgültig genug haben! Sie verhungern, ihre Kinder verhungern, ihre Kinder sind krank, sie haben keine Hoffnung auf Ausbildung oder eine bessere Zukunft, und doch werden ihren Müttern mehr und immer mehr Lasten auferlegt. Jetzt sagen die Frauen – es reicht.

Einst, Kabiyesi, waren die Parakoyi eine angesehene, geehrte Institution in den Märkten. Sie sorgten für Frieden, ihre Gegenwart vermittelte uns ein Gefühl der Sicherheit, ja, wir hatten das Gefühl, wie zu Hause zu sein, in den langen Stunden, die wir auf dem Markt verbringen müssen. Was wir gaben, das gaben wir frohen Herzens. Wir selbst bestimmten eine Summe, die ausreichte, sie zu ernähren und zu kleiden. Doch in den vergangenen Jahren haben sie etwas entwickelt, das über Gier weit hinausgeht. Sie tauchen ihre Hände in unseren und unser Elubo, in unser Salz, unser Gemüse, in unseren Mais und unser Palmöl, bis zum Ellenbogen langen sie hinein und behaupten auch noch, es sei ihr gutes Recht. Sie sagen, die Chiefs hätten sie dazu ermächtigt oder irgendein Rat, den sie gerade in diesem Moment neu erfinden. Es ist uns egal, woher sie diese neue Macht haben, genug ist genug!

Wir wollen sie nicht mehr in den Märkten haben. Wir wollen, dass sie da verschwinden. Sie bringen die Akoda und die Polizei, die unsere Frauen festnehmen, verhaften, ja sogar auspeitschen. Wir wollen sie in den Märkten nicht mehr sehen.

Und dann, wenn die Parakoyi sich ihre fetten Bäuche vollgeschlagen haben, ohne dafür eine Gegenleistung zu erbringen, dann kommen die Steuereintreiber, lauern unseren Frauen am Wege auf, überfallen sie in den Märkten, in ihren Häusern, schleppen sie weg – selbst Mütter von Säuglingen – und stecken sie in Gefängniszellen, bis die Steuern bezahlt sind. Mrs Kuti bat mich, Ihnen auszurichten, dass wir Bittschreiben verfasst, Versammlungen abgehalten, überall protestiert haben gegen die Ungerechtigkeit der meisten Steuerfestsetzungen, die keinem anderen Zweck dienen, als unsere Frauen zu unterdrücken. Sie sagt, wir haben den Gemeinderat aufgefordert, seine Beamten in Schach zu halten, die Steuerforderungen genau zu überprüfen, in den Fällen, in denen die alleinige Broterwerberin nichts übrig behält, womit sie ihre Familie ernähren kann. Jetzt hat die Angelegenheit Gongo erreicht: ob Sonder- oder Normal- oder Kopfsteuer oder Beschlagnahmung, unsere Beere sagt, ich soll es Ihnen ausrichten – nichts mehr. Die Frauen von Egba sagen: KEINE STEUERN MEHR. Gleich welcher Art! Einfach, schlicht – KEINE STEUERN MEHR. Von heute an weisen wir alle Formen der Besteuerung zurück!«

Ihre Stimme war lauter geworden, die nahe am Tunneleingang stehenden Frauen konnten sie hören. Sofort griffen sie ihren Ruf auf, der an Lautstärke immer mehr zunahm, sich über das Grundstück verbreitete, schließlich ganz Aké mit einem einzigen, einmütigen Ruf erfüllte: »Keine Steuern mehr! Wir Frauen sagen – keine Steuern mehr!«

Der Alake wartete auf das Abklingen des Rufes, gedankenschwer saß er da, wägte das Problem ab, aufs Äußerste konzentriert, als höre er zum allerersten Mal davon. Schließlich sprach er: »Ehn, du hast die Angelegenheit sehr anschaulich vorgetragen, Amelia – ich danke dir vielmals. Ich danke euch allen, ich danke vor allem auch Mrs Kuti, die nicht hier anwesend ist.«

»Sie ist auf dem Weg hierher«, versicherte ihm Kemberi.

»Soo?« Und einen Augenblick lang vermeinte ich, einen besorgten Ausdruck im Gesicht des Alake zu sehen, doch er hatte sich rasch wieder im Griff. »Nun, umso besser, dann haben wir noch mehr kluge Köpfe, die sich über der Sache zusammentun können. Doch jetzt, lasst mich fragen, ihr Frauen – wie, meint ihr, lässt sich das machen? Besteuerung ist so alt wie die Menschheit, kann man sie denn abschaffen, einfach so?«

Wild Christian antwortete ihm: »Kabiyesi, ich bitte Sie inständig, über die Angelegenheit sehr ernsthaft nachzudenken. Ernsthaft und *sehr* gründlich. Die Frauen sagen, keine Steuern mehr. Es ist jetzt nicht die Zeit, darüber nachzudenken, ob die Besteuerung bei unseren Vorfahren begann oder nicht. Die Frauen unserer Tage, die Frauen, denen Sie täglich begegnen können, sie sind es, über die wir hier sprechen. Sie können die Steuer nicht aufbringen.«

»Das mag stimmen«, antwortete der Alake. »Ich sage ja auch nicht, dass ich für sie in ihrer schlimmen Lage kein Mitleid empfinde. Doch meine Frage ist noch immer die gleiche – lässt es sich machen? Ist es möglich, eine moderne Gesellschaft zu haben, in der die Frauen keine Steuern zahlen? In jedem Fall aber ist es keine Entscheidung, die ich allein fällen kann. Es ist nicht der Alake, der die Steuern erhebt, dafür ist ein Rat, der sich aus vielen Regierungsmitgliedern zusammensetzt, zuständig. Ihm muss die Sache vorgelegt werden. Doch was ich euch frage, das ist – glaubt ihr allen Ernstes, dass es möglich ist, eine Gemeinde zu verwalten, mit Sand statt mit Geld – glaubt ihr wirklich, dass das möglich ist, die Steuern abzuschaffen, einfach so?«

Kemberi unterbrach ihn und schüttelte heftig den Kopf: »Nee, nee, Kabiyesi, nee, nee, nee. Wir sind hierhergekommen, weil Sie unser Baba sind, der Einzige, den wir kennen. Wir kennen keinen Rat aus Regierungsmitgliedern, Sie sind die Regierung. Mit Ihnen wollen wir sprechen, nicht mit irgendwelchen Chiefs oder irgendeinem Rat. Sie sind es, der über die Sache sehr gründlich nachdenken muss. Wie Aya Headmaster schon sagte, denken Sie darüber nach, *sehr* gründlich.«

»Das will ich gerne tun, sicher«, bekräftigte der Alake noch einmal. »Aber ich muss eine Ratsversammlung einberufen. Ich habe es sogar schon veranlasst. Ich habe sogar nach dem Aleje geschickt, denn seht ihr, das gehört alles zu dem, was ich sage; die Angelegenheit reicht weit über den Palast hinaus, es ist keine Sache, die wir hier entscheiden können. Und es kann auch nicht über Nacht entschieden werden. Wir brauchen also Zeit. Sag deinen Frauen, dass ich versprochen habe, mich der Sache anzunehmen. Der Rat wird zusammentreten, und wir werden jeden Aspekt beleuchten.«

Er seufzte, dann wendete er sich, recht nachdenklich, so schien es mir, an Wild Christian: »Moroun«, sagte er, »ich möchte dich etwas fragen. Du bist die Frau eines Lehrers, eines Rektors. Ihm untersteht eine Schule, er überwacht, was vorgeht, er beruft Konferenzen ein, er entscheidet die Politik des Hauses und so weiter. Nun stell dir eine Situation vor, die eine Entscheidung verlangt, die die normale Leitung der Schule in ihren Grundfesten berührt. Ich meine nicht die Frage, in welcher Aufstellung die Schüler marschieren sollen, wie die Morgenandacht gestaltet werden soll, ob ein Tag freigegeben werden soll oder nicht. Ich spreche von etwas, das an die Wurzeln der Schulverwaltung greift – Hebung oder Senkung des Schulgeldes zum Beispiel, eine grundlegende Änderung im Lehrplan – solche Sachen. Ich frage dich, kann der Rektor solche Entscheidungen allein treffen?«

Meine Mutter antwortete: »Nein, Kabiyesi. Er müsste eine Konferenz anberaumen, an der der ganze Lehrkörper teilnimmt.«

Der Alake nickte leise. »Bis hierher also sind wir uns einig. Jetzt kommt die Schwierigkeit. Angenommen, der Rektor trifft bei dieser Konferenz auf die geschlossene Opposition seines Lehrkörpers, ganz gleich, welche Maßnahmen er auch immer vorschlägt. Vielleicht geht es um eine Sache, an die er aus tiefster Überzeugung glaubt, etwas, das er als notwendig erkennt, vielleicht eine Forderung der Eltern der Schüler, die er als durch und durch gut, richtig, gerechtfertigt erkannt hat. Die Konferenz dauert den ganzen Tag, wird am nächsten Tag fortgesetzt, dauert eine ganze Woche. Der Rektor trägt seine Sache mit der größten Vorsicht und Diplomatie vor, er versucht, die Lehrer zu überzeugen, aber sie wollen ihm nicht zustimmen. Nichts, was er vorbringt, kann sie veranlassen, ihre Meinung zu ändern. Es ist richtig, er ist der Chef, aber er ist nur einer. Er hat sein Bestes getan, sein Gewissen ist beruhigt. Nun, was sollte ein weiser Mann tun, wenn er an diesem Punkt anlangt?«

Wild Christian hielt die Augen auf den Boden gerichtet und schüttelte traurig den Kopf. »Kabiyesi«, sagte sie, »die Frage, die Sie mir hier gestellt haben, sollte von einem Agba-Igba beantwortet werden, und nicht von einem Kind, denn nichts weiter bin ich vor Ihnen.«

»Aber ich meine es als Frage zwischen Mann und Frau«, sagte der Alake.

»Nun«, antwortete Wild Christian, »in diesem Fall, und da Sie von der Beruhigung des Gewissens sprachen, würde ich ihm sagen, wenn du nicht nach deinem Gewissen handeln kannst, dann ist es dein Posten nicht wert, dass du an ihm festhältst, gib deine Stelle auf. Das würde ich dem Rektor sagen.«

Alle Frauen in der Gruppe nickten sehr ernst. Der Alake starrte in die völlige Stille des Innenhofes. Die Zeit verstrich, schließlich seufzte er, erhob sich und zog sich ins Haus zurück.

Unabhängig davon signalisierte draußen Beeres Ankunft das Ende der Audienz. Sofort erhob sich der bekannte Schrei »Beere-e-e-e-e« unter der Menge auf dem Rasenstück. Sie wurde von allen Seiten umringt, und einen Augenblick lang war der Durchgang in den Innenhof total blockiert. Und um die Angelegenheit noch schwieriger zu machen, kam just in diesem Moment auch der Distriktsbeamte beim Palast an, begleitet von Polizisten, die sich vergeblich bemühten, ihm den Weg frei zu machen. Die Frauen an der äußeren Umzäunung, die nahe beim Torbogen standen, erkannten ihn und fingen an, ihn durchaus gutartig zu hänseln. Ihre Haltung ihm gegenüber war in der Tat sehr freundlich, so, als erwarteten sie, dass mit seiner Ankunft die düsteren Machenschaften der unterdrückerischen Handlanger des Alake nun voll ans Licht kämen. Der junge Engländer allerdings wurde rot und immer röter im Gesicht, als er erkannte, dass man ihn neckte. Er verübelte den Frauen diese Untergrabung seiner Autorität. Er befahl den Polizisten, den Weg durch die Menge mit Gewalt für ihn frei zu machen, was ihnen leicht gelang, da die Frauen sich sehr kooperativ zeigten. Doch dann kamen sie zu der Stelle, wo Mrs Kuti stand, umringt von besorgten Frauen, die sie mit Fragen bedrängten.

Diese Frauen rund um Mrs Kuti waren nicht so geduldig wie die anderen. Sie blieben unverrückbar stehen, wo sie waren, und erwarteten von der Gruppe um den Distriktsbeamten wohl das Gleiche. Als die Polizisten versuchten, Druck auf sie auszuüben, um den Weg frei zu kriegen, drehten sie sich ärgerlich um und empfingen den D. O. mit höhnischen Rufen. Sein Gesicht und sein Hals hatten jetzt fast die Farbe von Rotholz angenommen, jetzt musste er durch Spott und Beleidigungen Spießruten laufen, bis er – und nur dank Beeres Eingreifen – endlich den Innenhof des Palastes erreichte. Es war, da war ich mir ganz sicher, diese anhaltende Phase der Erniedrigung, die ihn veranlasste, sobald er die Sicherheit des Inneren Palastes erreicht hatte, in die Laube hinauszutreten und Mrs Kuti zuzurufen: »Hören Sie, Mrs Kuti, wir versuchen hier, eine sehr ernste Versammlung abzuhalten. Hätten Sie bitte die Freundlichkeit, Ihre Frauen zur Ordnung zu rufen.«

Mrs Kuti antwortete ihm: »Auch wir haben hier eine ernsthafte Versammlung. Oder glauben Sie, wir sind zum Spielen hierhergekommen?«

Jetzt noch wütender, brüllte er: »Sagen Sie ihnen, sie sollen das Maul halten!«

Pause. Mrs Kuti blinzelte durch ihre Brillengläser zu dem Mann hinauf, dann fragte sie: »Entschuldigen Sie, haben Sie mit mir gesprochen?«

»Ja, mit wem denn sonst? SAGEN SIE IHREN WEIBSPERSONEN, SIE SOLLEN DAS MAUL HALTEN!«

In der abrupten Stille, die sich über die schockierten Frauen senkte, klang Mrs Kutis Antwort laut und deutlich, eine Antwort, die sich wie ein Lauffeuer in Abeokuta verbreitete und wochenlang als die »Grammatik« die Runde machte, die den unglücklichen D. O. in die Knie zwang. Manche sagten, es sei der grammatische K. o. der ganzen Erhebung gewesen, manchmal wurde die Episode nur als die beschrieben, bei der Mrs Kuti »fi grammar re l'epa« oder »o gba n'stud« oder »o gbe fun« und so weiter. Jedenfalls konnte niemand leugnen, dass der D. O. sprachlos war, als Mrs Kutis schlagfertige Erwiderung so klar in das Schweigen hineinschallte: »Sie wurden zwar geboren, aber erzogen hat man Sie nicht! Würden Sie es wagen, so mit Ihrer Mutter zu sprechen?«

Mit offenem Mund zog sich der Distriktsbeamte in das Haus zurück, und es erhob sich ein ärgerliches Gemurmel unter den Frauen. Rufe wurden laut, der Alake solle sich dieses unverschämten weißen Mannes unverzüglich entledigen, auf der Stelle. Wenn er nicht sofort herauskäme, dann würden sie hineinkommen, ihm die Genitalien abschneiden und sie seiner Mutter mit der Post schicken. Chiefs traten jetzt in die Laube hinaus, doch sie wurden mit der immer gleichbleibenden Forderung niedergeschrien – dass dieser weiße Mann das Palastgebäude sofort verlassen solle, da seine Gegenwart im Palast den Frauen nicht nur ein Gräuel sei, es sei auch eine Schändung des Palastes, der allein den Menschen des Egbalandes gehöre. Die Stimmung war jetzt gewalttätig, die Gruppe war in der Menge verloren und versuchte vergeblich, die Frauen zu besänftigen.

Es war unmöglich vorauszusagen, was als Nächstes passieren würde, und ich hatte mich auf das Rasengrundstück zurückgezogen, hielt mich aber in der Nähe des Bürogebäudes. Ich fürchtete, man könne mich zu Tode trampeln. Einmal kam ich an Mrs Kuti vorbei, die ich trotz des Gedränges und Gewühls jetzt zum ersten

Mal an diesem Tage lächeln sah. Als sie mich entdeckte, sagte sie: »Hm, l'oogun, o ti ya de'bi.«

Sie fragte mich, wo meine Mutter sei, denn sie wusste nicht, dass sie und Mama Aduni in ihrer Reichweite gestanden hatten, während des kurzen Wortgefechts, ehe die Menge sie auseinandergedrängt hatte.

Die Spannung löste sich nicht so rasch, aber der Brennpunkt verlagerte sich – zum Glück für den Weißen – auf einen der Ogboni. Einzeln und zu zweit kamen sie an, um mit dem Alake zur Krisensitzung zusammenzutreten, und man hatte ihnen ohne viel Aufhebens den Durchgang ermöglicht. Doch jetzt erschien der Balogun von einem der Egbadistrikte, ein arrogantes, aufgeblasenes Individuum, oder vielleicht glaubte er auch einfach nur, angesichts dieses zivilen Aufruhrs sei es seine Pflicht, in Übereinstimmung mit seinem Titel zu handeln – der der eines Kriegsbefehlshabers war. Unbeeindruckt von der schieren Masse und Stimmung der Menge, vielleicht sogar vielmehr davon provoziert, entschloss er sich, die Autorität seiner Männlichkeit herauszustreichen. Er zischte abfällig, als er zwischen der Ansammlung von Frauen hinter dem Tor hindurchstolzierte, begleitet von seinen Gefolgsleuten. Mit einer Stimme, stämmig wie seine Gestalt, stieß er verächtlich aus: »Hm-hm-hm, ba-pfui! Die Welt ist verdorben, die Welt geht zu Ende, wenn diese Weiber, diese Agb'eyin-to, den Palast belagern und den Frieden stören können.« Und erhob die Stimme. »Macht, dass ihr nach Hause kommt. Kümmert euch um die Küche und eure Kinder. Was wisst ihr denn von Regierungsgeschäften? Keine Steuern zahlen – hat man so was schon gehört? Was ihr faulen Weiber braucht, ist ein anständiger Tritt in den Hintern.«

Was dann geschah, bildete den zweiten Höhepunkt der Erhebung dieses Tages. Danach konnte niemand mehr die geballte psychische Kraft der Frauen, vor allem aber Beeres, bezweifeln. Es ging ohnehin schon das Gerücht, sie verfüge über übernatürliche

Kräfte, wofür ja die Entlarvung der jungen Frau hinreichend Beweis war, deren Unsichtbarkeit sich verflüchtigt hatte, als sie die Übel bringende Last an Beeres Schwelle absetzen wollte. Denn irgendetwas geschah mit dem Schenkel des Balogun, als er das Wort in die Tat umsetzen wollte und einen Tritt in die allgemeine Richtung der Frauen tat. Als er sein Bein niedersetzte, gab es unter ihm nach, und er brach zusammen. Fassungslos rappelte er sich rasch wieder auf, doch als er sich anschickte, sein Gewicht auf das Bein zu verlagern, brach er fast wieder zusammen. Er war mit sechs Gefolgsleuten angerückt – vielleicht hatte auch das ihm so viel Wagemut gegeben –, und sie eilten ihm jetzt in geübter Manier zu Hilfe und trugen ihn davon. Es ging so schnell, so glatt, als sei es einstudiert, weshalb es mich an die Schulbuchberichte über die Kriege im Yorubaland erinnerte, in denen es hieß, dass die Knappen der Schlachtenführer herbeieilten und sie im Falle einer Verwundung auch aus dem Schlachtengetümmel heraus retteten. Natürlich waren auch die Frauen wie vom Donner gerührt – jedenfalls einen Augenblick lang. Die, die am nächsten standen, waren sogar zurückgeschreckt, da sie sich die Natur dieses plötzlichen Anfalls nicht erklären konnten. Als sie sich wieder gefasst hatten, war der Balogun schon weggeschafft, aber seine Ogboni-Brüder saßen jetzt in der Klemme.

Denn von jetzt an stürzten sich die Frauen auf jede Gestalt, deren Ausstattung auch nur entfernt an die eines Ogboni erinnerte. Man riss ihnen das Schultertuch weg und rupfte es in Fetzen, man zog ihnen die Toga vom Leib – Fächer, Amtsstab, Mütze hatte man ihnen schon abgenommen. Sie schlugen mit den Fächern nach den Ogboni, mit den Schultertüchern; durch Schmähungen und Beleidigungen mussten sie Gassen laufen, mit nichts am Leib als ihren kurzen Hosen. Schließlich ließ man sie durch zum Palast oder zurück nach Hause.

Und dann hörte ich die endgültige Kampfansage der Frauen; und das war nicht einfach eine gesungene Parole, kein simples

Kriegsliedchen; die Frauen ergriffen Besitz von dem ausschließlich Männern vorbehaltenen Kult – Oro – und forderten alle Männer zum Kampf heraus, Ogboni oder nicht. Ich war mir nicht recht sicher, ob die Frauen auch mich als Mann betrachteten, oder sich, wenn sie es denn taten, wenigstens daran erinnerten, dass ich schließlich ihr »junger Lehrer« war, ihr Sonderkurier, ihr Pfadfinder, ihr Faktotum. Als ich sah, wie diese stämmigen Männer mittleren Alters, diese älteren, grauhaarigen Männer, die so gefürchteten Ogboni, ihre Hüte, ihre Schultertücher, ihre Amtsstäbe schmählich zurückließen und losausten wie der Wind, schneller, als ich Osiki je hatte rennen sehen, und als ich gewahr wurde, dass sogar die Nicht-Ogboni, die sich in der Nähe des Palastes aufhielten, sich in die Tiefen der Läden zurückzogen, als ich schließlich die Worte ihres neuen Liedes ausmachen konnte:

Oro o, a fe s'oro
Oro o, a fe s'oro
E ti'lekun mo'kunrin
A fe s'oro,

da entschloss ich mich, ohne weiteren Aufschub das Sanktuarium von Wild Christians Laden aufzusuchen!

Sie selbst war schon da, gab gerade Anweisung, den Laden zu schließen. Sie sah besorgt aus, sehr beunruhigt. Seit die Frauenbewegung ins Leben gerufen war, hatte ich sie nie so niedergeschlagen erlebt. Erst jetzt machte ich eine ganz unglaubliche Entdeckung – Wild Christian verabscheute Gewalt, aus tiefster Seele! Es war eine höchst verblüffende Erkenntnis. Ihr ganzes Temperament, ihre ungestümen Ausbrüche, die auf unsere unseligen Köpfe niedergingen, hatten mich veranlasst anzunehmen, sie würde sich dort beim Palast mitten im dicksten Tumult befinden – den ich selbst nur so zögernd verlassen hatte, und auch nur aus Furcht um meine eigene Sicherheit. Ich hatte wirklich erwartet, dass sie nach Hause käme, behängt mit den Trophäen, die sie diesen ulkigen Erscheinungen, diesen eingeschrumpften Horrorgestalten abgenommen hatte. Sie erwähnte jetzt, dass sie mich gesucht habe, um mich zu Bunmi zu schicken, damit der Laden geschlossen würde, und – sie sprach mehr zu sich selbst als zu mir – außerdem sei die Situation außer Kontrolle geraten. Die Frauen seien nicht mehr in der Lage, zu unterscheiden zwischen den Baloguntypen und jenen Ogboni, die ihnen geholfen, sie unterstützt, ermutigt hätten in ihrem Kampf gegen die Besteuerung, und die zum Palast gegangen seien, um sich für sie zu verwenden. Aber es waren nicht nur diese Wohlgesonnenen, um die sie sich sorgte, die ganze gewaltsame Szenerie machte sie krank.

Während sie das Zusammenpacken der Waren, die draußen vor dem Laden ausgelegt waren, überwachte, kam ein verspäteter Ogboni vorbei, der keine Ahnung hatte von dem, was vorging. Selbstsicher marschierte er auf den Laden zu in Richtung Aafin.

Wild Christian starrte ihn sekundenlang an, sie konnte es einfach nicht glauben, dann rief sie: »Baba! Baba, aber wo gehst du denn hin?«

Der Mann blieb stehen, versicherte sich, dass er es war, den man angesprochen hatte, dann verkündete er: »Zum Aafin. Man hat uns zusammengerufen, weil es dort irgendeine Schwierigkeit aus dem Weg zu räumen gilt. Ja, ich kann den Lärm bis hierher hören.«

»Baba, geh schnell zurück. Wenn sie dich sehen, dann ...«

Irgendwas in dem neu aufwallenden Lärm vom Palast ließ mich vermuten, dass sie den Ogboni gesehen hatten. Auch Wild Christian hörte es. Sie rannte hinaus und schubste den alten Mann in den Laden, dann schloss sie die eine Hälfte der Tür vor ihm und sagte: »Schnell, Baba. Zieh dein Gewand aus, leg deine Ogboni-Sachen ab.«

Das Drängende ihrer Stimme machte den Mann nur noch konfuser. »He-he. Ewo lo tun de yin? He?«

Sie langte um die Tür, schnappte ihm den Hut und das Schultertuch weg und warf beides hinter die Theke. »Baba, kia-kia, dein Gewand, zieh es aus. Wirf es dahinten zu den andern Sachen. Lass nur die Shorts an.«

Sekunden später waren die Frauen da, etwa zwanzig. Es gab nur eine Richtung, in die der Ogboni, den sie so deutlich gesehen hatten, entschwunden sein konnte, und das war Wild Christians Laden. Sie versammelten sich vor dem Laden, während wir weiter die Auslagen auf den Matten und Regalen zusammenklaubten.

Wild Christian versuchte nicht, zu leugnen, dass der Mann im Laden war. »Wenn es der alte Mann ist, den ihr sucht – er ist im Laden und zieht sich um. Er ist kein Ogboni.«

Es erhob sich ein Chor des Missfallens. »Ah, Mama Wole, wie kannst du uns so was erzählen, wir haben ihn doch mit eigenen Augen gesehen.«

»Na gut, wenn ihr ihn gesehen habt, dann habt ihr ihn gesehen. Aber jetzt zieht er sich gerade um. Ich hab ihm gesagt, er soll seinen Ogboni-Kram ablegen, weil die hier heute nicht erwünscht sind. Was wollt ihr sonst noch?«

»Sie sind trotzdem unsere Feinde«, warf eine der Frauen ein, »ob sie ihren albernen Mummenschanz tragen oder nicht, sie sind unsere Feinde. Sind nicht sie es, die uns die Steuern auferlegt haben? Mama, wir wollen ihm nur seinen Anteil zukommen lassen, ehe wir ihn gehen lassen.«

Die anderen erhoben zustimmende Rufe, und eine fügte hinzu: »Heute ist der Tag der Abrechnung für sie alle, also, hol ihn raus.«

Und noch eine Stimme mischte sich ein: »Wir sind die Agb'eyin-to, oder? Aber sie vergessen, dass sie alle von diesen nämlichen Agb'eyin-to geboren wurden. Sogar die Allerältesten unter ihnen! Ja, und heute wollen ihre Mütter sie was lehren!«

Wild Christian lachte laut auf: »Ist das alles, was euch wehtut? Weil so ein Fatzke von einem Ogboni euch Agb'eyin-to genannt hat? Hört mal, wir sind wahrhaftig wegen wichtigerer Sachen hierhergekommen. Der Mann, der euch beleidigt hat, wurde nach Hause getragen, halb gelähmt – ist euch das nicht Strafe des Himmels genug? Ich kenne den Mann da drin nicht, eine von euch kann hineingehen und ihn fragen. Ich kenne höchstens zwei oder drei Ogboni persönlich, also braucht ihr nicht zu denken, ich schütze ihn, weil er mein Ibatan ist. Aber ich mag diesen Aufruhr nicht, ich habe was gegen diese Gewalttätigkeit. Das ist nicht, was wir vorhatten.«

Sie sahen ein bisschen beschwichtigt aus, auf jeden Fall hatte sich ihr ursprünglicher Zorn ein wenig abgekühlt. Trotzdem verlangte eine von ihnen: »Gut. Aber er soll all seine Würdezeichen ablegen. Wir wollen nichts mehr davon auf den Straßen von Abeokuta sehen, heute nicht, morgen nicht, nie mehr!«

Wild Christian steckte ihren Kopf durch die Tür. »Baba, leg all deine Sachen sauber zusammen, knote sie in dein Tuch ein und geh nach Hause.«

Der Mann holte tief Luft. »Oh, ich habe keine Eile. Ich bleibe hier und warte, bis alles ruhig geworden ist, dann gehe ich nach Hause, genau wie du gesagt hast.«

Wild Christian wendete sich an seine Verfolger. »Na, seht ihr, was wollt ihr denn sonst noch? Der Baba ist immer noch misstrauisch euch gegenüber. Geht jetzt. Ich werde ihn wegschicken, sobald ihr gegangen seid.«

Sie blieben hartnäckig. »Wir wollen sein Gesicht sehen. Es sind einige dabei, nach denen wir ganz besonders Ausschau halten. Wir wollen sein Gesicht sehen, um ganz sicher zu sein, dass er nicht einer von den Gesuchten ist.«

Also musste der alte Mann sein Gesicht zeigen, sich vorstellen und hoch und heilig schwören, dass er nie etwas gegen die Frauen unternommen hatte, sondern vielmehr in Zukunft seine Stimme für die Abschaffung der Steuer erheben werde und dass die Frauen sich in jeder gewünschten Hinsicht auf ihn verlassen könnten. Und was die Parakoyi anlangte, so sagte er, habe er

Kabiyesi unzählige Male darauf hingewiesen, dass sie Blutegel und Parasiten seien – und das wisse er nicht nur vom Hörensagen, sondern von den Beweisen, die seine eigene Frau ihm liefere, die selbst Marktfrau sei, wie die meisten hier, mit denen er jetzt spreche …

Schließlich gingen sie weg. Der alte Mann warf sich mehrmals vor Wild Christian zu Boden, dankte ihr und segnete sie im Übermaß. In seinen kurzen Hosen hastete er davon, das Bündel in der Hand. Den Amtsstab ließ er zurück, er würde ihn morgen holen, sagte er.

Mit dem Einbruch der Dämmerung kehrte langsam Ruhe ein. Irgendwann im Laufe des Tages hatte man die Entscheidung getroffen, den Palast so lange zu belagern, bis alle Forderungen erfüllt seien. Eine Art orchestrierter Bewegung aus allen Straßen und Nebenstraßen, die zum Palast führten, beschleunigte den Eintritt der Ruhe. Diese Bewegung stand in deutlichem Kontrast zu der vorhergehenden Gewalttätigkeit und dem Chaos, und doch schien sie keine unabhängige, eigenständige Bewegung zu sein; das eine floss einfach in das andere über, veränderte, brachte eine neue Stimmung hervor, eine neue Atmosphäre der Zusammengehörigkeit, des Zusammenhalts.

Sie kamen aus der Richtung von Iporo, Iberekodo, Ibara, Lantoro und Adatan und aus den Gassen direkt aus dem Herzen der Stadt. Ein Strang Menschlichkeit ringelte sich durch die versteckten Agbole, verflocht sich mit den übrigen Menschenmassen zu einem letzten Ansturm auf die Tore des Palastes. Sie waren wie die Karawanen aus Isara, beladen mit Waren und Lebensmitteln, nur dass Strom auf Strom folgte. Eine Stunde vor Sonnenuntergang, als hätte man sie durch Signale benachrichtigt, brachten endlose Züge von Frauen Lebensmittel und Grüße von den umliegenden Dörfern. Marktfrauen, die ihre Stände für den Tag geschlossen hatten, kamen eilig herbei, um an den Ereignissen beim Palast noch teilzunehmen. Willkommensrufe übertönten die Schreie der Wut und der Verfolgung. Die Neuankömmlinge erkannten

Gesichter wieder, meldeten den Führerinnen ihre Ankunft, die dadurch ihre Gefolgschaft langsam wieder unter Kontrolle bekamen. Matten wurden auf den Köpfen der Frauen herangeschafft. Eine Verwandlung fand statt, nicht nur in dem Gelände selbst, die Beschaffenheit, die Stimmung, die Bewegung in der Versammlung änderte sich. Feuer wurden entzündet; zum ersten Mal dachte man an diesem Tag an Wasser und Essen. Man rief die jüngeren Frauen zusammen und wies ihnen verschiedene Arbeiten zu.

Der Abend hatte sich über das Gelände gesenkt, als die Nachricht umging, wie um die neue Stimmung noch zu steigern und zu festigen, dass eine junge Frau in den Wehen läge. Wild Christian, die inzwischen Bunmi mit der Markttasche nach Hause geschickt hatte und zum Platz vor dem Palast zurückgekehrt war, eilte zusammen mit Mama Aduni zu der Stelle. Sie untersuchten die Frau und entschieden, man müsse sie so schnell wie möglich ins Krankenhaus bringen. Aber es war schon zu spät. Die Aufregungen der vergangenen Stunden, der Ansturm, der Lärm, das Drängen und Schieben waren zu viel für das Baby gewesen, das – niemand war überrascht, es zu hören – ein Mädchen war! Es war fast meine erste Gelegenheit, eine richtige Geburt zu beobachten, aber Mrs Kuti – nachdem man mich in der ersten Aufregung völlig übersehen hatte – bemerkte mich, als sie herbeigeeilt kam, wie ich da seelenruhig im Kreis der Frauen stand, und scheuchte mich weg. Immerhin konnte ich später sehen, wie sie die Nachgeburt unter einem der Bäume am Rande der Rasenfläche vergruben. Nichts, das hätte geschehen können, hätte eine tiefgründigere Gunst darstellen können als die Geburt dieses Kindes – eines Mädchens. Die Stimmung, die ohnehin schon zu ruhiger Sammlung umgeschwungen war, wurde jetzt strahlend vor Freude. Das Kind wurde gewaschen, die Nabelschnur wurde abgetrennt – nicht, dass ich irgendetwas davon gesehen hätte –, die Kommentare, Anweisungen und Ratschläge aber, die von Mund zu Mund gingen, waren mehr als lebhafte Vermittlung aller Vorgänge; und dann endlich wurden beide, Mutter und Kind, nach Oke Padi gebracht, ins Katholische Krankenhaus nur rund hundert Meter weit weg.

Und noch immer kamen neue Karawanen an. Als wieder eine neue Gruppe willkommen geheißen wurde, schüttelte Ma Igbore den Kopf und sagte: »Es ist, als hätte sich der Himmel geöffnet, als hätten sich alle Gräber geöffnet, als kämen all die Toten und die vergessenen Menschen aus anderen Welten, um sich hier mit uns zu vereinen.«

Aus immer wieder neuen und anderen Ecken erhob sich eine Stimme in der Menge und brach in einen Lobgesang aus; alles war jetzt Freudentaumel und Festlichkeit. Die äußerlich religiösen Gesänge, inspiriert vom Gedanken an einen Orisa, an Allah oder Christus, wurden von einer Angehörigen der jeweiligen Religion angestimmt, doch von jedem, gleich welcher Lehre er angehörte, aufgenommen und weit in die Nacht hinaus gesungen:

La – illah – il – allah
Anobi gb'owo o wa
On'ise nla gb'owo o wa
Anobi gb'owo wa
A te'le ni ma ya gb'owo o wa
Anobi gb'owo o wa.

15

Die Frauen verschanzten sich zur Belagerung. Stoßtrupps streiften durch die Stadt und mobilisierten die gesamte Frauenschaft. Es wurde eine Schließung der Märkte und der von Frauen geführten Läden angeordnet. Frauen, die sich diesem Befehl widersetzten, mussten zusehen, wie ihre Waren konfisziert und vor den Palast gebracht wurden. Noch ehe die Bewilligung amtlich war, hatten sich die Parakoyi aus den Märkten zurückgezogen, die Trägsten warteten, bis sie die anrückenden Truppen sahen, ehe sie ihre Stellung verließen und sich andere Raubreviere suchten. Auch die Männer wurden jetzt mehr mit einbezogen, zumindest wurde ihre Einbeziehung deutlicher. Bei jedem neuen Schritt hatten sie die Aktionen der Frauen mit aufmunternden Zurufen unterstützt, in manchen Fällen sogar hatten sie ihre zögernden Frauen aus dem Haus gejagt, verärgert, dass diese Frauen nicht erkannten, dass diese Sache auch sie anging, dass der Sieg ihnen die so dringend benötigte Erleichterung bringen würde. Einer schleifte seine Frau im wahrsten Sinne des Wortes eines Morgens zum Palast, drückte ihr Geld für Lebensmittel in die Hand und versprach ihr, sich um die Kinder zu kümmern, bis der Streit ausgestanden sei. Viele Frauen, die vor dem Palast im Freien biwakierten, hatten ihre Jüngsten bei sich, die mit ihnen zusammen alles Ungemach ertragen mussten. Doch die Schlange schwer Bepackter, die unablässig zum Aafin treckte, schloss nun auch Männer ein. Sie kamen vorbei auf dem Weg von oder zu ihren Feldern und brachten den Frauen Yams, Früchte oder Palmwein. Ab und zu kam ein Jäger vorbei, der Wild ablieferte und mit den Frauen schäkerte.

Beere und ihre Gruppe verhandelten mit dem neuen Distriktsbeamten – sein Vorgänger war zurückbeordert worden – und mit dem Rat des Alake, doch die meisten Gespräche endeten in einer Sackgasse. Nach jeder Zusammenkunft erstatteten sie den belagernden Frauen Bericht, und die reagierten mit Liedern und Tänzen, die ihren trotzigen Wunsch, durchzuhalten, deutlich machten.

Aus Lagos hatte man Verstärkung für die Polizei geschickt, schon am Morgen nach dem ersten Aufruhr. Sie hielten sich vom Palast fern, blieben aber in Sichtweite, kampierten in der Centenary Hall und exerzierten ostentativ auf dem Platz vor dem Gebäude. Ein Trupp junger Frauen begab sich in die Seitenstraße, die an diesem Exerzierplatz vorbeiführte, und äffte alle Verrichtungen der Polizisten nach. Eine riesige Menschenmenge versammelte sich, und das zeremonielle Hissen der Flagge wurde zu einer Farce. Der Ausbilder schwitzte in der Sonne, vergeblich bemüht, wenigstens einen Rest Würde zu bewahren und die Frauen kraft seiner Autorität einzuschüchtern. Zuletzt gab er auf, erteilte Befehl, und die Polizisten schwärmten aus und sammelten sich dann erneut auf der anderen Seite des Gebäudes. Jetzt hielten sie nur noch einen Beobachtungsstand auf den Stufen der Centenary Hall besetzt, um die Aktionen der Frauen überwachen zu können.

Ein anderer Stoßtrupp war nach Ikereku vorgedrungen, zu dem zweistöckigen Haus, in dem sich der Salon der Atupa befand. Die Frauen plünderten das Haus gründlich aus, nachdem sie das knappe Dutzend Polizisten, die hier als Wachtposten aufgestellt waren, in die Flucht gejagt hatten. Zum Glück war Atupa seit der Ebo-Angelegenheit nicht mehr in das Haus zurückgekehrt. Der Trupp kam zum Lager zurück, schwenkte die Dessous, die er erbeutet hatte, und sang mit derbem Genuss ein neues Lied:

Obo Atupa lo d'ija s'ile
Alake oloko ese.

Seit jenem ersten höflichen Meinungsaustausch hatten die Frauen den Alake offensichtlich endgültig zum Erzschurken abgestempelt; jetzt bedurfte es keiner Diplomatie mehr. Als das »Überfallkommando« zurückkam, schloss sich ihm die ganze Belagerungsmannschaft an, sie ließen die auf Stäbe gesteckten Trophäen kreisen, lachten, klatschten in die Hände und begleiteten das Lied mit obszönen Gesten. Ich versuchte, mir ihren Gefangenen, den Alake, vorzustellen, wie er da abgeriegelt saß bei seinem Aquarium voller elektrischer Fische, unfähig, diesem und anderen Spottliedern, die die Frauen täglich neu auf ihn erdachten, ein Ende zu setzen; ich sah einen verängstigten, einsamen Mann. Ich konnte mir das Bild nicht vor Augen rufen, wie er dasaß und Herz und Leber eines Menschen verspeiste, und ich konnte nicht begreifen, warum er nicht einfach den Weg des geringsten Widerstandes ging und den Frauen ihre Forderungen samt und sonders erfüllte. Irgendwie kam ich zu dem Schluss, dass er vielleicht so sehr der Sklave des Distriktsbeamten – wenn nicht des jetzigen, so doch der seines unverschämten Vorgängers – war wie der Gefangene der Frauen.

Die Versammlung unternahm jetzt Schritte, ihn noch weiter zu isolieren. Eines Tages wurde eine Entscheidung gefällt und so laut verkündet, dass jeder sie hören konnte, auch zufällig vorbeikommende Passanten: Keine Frau sollte sich mehr innerhalb der Mauern des Palastes blicken lassen. Auch die Gruppe selbst nahm sich nicht aus. Sie hatten sich, wie ich später herausfand, einen jungen Chief als zukünftigen Mittelsmann erwählt. Die Wahrheit war sehr einfach, Mrs Kuti und ihre Kolleginnen hatten erkannt, dass ein Punkt erreicht war, über den hinaus weitere Diskussionen mit dem Palast sinnlos waren, weil sie keine weiteren Fortschritte erbrachten. Es war jetzt nur noch ein unerbittlicher Krieg der Willenskräfte.

Die Verhandlungen gingen weiter, doch wurden mir die Ergebnisse immer erst hinterher bekannt. Zu meiner größten Enttäuschung durfte ich nämlich bei den Zusammenkünften nicht mehr dabei sein, nicht einmal mehr bei den kleinen Treffen der Gruppe. Der kampferprobte Botengänger erfüllte noch immer alle Aufträge, vor allem von Beere und Wild Christian, doch man ließ ihn jetzt mit seinen vagen Vermutungen allein – über Verträge, die abgeschlossen worden waren, über Verhandlungen, Entwürfe für neue Verträge, über mögliche oder tatsächliche Unterzeichnungen, die später der ganzen Versammlung vorgelegt werden sollten. All dies fand jetzt an vorher nicht bekannt gegebenen Orten, zu nicht vorher festgesetzten Zeiten statt. Zum Beispiel traf sich die Gruppe mit einigen Chiefs einmal zu einer Sitzung im Büro des Distriktsbeamten. Es war, wie sich später herausstellte, auf dieser Sitzung, dass die »Gegenseite« sowohl die Abschaffung der Sondersteuer als auch die Entlassung der Parakoyi vorschlug. Die Gruppe verkündete es später der Versammlung und machte zugleich deutlich, dass sie diese Zugeständnisse für blanken Hohn halte.

Und dann fand eine andere Geheimsitzung statt. Berichte darüber wurden nicht von allen Dächern gepfiffen, trotzdem sickerte die Nachricht bereits Minuten nach Beendigung der Konferenz durch, verbreitet vom Fußvolk der Bewegung. Sie hatte in der Enklave der Ogboni stattgefunden. Die Ältesten hatten Mrs Kuti eine Botschaft zukommen lassen; die Erniedrigungen, die sie durch die Frauen erfahren hatten, waren vergeben.

»Kommt und sprecht mit uns«, ließen sie ausrichten. »Wir halten uns selbst für die Söhne von Majeobaje, wir können uns nicht gemütlich zurücklehnen und zusehen, wie die Situation sich verschlechtert und die Dinge unter unseren Händen verderben. Kommt zu uns und bringt eine Liste mit, auf der alles verzeichnet ist, was die Frauen wollen. Ihr werdet euch wundern, wie groß die Übereinstimmung zwischen uns ist.« Auf der Versammlung versicherten die Ogboni den Frauen, dass alles so geschehe, wie es geschrieben stand, dass für sie nichts überraschend sei, denn Ifa habe alles vorausgesehen und -gesagt. Wild Christian wiederholte am nächsten Tag während des Essens für Essay ihre Reden, des ersten gemeinsamen Essens im Hause seit Tagen, wenn nicht seit Wochen.

»Sie waren sehr nett, sehr höflich. Sie wollten nicht einmal, dass wir uns für das rohe Benehmen entschuldigten, das einige unserer Ungestümen an den Tag gelegt hatten. Sie warnten uns nur, vorsichtig zu sein, uns darüber klar zu sein, wohin wir marschierten, uns sicher zu sein, dass wir das wollten, wohin es uns führte. ›Was uns anlangt‹, sagten sie, ›so sind wir weder überrascht noch alarmiert. Ifa hat uns alles vorausgesagt, und als es losging, befragten wir Ifa erneut, und Ifa sagte – nun geschieht, was ich euch voraussagte.‹ Die Ogboni sagten, es sei ein zyklisches Geschehen – jeder vierzehnte König – oder war es jeder dreizehnte? Ich hab es vergessen – ich bin so müde. Sie sagten, dass unter jedem dreizehnten oder vierzehnten König, der den Thron des Egbalandes innehat, so etwas geschieht. Sie haben so viel gesagt, so viele merkwürdige Dinge. Doch das Wichtigste war, dass sie uns versichern wollten, wir könnten ganz sicher und beruhigt sein, sie würden es nicht zulassen, dass Egbaland verderbe. Sie wollten nicht, dass wir denken, sie säßen nur da und unternähmen nichts.«

Stunden verbrachten sie in dieser Nacht hinter verschlossener Tür und sprachen leise miteinander. Ich glaube nicht, dass Wild Christian wirklich physisch müde war. In der Enklave der Ogboni war etwas geschehen, das sie tief bewegt hatte – es zeigte sich in der Art, wie sie über das Ereignis berichtete. Ihre Müdigkeit war nicht körperlicher, sondern geistiger Art, sie schien mit einer neuen Form des Verständnisses, einer Ahnung, vielleicht mit einer neuen Sicht der Dinge zusammenzuhängen. Ich dachte über das wenige, das ich gehört hatte, nach und kam zu dem Schluss, dass die Ogboni entweder höchst unvorsichtige oder sehr vergessliche Leute waren. Denn wenn alles – wie sie behaupteten – vorhergesagt worden war, wieso hatten sie dann die Behandlung, die die Frauen ihnen angedeihen lassen würden, nicht vorhergeahnt? Und ich fragte mich, ob der Balogun wohl sein Schicksal gekannt hatte – sein Zustand hatte sich verschlechtert, er war jetzt einseitig völlig gelähmt und ließ sich, weit weg von Abeokuta, von einem Heilkundigen behandeln, der alte Volksmittel anwendete. Ich hielt nichts von der Behauptung der Ogboni, sie seien Hellseher.

Es war Zeit, wieder eine Attacke gegen die weiten Felder und die Obstgärten des Government College in Ibadan zu reiten. Während der Unruhen hatte ich mich den Prüfungen unterzogen, und wieder bekam ich eine Aufforderung, zu weiteren Prüfungen nach Ibadan zu kommen. Essay triezte mich schonungslos, doch was seine Hoffnung für das Ergebnis der Behandlung anlangte, so hätte ich ihm sagen können: »Mach dir keine Gedanken, diesmal bekomme ich ein Stipendium – ich weiß es.« Doch er schalt mich wegen meiner übermäßigen Selbstsicherheit, zu Unrecht, wie ich dachte. Ich wusste nicht, wie ich ihm erklären sollte, dass es gewisse Dinge gab, über die ich, ohne es begründen zu können, plötzlich Gewissheit hatte. Während beispielsweise der Kampf der Frauen anhielt und Essay mich, sobald ich aus der Schule kam, an den Schreibtisch im Vorzimmer nagelte, saß ich oft da und lernte, ohne das Gefühl zu haben, etwas Wichtiges zu verpassen. Wenn Essay dann von der Schule kam, mich mit leicht spöttischem Blick anschaute und fragte, wie denn der Kampf der Frauen ohne mich vorankäme, antworte ich oft, ohne nachzudenken: »Och, im Moment passiert nichts. Und in den nächsten zwei Tagen passiert auch nichts.«

Ich wusste nie, warum ich das so sicher hatte behaupten können, aber ich lag mit meiner Aussage öfter richtig als falsch. Ich hatte das Gefühl, dass ihn das mächtig irritierte.

Nach einer letzten Wochenendversammlung in der AGS ging ich nach oben, um mich von Beere und Daodu zu verabschieden, denn am nächsten Tag stand meine Reise nach Ibadan bevor. Früher schlossen die Versammlungen entweder mit der Egba-Nationalhymne oder einem Lied, das eine Art *God Save the King* war, wobei mit dem König natürlich der Alake, nicht der auf der anderen Seite des Ozeans gemeint war. Seit einigen Wochen schon hatten die Frauen diese letzte Hymne nicht mehr gesungen. Als wir jetzt aus der Aula strömten, hörte ich allerdings, dass einige Frauengrüppchen sie anstimmten. Einen Augenblick lang dachte ich, es sei eine Trotzhandlung gegenüber Daodu, doch dann verstand ich die Worte. Eine neue Strophe hatte die früheren Worte des ehrenvollen Grußes und der Loyalität ersetzt:

Kabiyesi, oba on'ike
Ademola k'eran
Omo eran j'ogun ila
Omo ote lo Lobe
Kabiyesi, baba eran
Kabiyesi o
Kabiyesi, oba iwin
Kabiyesi o.

Armer Alake, dachte ich, jetzt ist seine Niederlage perfekt!

Als ich nach oben kam, war Beere am Telefon, eins der drei oder vier Telefone in ganz Abeokuta. Ihr Ton war ärgerlich, ja, ich hatte sie in der Tat noch nie so wütend erlebt.

»Ich will Ihnen was sagen, Mr District Officer, das beeindruckt uns überhaupt nicht. Wir sind absolut nicht beeindruckt – nein, und auch nicht überrascht. Ich wusste, dass so etwas passieren würde, und als ich im Radio hörte, dass es geschehen war, da konnte ich nur eins denken: Das sieht ihnen ähnlich, das ist typisch für die Weißen. Sie mussten sie über Japan abwerfen, nicht wahr? Warum habt ihr sie nicht über Deutschland abgeworfen? Sagen Sie mir das. Geben Sie mir eine ehrliche Antwort auf meine Frage – warum nicht auf Deutschland?«

Es herrschte eine kurze Pause, während sie zuhörte, was der Sprecher am anderen Ende zu sagen hatte.

Sie lachte – ein trockenes, bitteres Lachen. »Ich billige Ihnen Intelligenz zu, aber keine Ehrlichkeit. Das war lediglich eine schlaue Antwort, ehrlich war sie nicht. Sie wissen verdammt gut, warum. Weil Deutschland zur weißen Rasse gehört, die Deutschen sind ihre Verwandtschaft, aber die Japaner sind nur dreckige, kleine Asiaten. O doch, das ist richtig, das ist die Wahrheit, das können Sie nicht leugnen! Sie haben diese unmenschliche Waffe auf menschliche Wesen abgeworfen, auf dicht besiedelte Städte ...«

Ihr Gesicht zuckte, während sie zuhörte, dann unterbrach sie wieder: »Ja, Sie wissen verdammt gut, was hätte getan werden müssen, wenn man sie zur Kapitulation hätte zwingen wollen. Man hätte sie irgendwo im Gebirge abwerfen können, man hätte sie ins Meer abwerfen können, irgendwo sonst, damit sie hätten sehen können, was passiert, wenn sie weiterhin auf Krieg beharren, aber man hat sich entschlossen, sie über dicht bewohnten Städten abzuwerfen. Ich kenne sie, die weiße Mentalität: Japaner, Chinesen, Afrikaner, alles Untermenschen. Wenn es euch gerade in den Kram passen würde, würdet ihr auch über Abeokuta oder irgendeiner anderen eurer Kolonien eine Atombombe abwerfen!«

Diesmal hörte ich das Lachen ihres Gegenübers aus der Muschel. Er sprach sehr lange, und ich beobachtete die ständigen Veränderungen in Mrs Kutis Gesicht. Es entspannte sich, dann lächelte sie, es straffte sich wieder und nahm wieder einen wütenden Ausdruck an, als sie sprach: »Nein, deshalb habe ich Sie nicht angerufen, ich wollte unseren sogenannten Alliierten eine Botschaft durchgeben, und Sie sind nun mal deren Repräsentant. Aber da Sie nun selbst die Sache aufs Tapet gebracht haben, möchte ich Ihnen was sagen. Euer König – der hiesige, meine ich ... unterbrechen Sie mich nicht! Ich habe das Recht zu sagen, dass er euer König ist, denn diesmal habt ihr noch seinen Kopf gerettet.

Was uns Frauen anlangt, für uns ist er schon weg. Nein, hören Sie mir zu, da gibt es ohnehin nicht viel zu diskutieren. Ich habe Ihnen unsere Beschwerdeliste geschickt. Er hat jedes Wort, jedes

Versprechen, jede Vereinbarung, die wir mit ihm unterzeichnet haben, zurückgenommen, trotzdem haben wir uns entschlossen, nicht auf seiner Abdankung zu bestehen. Nun, richten Sie ihm von mir aus, wenn er seine Lektion nicht von Hitler gelernt hat ... Vergleich hin, Vergleich her, das tut jetzt nichts zur Sache ... sagen Sie ihm, er sollte Hitlers Lektion annehmen. Und was Sie anlangt, die Kolonialregierung, meine ich, sie sollten ihre Atombombe schon mal fertig machen. Denn bei der nächsten Runde, das verspreche ich Ihnen, da fliegt er raus! Sagen Sie, dass Beere Ihnen das gesagt hat, seine Tage sind gezählt. Er muss gehen!«

Sie hörte noch eine Weile zu, zuckte die Achseln und sagte einfach: »Also gut, ich habe Sie gewarnt. Auf Wiederhören!«, und sie legte den Hörer auf.

Sie drehte sich zu mir um und blickte mich lange an.

»Ja, jetzt fällt es mir wieder ein, du gehst ja nach Ibadan zum Government College. Warte hier, ich hab was für dich.«

Sie verschwand im Schlafzimmer und kam mit einem flachen, kleinen Päckchen zurück – es sah aus, als sei ein Hemd drin, aber ich erfuhr es nie, denn ich unterbrach sie sofort: »Es ist ja noch nicht endgültig. Es ist ja nur für die Prüfung. Das neue Schuljahr beginnt nicht vor Januar.«

Sie dachte kurz nach. »Ja, natürlich. Wie konnte ich denn nur so einen Fehler machen? In diesem Fall allerdings kann ich dir das hier jetzt noch nicht geben.« Und sie legte das Hemd auf den Esstisch.

»Angenommen, ich bin nicht unter den Auserwählten?«, fragte ich.

Sie lächelte und tat so, als dächte sie auch darüber nach. »Hm, das ergäbe natürlich eine Schwierigkeit. Ich habe das nämlich für deine Abreise aufgehoben. Hm, lass sehen ... gut, fangen wir beim Anfang an. Wie lange wirst du für diese Prüfung weg sein?«

»Drei Tage.«

Sie angelte einen Sixpence aus der Tasche. »Hier, kauf dir was dafür. Mal angenommen, du wirst aufgenommen ... halt mal, es geht ja darum, dass du außerdem ein Stipendium bekommst, stimmt's?«

Ich nickte, und sie fuhr fort: »Gut. Wenn du zugelassen wirst, aber kein Stipendium bekommst, dann schenke ich dir das Hemd hier. Recht so? Aber rate mal, was du bekommst, wenn du ein Stipendium erringst.«

»Ein Paar Schuhe!«, antwortete ich wie aus der Pistole geschossen.

Eines Tages fing ich an, meine Eltern mit der Frage zu löchern, warum wir nie Schuhe gekauft bekamen. Vor allem zur Erntezeit, an Weihnachten und Neujahr, wenn wir völlig neu ausstaffiert wurden, war das Fehlen der Schuhe eine bittere Enttäuschung; sie waren der einzige Posten, der im Haushalt des Rektors jedes Mal und resolut ausgelassen wurde. Ich konnte es nicht verstehen, denn schließlich trugen beide Eltern mit der größten Selbstverständlichkeit Sandalen und feste Schuhe. Ich hatte mir die Gelegenheit gut ausgesucht, es war bei irgendeinem Festessen, das Esszimmer war proppenvoll – Tinu, Femi und ich, die zahllosen Cousins und sogar einige Nachbarskinder waren da. »Warum«, fragte ich laut, aber ohne eine bestimmte Person anzusprechen, »kauft uns nie jemand Schuhe?«

Essay blinzelte und schaltete auf taub, während Wild Christian schlicht erklärte: »Kinder tragen keine Schuhe.«

Ich fühlte beider Augen auf mir ruhen, erwartungsvoll und eine gute Weile lang, aber ich sagte nichts mehr.

Schließlich fragte Essay: »Wole, möchtest du denn gar nicht wissen, warum Kinder keine Schuhe tragen?«

Ich schüttelte den Kopf. »Nein.« Denn ich wusste nur zu genau, dass er sich eine gute Antwort zurechtgelegt hatte, wenn er so beharrlich blieb. Ich zog den Boden vor, den Wild Christian so unvorsichtig bereitet hatte, und wartete meine Gelegenheit ab.

Und auf diese Chance musste ich nicht lange warten. Sie kam

an einem Sonntag, im Hause der Kutis, als wir dort zu Besuch waren. Wild Christian saß mit Daodu und Beere am Tisch, während wir, Tinu, ich und die Kuti-Kinder, an einem kleineren Tisch ihnen gegenüber zum Essen saßen. Unsere Cousins waren gerade aus der Kirche gekommen und waren auch noch entsprechend gekleidet: Jacke, langes Kleid, Krawatte, Socken und Schuhe. Ich wartete auf einen Moment der Stille in der lebhaften Unterhaltung, was gar nicht so leicht war, denn Daodu war ein gewandter, nie schweigender Gesprächspartner, doch endlich konnte ich laut sagen: »Mama, du hast doch gesagt, Kinder tragen keine Schuhe«, und aß weiter.

Für einen Augenblick erstarb alle Unterhaltung. Dann warf Daodu den Kopf zurück, schlug sich auf den Schenkel und ließ das lauteste Gelächter los, das die Schulkorridore je gehört hatten. Er lachte und wischte sich die Augen, prustete von Neuem los, nahm einen Schluck Wasser und brach sporadisch immer wieder in kleine Lacher aus.

Mrs Kuti lächelte nur und sagte: »Eniola, owo ba e Tote yi.« Und dann sagte sie zu mir: »Wole, wenn du die Schuhe siehst, die dir gefallen, dann komm und sag mir Bescheid. Ich werde sie dir kaufen.«

Und Koye bot sofort an: »Ich habe ein Paar, die mir zu klein geworden sind. Nach dem Essen nehme ich ihn mit in mein Zimmer, und dann kann er schauen, ob ihm irgendwelche von denen passen.«

Dolupo bot Tinu gleiche Dienste an. Ich schaute zu Wild Christian hinüber. Das Lächeln auf ihrem Gesicht glich eher dem ärgerlichen Stirnrunzeln eines in die Falle Gegangenen, aber im Moment rührte mich das wenig. Und trotzdem, selbst wenn wir Kisten und Kasten voller Schuhe nach Hause geschleppt hätten, ich wusste, wir würden sie niemals tragen dürfen. In diesem Punkt war Essay unerbittlich – Schuhe an Kinderfüßen waren für ihn der Gipfel der Verhätschelung. Alle Kinder von Verwandten und

Bekannten, die in das Haus des Rektors kamen, um hier »ausgebildet« zu werden, mussten dies zu ihrem großen Leidwesen erfahren. Ihre Schuhe setzten Schimmel an in den Kartons, und bald waren sie aus ihnen herausgewachsen. Eines Tages war ein Schüler, der gerade neu aus Lagos zugezogen war, in Leinenschuhen in seine Schule gekommen. Er wurde nicht nur auf der Stelle suspendiert, seine Eltern mussten aus Lagos anreisen und einen vollen Tag lang um seine Wiederaufnahme betteln.

Mrs Kuti hatte Vergnügen an kleinen Verschwörungen; sie verstand sehr gut, was ich meinte, und so heckten wir die Strategie der Operation aus. Ganz klar, ich konnte die Schuhe nur während der Schulzeit in Ibadan tragen; während der Ferien mussten sie dort bleiben, zu Hause durften sie keinesfalls auftauchen. Und natürlich musste ich sicherstellen, dass sie auch in Ibadan sofort verschwanden, wenn meine Eltern mich besuchen kamen – zumindest in der ersten Zeit. Sie war ziemlich zuversichtlich, dass es wohl keine Rolle mehr spielen würde, sobald ich erst zu den größeren Jungen gehörte. Als das geklärt war, fragte ich sie, warum sie so wütend über die Bombardierung der Japaner sei. Schließlich wären sie doch Hitlers Freunde, oder?

»Die Weißen sind Rassisten«, sagte sie. »Du kennst die Geschichte des Sklavenhandels, na, siehst du, für sie sind die Schwarzen nur Arbeitstiere, Lastesel. Was die Asiaten anlangt – und das heißt, Japaner, Chinesen, Inder und so weiter –, so stehen sie in ihrer Wertskala nur geringfügig über uns. Wenn sie also diese fürchterliche Waffe einsetzen, ein solch entsetzliches Ding an Menschen ausprobieren – die keine Weißen sind, dann ist das für sie nichts anderes, als würden sie mit Vieh experimentieren.«

Daodu kam während dieser Unterhaltung aus seinem Büro, legte einen Aktenstoß im Regal ab, erfasste, worum es in der lebhaften Lektion ging, kam herüber und schenkte sich eine Tasse Tee ein. Er nickte zu einigen von Mrs Kutis Bemerkungen, dann bohrte er seinen Finger in die Luft und sagte zu mir: »Niemals würde ich Koye oder einen seiner Brüder in eine Schule schicken, die von Weißen geleitet wird. Aber eins musst du wissen, es ist nicht allein, weil sie Weiße sind, es ist vor allem deswegen, weil sie Kolonisatoren sind. Sie versuchen, den Charakter unserer Jungen zu zerstören ... erinnerst du dich, was ich dir letztes Jahr sagte, als du aus Ibadan zurückkamst?«

»Ja, Onkel.«

»Gut. Nun, und hatte ich recht oder nicht?«

»Aber Onkel, ich sagte dir doch, es waren Ferien, die Schule war leer. Wir haben dort nur Prüfungen abgelegt.«

Er wandte sich an Beere. »Weißt du, was ich herausgefunden habe? Diese Lehrer verbieten den Schülern Hosentaschen!«

Beere war ziemlich verdutzt. »Ist das wahr?«, fragte sie.

Ich konnte es bestätigen.

»Also, kannst du mir sagen, warum? Warum um alles in der Welt soll ein junger Mann keine Taschen in den Hosen haben? Weißt du«, er schüttelte den Kopf und machte einen wirklich besorgten Eindruck dabei, »diese Weißen sind höchst merkwürdige Kreaturen. In seinem eigenen Land, in seinen eigenen Schulen – du weißt ja, ich habe eine Reihe dieser Institutionen auf meiner Reise besucht, Eton, Harrow und so weiter –, nun, ihre Internatsschüler dort tragen Anzüge, und alle haben Taschen. Von der untersten Klasse an. Und ich frage mich, warum sollte einer von denen als Schuldirektor hierherkommen und verbieten, dass seine schwarzen Schüler Taschen in den Shorts haben. WARUM?«

Ich dachte darüber nach. Etwas fiel mir an diesem Paar auf – besonders bei Daodu bemerkte ich es jetzt wieder ganz deutlich. Bei ihnen brauchte ich nie viele Fragen zu stellen. Sie waren immer bereit, mit mir – und mit jedem anderen interessierten Kind – zu sprechen. Daodu verwickelte mich sogar oft von sich aus in ein Gespräch, selbst wenn ich still im Wohnzimmer oder Esszimmer saß und las. Er fragte mich, ob ich diese oder jene Nachricht aus Lagos oder sonst wo gehört hätte und was meine

Meinung dazu sei. Es konnte sich um Arbeiterunruhen handeln, um die Neugründung einer Gesellschaft, um Allianzen, die im Laufe des Krieges gebildet wurden, um eine neue Entdeckung der Wissenschaft ... hatte ich noch nichts davon gehört, schüttelte er missbilligend den Kopf: »Aber du musst dich informieren! Steck deine Nase nicht nur immer in tote Bücher. Begreifst du denn nicht, wenn es Mussolini gelungen ist, die Unabhängigkeit Abessiniens zu untergraben, welche Chancen hat dann der *National Council of Nigeria and the Cameroons* mit seiner Forderung nach mehr Selbstverwaltung? Und diese Leute, denen es gelungen ist, Mussolini zu besiegen, glaubst du, sie werden je aufgeben, was sie bereits haben? Was hältst du von Winston Churchill?«

Und ich platzte heraus: »Weißt du, du erinnerst mich eigentlich sehr an ihn.«

Ich hatte noch nie darüber nachgedacht, doch just in diesem Augenblick fiel mir die große Ähnlichkeit zwischen ihnen auf, es drängte sich mir regelrecht auf. Er blieb stehen, verschränkte die Arme vor der Brust, steckte die Hände unter die Achseln, als umarme er sich selbst. Ich konnte sehen, wie es in seinem Kopf arbeitete, als er versuchte, die Elemente zusammenzupassen, die zu dieser eindrucksvollen Erklärung geführt haben mochten.

»Erstaunlich, erstaunlich. Ich habe die Kraft kindlicher Beobachtungsgabe immer für bemerkenswert gehalten. Jetzt musst du mir aber eins sagen, *warum* bist du dieser Meinung? Nein, nicht jetzt sofort. Aber erinnere mich daran. Ich möchte bis ins letzte Detail wissen, wie du zu dieser Ansicht gekommen bist.«

Auch jetzt hatte er diesen eindringlichen Ausdruck einer Bulldogge im Gesicht, als er fragte – warum? Warum sollte ein weißer Direktor seinen Schülern verbieten, Taschen in den Shorts zu haben? Ich hatte inzwischen meine eigenen Erklärungen für die Sache, aber zuerst hatte ich noch eine gute Nachricht für Daodu: »Wir haben gehört, dass Powell bald geht. Er wird pensioniert. Vielleicht dürfen wir bei dem neuen Direktor Taschen haben.«

Daodu wendete sich an seine Frau und erläuterte: »Powell ist der jetzige Direktor. Ein leidenschaftlicher Pfadfinder. Ahh, hier muss ich ihn umso schärfer anklagen; ein Pfadfinder kann gar nicht genug Taschen haben! Warst du je Pfadfinder?«

»Na ja, ich war Wölfling in St. Peter. Wir hatten einen Lehrer, der die Pfadfinder mit Begeisterung anführte. Er hieß Activity.«

Sie lachten beide, und ich fügte hinzu: »Aber er ist dann versetzt worden, und es fand sich keiner, der seinen Platz einnehmen wollte.«

Daodu nickte. »Die Pfadfinderei ist ebenfalls sehr gut für die Charakterbildung. Es wäre interessant zu wissen, ob dieser enthusiastische Pfadfinder, der seinen Schülern Hosentaschen verbietet, wenigstens die Pfadfinderei in seiner Schule fördert.«

Ich war in der Lage, seine schlimmsten Befürchtungen zu bestätigen – im Lehrplan des GCI war Pfadfinderei nicht vorgesehen. Bei meinem letzten Vorsprechen vor einem Jahr hatte ich in den Fragebogen, der eine Auflistung unserer Hobbys verlangte, auch »Pfadfinderei« eingetragen. Eines der weißen Gesichter vor uns auf der Geschworenenbank hatte gelächelt und sein Bedauern darüber ausgedrückt, dass Pfadfinderei in der Schule nicht angeboten werde. Als ich Daodu diese Information weitergab, warf er die Arme in echter Anteilnahme hoch und schaute mich traurig an: »Siehst du. Begreifst du jetzt? Dieser Powell, Mr V. P. V., nein, wie sind doch gleich noch seine genauen Initialen?«

»V. B. V. P.«

»Richtig, V. B. V. Powell.« Er schüttelte den Kopf. »Weiß der Himmel, wofür diese Buchstaben stehen ...«

»Voller Bosheit, völlig pleite«, verkündete ich postwendend, und er und Beere feixten. Ich erzählte, dass einer der Kandidaten einen Bruder hatte, der die Schule bereits besuchte und uns die heimliche Interpretation der Powell-Initialen gesteckt habe.

»Als Beurteilung gar nicht so schlecht«, bemerkte Daodu. »Als Vorsitzender der jährlich stattfindenden nationalen Jamboree setzt er sich immer mächtig in Positur, seine Uniform starrt dann von Ehrenzeichen und Anstecknadeln. So, und das also ist der leidenschaftliche Pfadfinder, der die Pfadfinderei in seiner eigenen Schule nicht fördert!«

Er schürzte die Lippen und schaute mich von oben bis unten an, als stünde ich im Begriff, mich in eine tödliche Gefahr zu begeben. Selbst Beere schien von dem sich jäh so pessimistisch gestaltenden Ausblick auf meine Zukunft mitgerissen und gab ihren Kommentar dazu: »Doppelte Moral, natürlich! Genau, was ich diesem Distriktsbeamten sagte, bevor du hereingekommen bist – eine Atombombe über Hiroshima zünden, aber nicht über Deutschland. In jedem Weißen steckt ein Rassist.« Reverend Kuti seufzte. Seine Züge spiegelten Trauer, und mir dämmerte, dass ich vielleicht einen Fehler beging, wenn ich auf dem Wunsch beharrte, das GCI besuchen zu dürfen. Dann hellte sich seine Miene etwas auf. »Du bist jetzt was? Ich meine, wie alt bist du jetzt?«

»Elf«, antwortete ich.

»Hmh ... na ja, gar nicht so schlecht. Du bist also elfundeinhalb, wenn du im Januar überwechselst. Dann hast du zwei Jahre als Grammatiker hinter dir ... das sollte wohl genügen. Was meinst du?« Die Frage galt Beere, von der er Bestätigung erwartete.

»Oh, ja-ja«, pflichtete sie ihm bei. »Und dann darfst du ja auch nicht vergessen, dass er von Ayo und Eniola aufgezogen wurde. Ich glaube, dass er seine Sache da schon meistern wird.«

Daodu nickte. Er wurde zusehends heiterer und tat einen herausfordernden Schnauber.

»Nun, wir werden es ja sehen. Ein Ex-Etonianer, der seinen Schülern die Hosentaschen zunäht und sie Sir-Sir-Sir sagen lässt wie Sklaven. Ein Pfadfinder, der seine Schüler von der Pfadfinderei abhält. Und keine Züchtigungen – allerhöchstens zwei oder drei im Jahr –, o ja, ich habe mich genauestens informiert – und auch das sind nur Pseudozüchtigungen; ich bezweifle, dass je ein Schüler auch nur den kleinsten Striemen mit nach Hause gebracht hat. Wie um alles in der Welt wollen sie auf diese Art unsere Jungen anständig erziehen? Ah ja ... das hätte ich fast vergessen – keine Schuhe.«

Jetzt war ich baff. »Bist du da ganz sicher, Onkel?«

Mit fester Stimme wiederholte er und zog dabei die Lippen breit: »Keine Schuhe. Seit deiner Prüfung vor einem Jahr interessiere ich mich außerordentlich für diese Schule. Sie haben dort eine sehr eigentümliche Auffassung von Charakterbildung. Keine Schuhe. Außer den Aufsichtsschülern der obersten Klasse, die dürfen Turnschuhe tragen oder Sandalen. Ansonsten, keine Taschen, keine Schuhe ... ah ja-ja, noch was, keine Unterhosen. Also, warum das zur Schulpolitik gehören soll, kann ich mir nun zwar überhaupt nicht vorstellen, denn solange die Uniformen sauber und adrett sind, weiß ich nicht, wieso die Hausaufseher es sich angelegen sein lassen sollten, darauf zu achten, dass die Jungen keine Unterhosen tragen. Besonders die Älteren ...«

Ich hörte schon längst nicht mehr zu. Meine Augen wanderten langsam zu Beere hinüber und trafen auf die ihren; sie grinste und hob dabei die Brauen in travestierter Pein. Es war ein so ulkiger Anblick, dass ich schallend auflachte. Sie fiel in mein Lachen ein, und Daodu stand da, schaute von einem zum andern und versuchte, sich zu erinnern, was er denn Komisches gesagt hatte. Ihre Stimme krängte vor lauter Mitgefühl, als sie quengelnd fragte: »Keine Schuhe?«

»Keine Schuhe«, seufzte ich und fühlte die drückende Last meiner Jahre. Es wurde Zeit, sich auf die geistigen Richtungswechsel einzustimmen, die mir Zutritt zu wieder einer neuen, vernunftwidrigen Welt der Erwachsenen und ihrer Disziplin verschaffen sollten.

Glossar

Abami gidi   Ein unheimliches, ein wahrhaft überirdisches Kind
Àbikú   Ein Kind, das in nicht endendem Kreislauf immer wiedergeboren wird und stirbt. Die Vorstellung, dass es sich dabei immer wieder um dasselbe Kind handelt, ist in ganz Westafrika verbreitet.
Abule   Hütte
Agb'eyin-to   Die, die hinten urinieren
Agba-Igba   Ein sehr lebenserfahrener, kluger Ältester
Agbara   Reißendes Wasser, wie es sich nach schweren Regenfällen bildet
Ah, omo Soyinka, wa nube wa gbowo   Ah, der Sohn von Soyinka, komm her und gib uns die Hand
Akin   Der volle Name des Autors lautet Akinwande Oluwole Soyinka; Akin bedeutet »der Kühne, der Tapfere«
Alakori   Tagedieb, Taugenichts
Ànjònnú   Der wiederbelebte Geist eines Toten
Antimon   Ein stahlgraues bis schwarzes Mineral, das als Schminkfarbe verwendet wird
Ara-Oke   Hinterwäldler, einer aus dem Busch
As'oromagb'esi   Jemand, der spricht, ohne eine Antwort zu erwarten
Atarodo   Frische, runde, sehr scharfe Pfefferschote
Atupa Parlour on ngb' ebo ru   Der Salon der Atupa lässt Opfergaben herumtragen
Gbogbo oloye n'tagbure.   Alle hochbetitelten Chiefs verkaufen Gemüse
Awon omo alaileko   Euch fehlt die Kinderstube
Awuje   Bohnenart mit besonders großen Früchten
Ayo   Ein in ganz Westafrika verbreitetes Brettspiel. Das Spielbrett hat 12 Löcher, in die 48 Palmkerne verteilt werden. Durch ein kompliziertes System der Umverteilung der Kerne kann man selbst Kerne

sammeln und die Umverteilungsmöglichkeiten des Gegners blockieren.

B'ina njo, ma je'ko Wenn das Haus in Flammen steht, muss ich essen
B'ole nja, ma je'ko Wenn das Haus geplündert wird, muss ich essen
Eni ebi npa, omo wi ti're Das hungrige Kind, lasst es doch sprechen!
Babalawo Priester des Ifa-Orakels; wörtlich »Vater des Geheimnisses«
Bo o ló o yá mi, o di kítipà! Steh nicht so da rum. Geh mir aus dem Weg!
Buka Stand einer Essensverkäuferin
Dahun! Tani ran e? Antworte! Wer hat dich geschickt?
Dòbalè! Wirf dich mir zu Füßen!
E gba mi, o, Headmaster, e gba mi Hilf mir! Rette mich, Rektor! Hilf mir!
E mi su' wo re ko? Bei meinen Ahnen! Hast du ihm das beigebracht?
Eba Gericht aus Kassavamehl
Egbà mi, ara è ma ntutu! Ara èma ntutu! Helft mir, sie wird ganz kalt!
Elektiriki ina oba Elektrizität, Licht von der Regierung
Umbrella el'eko Schirme für die Elite von Lagos
As'oromagb'esi, iro oyinbo Er spricht, ohne Antwort zu erwarten – Lügen des weißen Mannes
Elubo Yamsmehl; getrocknete Yamsscheiben
Emo Kleines Nagetier
Eniola, owo ba e Tote yi Eniola, jetzt hat er's dir aber gegeben
Epa Erdnüsse
Epe lo fo ja'de yen Das Ding spuckt gefährlichen Zauber
Etu Wertvolles handgewebtes Tuch
Ewedu Eine langstielige Gemüsepflanze
Ewèlè Ein gefährlicher, unberechenbarer Gnom
Ewo lo tun de yin? Was sind denn das für neue Sitten?
Eyin omo Satani Teufelsbrut
Gbajumo wohlhabend, wohl angesehen
Ghommiden 1969 übersetzte Soyinka die Erzählung *Ogboju Ode Ninu Igbo Irunmale* seines Landsmannes D. O. Fagunwa unter dem Titel *Forest of a Thousand Daemons* aus dem Yoruba ins Englische. Als Sammelbezeichnung für die in der Erzählung vorkommenden

Geister, Kobolde, Gnome und Wichte prägte Soyinka den Ausdruck *ghommids*.

Gongo   Gipfel, Spitze, äußerster Punkt

Guguru   Getrockneter, gebratener Mais

Harmattan   Ein regelmäßig in der Trockenzeit wehender Wind. Er kommt aus nördlicher Richtung, von der Wüste her, und führt viel Staub mit sich.

Hm, l'oogun, o ti ya de'bi   Na, tapferer Kriegsheld, auch schon da?

Ibanuje, ko m'omode, ko m'agba   Das Leid kennt keinen Unterschied zwischen Kind und Erwachsenem

Ibatan   Verwandter

Ifa   Das bedeutendste Orakel der Yoruba. Der Babalowa, der Ifa-Priester, braucht dazu ein mit Mehl bestäubtes Orakelbrett und sechzehn Palmkerne. Mit der rechten Hand wirft er die Kerne in die Luft, mit der linken fängt er sie auf. Fängt er eine gerade Zahl Kerne, macht er einen kleinen senkrechten Strich auf das Brett, fängt er eine ungerade Zahl, macht er zwei Striche. Die Prozedur wird achtmal wiederholt, es ergibt sich ein Strichmuster – Odu genannt – aus einzelnen oder doppelten Strichen. Insgesamt sind 256 Strichkombinationen oder Odu möglich. Jedem Odu sind 16 verschiedene Orakeltexte zugeordnet – das können knappe Vierzeiler, aber auch lange, mehrere Strophen umfassende Gedichte sein – sodass das Orakel insgesamt 4096 Orakelgedichte umfasst. Die Ausbildung eines Babalawo dauert mehrere Jahre.

Igba o l'owo   Der Flaschenkürbis hat keine Arme

Tere gungun maja gungun tere   tere gungun ...

Igba o lese   Der Flaschenkürbis hat keine Beine

Tere gungun maja gungun tere   tere gungun ...

Igba mi l'awun o   Und doch verfolgt er die Schildkröte

Tere gungun maja gungun tere.   tere gungun ...

Geschichten von Awun, der Schildkröte, sind bei den Yoruba sehr beliebt. Awun ist eine Art Trickster, ein Schelm, eine Art Reineke Fuchs.

Iku   Tod

Ile o, ile o   Heim, heim,

Ile o, ile o   Heim, heim,

Baba (Iya) re'le re   der Älteste ging heim
Ile lo tarara   Auf direktem Wege
Baba (Iya) re'le re   ging der Älteste heim,
Ile lo, lo, ko s'ina.   sein Heim ist sein Ziel, er wird den Weg nicht verfehlen.
Iwaju-ile   Vorzimmer
Iyawo   Frau
Jamani   Yorubaisierte Form des englischen »Germany«
Je Oba   Wörtlich: den König essen
Jollof-Reis   Ein Reisgericht mit scharfer Fleischsoße
Kabiyesi, oba on'ike   Heil dir, König der Buckligen
Ademola k'eran   Ademola hat uns Ärger gebracht
Omo eran j'ogun ila   Du Sohn einer Bestie, der nur Okra erbt
Omo ote lo Lobe   Kind der Intrige mit einem Suppentopf auf dem Kopf
Kabiyesi, oba iwin   Heil dir, du König der Iwin
Kini o fe nibi yen?   Was machst du denn hier?
Kobokobo   Einer, der nur mühsam radebrechen kann
Konkere   Yorubaisierte Form des englischen »concrete« – Zement
La – illah – il – allah   Herr,
Anobi gb'owo o wa   nimm unsere Hände.
On'ise nla gb'owo o wa   Du, der du große Taten vollbringst,
Anobi gb'owo wa   nimm unsere Hände.
A te'le ni ma ya gb'owo o wa   Du, der du uns folgst und uns nicht verlässt,
Anobi gb'owo o wa   nimm unsere Hände.
Majeobaje   »Lass-die-Dinge-nicht-verderben«
Mrs Kuti   Funmilayo Ransome-Kuti (1900–77). Sie studierte in England Hauswirtschaft und Pädagogik und wurde nach ihrer Rückkehr nach Nigeria Rektorin der Abeokuta-Grammar-School. Später, als ihr Mann (»Daodu«) diesen Posten übernahm, war sie als Erzieherin, Sozialarbeiterin und Politikerin tätig. 1947 reiste sie als einziges weibliches Mitglied einer Delegation des N.C.N.C. (National Council of Nigeria and the Cameroons) mit nach Großbritannien. Als führende Kraft in der Frauenbewegung Nigerias war sie auch im Egba-Aufstand (1947–50) in vorderster Front tätig. Sie setzte

durch, dass der Alake von Abeokuta seines Amtes enthoben wurde und ins Exil gehen musste. In politischer Mission unternahm sie Reisen nach Moskau, Bulgarien, Ungarn, England, USA und China, wo sie als Abgeordnete Nigerias zu persönlichen Gesprächen mit Mao Tse-tung zusammentraf. Zur Zeit der Militärdiktatur kam es in Nigeria immer wieder zu wüsten Razzien der Soldaten. Bei einer solchen Razzia wurde Mrs Ransome-Kuti im Januar 1977 im Hause ihres Sohnes Fela Kuti (einer der bedeutendsten modernen Musiker Nigerias) von einem der Soldaten misshandelt und schwer verletzt. Sie starb wenige Wochen später, ohne sich von den schweren Verletzungen wieder erholt zu haben.

N'ijo itoro – Gbim!   Am Tage des Threepence
N'ijo i sisi – Gbim!   am Tage des Sixpence (d. h. des Diebstahls)
O o ni lo Toni – Gbim!   da schnappt man dich und hält dich fest.
O o ni se b'emo – Gbim!   Du wirst es nie wieder tun,
Won gba e l'eti – Gbim!   man wird dich gründlich verprügeln.
Ewon re d'ola – Gbim!   Morgen trittst du die Strafe an.
Nie o, omo Tisa Agba   Dir zum Gruße, Sohn des Lehrers
O ma se o   Was für eine Schande
O pa mi o   Mörder, er bringt mich um!
O ya, e nso l'Aké   Es ist Zeit, jetzt marschieren wir nach Aké
Obo Atupa lo d'ija s'ile   Atupas Vagina hat den Streit begonnen
Alake oloko ese   Alake, du mit dem Penis einer Giftratte
Odale   Verräter
Odun   Neujahr
Oge-e-e-e-d; Ze-e-e-e-k   Ogendengbe Macaulay (»Ogeed«) und Nnamdi Azikiwe (»Zeek«) waren damals sehr bekannte Nationalistenführer. Azikiwe (geboren 1904) studierte in den USA und war 1944 Gründungsmitglied des N. N. C. (Nigerian National Council), aus dem später der N. C. N. C. hervorging. 1963 wurde Azikiwe Präsident des 1960 unabhängig gewordenen Nigeria, wurde aber 1966 durch einen Militärputsch gestürzt. 1971 wurde er zum Rektor der Universität Lagos ernannt, ein Posten, den er bis Ende der 70er-Jahre innehatte.
Ogun Hitila d'Aké   Hitlers Krieg kommt nach Aké
Eni la o pa Bote   Heute töten wir die Bote!

Oguso   Fackel; hier eine Art Fidibus
Oja Agba   Ein aus Fassreifen hergestelltes Haumesser
Olorun ku ise   Dem Himmel sei Dank
Omo nla   Großes Kind
Omo tani?   Wessen Sohn ist das?
Oogun   Zaubermittel, »Medizin«
Oro o, a fe s'oro   Oro, wir vollstrecken das Oro
E ti'lekun mo'kunrin   Ihr Männer, schließt euch ein
A fe s'oro   Wir bringen Oro auf die Straße
Orogbo   Eine Art Kolanuss
Ororo   Speiseöl, meist Erdnussöl
Osiki oko oniyan   Osiki, Größter unter den Yams-Verkäufern!
A ti nwa e, a ko ri e   Überall haben wir dich gesucht, doch wir konnten dich nicht finden.
Osugbo   Eine andere Bezeichnung für den Ogboni-Kult
Pasan   Rute, auch Peitsche
Pito   Maisbier
Samuel Ajayi Crowther   (1807–91) war der erste schwarze Bischof Westafrikas. 1822 als Sklave verkauft, erhielt er später die Freiheit, studierte am Fourah Bay College in Sierra Leone und später in England. 1847 kam er als Missionar in seine Heimat nach Abeokuta zurück. Er ist der Verfasser der ersten Yoruba-Grammatik.
Sere   Eine winzige Kalebasse voller magischer Zaubermittel
Sie sahen anders aus als alles, was ich je im Obstgarten gesehen hatte, und Essay sagte, es seien Datteln.   Im Original folgt hier der Satz: I did not believe him; dates were the figures which appeared on a calendar on the wall, so I took it as one of his jokes – Ich glaubte ihm nicht; Daten waren die Zeichen, die auf dem Kalender an der Wand erschienen, und so hielt ich es für einen seiner üblichen Scherze. Da sich das Wortspiel dates – Datteln, dates – Daten nicht übersetzen lässt, wurde der Satz mit Erlaubnis des Autors gestrichen.
Tani lo' gun nbe yen? Tani?   Wer schreit da? Wer?
Tani yen?   Was ist los?
To ò   Na ja
Toole, toole a f oko ito bori   Bettnässer, Bettnässer, mit einem Nachttopf als Hut.

Suule, suule foko nudi.   Verrichtest die Notdurft auf der Matte, und wischst dir den Hintern mit Faserbüscheln.
Wara   Milch (hier: eine Art Dickmilch)
Wole, o to, o to   Wole, das reicht, genug jetzt
Wosi-Wosi   Krimskrams
Ye e! Mo k'éran!   Ach, was bin ich für ein Unglücksrabe!

Afrika im Unionsverlag

HELON HABILA *Öl auf Wasser*
In Port Harcourt, Nigeria, regieren die Ölkonzerne. Als die Frau eines hochrangigen Mitarbeiters entführt wird, wittert der Journalist Rufus eine Story. Er reist ins Nigerdelta und betritt eine apokalyptische Welt, in der die Fischer ums Überleben kämpfen. Nur in einem kleinen Dorf scheint die Welt noch in Ordnung – doch die Ruhe trügt.

NII PARKES *Die Spur des Bienenfressers*
In einem Dorf im Hinterland Ghanas, in dem sich seit Jahrhunderten kaum etwas verändert hat, verschwindet ein Mann. Der Städter Kayo, der den Glauben der Dorfbewohner an Übersinnliches nicht teilt, wird mit der Aufklärung beautragt – muss jedoch bald einsehen, dass westliche Logik und politische Bürokratie ihre Grenzen haben.

MARYSE CONDÉ *Segu*
Es sind Zeiten des Umbruchs: Der Islam dringt vor in Afrika, Missionare und Kolonisatoren kommen ins Land, der Sklavenhandel blüht. Maryse Condé hat die faszinierende Geschichte einer versunkenen Welt geschrieben. Sie erzählt von Händlern und Bauern, Eroberern und Sklaven – eine opulente Familiensaga in dramatischen Zeiten.

MIA COUTO *Imani*
Das Mädchen Imani muss einen portugiesischen Offizier unterstützen, der den Vormarsch des großen Herrschers Ngungunyane in Mosambik gegen die Kolonialherren aufhalten soll. Ihr Dorf wird vom Krieg der Männer heimgesucht, zu einer Zeit, in der das Wort einer Frau nicht zählt. Doch die Frauen nutzen eigene Mächte, um die Pfade der Männer zu lenken.

Mehr über alle Bücher und Autoren auf *www.unionsverlag.com*